商業銀行學

（第二版）

主　編　王晉忠
副主編　王　茜　陳薇薇

崧燁文化

再版前言

　　商業銀行學是對商業銀行業務特點、管理規律、經營方法和發展趨勢的系統性介紹和科學總結，是金融人才必備的專業知識，屬於金融專業的基礎和核心課程之一。

　　本教材借鑑國內外研究成果，適應中國市場經濟發展和金融對外開放的要求，注重商業銀行經營管理基本原理和一般實務操作，採取理論與實踐相結合的方法，在系統介紹商業銀行經營管理一般理論與實務的同時，緊密聯繫中國商業銀行改革的前沿問題，旨在提高學生運用基本理論研究現實問題的能力。

　　具體而言，本教材有以下特點：一是反應了商業銀行理論與實務的最新發展。這既體現在一些相對於傳統教材新增的章節中，如商業銀行行銷、商業銀行零售業務、電子銀行等章節，也體現在對傳統章節內容的更新上。二是突出商業銀行學的應用性特點，注重與金融的實踐相結合，所引用的實踐情況和數據都是能反應現實狀況的最新數據。三是把中國商業銀行的經營實踐作為一個重要內容，每章都在最后專門介紹中國商業銀行的具體情況。四是整體風格清晰、簡潔。

　　本教材適合金融專業和經濟專業本科生學習，也適用於金融和經濟部門的在職培訓。

　　本教材由王晉忠主編，參加編寫的人員及分工如下：李強、王茜（第1章），劉國泰、王茜（第2章），鬱曉珍（第3章），潘佳佳、陳薇薇（第4章），謝宇軒（第5章），王晉忠（第6章），廖純紅（第7章），李壽華（第8章），柳冬健（第9章），成乾（第10章），廖航（第11章），劉國泰、王晉忠（第12章）。王茜、陳薇薇做了大量的協調組織工作，王晉忠負責總纂。

　　在本次再版修訂中，我們介紹了近幾年商業銀行經營管理在理論和實踐方面的最新成果，更新了過時或已變化了的數據和觀點，更加體現出本教材的前沿性、系統性和實踐性。在此次再版修訂過程中，王梅、夏菲、武政杰、李詩文、王前未和王帆做出了較大貢獻。

　　限於編寫人員水平，書中錯誤在所難免，望專家、讀者指正。

王晉忠

目 錄

第 1 章　商業銀行概述 …………………………………………………… (1)
　第 1 節　商業銀行的起源與發展 ………………………………………… (1)
　第 2 節　商業銀行的性質與職能 ………………………………………… (4)
　第 3 節　商業銀行的經營原則 …………………………………………… (7)
　第 4 節　商業銀行的分類 ………………………………………………… (12)
　第 5 節　中國商業銀行體系 ……………………………………………… (16)
　本章小結 …………………………………………………………………… (20)
　思考練習題 ………………………………………………………………… (21)

第 2 章　商業銀行資本管理 ……………………………………………… (22)
　第 1 節　商業銀行資本的構成及功能 …………………………………… (22)
　第 2 節　商業銀行的資本充足率與《巴塞爾協議》…………………… (27)
　第 3 節　商業銀行的資本結構管理 ……………………………………… (35)
　第 4 節　中國商業銀行的資本管理現狀 ………………………………… (38)
　本章小結 …………………………………………………………………… (43)
　思考練習題 ………………………………………………………………… (44)

第 3 章　商業銀行負債業務 ……………………………………………… (45)
　第 1 節　商業銀行負債的目標和結構 …………………………………… (45)
　第 2 節　商業銀行存款負債 ……………………………………………… (49)
　第 3 節　商業銀行借入負債業務 ………………………………………… (56)
　第 4 節　商業銀行負債成本控制 ………………………………………… (61)
　第 5 節　中國商業銀行的負債結構 ……………………………………… (64)
　本章小結 …………………………………………………………………… (66)
　思考練習題 ………………………………………………………………… (66)

第 4 章　商業銀行貸款業務 ……………………………………………… (67)
　第 1 節　貸款業務的種類與創新 ………………………………………… (67)
　第 2 節　貸款政策與程序 ………………………………………………… (70)

第 3 節　貸款客戶信用分析 ································ (72)
　　第 4 節　貸款的質量評價 ···································· (76)
　　第 5 節　貸款的定價 ·· (79)
　　第 6 節　問題貸款與貸款損失的管理 ················· (82)
　　第 7 節　中國商業銀行信貸資產管理 ················· (84)
　　本章小結 ·· (87)
　　思考練習題 ·· (88)

第 5 章　商業銀行投資業務 ······································ (89)
　　第 1 節　商業銀行投資業務概述 ························ (89)
　　第 2 節　商業銀行投資對象 ······························· (92)
　　第 3 節　商業銀行投資業務的收益與風險 ·········· (96)
　　第 4 節　商業銀行的投資策略 ·························· (101)
　　第 5 節　銀行業與證券業的融合與分離 ············· (104)
　　本章小結 ·· (108)
　　思考練習題 ·· (109)

第 6 章　商業銀行中間業務與表外業務 ··················· (110)
　　第 1 節　商業銀行中間業務概述 ······················ (110)
　　第 2 節　商業銀行中間業務的特點、種類與介紹 ··· (112)
　　第 3 節　商業銀行表外業務 ····························· (122)
　　第 4 節　商業銀行投資銀行業務 ······················ (129)
　　第 5 節　商業銀行資產證券化 ·························· (133)
　　第 6 節　商業銀行表外業務風險管理 ················ (136)
　　第 7 節　中國商業銀行中間業務和表外業務的發展 ··· (139)
　　本章小結 ·· (144)
　　思考練習題 ·· (145)

第 7 章　商業銀行零售業務 ···································· (146)
　　第 1 節　商業銀行零售業務的定義和種類 ········ (146)
　　第 2 節　商業銀行零售業務的地位和作用 ········ (148)
　　第 3 節　客戶價值分析與管理 ·························· (149)

第 4 節　商業銀行零售產品 …………………………………（153）
　　第 5 節　商業銀行的個人理財業務 …………………………（156）
　　第 6 節　銀行零售業務的收益和風險 ………………………（162）
　　第 7 節　中國商業銀行零售業務現狀 ………………………（163）
　　本章小結 ………………………………………………………（166）
　　思考練習題 ……………………………………………………（167）

第 8 章　商業銀行國際業務 …………………………………（168）
　　第 1 節　商業銀行國際業務概述 ……………………………（168）
　　第 2 節　商業銀行國際結算業務 ……………………………（172）
　　第 3 節　商業銀行國際融資業務 ……………………………（177）
　　第 4 節　商業銀行國際外匯資金業務 ………………………（180）
　　第 5 節　中國商業銀行國際業務的開展 ……………………（186）
　　本章小結 ………………………………………………………（189）
　　思考練習題 ……………………………………………………（189）

第 9 章　電子銀行業務 ………………………………………（191）
　　第 1 節　電子銀行業務產生的背景以及對商業銀行的影響 …（191）
　　第 2 節　電子銀行的概念及特點 ……………………………（193）
　　第 3 節　電子銀行業務產品及功能 …………………………（195）
　　第 4 節　電子銀行業務經營成本和效益 ……………………（202）
　　第 5 節　電子銀行業務的風險分類與風險管理 ……………（204）
　　第 6 節　中國電子銀行業務發展現狀 ………………………（206）
　　本章小結 ………………………………………………………（211）
　　思考練習題 ……………………………………………………（212）

第 10 章　商業銀行行銷管理 …………………………………（213）
　　第 1 節　商業銀行行銷管理概述 ……………………………（213）
　　第 2 節　商業銀行市場細分和定位 …………………………（217）
　　第 3 節　商業銀行行銷戰略 …………………………………（220）
　　第 4 節　商業銀行行銷組合 …………………………………（223）
　　第 5 節　商業銀行客戶經理制 ………………………………（227）

第 6 節　商業銀行形象識別系統（CIS） ················· （230）
　　第 7 節　中國商業銀行的行銷管理 ····················· （232）
　　本章小結 ··· （235）
　　思考練習題 ······································· （236）

第 11 章　商業銀行經營風險管理 ························· （237）
　　第 1 節　商業銀行風險與全面風險管理體系 ············· （237）
　　第 2 節　商業銀行信用風險管理 ······················· （240）
　　第 3 節　商業銀行市場風險管理 ······················· （244）
　　第 4 節　商業銀行操作風險管理 ······················· （249）
　　第 5 節　商業銀行流動性風險管理 ····················· （252）
　　本章小結 ··· （255）
　　思考練習題 ······································· （256）

第 12 章　商業銀行績效管理 ····························· （257）
　　第 1 節　商業銀行財務報表 ··························· （257）
　　第 2 節　商業銀行業績評價指標體系 ··················· （265）
　　第 3 節　商業銀行績效評價方法 ······················· （272）
　　第 4 節　商業銀行成本利潤管理 ······················· （276）
　　本章小結 ··· （280）
　　思考練習題 ······································· （281）

參考文獻 ·· （282）

第 1 章　商業銀行概述

內容提要：商業銀行是現代經濟中十分重要的金融機構，本章對商業銀行進行一個簡要概述。首先介紹了商業銀行的起源與發展，並闡述了商業銀行的性質、職能和「三性」原則。其次對商業銀行從不同層次、不同角度進行分類，如按資本所有權、按業務範圍、外部組織形式等進行分類。最后從中國自身入手，介紹了中國商業銀行體系和發展過程。

商業銀行是最早出現的現代金融機構，是一國乃至世界各國金融體系的主體。商業銀行發展到今天，與其當時所謂的「商業銀行」的稱謂已相去甚遠。在當今市場經濟背景下，商業銀行既是間接融資的主體，又是直接融資的參與者，它們既掌管了社會各經濟主體的相當部分的金融資產，又創造了絕大多數的流通貨幣，對一國經濟發展起到了重要的作用。

第 1 節　商業銀行的起源與發展

一、商業銀行的產生

最早的金融系統之一產生於美索不達米亞地區。[①] 公元前 7 世紀，作為最初的支付手段和計價單位的銀已成為唯一的貨幣。到了公元前 6 世紀，在希臘及雅典，功能超出支付手段與簡單貸款的金融系統開始出現，並於接下來的 200 多年間得到了實質性的發展。

隨著商品生產和交換的發展，地區和國家間的貿易往來不斷發展，進而使得貨幣的需求量也隨之增長。但當時，歐洲各國在政治上的割據和經濟上的相互獨立使得各國乃至一國內都鑄造了不同材料、含量和外觀形狀的貨幣。這種狀況嚴重阻礙了不同國家和地區間的商品交換和流通。為適應商品交換的客觀需求，商人中逐漸分離出了一批專門從事貨幣鑄造、現金保管、成色鑒定等服務的貨幣兌換商，並逐漸形成了一種特殊的行業——貨幣兌換業，這就是商業銀行的雛形。

最初這些商人在市場上人各一凳，據以經營貨幣兌換業務，而在義大利文中，「banca」是「長凳」的意思，英文裡的「bank」一詞即由此演變而來。

---

① 富蘭克林·艾倫，等. 比較金融系統 [M]. 王晉斌，等，譯. 北京：中國人民大學出版社，2002.

此時的貨幣經營業具有以下特徵：業務只涉及貨幣流通有關技術性處理，如鑑別成色、稱重、記帳等；兌換商收存客戶的鑄幣保有100%的現金準備。

隨著商品交換範圍及數量的擴大，為了避免長途攜帶貨幣和保存貨幣的風險，商人們將貨幣交給貨幣兌換商保管並取得貨幣兌換商所提供的收據，再憑著收據，在另一個城市中兌換成當地的貨幣。后來商人們又將這些收據用於商業支付，並委託貨幣兌換商代收代付。這樣貨幣兌換商所開出的收據便有了早期的匯票的性質，最初的兌換、結算業務和貨幣信用信託逐漸發展起來，原來的貨幣兌換商也演變成了以辦理貨幣保管、結算和匯兌等業務的貨幣經營商。

隨著商品交易的進一步發展，經過貨幣經營商手中的貨幣數量越來越多。貨幣經營商發現多個存款人不會同時支取存款，為了充分利用手中的貨幣，於是他們開始把匯兌業務中暫時閒置的資金貸給社會上的資金需求者，並收取很高的利息。嘗到收息甜頭之後，貨幣經營商便開始主動地由收取保管業務手續費到不收該費用，甚至以支付存款利息為誘餌，開辦吸收各類存款的業務，籌集放貸資金，以賺取高額存貸差。當貨幣經營商經營借貸業務時，其就由單純的支付仲介轉換為信用仲介——銀行。貨幣經營商兼營借貸業務是銀行出現的主要標誌，如圖1.1所示。

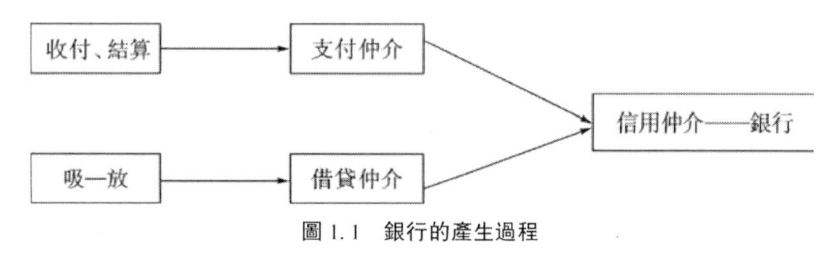

圖1.1 銀行的產生過程

在歷史上，最早設立的銀行為1580年成立的義大利威尼斯銀行。隨后又有阿姆斯特丹銀行（1609年）、漢堡銀行（1619年）、紐倫堡銀行（1621年）、鹿特丹銀行（1635年）等相繼出現。

由於當時銀行發放的大都是高利貸性質的貸款，借款者多為封建君主和投機商人，即使有個別商人和小商品生產者能獲得銀行貸款，大多最后都會被高額的利息壓得破產。因而早期的帶有封建社會高利貸性質的銀行不適應資本主義生產方式和社會化大生產對貨幣資金的需求，其最終難逃被淘汰的命運。客觀上，有必要按照資本主義經營原則組建與資本主義經濟相適應的現代商業銀行。

一般認為，資本主義銀行主要是通過兩條途徑產生的：一條途徑是過去的高利貸性質的私人銀行，為適應商品生產發展的要求和滿足資產階級的需求而逐漸演變成的現代銀行。另一條途徑則是根據資本主義企業組織原則建立起來的股份制銀行。股份制銀行一般規模龐大、資本雄厚、利息率水平較低，滿足了新興資產階級的需求。因此，股份制銀行便成為資本主義銀行的主要形式。1694年，第一家資本主義股份制銀行——英格蘭銀行在英國誕生。它標誌著資本主義現代銀行制度開始形成。英格蘭銀行一開始就顯示出了股份制銀行的優越性。在信用業務上，英格蘭銀行限定利率為4.5%~6%，而不是過去高達20%~30%的高利息貸款；在銀行職能上，形成了信用貨

幣，從而突破了貴金屬鑄幣的限制和壟斷。

二、商業銀行的發展

19世紀中葉，隨著科學技術的迅猛發展，資本主義生產力得到了空前的提高，新的資本大量投入和國際貿易額迅猛增加，傳統的商業銀行業務已無法滿足資本主義擴大再生產中各種不同期限、用途的資金需求。再加上西方各國的經濟條件和社會環境不同，商業銀行的發展路徑開始有了差異化。從歷史角度考察，商業銀行的發展大體沿著兩種傳統發展開來。

（一）英國式融通短期商業資金的傳統

這一傳統深受經濟理論上的「商業放款論」或「實質票據論」的影響。根據這種理論，商業銀行業務應集中於自償性貸款。所謂「自償性貸款」，是一種基於商業行為而能自動清償的貸款。最典型的例證是國際貿易中的進出口押匯和國內貿易中的票據貼現與產銷放款，廠商為購儲原料及支付工資向銀行借款週轉，一旦產銷完成後，貸款即可從銷售收入中償還。但消費性放款、房地產及股票抵押放款、固定資產放款等長期性放款，則通常不列於自償性範疇。自償性貸款應根據真正的商業行為而進行，並有真正的票據為憑證，因而也是符合實質票據論的放款。這一類放款，償還期很短（通常為一年以內），流動性很高，對銀行來說，比較安全可靠。自償性貸款依貿易需要而自動伸縮，因此對貨幣信用量也有自動調節的作用。

「實質票據論」對英語世界和受英美傳統所影響的國家的銀行家都有深遠的影響。但200餘年的經驗證明這一理論是相當片面和膚淺的。首先，如果商業銀行堅持對工商企業只進行短期性自償式貸款，則除非另有專營長期貸款的銀行，否則經濟便很難有高速和持續性增長的可能。其次，從個別銀行來看，自償式貸款似乎表面上提供了安全感，但從整個銀行體系而論，卻並非如此，因為所謂「流動性」資產，只是相對的而非絕對的。一種資產的流動性應視其是否易於脫手或轉讓而定。如果經濟發生嚴重危機，而銀行卻堅持短期貸款必須如期償還時，借款人可能會普遍無力償付而宣告破產。在此情況下，短期資產或放款未必比長期資產或放款安全。最後，如果銀行放款依商業需要而自動伸縮，則經濟景氣時，銀行信貸會自動膨脹，刺激物價上漲；反之若經濟不景氣時，銀行信貸自動收縮，則加速物價下跌，兩者都有加劇商業循環波動幅度的作用，與中央銀行的反循環政策相悖。

（二）德國式綜合銀行的傳統

德國工業化開始的時間比英國晚，但在19世紀中葉以後，德國工業高速發展，在短短數十年間，已超過了英國。不少經濟史學家認為，德國銀行制度在促進工業化和現代化過程中起了很大作用。德國銀行不僅提供短期商業或週轉資金，而且也融通長期固定資本。此外，德國銀行還直接投資於新興企業，替新公司包銷證券，積極參與新企業的決策和擴展過程，並在技術革新、地區選擇、兼併增資方面提供財務方便和諮詢。換言之，德國銀行並不將商業銀行與投資銀行嚴格區分，而是經營所有銀行業務，它們被稱為綜合銀行。德國銀行在20世紀30年代世界經濟恐慌時期，挽救了許多瀕臨破產的企業。挽救的主要方式是將無法清償的銀行貸款轉化為銀行投資。第二次

世界大戰后，德國銀行又以大量長期貸款和直接投資的方式協助工商業復興，終於造就德國戰后的經濟奇跡。

德國之所以有綜合銀行業務的迅速發展，原因在於其資本市場遠比英美落后，故需要銀行予以替代。德國式的綜合銀行雖然取得了極輝煌的成績，但由於業務範圍過廣，因此在管理方面以及在資本和流動性方面都產生了一些問題，增加了銀行風險。此外，德國式綜合銀行能直接投資於企業，並有權委派代表參加企業董事會和行使投票權，也引起外界對銀行勢力過分膨脹和違反公共利益的批評。1976年，德國政府通過了一項被稱為「赫爾斯塔特」的新銀行法，限制銀行貸款，加強中央銀行對銀行體系的監督，並採取嚴格保障存款的措施。

無論綜合銀行制本身的得失如何，近幾十年來，所謂英國式商業銀行和德國式綜合銀行的區別已逐漸消失。即使在英語國家，商業銀行的業務範圍也在不斷地擴展，甚至達到包括所有零售和批發銀行業務的程度。多數國家中，商業銀行事實上已成為「百貨公司式」的銀行。

第2節　商業銀行的性質與職能

一、商業銀行的性質

從商業銀行的起源和發展歷史看，商業銀行可以界定為以追求利潤最大化為目標，以金融資產和負債為經營對象，開展多樣化的金融服務，發揮多種經濟功能的金融企業。

依據《中華人民共和國商業銀行法》（以下簡稱《商業銀行法》）和《中華人民共和國公司法》（以下簡稱《公司法》）的規定，商業銀行是依法設立的以吸收公眾存款、發放貸款、辦理結算等業務的企業法人。

商業銀行的性質可以歸納為以下三個方面：

（一）商業銀行是企業

瞭解商業銀行是企業，必須明確貨幣是商品。商品經濟是以交換為目的的經濟，作為交換媒介和價值尺度的貨幣是從商品中獨立出來的作為一般等價物的商品，即貨幣本身就是商品。明確貨幣是商品具有重要的意義，只有抓住貨幣是商品的這個本質，錯綜複雜的貨幣現象才不難理解。例如，利率是貨幣借貸的價格，銀根反應貨幣資金的供求，而信用膨脹和通貨膨脹實際上是貨幣貶值，是貨幣這個商品的質量問題。既然貨幣是商品，那麼經營貨幣的銀行自然就是企業。

作為企業，商業銀行具有一般工商企業的所有基本特徵。商業銀行是依照相關法律規定設立的一種金融企業，其在建立初期必須具有管理部門規定的最低資本要求的自有資本，在經營過程中應始終以最大化盈利為目的，自主經營、自負盈虧、自我約束、自擔風險、自謀發展，同時應遵從市場規律，接受政府監督，依法經營，照章納稅等。可以看出，商業銀行與一般的工商企業是一致的。

（二）商業銀行是特殊的企業

與一般的工商企業相比，商業銀行又是一個特殊的企業。其特殊性體現如下：

1. 商業銀行的經營對象和內容具有特殊性

一般工商企業經營的是物質產品和勞務，從事商品生產和流通；商業銀行是以金融資產和負債為經營對象，經營的是貨幣和貨幣資本這一特殊的商品。

2. 商業銀行責任的特殊性

一般工商企業只以盈利為目標，只對股東和使用其產品的客戶負責；商業銀行除了對股東和客戶負責外，還承擔著一定的社會責任。

3. 商業銀行對於社會經濟的影響具有特殊性

商業銀行對整個社會經濟的影響要遠遠大於任何一個普通工商企業。一旦商業銀行發生經營困難或倒閉，它將對國民經濟產生巨大的破壞作用，給整個社會帶來不可估量的負面影響。一些國家的政局動盪、經濟蕭條、社會不穩定往往就是由於該國的金融系統主要是商業銀行業的經營出現了危機。

（三）商業銀行是特殊的金融機構

商業銀行既有別於國家的中央銀行，又有別於政策性銀行和其他金融機構。

1. 商業銀行不同於中央銀行

中央銀行在各國金融體系中居於主導地位，其職能是宏觀調控和保障一國金融體系的安全與穩定。以中國情況為例，首先，中央銀行是國家機關而商業銀行是企業法人；其次，中央銀行是在國務院領導下制定和實施貨幣政策的國家職能部門，商業銀行是經營存貸款、辦理結算業務的金融企業；再次，中央銀行對商業銀行等金融業實施管理，而商業銀行是被管理的對象；最後，在中國，中央銀行行長的人選是由國務院總理提名，全國人大或全國人大常委決定，由國家主席任免的，而商業銀行人事組織機構的設置則是根據《公司法》和《商業銀行法》的規定辦理的。

2. 商業銀行不同於政策性銀行和其他金融機構

政策性銀行是按照國家的產業政策或政府的相關決策進行投融資活動的金融機構，不以利潤最大化為經營目標。政策性銀行專門經營指定範圍的業務和提供專業的服務。一般來說，政策性銀行貸款利率較低、期限較長、有特定的服務對象，其放貸支持的主要是商業性銀行的初始階段不願意進入或涉及不到的領域。對於其他金融機構（如財務公司、信託投資公司、租賃公司等），其業務範圍相對比較狹窄，而商業銀行的業務具有綜合性的特點，包括負債業務（如存款、發行金融債券等）、資產業務（放款、證券投資等）和中間業務（辦理結算等）。

二、商業銀行的職能

商業銀行的職能是指商業銀行作為經營貨幣這一特殊商品的金融企業，通過其業務為整個經濟社會所承擔的功能。商業銀行的職能由商業銀行的性質所決定，是商業銀行性質的具體體現。商業銀行作為金融企業，具有下列幾方面的職能：

（一）信用仲介職能

信用仲介職能是商業銀行最基本的職能，最直接地反應商業銀行的經營特徵。信

用仲介是指商業銀行在借貸活動中充當中間媒介。商業銀行通過吸收存款、動員和集中社會上一切閒置的貨幣資本，然后又通過貸款把這些貨幣資本貸放給使用者。商業銀行實際上是貨幣資本的貸出者和借入者之間的仲介人。商業銀行克服了直接信用的局限性，如時間需求不一致、數量不一致、借貸雙方信用狀況不易瞭解等問題。商業銀行把社會上暫時閒置的貨幣資金聚集起來進行再分配，既是國民收入分配和再分配中的一個重要環節，也是社會總產品的一種分配形式，具有重要的經濟意義。

（1）通過信用仲介職能，可以將暫時從再生產中遊離出來的閒置資本轉化成職能資本，在不改變社會資本總量的條件下，通過改變資本的使用量，擴大生產規模，擴大資本增值。

（2）通過信用仲介職能，可以把不能作為資本使用的小額貨幣儲蓄集中起來，變為可投入再生產過程的巨額資本；把用於消費的收入，轉化為能帶來貨幣收入的資本，擴大社會資本總量，從而使社會再生產以更快的速度增長。

（3）通過信用仲介職能，可以把短期貨幣資本轉化為長期貨幣資本。在利潤原則支配下，還可以把貨幣資本從效益低的部門引向效益高的部門，形成對經濟結構的調整。

（二）支付仲介職能

支付仲介職能是指商業銀行利用活期存款帳戶，為客戶辦理各種貨幣結算、貨幣收付、貨幣兌換和轉移存款等業務活動的職能。由於商業銀行具有較高的信譽和較多的分支機構，商業銀行業務與企業和部門聯繫密切，因此社會各界都願意委託商業銀行保管貨幣和有價證券、辦理貨幣收付和轉帳結算業務等。這樣，商業銀行就成為整個社會的「出納」、支付中心。商業銀行發揮支付仲介職能，為客戶轉帳辦理非現金結算，對整個社會節約貨幣流通費用、加速資本週轉具有重要意義。一方面，有利於商業銀行獲得穩定而廉價的資金來源。客戶在利用商業銀行支付仲介的便利時，必須開立活期存款帳戶，並存入一定的資金。這樣商業銀行就集聚了大量的低息甚至無息的資金，有利於降低商業銀行資金的成本。另一方面，商業銀行的支付仲介職能為客戶提供良好的支付服務，可以節約流通費用，加速資本週轉。隨著現代商品信用經濟進入網路化時代，商業銀行為客戶提供的形式多樣的非現金結算，已成為社會經濟中商品活動必不可少的環節，而商業銀行也成為現代經濟活動中最矚目、最重要的機構之一。

（三）信用創造職能

商業銀行的信用創造職能是在支付仲介和信用仲介職能的基礎上產生的。信用創造職能指在支票流通和轉帳結算的情況下，商業銀行利用其所吸收的存款發放貸款時，不以現金形式或不完全以現金形式支付給客戶，而只是把貸款簿記到客戶的存款帳戶上，這樣就增加了商業銀行的資金來源，最后在整個銀行體系形成數倍於原始存款的派生存款。商業銀行的信用創造功能依賴於以下兩種商業銀行的制度安排，即一是現代商業銀行的部分存款準備金制度，二是現代金融體系的支票轉帳結算制度。但值得注意的是，商業銀行並不能無限地進行信用創造，其信用創造受一系列因素的影響，如原始存款額、法定存款準備金率、放款付現率、貸款有效需求及定期存款準備金率

等的影響。

商業銀行的信用創造職能對於社會經濟發展有重要的意義，當社會上閒置資源較多、經濟發展對於貨幣資金的需求量較大時，商業銀行通過信用創造，可以向經濟過程注入必要的貨幣資金，從而促進閒置資源的利用和開發，推動經濟發展。由於商業銀行的信用創造職能通過調整社會資金總量可以對貨幣幣值、利率水平、社會投資、價格水平、國民生產總值等重要經濟變量產生重要的影響，因此商業銀行在國民經濟中佔有特殊的地位，因而成為金融監管機構重點監管對象。

（四）金融服務職能

金融服務職能是指商業銀行利用其提供的信用仲介和支付仲介服務，憑藉自身的優勢，如社會聯繫面廣、信用可靠、信息靈通、裝備先進，掌握了大量的市場信息和經濟信息等，借助電子計算機、互聯網等先進技術和手段，為客戶提供全方位、多角度的金融經濟信息服務，如信息諮詢、決策支持、自動轉帳、保管箱、代發工資、代收水電費和手機費等各種費用的支付以及代理買賣有價證券等。通過提供這些服務，商業銀行一方面擴大了與社會各界的聯繫和服務市場的份額，另一方面擴大了商業銀行的服務收入，加快了信息傳播，提高了信息技術的利用價值，促進了信息技術的發展。隨著經濟形勢的不斷發生變化，社會對商業銀行提出了創新金融服務的要求。在這種形勢下，整個商業銀行的金融服務職能正發生著革命性的變化。一方面，商業銀行向著電子銀行、網上銀行方向發展；另一方面，商業銀行積極開展理財服務、私人銀行服務、投資銀行服務等新業務，這些新業務有利於滿足日益增長的家庭理財和個人理財需求，也促進了商業銀行業務的多元化、綜合化和個性化發展。新業務在商業銀行中的開展使得商業銀行獲得了一個新的名稱——「全能銀行」。

除了以上職能外，商業銀行可以通過信用仲介活動，調節社會各部門的資金餘缺，同時在中央銀行貨幣政策指導下，實現調節經濟結構，引導資金流向，實現產業調整，因此商業銀行還具有調節經濟的職能。

第3節　商業銀行的經營原則

商業銀行是一種以經營金融資產和負債為對象的特殊企業。因此，商業銀行具有一般企業的特點——開展業務的目的是為了獲得利潤。在整個商業銀行的經營過程中，它以利潤最大化作為經營的目標。當前的商業銀行絕大多數是股份制銀行。作為商業銀行本身如果不能夠為股東或所有者帶來利潤，股東就會行使「用腳投票」的權利。

作為一種特殊的金融機構，商業銀行具有與一般工商企業不同的經營特點。其經營特點可以歸納為「三高」。一是高負債性。除了少量的自有資金外，商業銀行開展業務的資金大部分是向社會公眾借入的，這就使得商業銀行成為全社會最大的債務人。鑒於此，商業銀行經營非常突出的特點為高負債性。二是高風險性。在商業銀行經營過程中會遇到各種各樣的風險。例如，信用風險、利率風險、匯率風險、流動性風險、政策性風險等。由於商業銀行的特殊性，這些風險一旦變為現實，社會公眾就會紛紛

去銀行提取存款，造成「擠兌」，如果事態嚴重的話，會使商業銀行的生存受到嚴重威脅，商業銀行甚至整個社會經濟有可能面臨無法估量的損失。三是外部監管的高度嚴格性。正是由於商業銀行在整個國民經濟中舉足輕重的作用，使得商業銀行成為各國監管部門的重點監控對象。為了使商業銀行的安全性得到保障進而使社會大眾的利益得到保障，各國監管部門都對商業銀行都制定了一整套嚴格的監管措施。

正是由於商業銀行經營的「三高」特點，決定了其在業務經營過程中一定要遵循的經營原則。商業銀行的經營原則是指商業銀行在經營活動中所要遵循的行為準則。可將商業銀行的經營原則歸納為安全性原則、流動性原則、盈利性原則，即俗稱的「三性」原則。「三性」原則是商業銀行經營管理的核心與終極目標，商業銀行的一切經營管理活動，都是圍繞著「三性」原則展開的。

一、流動性原則

(一) 流動性的涵義

狹義的流動性是指在保持其資產不受損失的前提下，保證資產能夠隨時變現，以隨時應付客戶提現和滿足客戶貸款的需求。廣義上的流動性包含兩層意思：第一，負債的流動性，即銀行能以較低的成本隨時獲得所需資金的能力。第二，資產的流動性，即銀行的資產在不發生損失的情況下迅速變現的能力。

(二) 流動性原則的必要性

第一，由於是以貨幣為其唯一的經營對象，銀行整個經營活動都要通過現金收付進行，為了滿足頻繁的現金流動，必須保留足夠的現金準備。第二，作為銀行其對外負債主要是存款，各類存款隨時都有可能被提取，不可能事先確定什麼時候需要現金資產，需要多少。正是由於銀行的這種不確定性的現金需求，因此銀行有流動性的要求。第三，作為特殊的金融企業，能否對存款取現要求即時兌付，是保持信譽高低的主要標誌，也是銀行能否繼續經營的關鍵。如果做不到這一點，銀行信譽將受到極大損害，並可能由此而引發擠兌風潮，導致銀行破產。

(三) 商業銀行保持流動性的主要方法

商業銀行流動性體現在資產與負債兩方面，保持其適度的流動性也主要依賴於商業銀行資產業務與負債業務兩個方面的操作。

在資產方面，商業銀行要掌握一定數量的現金資產和流動性較強的其他金融資產，建立分層次的準備金是商業銀行保持流動性的基本方法。

1. 建立分層次的準備金資產制度

準備金資產主要指銀行持有的現金資產和短期有價證券。具體包括一級準備和二級準備。其中，現金資產包括庫存現金、同業存款和在中央銀行的存款。它們是貨幣性最強的部分，具有完全的流動性。因此，可將其視為應付流動性需要的第一準備或一級準備。短期有價證券一般指到期日在一年以內的流動性較強的債券。與現金資產相比，短期有價證券有一定利息收入，但流動性不及前者；與銀行其他資產相比，短期有價證券的流動性則比較強，即變現的速度較快，變現中損失較少。因此，這些短期有價證券被視為應付流動性需要的第二準備或二級準備。其特點為期限短、質量高、

變現快，是應付流動性風險的第二道防線。

2. 實施負債管理

實施負債管理是指以增加負債的形式從市場上借入資金來滿足流動性需求，包括向中央銀行借款、拆入超額準備金、對國外分支機構負債、發行可轉讓大面額存單、發行商業票據及出售貸款等形式。以負債形式取得資金滿足其流動性需要，不僅拓寬了人們的視野，找到了保持流動性的新方法，而且為銀行增加盈利資產、擴大資產規模創造了條件。但通過這一形式保持流動性需要考慮下列兩個問題：一是資金成本問題。由於借入款的利息成本要比存款利息成本高，因此增加借入款的同時減少銀行一級準備或二級準備才是有利的，必須使資產盈利的增加大於負債成本的增加。二是銀行信譽問題。這是從市場上借入資金的重要條件，只有取得客戶或投資者的信任，才能順利籌措到所需資金。因此，銀行在解決其流動性需求時，應主要從資產方面著手，力求保持資產的流動性，特別是保持足夠的二級準備，而把從負債方面取得資金的流動性放在第二位，作為一種必要的補充。

3. 統籌規劃銀行的流動性需求與流動性供給

統籌規劃銀行的流動性需求與流動性供給是指將測定的流動性需要與銀行所持有的流動性頭寸聯繫起來做出規劃，以解決面臨的流動性問題。例如，有的銀行在滿足短期的流動性需要方面有所不足，而在滿足長期的流動性需要方面有所多餘，總的流動性頭寸略有多餘。它便可以把所持有的高級別的期限較長的證券，以回購協議的方式出售一部分，既可以取得所需要的短期流動性頭寸，又不打亂證券的持有期限結構，仍可以滿足其長期流動性需要。

二、安全性原則

(一) 安全性的涵義

安全性是指避免經營風險，保證資金安全的要求。風險損失越小，安全性越強；反之，風險損失越大，安全性越弱。安全性原則可從資產和負債兩方面考察，從負債角度來看，包括資本金的安全、存款的安全、各種借入款的安全等；從資產角度來看，包括現金資產的安全、貸款資產的安全、證券資產的安全等。由於資產和負債是相互聯繫、相互制約的，是一個問題的兩個方面，資產處於無損狀態且能增值，負債自然安全。因此，資產負債的安全主要取決於資產的質量。在資產流動性和盈利性一定的前提下，提高資產按期歸還的可靠性，即可增加資金的安全性；反之，資產按期歸還的可靠性低，資金的安全性就差。需要指出的是，資金的安全性應包括收回資產的本金及利息兩個方面。因為資產所占用的資金是以負債方式籌措的，銀行要為此支付一定的利息，如果銀行只是收回資產的本金而沒有收回應得的利息，它的資金就會因虧損而減少，從而損害資金的安全性。從這個意義上講，銀行非盈利的現金資產並不是一種十分安全的資產。尤其在通貨膨脹時期，現金資產的本金不僅得不到利息的增值，反而還要遭受無形的貶值損失。因此，資金的安全性也要求銀行非盈利資產不能過多，以免遭受機會成本的損失。另外，對資產的按期歸還問題也要具體分析。銀行的貸款資產都有固定期限，在到期日前一般不能提前收回；銀行的證券資產雖有固定期限，

卻可為滿足資金流動性的需要而提前轉讓出賣，變為現金資產。因此，對於證券資產來說，其安全性需進一步確定為在到期日前隨時收回本息的可靠程度。

（二）安全性原則的必要性

一般來說，任何盈利企業都或多或少存在風險，都應在經營中避免風險，保證安全。但對銀行來講，安全性更有其特殊意義。

1. 銀行主要依靠負債經營，對風險比較敏感

一般工商企業的資產結構中，自有資本往往占相當高比重。銀行則不然，自有資本一般只占銀行資產很小的部分。這主要因為銀行是以貨幣為經營對象的信用仲介機構，它不直接從事物質產品的生產與流通活動，不可能獲得產業利潤。銀行貸款和投資取得的利息收入只是產業利潤的一部分，如果銀行不利用較多的負債來支持其資金運用，銀行的資本利潤率就會低於工商企業的資本利潤率。同時，作為一個專門從事信用活動的仲介機構，銀行比一般工商企業更容易取得社會的信任，得到更多的負債。因此，在銀行經營中有必要並且有可能保持較低的資本比率，但也正是這種較低的資本比率卻使銀行難以經受較大的損失，為保證銀行正常經營，就必須充分注意資金安全。

2. 銀行經營條件特殊，更需要強調安全性

由於銀行是經營貨幣信用業務的特殊企業，其經營活動與社會各行業都有著密切關係，加之貨幣作為特殊商品，又是國民經濟的一項綜合變量。因此，銀行的資產與負債既要受現實經濟生活中各種複雜因素的影響，又要受政府或中央銀行的人為控制。這樣，不僅運用出去的資金能否收回難以預料，而且資金成本、資金價格的變動也不好控制，銀行要想在動盪不定的市場經濟中求得生存和發展，就必須在整個經營管理中強化安全觀念。

（三）影響商業銀行經營安全的因素

商業銀行的安全性是商業銀行按期足額收回資產本息的可靠程度。商業銀行風險性是指商業銀行在整個經營過程中，受多種因素的影響導致損失發生的可能性或不確定性。根據不同的標準可以將商業銀行的風險分為不同的類型，目前銀行界最為常見的一種劃分標準是根據《巴塞爾協議》的「有效銀行監管的核心原則」，按照商業銀行風險的表現形式，將商業銀行風險分為流動性風險、信用風險、國家和轉移風險、市場風險、利率風險、操作風險、法律風險和聲譽風險八個方面。特別地，一般意義上人們常常將商業銀行風險歸結為三大風險，即信用風險、市場風險和操作風險。這也是給商業銀行造成損失最大的三類風險。它們是影響商業銀行經營安全的主要因素，商業銀行需要在加速金融創新與防範金融風險之間謀求平衡，保證經營的安全性。

三、盈利性原則

（一）盈利性原則的涵義

商業銀行的盈利性原則是指商業銀行經營獲取利潤的要求。追求盈利、實現利潤最大化，是商業銀行的經營目標，也是商業銀行企業性質的集中體現。是否盈利及盈利水平的高低是評價和衡量商業銀行經營效益的基本標準。

（二）盈利性原則的必要性

銀行以盈利為經營原則，是由其經濟性質、經營特點所決定的。從經濟性質來看，一方面，銀行作為經濟實體，必須具有承擔風險的能力。銀行只有堅持盈利性原則從事經營活動，才能不斷取得利潤收入，保持其業務活動的順利開展。當銀行發生資金損失或經營虧損時，也才能通過以往的利潤累積和今後的盈利收入來加以彌補。另一方面，銀行作為國民經濟的綜合部門，作為社會信用活動的主要組織者和承擔者，還應以提高社會經濟效益為己任。遵循盈利性原則，能夠使銀行在經濟效益的引導下自覺地重視信貸資金的營運效益，在實現自身盈利的過程中，推動企業及整個社會經濟效益的提高。從銀行的經營特點來看，銀行是典型的負債經營機構，其業務活動建立在社會信用的基礎上，而銀行的盈利是影響銀行信譽的重要因素，一個經營不善、虧損的銀行必然會因沒有安全感而失去其客戶，銀行一旦失去客戶及社會的信任，也就等於失去了經營信用業務的資格。因此，盈利性是銀行業務經營活動順利發展的經濟基礎。

（三）影響銀行盈利性的主要因素

1. 資產收益與資產損失

銀行的收益主要來自於盈利資產的收益。銀行收益的多少取決於銀行資產的規模、盈利資產的數量和盈利資產收益率。銀行在提高資產的收益時，必須同時注意控制銀行經營中隨時都可能發生的風險。風險產生，資本收益減少，甚至資本自身也會遭到損失。因此，避免風險、預防風險，是保證資產盈利的前提。

2. 資金成本

資金成本是銀行應為取得資金而付出的代價。在資產收益一定時，資金成本高，資產收益就下降；反之，資產收益就會提高。

3. 銀行的經營管理水平

銀行的經營管理水平影響到銀行的負債業務、資產業務、中間業務的規模和質量，影響資金的安全性、流動性、盈利性的有機結合，從而全面地決定著銀行的盈利水平。

4. 中央銀行的政策

中央銀行的存款準備金政策、貼現率政策、再貸款利率政策等都會影響銀行的盈利。

（四）增加銀行盈利的主要途徑

通過分析影響銀行盈利的因素，可以看出，增加銀行盈利的主要途徑應從增加收入和減少支出兩個方面著手。

1. 增加收入

商業銀行的業務收入包括資產收益和其他業務收入。資產收益是商業銀行從資產業務（放款和投資）中獲得的收入，而其他業務收益則是商業銀行從各項金融服務中獲取的收益。商業銀行要增加業務收入，首先必須提高資產收益。商業銀行提高資產收益的途徑主要有：擴大資產（放款和投資）的規模，這是增加資產收益的基礎；合理安排放款和投資的數量和期限結構，保證資產收益的穩定安全；合理進行貸款定價；盡量減少非盈利資產，提高盈利資產的比重。

要增加業務收入除了提高資產收益外，還必須提高其他業務收入。由於業務收入主要依賴於金融服務業務（中間業務），因此擴大商業銀行的業務範圍，積極利用商業銀行自身的信譽、信息、技術、設備、人才等優勢，為客戶提供多樣化的金融服務，也是增加商業銀行業務收入的重要途徑。隨著商業銀行業務的全面開展，服務手續費收入在商業銀行收入中的比重有越來越高的趨勢。

2. 減少支出

減少支出要降低商業銀行的經營成本。商業銀行的經營成本，即支出，包括資產損失、存款成本和其他業務支出（如管理費用、納稅支出等）。降低商業銀行的經營成本的主要途徑有：盡量降低存款成本；盡量減少放款和投資損失；提高工作效率，減少各項管理費用。

以上所述的增加盈利的方法，就是我們常說的「增收節支」。

四、「三性」原則之間的辯證關係

總體來說，商業銀行的「三性」原則既有相互統一的一面，又有矛盾的一面。它們之間存在著一種對立統一的辯證關係。

一方面，之所以說商業銀行「三性」原則是相互統一的，是因為「三性」原則是一個不可分割的整體，單獨強調某一方面，將導致嚴重的后果。作為企業，商業銀行經營的首要目標為盈利性。但作為一個經營貨幣信用的特殊企業，商業銀行在實現這個目標過程中又要受到流動性與安全性的制約，忽視這兩者，單純追求盈利，商業銀行的經營必然陷入混亂。因此，現代商業銀行在追求盈利性目標的同時，必須兼顧安全性和流動性。

另一方面，安全性、流動性和盈利性之間也存在著矛盾的一面。流動性強、安全性高的資產，其盈利性一般較低；反之，盈利性就較高。為了降低風險、確保資金的安全，商業銀行就不得不把資金投向收益率較低的資產，進而降低了盈利性；反之，為了提高盈利性，商業銀行必須以增加風險和犧牲資金的安全性為前提。

商業銀行在經營活動中，全面協調「三性」之間的關係，審時度勢，既應照顧全面，又需有所側重。例如，在經濟繁榮時期，由於商業銀行的資金來源充足，因而商業銀行應首先考慮到盈利性，而流動性、安全性次之。在經濟不景氣時期，由於企業貸款的還款風險增大，因而商業銀行應將流動性和安全性放在首位，盈利次之。在商業銀行持有較多的流動性、安全性好，但盈利性差的資產時，商業銀行就應首先考慮盈利性，設法增加中長期貸款之類的盈利性較好資產的比重，反之亦然。

第 4 節　商業銀行的分類

商業銀行可以從不同層次、不同角度進行分類。按資本所有權劃分，可將商業銀行劃分為私人商業銀行、合股商業銀行；按業務範圍劃分，可將商業銀行劃分為美國式職能銀行、英國式全能銀行和德國式全能銀行；按外部組織形式劃分，可將商業銀

行劃分為單一銀行制、總分行制、集團銀行制和連鎖銀行制。

一、按資本所有權劃分

按資本所有權的不同，我們可以把商業銀行劃分為私人商業銀行和合股商業銀行。

私人商業銀行是由社會中的專業貨幣商發展起來的，是屬於個體戶性質的商業銀行。這種商業銀行由於資本額較少，經營的業務種類單調而往往容易被一些大的合股銀行吞並或兼併。但是那些資本額較大、經營管理得當的私人商業銀行卻仍然被保留下來。這類商業銀行在現代商業銀行中占比很小。

合股商業銀行是指以股份公司形式組建的商業銀行，又稱股份制銀行，這種商業銀行是現代商業銀行的主要形式。中國現在的商業銀行就主要組織形式來說就是股份制銀行，具體分為以下幾類：一是國有控股商業銀行，如中國工商銀行、中國銀行、中國農業銀行、中國建設銀行和交通銀行。二是企業集團所有的銀行，如招商銀行、光大銀行、華夏銀行、中信銀行等。這類銀行都是由各企業集團籌資建立的，企業集團是這些銀行的最大股東。三是股份公司制的銀行。在中國，股份公司制的銀行又分為兩類，即未公開發行股票的銀行和公開發行股票的銀行。中國股份制銀行的股份大致由國家股、企業股、社會公眾股、外國投資者股構成。

二、按業務範圍劃分

在不同的國家，各國法律規定的商業銀行從事的業務範圍有所不同。根據商業銀行是否從事證券業務和保險業務，可以將商業銀行分為美國式職能銀行、英國式全能銀行和德國式全能銀行。

美國式職能銀行只經營銀行業務，但不能從事證券承銷和證券業務，也不能從事保險的相關業務；英國式全能銀行允許通過設立獨立法人公司來從事證券承銷的業務，但又不允許持有工商企業股票，並且也很少從事保險業務；德國式全能銀行既能經營全面銀行業務，又能經營證券和保險業務，還可以投資工商企業的股票。

隨著最近幾十年金融業的發展，尤其是在金融自由化趨勢和金融業國際和國內競爭加劇的推動下，金融混業經營成為大勢所趨，各國對銀行投資的限制也逐步放松。例如，日本在20世紀90年代中期開始解除了對金融業間的限制；美國也在最近幾十年內，逐步放開銀行業務的限制，使商業銀行的業務向證券和保險類業務滲透。

三、按外部組織形式劃分

按外部組織形式劃分，是現今比較通行的劃分商業銀行的方式。按照商業銀行的外部組織形式，商業銀行可劃分為以下幾類：

（一）單一銀行制

單一銀行制是指銀行業務完全由一個營業機構來辦理，不設立和不允許設立分支機構。因此，單一銀行制也稱為獨家銀行制。這種銀行制度在美國非常普遍，是美國最古老的銀行形式之一。因為美國是一個各州獨立性較強的聯邦國家，歷史上經濟發展很不平衡，東西部差距懸殊。為了適應經濟均衡發展的需要，特別是適應中小企業

的發展需要，反對金融權力集中、反對各州的相互滲透，各州都通過銀行法禁止或限制銀行開設分支機構，特別是跨州設立分支機構。

單一銀行制的優點在於：

（1）限制銀行業壟斷，人為地緩和競爭的劇烈程度，減緩銀行集中的進程。

（2）有利於銀行與地方政府的協調，適應本地區需要，集中全力為本地區服務。

（3）在經營決策上由於不受總行牽制，自主性強、靈活性大，能夠及時改變經營決策。

（4）管理層次少，有利於中央銀行管理和控制。

單一銀行制的缺點在於：

（1）銀行業務多集中在某個地區、某個行業，容易受到經濟發展狀況波動的影響，籌資不易，風險集中。

（2）限制了銀行在全國範圍內的競爭，不利於銀行業的發展。

（3）銀行規模較小，經營成本高，不易取得規模經濟效益。

（4）商業銀行不設分支機構，與現代經濟的橫向發展以及商品交換範圍的不斷擴大存在著矛盾。同時，在電子計算機等高新技術大量應用的條件下，商業銀行業務發展和金融創新受到限制。

目前美國大多數新銀行成立之初仍然是單個組織，因為他們的資本、管理和人員都非常有限。儘管如此，為了能夠打開新的市場和分散風險，大多數的美國銀行仍希望能建立多家分行。

（二）總分行制

總分行制是一家總行和下設的若干家分支行形成的以總行為中心的龐大的銀行網路。總分行制的特點是法律允許除銀行總部之外，可以在同一地區或不同地區甚至在國外設立分支機構，從而形成以總行為中心的龐大的銀行網路。這類銀行的總部一般設在經濟發達、通信便捷的大城市，從而有利於對下屬分支機構進行領導和指揮。

實行總分行制的商業銀行還可以進一步分類。依據職能的不同，可以分為總行制和總管理處制。總行制是指總行對各分支機構行使管理職能的同時，作為一級經營單位行使對外營業、辦理各種業務的職能。總管理處制是指總行對於各級分支機構僅有業務管理職能，但總行自身不經營銀行業務。依據總行對下屬分支機構的管理方式劃分，又可分為直屬行制、區域行制和管轄行制三種。在直屬行制下，所有分支機構均受總行直接管轄、指揮和監督；在區域行制下，將所屬分支機構劃分為若干區，每區設一區域級行為管理機構，該機構不對外營業，代表總行監督管理區域內各分支行，各分支行直接接受區域行領導，區域行直接對總行負責；在管轄行制下，各分支行中地位較重要的分支行作為管轄行，代表總行監督附近的其他分支行，同時仍對外辦理營業業務。

實行總分行制的商業銀行的顯著特點是分支機構多、分佈廣、總規模巨大，形成一個銀行網路。這一特點使得此類銀行的經營管理具有的優點如下：

（1）分支機構多、分佈廣、業務分散，因而易於吸收存款、調劑資金、充分有效地利用資本，同時由於放款分散、風險分散，又可以降低放款的平均風險，提高銀行

的安全性。

（2）在現金準備方面，分支機構間的資金調撥靈活，就整個商業銀行來說可相對降低現金準備額，減少非盈利資產占用。

（3）有利於商業銀行擴大資本總額和經營規模，從而有助於商業銀行實現規模經營。商業銀行的擴大有利於採用現代化設備，從而提高整體的經營效率。

（4）由於商業銀行規模較大、商業銀行總數較少，因而國家在進行金融調控時，只需取得這些商業銀行的積極配合就可以取得良好的調控效果，從而降低了國家宏觀調控的難度。

（5）可以為客戶提供多種便利的金融服務，特別是商業銀行的國外機構，滿足了客戶開拓國際市場的需求。

當然，總分行制也有不少的缺點，其缺點主要表現如下：

（1）容易造成大銀行對小銀行的吞並，形成壟斷，妨礙競爭。

（2）商業銀行規模過大，內部層次、機構較多，管理困難，一旦總行沒有完善的通信手段、成本控制方法和對下屬分支較強的控制能力，商業銀行的經營效益就會大幅下降。

（3）由於實行總分行制，商業銀行的分支行受當地經濟的影響較小，因而分支機構的管理人員並不十分關心當地經濟的發展。

總體來說，總分行制具有其他銀行體制所無法比擬的優點，更能適應現代經濟發展的需要，因而受到銀行界的青睞。目前，世界上大部分國家都實行總分行制，中國也是如此。但對單一銀行制和總分行制在經營效率方面的優劣卻是很難簡單評判。

（三）集團銀行制

集團銀行制是指由某一銀行集團成立股權公司，再由該公司控制或收購至少兩家或兩家以上的銀行而建立的一種銀行制度。集團銀行制又被稱為銀行持股公司制。在這種制度下，表面看來這些銀行是相互獨立、不受其他銀行影響的，但實際上，這些銀行的業務經營與決策均受到股權公司的控制。集團銀行制在美國最為流行，這是因為由於美國國內對總分行銀行制設有頗多限制，而經濟的飛速發展卻日益需要建立以總分行制為組織形式的商業銀行，這樣集團銀行制就成為總分行制的最具吸引力的替代銀行組織形式。集團銀行使得銀行可以更加便利地從資本市場籌集資金，並通過關聯交易獲得稅收上的好處，也能夠規避政府對跨州經營銀行業務的限制。至於是否會造成銀行業的壟斷，降低銀行經營效率則是難以說清楚的。

集團銀行制又可細分為兩種類型：一種是非銀行性持股公司制，另一種是銀行性持股公司制。前者是由主要業務不在銀行方面的大企業用某一銀行股份組織起來的；后者是由一家大銀行組織一個控股公司，其他小銀行從屬於這家大銀行。

集團銀行制的優點在於：

（1）這種制度安排是規避限制、開設分行的一種策略，既不損害單元銀行制的總格局，又能行總分行制之實，可以兼單一銀行制和總分行制於一身。

（2）能夠有效地擴大銀行資本總量，做到地區分散化、業務多樣化，更好地進行風險管理和收益管理，增強銀行實力，提高銀行抵禦風險和競爭的能力。

（3）在經濟和稅收條件較好的情況下，可設立分支機構，從而彌補了單一銀行制的不足。

當然，集團銀行制也有自身的缺點，其容易形成銀行業的過度集中和金融壟斷，不利於銀行開展競爭，限制了銀行經營的自主性和創新活動。

世界主要發達國家的混業經營大部分都是通過銀行控股公司或金融控股公司擁有分別從事不同業務的子公司來實現的，這些子公司在法律上和經營上都是獨立的法人，可以實現人員、業務交叉融合的混業局面，並且可以實行有效的金融監管。

（四）連鎖銀行制

連鎖銀行制是指由一個人或某一集團購買若干銀行的多數股票，從而達到控制這些銀行的目的。當前國際金融領域的連鎖制銀行主要是由不同國家的大商業銀行合資建立的，因而也稱之為跨國聯合銀行制。這些銀行的法律地位仍然是獨立的，但實際上其業務和經營政策被一個人或某一集團所控制。連鎖銀行制與集團銀行制一樣產生於美國，其產生的原因同樣是規避美國法律對設立銀行分支機構的種種限制。兩者的不同之處在於：連鎖銀行制沒有持股公司這一機構實體的存在，它只是由一個人或一個集團同時控制著法律上完全相互獨立的商業銀行，所有權掌握在某個人或某一集團手中。在這種體制下，各銀行由於受個人或集團控制，往往不易獲取銀行所需的大量資本，不利於銀行的發展，因此近年來許多連鎖銀行有向集團銀行轉變的趨勢。

除了以上幾種劃分依據外，還有其他的劃分方法。例如，按照業務方向可以將商業銀行劃分為批發性商業銀行、零售性商業銀和批發與零售兼營性商業銀行；按照商業銀行的地域和經營範圍可以將商業銀行劃分為地方性銀行、區域性銀行、全國性銀行和國際性銀行。

第 5 節　中國商業銀行體系

一、中國商業銀行的發展過程概況

中國商業銀行的產生可以追溯到南北朝時期，在那時已經出現了抵押貸款業務。到了唐代，隨著國內貿易的繁榮和發展，逐步產生了以經營銀錢保管、匯兌和貸款業務，並出現了類似匯票的「飛錢」。在北宋時期，開始出現紙錢，稱為「交子」。在隨后的時期內又出現了「錢鋪」「錢莊」和「票號」等多種金融機構，但這些並不是現在意義上的銀行。

鴉片戰爭后，一些外商銀行紛紛進入中國開展金融業務，並憑藉其特權攫取了巨額的利潤。中國境內第一家銀行是 1845 年英國人設立的麗如銀行。1897 年，中國通商銀行作為中國人自辦的第一家銀行開始營業。

20 世紀 30 年代，中華民國政府建立了以中央銀行、中國銀行、交通銀行、中國農民銀行、中央信託局、郵政儲金匯業局、中央合作金庫（簡稱「四行二局一庫」）為主體，包括省、市、縣銀行及官商合辦銀行在內的金融體系。此外還有一批民族資本

家興辦的私營銀行及錢莊，其中約三分之一集中在上海，但多半規模不大且投機性強，在經濟運行中所起的作用十分有限。

新中國成立後，中國在計劃經濟體制下形成了由中國人民銀行「大一統」的銀行體系，即銀行不劃分專業系統，各個銀行都作為中國人民銀行內部的一個組成部分，從而使中國人民銀行成為既辦理存款、貸款和匯兌業務的商業銀行，又擔負著國家宏觀調控職能的中央銀行。直至 1978 年黨的十一屆三中全會的召開，在將近 30 年的時間裡，全國只有一家壟斷所有金融業務的中國人民銀行。

1978 年以後的改革開放使中國逐步由高度集中的計劃經濟向社會主義市場經濟轉變。總結 30 多年來的實踐經驗，可以把中國商業銀行形成的途徑概括為兩條：一是從中國人民銀行中分設或新建的專業銀行向商業銀行轉化，二是新建立了一批商業銀行。前者像中國農業銀行、中國銀行、中國工商銀行，從中國人民銀行分設出來，中國建設銀行（當時稱中國人民建設銀行）從財政部分離出來。後者如中信實業銀行、中國光大銀行、招商銀行、華夏銀行、廣東發展銀行、福建興業銀行、深圳發展銀行、上海浦東發展銀行、中國民生銀行。從此以後，中國商業銀行體系逐步形成和完善了。

二、中國商業銀行體系

基於發展歷史、使用習慣、監管實踐以及各類機構的總體特徵，中國商業銀行體系劃分為國有控股銀行、股份制商業銀行、城市商業銀行、農村銀行業金融機構、中國郵政儲蓄銀行和外資銀行六大類。

（一）國有控股銀行

國有控股銀行包括中國工商銀行、中國農業銀行、中國銀行、中國建設銀行和交通銀行，通常稱為大型商業銀行。

在五家國有控股銀行中，由於工、農、中、建四大銀行有著類似的發展歷史，往往合稱為「四大銀行」。下面簡要介紹這四家銀行，然后介紹交通銀行。

1978 年開始改革開放后，「四大銀行」逐步得以恢復和發展。為了加強國家對支農資金的管理，適應農村經濟體制改革的需要，1979 年年初，中國農業銀行得以恢復，成為專門負責農村金融業務的國有專業銀行。同年 3 月，中國銀行從中國人民銀行中分離出來，專門經營外匯業務，成為經營外匯業務和管理國家外匯的專業銀行。隨后，中國人民建設銀行（現在的中國建設銀行）從隸屬於財政部逐步獨立為專門經營長期信用業務的專業銀行。1984 年 1 月，為了能夠承辦原來由中國人民銀行辦理的工商信貸和儲蓄業務，中國工商銀行成立，成為專門辦理城市金融、工商信貸業務的專業銀行。至此，中國的專業銀行體制得以確立，形成了中央銀行和專業銀行並存的二級銀行體制。

1994 年，中國組建了三大政策性銀行（中國進出口銀行、國家開發銀行和中國農業發展銀行），基本完成了國有專業銀行的政策性業務和商業性業務的分離工作。1998 年，財政部發行了特別國債，補充「四大銀行」的資本金。1999 年，中國成立了四家資產管理公司，剝離了四大銀行的不良資產，實行集中管理。2003 年年底，中國決定對中國銀行、中國建設銀行進行股份制改革試點，標誌著中國國有商業銀行股份制改

革正式啓動。2005年10月,中國建設銀行成功在香港上市;2007年9月,中國建設銀行在上海證券交易所上市。2006年,中國銀行又先后在香港和上海上市。2006年10月,中國工商銀行在上海和香港同時上市。2007年1月,全國金融工作會議明確中國農業銀行「面向三農、整體改制、商業運作、擇機上市」的改革原則。2007年11月,中國農業銀行正式成立風險管理部,進一步整合、強化了中國農業銀行風險管理體系,搭建全面風險管理構架,保證股份制改革順利進行。2008年11月6日,匯金公司向中國農業銀行注資1,300億元人民幣等值美元,與財政部並列成為中國農業銀行第一大股東,股份制改革進入實質性階段。2009年1月16日,中國農業銀行股份有限公司舉行掛牌儀式,並於2010年10月15日、16日分別在上證A股和香港H股市場上市。

交通銀行建於1908年,是中國早期的四大銀行之一。新中國成立後,交通銀行國內業務並入了當地中國人民銀行和中國人民建設銀行。一直到1986年7月,為適應中國經濟體制改革和發展的需求,交通銀行才被批准重新組建。1987年,交通銀行正式對外營業,成為國內第一家全國性的國有股份制商業銀行。2005年6月,交通銀行在香港上市。2007年5月,交通銀行成功迴歸A股在上海證券市場上市。

(二) 股份制商業銀行

截至2014年12月底,中國股份制商業銀行包括中信銀行、中國光大銀行、招商銀行、華夏銀行、廣東發展銀行、福建興業銀行、平安銀行、上海浦東發展銀行、中國民生銀行、恒豐銀行、浙商銀行、渤海銀行等。在四大國有商業銀行完成股份制改造、城市商業銀行也按股份制進行組建的背景下,用「股份制商業銀行」這個名詞來指上述12家銀行已不準確。但是,由於沒有更好的名稱來概括這類銀行,人們習慣上還是使用這一名稱。股份制商業銀行在一定程度上填補了國有商業銀行收縮機構造成的市場空白,較好地滿足了中小企業和居民的融資需求,方便了人們的生活。同時,打破了國有商業銀行的壟斷局面,促進了銀行體系競爭機制的形成,帶動了商業銀行整體服務水平、質量和效率的提升。

(三) 城市商業銀行

城市商業銀行是在原來城市信用合作社的基礎上組建起來的。1979年,第一家城市信用合作社成立。在接下來的一段時間內,信用合作社在大中城市正式推廣,數量急遽增多。城市合作社的迅猛發展,在一定程度上緩解了企業的融資問題,從而促進了小企業的發展和當地經濟的繁榮,成為支持地方經濟發展的重要力量。但是,由於其組織體制和運行機制更像小型商業銀行,再加上自身的規模小、資金成本高、股權結構不合理等缺陷,其經營風險逐步顯露出來。為了更好地促進地方經濟的穩定和發展,1994年中國決定兼併城市信用合作社,成立城市合作銀行,后來正式更名為城市商業銀行。

2006年4月,上海銀行寧波分行開業,成為城市商業銀行第一家跨省區設立的分支機構,標誌著城市商業銀行的經營範圍已經不再局限於一個城市的行政區域之內。2005年,安徽省內的6家城市商業銀行和7家城市信用合作社兼併重組為徽商銀行。2007年江蘇省內的10家城市商業銀行在市場和自願的基礎上組建了江蘇銀行。這標誌著中國城市商業銀行開始了兼併重組的徵程。2009年起,城市商業銀行陸續取得多種

非銀行金融機構牌照及業務資格，進一步拓寬了經營領域。2012 年，為支持西藏地區社會經濟發展，西藏銀行獲批成立。2013 年，中國銀行業協會城市商業銀行工作委員會成立，搭建起城市商業銀行群體合作交流的統一平臺。截至 2014 年年底，城市商業銀行總數達 133 家，總資產規模達 18.08 萬億元，佔銀行業資產總額的 10.49%。其中，北京銀行、上海銀行和江蘇銀行總資產規模均已過萬億元。

（四）農村銀行業金融機構

中國農村銀行業金融機構包括農村信用社、農村商業銀行、農村合作銀行、村鎮銀行和農村資金互助社。其中，農村商業銀行和農村合作銀行是在兼併農村信用社的基礎上組建的；而村鎮銀行和農村資金互助社是從 2007 年開始成立的新型農村銀行業金融機構。

為了加強農村信用社組織上的群眾性、管理上的民主性和經營上的靈活性（簡稱「三性」），自 1984 年以後，信用社在農業銀行的領導下，開始了以「三性」為主要內容的改革。1996 年，國家提出建立和完善以合作金融為基礎、商業性和政策性金融分工協作的農村金融體系，決定農村信用社與農業銀行脫鉤，辦成農民入股、社員民主管理、主要為入股社員服務的真正的合作金融組織。2000 年 7 月，農村信用社改革試點先後在江蘇進行，提出用 3~5 年的時間使大部分農村信用社成為自主經營、自擔風險、自我發展的適應農村經濟發展需要的金融組織。2001 年 1 月，中國第一家農村股份制商業銀行張家港市農村商業銀行正式成立。2003 年 4 月，中國第一家農村合作銀行寧波鄞州農村銀行正式成立。2006 年年底，中國基本完成了農村信用社管理體制的改革，將管理交省級政府負責，初步形成「國家宏觀調控、加強監管、省級政府依法管理、落實責任、信用社自我約束、自擔風險」的管理框架。2007 年 8 月 10 日，隨著海南省聯社揭牌儀式啓動，全國建立省級聯社任務宣告全部完成。2010 年 12 月 16 日，重慶農商行在香港成功上市，成為農商行上市「第一股」。2010 年 12 月，全國農村信用社、農村商業銀行負債資產首次突破 10 萬億元。

村鎮銀行是指經中國銀行業監督管理委員會（以下簡稱銀監會）依據有關法律、法規批准，由境內外金融機構、境內非金融機構企業法人、境內自然人出資，在農村地區設立的主要為當地農民、農業和農村經濟發展提供金融服務的銀行業金融機構。農村資金互助社是指經銀行業監督管理機構批准，由鄉鎮、行政村農民和農村小企業自願入股組成，為社員提供存款、貸款、結算等業務的社區互助性銀行業金融機構。根據 2006 年 12 月 22 日中國銀監會發布的《關於調整放寬農村地區銀行業金融機構准入政策、更好支持社會主義新農村建設的若干意見》的規定，適當降低了農村地區新設銀行業金融機構的註冊資本，在投資人資格與境內投資人持股比例限制、業務准入條件與範圍、新設法人機構或分支機構的審批權限和公司治理等方面也降低了門檻。

（五）中國郵政儲蓄銀行

2006 年 12 月 31 日，中國銀監會正式批准中國郵政儲蓄銀行開業。2007 年 3 月 20 日，中國郵政儲蓄銀行正式掛牌營業。中國郵政儲蓄銀行的營業網點超過 3,600 個，其中 2/3 以上分佈在縣及縣以下農村地區，是中國連接城鄉的最大金融網，也是農村金融服務體系的重要組成部分。從未來的發展規劃來看，中國郵政儲蓄銀行將繼續依

託郵政網路經營，按照公司治理架構和商業銀行管理要求，建立嚴格的內部控制和風險管理體系，實現市場化經營管理。

(六) 外資銀行

最早進入中國的外資銀行可以追溯到1979年日本輸出入銀行在北京設立的代表處，從此拉開了外資銀行進入中國的序幕。2006年12月11日，中國加入世界貿易組織的過渡期結束后，中國取消外資銀行在中國境內經營人民幣業務的地域和客戶對象的限制，標誌著中國銀行正式全面對外開放。從此，外資銀行在設立具有獨立資格的法人銀行（外商獨資銀行或中外合作銀行）後，就可以享受國民待遇經營全面的外匯和人民幣業務。在中國的外國銀行分行的業務限定為全部外匯業務、對除中國境內公民以外客戶的人民幣業務、吸收中國境內公民每筆不少於100萬元人民幣的定期存款，外國銀行分行經中國人民銀行批准，可以經營結匯、售匯業務。

2014年11月27日，國務院公布《國務院關於修改〈中華人民共和國外資銀行管理條例〉的決定》，自2015年1月1日起施行。此次修改是在全面深化改革的新形勢下，對外資銀行主動實施進一步的開放措施。修改的重點是根據外資銀行在中國設立營運的實際情況，在確保有效監管的前提下，適當放寬外資銀行准入和經營人民幣業務的條件，為外資銀行設立和營運提供更加寬鬆、自主的制度環境。此次修改分為兩個方面：一是對外商獨資銀行、中外合資銀行在中國境內設立的分行，不再規定其總行無償撥給營運資金的最低限額；二是不再將已經在中國境內設立代表處作為外國銀行（外國金融機構）在中國境內設立外商獨資銀行、中外合資銀行以及外國銀行在中國境內初次設立分行的條件。

值得一提的是，中國在建立民營銀行方面取得了突破。2014年起，經黨中央、國務院批准，銀監會開展了首批民營銀行試點工作。2014年3月，銀監會公布了國務院批准的首批五家民營銀行試點名單，正式啟動民營銀行試點工作。第一批試點的五家民營銀行，即深圳前海微眾銀行、上海華瑞銀行、溫州民商銀行、天津金城銀行、浙江網商銀行已全部開業，總體運行平穩。這些試點的民營銀行主要具有以下幾個特點：第一，有專門辦銀行的良好動機，立足長遠發展和穩健經營。第二，有差異化的市場定位和業務特色。第三，有較為完善的公司治理和風險管理機制。第四，有較強的風險承擔能力。第五，發起人股東都是境內純民營企業。第六，有先進的現代科技支持和全新的經營模式。這些民營銀行的積極探索對中國銀行業體系轉型、變革帶來了一定的積極影響。2015年6月22日，國務院辦公廳轉發銀監會《關於促進民營銀行發展的指導意見》，標誌著民營銀行已步入常態化發展階段。

【本章小結】

(1) 商業銀行從雛形發展到現在的多功能、綜合性的「金融百貨公司」，可以說是商品貨幣經濟發展的產物，與商品經濟的發展密切相關。從歷史角度考察，商業銀行的發展大體沿著兩種傳統發展開來，即英國式融通短期商業資金的傳統和德國式融通

短期商業資金的傳統。

（2）商業銀行可以界定為：以追求利潤最大化為目標，以金融資產和負債為經營對象，開展多樣化的金融服務，發揮多種經濟功能的金融企業。商業銀行作為金融企業，具有信用仲介、支付仲介、信用創造、金融服務和調節經濟等職能。

（3）由於商業銀行經營的「三高」特點，決定了其在業務經營過程中一定要遵循的經營原則。商業銀行的經營原則是指商業銀行在經營活動中所要遵循的行為準則。可將商業銀行的經營原則歸納為：安全性、流動性、盈利性，即俗稱的「三性」原則。「三性」是商業銀行經營管理的核心與終極目標，商業銀行的一切經營管理活動，都是圍繞著「三性」原則展開的。商業銀行的「三性」經營原則既有相互統一的一面，又有矛盾的一面。它們之間存在著一種對立統一的辯證關係。

（4）對於商業銀行可以從不同層次、不同角度進行分類。按資本所有權劃分，可將商業銀行劃分為私人商業銀行、合股商業銀行；按業務範圍劃分，可將商業銀行劃分為美國式職能銀行、英國式全能銀行和德國式全能銀行；按外部組織形式劃分，可將商業銀行劃分為單一銀行制、總分行制、集團銀行制和連鎖銀行制。

（5）基於發展歷史、使用習慣、監管實踐以及各類機構的總體特徵，中國商業銀行體系劃分為國有控股銀行、股份制商業銀行、城市商業銀行、農村銀行業金融機構、中國郵政儲蓄銀行和外資銀行六大類。

思考練習題

1. 試述商業銀行的產生與發展的歷程。
2. 簡述商業銀行的性質以及職能。
3. 簡述商業銀行開展的新業務種類。
4. 簡述影響商業銀行經營安全的風險因素。
5. 論述商業銀行經營的「三性」原則的涵義及其之間的辯證關係。
6. 簡述商業銀行的分類。
7. 簡述中國的商業銀行體系。

第 2 章　商業銀行資本管理

內容提要：本章的主要內容包括介紹商業銀行資本的構成以及各部分的功能，探討在《巴塞爾協議》《巴塞爾協議 II》《巴塞爾協議 III》框架下的商業銀行資本充足率的衡量和管理，在此基礎上，進一步分析商業銀行的資本結構管理，並對中國商業銀行資本管理的現狀進行簡單的介紹。

商業銀行的資本是我們經常接觸的一個概念。與普通企業一樣，商業銀行的設立和經營也需要一定數量的資本作為基礎。但由於商業銀行經營的特殊性，其資本的概念與普通企業存在差別。一直以來，各國金融監管機構對商業銀行的資本充足率都有著嚴格的規定。伴隨著經濟金融全球化的進程，各國金融監管機構對商業銀行的資本劃分口徑和監管標準正在出現逐步一致的趨勢。

第 1 節　商業銀行資本的構成及功能

一、商業銀行資本的定義

資本是企業設立和經營的基礎。作為金融類企業，商業銀行也需要一定數量的資本。但是，值得注意的是，我們常聽到的各種商業銀行「資本」的概念，實際上有著不同的實質和內涵。存在這種現象的原因主要是商業銀行在財務會計、銀行監管、內部風險管理等方面都會用到「資本」，自然就演化出各自相應的「資本」概念。常見的「資本」概念有會計資本、監管資本、經濟資本。

（一）會計資本

從會計學的意義上說，商業銀行的資本等同於資產負債表上的所有者權益項目，數量上等於總資產與總負債的差額。就具體構成來說，與普通企業一樣，包括了股本（實收資本）、資本盈余和留存收益。

（二）監管資本

監管資本是 1988 年發布的《巴塞爾資本協議》提出的，是各國金融監管當局要求商業銀行必須達到的最低資本限額。監管資本分為核心資本（一級資本）和附屬資本（二級資本）。從數量上來說，監管資本除了上述所有者權益項的會計資本外，還包括一部分具有資本屬性的債務資本，如可轉換的資本債券、次級債券和各種儲備金等，這使得商業銀行的資本具有雙重屬性。從構成上來說，所有者權益稱為核心資本，債

務資本稱為附屬資本。

（三）經濟資本

經濟資本是由《巴塞爾新資本協議》倡導的、國際先進商業銀行普遍採用的風險管理工具。經濟資本是與商業銀行經營的非預期損失等額的資本，用於承擔業務風險或購買未來收益的股東權益總額，即經濟資本＝風險資本＋商譽。其中，風險資本是指在給定的置信區間內，用於彌補在給定時間內的資產價值與其他頭寸價值的潛在損失的金額；商譽則是指預期會產生未來收益的業務或資產。

二、商業銀行資本的構成

從上面的論述中我們知道，商業銀行的資本概念在不同的領域有著不同的內涵。這裡我們主要從監管資本的角度來介紹商業銀行資本的內涵和構成情況。具體來說，商業銀行的資本包括下列幾個部分：

（一）所有者權益項下的資本

所有者權益項下的資本的範疇與普通企業的資本是一致的，數量上為資產負債表中資產減去負債的余額。具體來說，包括普通股、優先股以及資本盈余和留存收益。

1. 普通股

普通股是商業銀行資本的基本形式，代表著對商業銀行的所有權。普通股持有人的權利體現在以下三個方面：第一，對商業銀行擁有經營決策權；第二，對商業銀行的利潤和資產享有分享權；第三，在商業銀行增發普通股票時，享有新股認購權。商業銀行資產負債表中的普通股金額為普通股股數乘以股票票面價值。

商業銀行利用普通股籌集資本具有以下優點：沒有固定的股息負擔，商業銀行可以根據自己經營戰略和盈利水平，確定股息支付的時點和數量；普通股所形成的資本是商業銀行最穩定的資本，可以對債權人提供保證，從而增強商業銀行信譽；普通股的流通市場比較發達，有利於商業銀行在短期內籌集到所需的資本。

利用普通股籌資也有一定的缺點：由於普通股股東都可以參與商業銀行經營的決策，因此增加普通股就可能會削弱原有股東的控制權和投票權；普通股會減少原有普通股股東的股息收入，因為商業銀行資本的增加不會立即增加商業銀行的紅利總量；由於普通股的發行手續較為複雜，各項費用較高，因此普通股的發行成本和資金成本相對較高。

2. 優先股

優先股是指在收益和剩余資產分配等方面比普通股享有優先權利的股票。這種權利在商業銀行的存款人和其他債權人之後，在普通股的持有人之前。無論商業銀行經營狀況如何，只要商業銀行利潤在支付債務資產持有人的利息收益後尚有剩余，優先股股東都有權獲得固定的股息收益，但優先股股東不能參與商業銀行的經營決策。因此，優先股具有權益資產和債務資產的特性。根據《巴塞爾資本協議》的規定，只有永久性的、非累進的優先股才能視為核心資本，否則須視為附屬資本。

商業銀行利用優先股籌資的優點如下：優先股股東沒有投票權，因此不會削弱原有股東對商業銀行的控制權；優先股沒有到期日，不存在償債壓力；由於優先股股息

事先確定,不會影響普通股股東的紅利水平,因此不會影響普通股股票的價格;優先股可以提高財務槓桿係數,在正效應的情況下,商業銀行普通股收益率將增加。

但是,通過優先股籌資也存在一些弊端:優先股的股息一般比債券利息要高,並且不能作為費用在稅前支付;在一定程度上降低了商業銀行信譽。一般而言,一家商業銀行信譽的高低由資本量的多少決定,其中主要是來自資本性質的普通股的多少,優先股的發行會減少普通股在商業銀行資本中的比重,從而削弱商業銀行的信譽。

3. 資本盈餘和留存收益

資本盈餘主要是由投資者超繳資本構成。通常情況下,當股票採用溢價發行的方式發行時,商業銀行籌集到的資金數量超過按照股票面值所計算金額(股本)的部分,即構成資本盈餘。另外,資本盈餘也可以反應商業銀行資本的增值部分,如接受捐贈所增加的資本等。資本盈餘可用於轉增股本。在企業不盈利或少盈利的情況下,企業可以運用資本盈餘發放股息。

留存收益是尚未動用的商業銀行累計稅后利潤部分,又稱為未分配利潤。留存收益的大小取決於商業銀行盈利性的大小、股利支付率以及所得稅稅率等因素。留存收益有著資本盈餘所沒有的功能,它的大小影響到商業銀行對內對外投資的規模。商業銀行若將留存收益股本化並擴大投資規模,那麼商業銀行留存收益的帳面餘額會減少。留存收益可以視為商業銀行淨利潤以未分配利潤的方式留存在銀行中,相當於股東分到紅利後又將其投入商業銀行,但這部分投入的紅利可以免交個人所得稅,因此對股東有利。

(二)債務資本

債務資本包括了普通資本票據和資本債券、可轉換債券、次級債券。

1. 普通資本票據和資本債券

資本票據是指那些期限較短,有大小不同發行額度的銀行借據。資本債券是指那些發行期限較長、發行面額較大的債務憑證。資本票據和資本債券是商業銀行的債務型資本,它們有明確的利息和期限。在破產清算時,其清償權在存款人之後,因此又被稱為附屬資本。

作為商業銀行的補充資本,資本票據和資本債券能為商業銀行帶來的好處如下:債務利息可以在稅前列支,可以降低籌資成本,擴大財務槓桿係數;增加這類資本不會對股東的控制權產生影響。但資本票據和資本債券也存在下列弊端:債務利息是商業銀行的固定的負擔,若商業銀行盈利不能支付利息,就會增加商業銀行破產的風險;各個國家的監管當局對附屬債務資本在資本中所占比例都有嚴格的規定,因此商業銀行不能大規模地籌集這類資本。

2. 可轉換債券

可轉換債券是指根據投資人的選擇,在一定期限內依據約定條件可以轉換成普通股的債券。可轉換債券兼有債券性和股權性的屬性,其最大的特點在於可轉換性。債券的持有者可以按照約定的條件將債券轉換成股票,這一轉股權是可轉換債券持有人享有的、一般債權人所沒有的選擇權。通常可轉換債券在發行之時即約定:在一定期限內,債權人可以按照發行時約定的價格將債券轉換成公司的普通股股票。當然,債

權人也可以不轉換，一直將債券持有至到期。該類債券可以歸為附屬資本，其發行不會改變商業銀行資本的總量，但會改變核心資本和附屬資本的比重。

利用可轉換債券籌資的優點在於：可以降低隱含的籌資成本，因為可轉換債券的利率通常低於不可轉換的普通債券；商業銀行可以選擇根據具體情況設計不同報酬率和不同轉換率的可轉債；當普通股市價偏低時，可以通過出售可轉換債券增加融資量。例如，某銀行的普通股市價為每股40元，此時出售面值為1,000元的可轉債，規定轉換率為20，即一張1,000元債券可以轉換為20股普通股，它的轉換價格為50元每股，比普通股的現價格高出了20%。這時發行可轉債較之發行普通股更為有利；當可轉換債券轉化為普通股以後，債券本金就無需償還，從而減少了商業銀行的債務壓力。

發行可轉債也存在一定的缺陷：可轉換債券的好處很大程度上取決於普通股股價的走勢。在上例中，如果普通股股價迅速上漲，則商業銀行稍微等待直接發售普通股更為有利。另外，如果可轉債發行後，普通股股價大幅下跌，那麼可轉債不會大量轉換，反而增加了債務負擔；而當可轉債轉換為普通股時，會削弱原有股東對商業銀行的控制力。

3. 次級債券

次級債券是指商業銀行發行的，本金和利息的清償順序列於商業銀行其他負債之後，先於商業銀行股權資本的債券。按照《巴塞爾資本協議》的規定，商業銀行的這類附屬資本不能超過核心資本的50%。在國際上，次級債券已經成為一些國家的商業銀行改善銀行資本結構的重要方法和工具。

與一般的債券（不符合作為資本條件的債券）不同，次級債在一定的期限內具有資本的性質。這一點在銀行倒閉或清算時得到了充分的體現，因為次級債的清償順序在其他債務之後。對商業銀行來說，由於次級債券在距到期日前最后五年開始折扣，如一筆十年期的次級債券，前五年100%地計入附屬資本，第六年計入附屬資本的比例為80%，第七年為60%，第八年為40%，第九年為20%，最后一年為0。因此，如果次級債的剩餘期限低於五年，那麼其代表的資本屬性就會逐年地減弱，商業銀行的資本金就減少，財務效率也比較低下。面對這一情況，商業銀行可以考慮贖回債券，以發行新的可以全部作為資本的債券取代，從而可以循環使用這種資本替代功能。

當然，作為一種債務，次級債券同時又具備了普通債權的優點，如利息可以在稅前列支，有助於提高銀行的資本收益率，不影響股東對商業銀行的控制權等。正是由於次級債券所具有的發行限制少、操作方便、快捷等優勢，從而使商業銀行可以較為靈活地運用它來保持銀行資本的穩定。

（三）其他資本

其他資本主要是指各種防止意外損失發生而提留的儲備金，包括資本準備金、貸款損失準備金、證券損失準備金等。它們都是銀行為了應付意外事件從稅前利潤中提取出來的，當貶值或呆帳發生時，銀行就從這種準備金中提取相應部分進行補償，其餘額仍保留在銀行帳戶上作為銀行資本的補充。

該類資本的好處在於：在稅前提留，起到了合理避稅的作用；儲備金逐年累計提留的做法不會對當年的分紅產生過大的影響，補償取用時又可以避免因資產損失而對

當年收益產生衝擊。該類資本的缺點在於：銀行不能過多地依賴這部分資本，因為過多提留會影響到銀行的利潤，同時各國的監管當局出於國家稅收考慮要嚴格規定提留的比例或數額。

三、商業銀行資本的功能

商業銀行的資本金儘管在商業銀行的整個資金來源中所占比例不是很大，但是其對商業銀行的經營卻發揮著非常重要的作用。商業銀行資本的功能主要表現在下列幾個方面：

（一）營業功能

資本是商業銀行成立、正常運轉和發展的必要前提和保證。任何國家法律都規定，商業銀行申請開業必須具備一定數量的自有資本。商業銀行運轉需要足夠的資本金，資產規模的擴大或業務品種的增加，都需要追加一定的資本金。資本越多，顯示銀行的實力越雄厚，市場聲譽越高，企業和社會大眾都樂意與其打交道。銀行在社會上的形象越是好，其業務發展越有可靠的基礎。同時，資產規模和業務量的擴展所帶來的風險敞口的擴大，也需要相應增加的資本金來支撐。

（二）保護功能

商業銀行資本的保護功能主要體現在以下兩個方面：

1. 緩衝商業銀行日常經營中的風險

商業銀行本身就是經營和管理風險的行業，又由於商業銀行經營的高負債特性，使得商業銀行具有與生俱來的脆弱性，經營過程中具有很大的不穩定性，風險是客觀存在的。特別是在經濟金融全球化的今天，商業銀行的風險種類和風險程度較之過去都有明顯的增加。因此，持有較多的資本金可以使銀行在發生損失時，用資本金來衝銷損失，在一定程度上防止銀行破產倒閉。

2. 對存款人利益的保護

一般來說，對存款人利益的保護來自於以下幾個方面：一是銀行的穩健經營以及盈利能力；二是存款保險制度；三是政府強有力的監督及信譽擔保；四是有效的市場約束；五是資本金設置的制度安排。銀行經營的穩健性以及盈利能力對於外部人來說是不可控制的，政府監管和市場約束也需要不斷地完善。因此，在尚未建立存款保險制度的國家中，資本金的保護作用就顯得尤為重要。在銀行面臨嚴重的危機時，資本金是銀行保護存款人以及其他債權人的緩衝器。因此，資本金制度的安排及執行情況，對存款人利益的保護起著重要作用。

（三）滿足監管需要

商業銀行是一國經濟體系的運行中樞，與企業、個人、政府等其他經濟主體存在著廣泛的聯繫，銀行的經營危機也很可能產生多米諾骨牌效應，引發系統性風險。因此，各國都要求對銀行業進行嚴格的監管，以保持整個金融業的安全穩健運行，維護整個社會的金融穩定。

各國監管部門也通過制定一系列的監管指標和措施來進行監管。這其中，與資本相關的註冊資本限額、資本充足率、核心資本充足率等指標是核心的要求，需要商業

銀行嚴格貫徹執行。實施資本監管，可以保證商業銀行有足夠的資本，防止商業銀行在擴張資產規模過程中，承擔了超過自身承受力的風險。下面，以兩家美國銀行為例說明資本在風險管理中的作用。

案例2.1：美國兩家銀行A銀行（高資本金銀行）和B銀行（低資本金銀行），在某年的資產負債表如表2.1所示。

表2.1　　　　　　　　　A銀行和B銀行的資產負債表

單位：萬美元（1美元約等於6.5元人民幣，下同）

項目	A銀行	B銀行
資產	8,000	8,000
其中：不動產貸款	800	800
負債		
其中：存款	6,000	7,500
資本金	2,000	500

假設，由於房地產市場泡沫的破滅，它們發現自己800萬美元的不動產貸款已經一文不值。當這些壞帳核銷后，資產總值減少了800萬美元，作為資產總值與負債總值之差的資本金也減少了800萬美元，變化后的情況如表2.2所示。

表2.2　　　　　　　　　變化后的資產負債表　　　　　　　　　單位：萬美元

項目	A銀行	B銀行
資產	7,200	7,200
負債		
其中：存款	6,000	7,500
資本金	1,200	-300

從表2.2中可以看出，A銀行的資本金仍為正數，不會因為系統性風險的爆發而破產，而B銀行的資本金卻變為負數，出現資不抵債，面臨倒閉的危險。

第2節　商業銀行的資本充足率與《巴塞爾協議》

商業銀行資本充足性有狹義和廣義之分。從狹義上說，它是指銀行資本數量必須超過金融管理當局所規定的、能夠保障正常營業並足以維持充分信譽的最低限額。從廣義上說，商業銀行資本充足性包括數量和結構兩個層面的內容，除了上述數量上的要求以外，還要求銀行現有資本或新增資本的構成，應該符合銀行總體經營目標或新增資本的具體目標。在本節中，我們主要探討狹義上的資本充足性。

一、銀行資本量的影響因素

商業銀行的資本充足性意義重大，既關係到包括廣大存款人在內的債權人的利益是否能得到有效的保障，也關係到銀行能否實現穩健經營，進而關係到整個社會金融系統和經濟體系的穩定。因此，各國金融監管當局都要求銀行要做到資本充足、安全經營、穩健發展。

商業銀行的資本規模大小涉及資金成本的問題。從理論上來說，商業銀行的資本保有量應該能使其做到資金邊際成本最小化。在實踐當中，影響商業銀行資本量的因素有：第一，宏觀經濟狀況的好壞，經濟繁榮時期，銀行資產風險相對較小，所需資本較少，反之則相反；第二，銀行信譽的高低，銀行所需的資本與銀行信譽的高低呈反向的關係；第三，銀行的經營管理水平，銀行的經營管理水平越高，則所需資本相對越少；第四，銀行業務發展的規模和速度，一般來說，業務規模越大，發展速度越快，所需的資本也相應更多；第五，銀行的資產質量，銀行的資產質量越高，風險越小，所需資本越少；第六，銀行的負債結構，這個主要看銀行活期存款與定期存款的比例問題，活期存款所占比例越高，銀行需要準備客戶提現的資金越多，也就需要越多的資本。

二、衡量銀行資本充足率的方法的演進

（一）資本與存款比率

資本與存款比率是西方商業銀行最早採用的、用以衡量商業銀行資本是否適度的標準。資本與存款比率表明銀行資本對存款的清償能力。比率越高，表明清償能力越強，存款越安全。資本與存款比率出現於20世紀初，在第二次世界大戰前廣為流行，一般認為該比率應保持在10%以上。但是，由於銀行資本的目的是為了彌補銀行風險所帶來的損失，但存款的多少與風險的產生並無直接聯繫，因此該指標已經被淘汰。

（二）資本與總資產比率

這一指標在第二次世界大戰中開始運用，旨在將銀行資本量與資產總量進行對比，在一定程度上反應資本彌補資產風險的能力。一般認為，資本與總資產比率在8%左右是適宜的。但是，不同種類資產的風險水平和風險屬性存在著巨大的差異，如貼現放款和長期貸款所需資本量是大不相同的。因此，該指標的缺陷在於沒有區分出資產的結構，不同銀行間由於資產結構的差異而無法用統一的指標去衡量資本的充足性。

（三）資本與風險資產比率

風險資產被定義為現金和政府短期債券以外的資產。這一指標將資本與銀行的風險資產掛勾，表明風險資產對資本的要求。一般認為，該比率保持在15%~20%的區間是比較合理的。該指標的缺點在於沒有對風險資產進行進一步細分，因為風險資產的種類眾多，各種風險資產的風險程度也是存在差異的，它們對資本的需求量自然也不同。

（四）紐約公式

紐約公式是美國紐約聯邦儲備銀行在20世紀50年代初提出的，又稱為資產分類比率法。該方法考慮了商業銀行資產之間風險程度的差異性，將銀行資產分為無風險資

產、風險較小資產、普通風險資產、風險較大資產、問題資產和虧損資產及固定資產六大類。該公式分別規定各類資產的資本比率要求，最后將各類資產所需資本進行加總，得到銀行所需的資本總量。

（五）綜合分析法

綜合分析法最早於20世紀70年代在美國出現。該方法認為銀行資本充足率不僅受到資產質量、結構以及存款數量的影響，還與銀行的經營風格、管理水平、資產流動性等因素有關，據此提出了8個因素的綜合分析方法：銀行經營管理水平、銀行資產的流動性、銀行以往的盈利及留存收益的狀況、銀行股東的信譽及特點、銀行營業費用、銀行存款結構的潛在變化、銀行經營活動的效率、銀行在競爭環境下滿足本地區目前和今后金融需求的能力。

該方法較為全面，但存在一定的主觀性，因此實際的操作性不強。在實際工作中，專業人員常常將綜合分析法與其他方法一起使用。

三、《巴塞爾資本協議》與《補充協議》

（一）《巴塞爾協議》的誕生與主要內容

20世紀70年代以來，隨著金融管制放松，金融創新活動的頻繁，金融風險在世界範圍內不斷增大，金融系統的不穩定性也越發嚴重。如何對國際化的大型商業銀行實施有效的監管成了棘手的問題。為促進世界各國間的公平競爭，增強國際金融體系的安全性，1988年，包括美國、英國、法國、日本、義大利、荷蘭、瑞典、瑞士、盧森堡、加拿大、德國在內的西方12國中央銀行在瑞士巴塞爾達成了《關於統一國際銀行資本衡量和資本標準的協議》，簡稱為《巴塞爾協議》（也稱為《巴塞爾協議Ⅰ》）。該協議規定12國之間應以國家間可比性以及一致性為基礎制定各自對於銀行資本的標準及規定，它也對資本的定義、資產的風險權數、表外授信業務的轉換系數、資本充足比率等做了統一規定。該協議后來被100多個國家所採用，使全球資本監管體系趨於一致，並成為市場參與者評價銀行經營狀況的重要依據。下面，我們就對該協議的主要內容進行簡略地介紹。

1. 資本的定義及構成

《巴塞爾協議》把商業銀行的資本劃分為核心資本和附屬資本兩部分：核心資本包括普通股、永久性資本溢價、未分配利潤、附屬機構的少數權益並減去庫存股和商譽；附屬資本包括非公開儲備、資產重估準備、普通呆帳準備金，並且規模不超過核心資本規模的100%。

2. 風險權重的規定

（1）表內資產風險權重的測定。《巴塞爾協議》對資本充足性規定了國際統一的標準。該協議把表內資產分為五類，其風險權數分別為0、10%、20%、50%、100%，如表2.3所示。將具體某一項表內資產與其相應的風險權重相乘，便得到了風險資產的數額，再加總各項表內資產得到的風險資產，就是商業銀行表內的風險資產數額。表內風險資產的計算公式為：

表內風險資產 = $\sum$ 表內資產 × 風險權數 (2.1)

表 2.3　　　　　　　　　　　資產負債表內項目風險權重表

風險權重（%）	資產負債表內項目
0	①現金；②以本幣定值且以該通貨對央行融資的債權；③對經濟合作與發展組織（OECD）國家的中央政府和中央銀行的其他債權；④用現金與 OECD 國家中央政府債券作擔保，或用 OECD 國家中央政府提供擔保的債權
10	OECD 國家政府或機構提供擔保的貸款或債權。
20	①對多邊發展銀行的債權以及由這類銀行提供擔保，或以這類債券作抵押的債權；②對 OECD 國家內的註冊銀行的債權以及由 OECD 國家內註冊提供擔保的貸款；③對 OECD 以外國家註冊的銀行余期在 1 年內的債權和由 OECD 以外國家的法人銀行提供擔保的、余期在 1 年內的貸款；④托收中的現金款項；⑤對非本國的 OECD 國家的公共部門機構的債權以及由這些機構提供擔保的貸款
50	完全以居住用途的房產作抵押的貸款
100	①對私人機構的債權；②對 OECD 之外的國家的中央政府的債權；③對公共部門所屬的商業公司的債權；④房屋設備和其他固定資產；⑤不動產和其他資產；⑥所有其他的資產

（2）表外項目的信用轉換系數。對於日益增長的表外業務，《巴塞爾協議》建議採用「信用轉換系數」把表外業務額轉化為表內業務額，然后再根據表內同等性質的項目進行風險加權。《巴塞爾協議》將銀行的表外項目分為 5 大類，其對應的信用轉換系數及風險權重如表 2.4 所示。

表 2.4　　　　　　　資產負債表外項目信用轉換系數及風險權重表

表外項目	信用轉換系數	風險權重（%）
①直接信用替代工具；②銷售和回購協議以及有追索權的資產銷售；③遠期資產購買、部分繳付款項的股票和代表承諾一定損失的證券	1	100
①某些與交易相關的或有項目；②票據發行融通和循環包銷便利；③其他初始期限為一年以上的承諾	0.5	100
短期的自有清償能力的、與貿易相關的或有項目	0.2	100
類似初始期限為一年以內的或者可以在任何時候無條件取消的承諾	0	0
到期日在一年或一年以下的利率合同	0	50
到期日在一年以上的利率合同	0.005	50
到期日在一年或一年以下的貨幣合同	0.01	50
到期日在一年以上的貨幣合同	0.05	50

表外風險資產的計算公式為：

表外風險資產 = $\sum$ 表外資產 × 信用轉換系數 × 表內相對性質資產的風險權數　　（2.2）

最后，我們將表內風險資產與表外風險資產加總，即得到了商業銀行總的風險資產數額。

（3）標準化的目標比率。在對表內資產風險權數以及表外項目的信用轉換系數的討論基礎上，我們就可以計算銀行資本充足率。《巴塞爾協議》中規定的計算公式為：

一級資本充足比率＝核心資本÷風險資產總額×100%　　　　　　　　　（2.3）
二級資本充足率＝附屬資本÷風險資產總額×100%　　　　　　　　　　（2.4）
資本對風險資產比率＝(核心資本＋附屬資本)÷風險資產總額×100%　（2.5）
風險資產總額＝表內風險資產＋表外風險資產　　　　　　　　　　　（2.6）

根據《巴塞爾協議》的規定，商業銀行資本對風險資產比率不得低於8%。其中，核心資本至少要占到總資本的50%，即核心資本比率要達到4%。另外，附屬資本內普通貸款準備金不能高於風險資產的1.25%，次級長期債務的金額不得超過一級資本的50%。

（4）過渡期的安排。考慮到統一實行國際監管標準有一定的困難，《巴塞爾協議》做出了一些過渡期的安排，以保障個別銀行在過渡期內提高資本比率並努力達到最終目標標準。過渡期分為三個階段：第一階段到1990年年底，鼓勵各國增加銀行資本。第二階段為1991—1992年年底，要求最低資本充足達到7.25%。第三階段為1992年年底以後，各成員國的最低資本充足率必須達到8%，其中核心資本充足率達到4%。

（二）《補充協議》

1996年，巴塞爾委員會對原協議進行了補充和延伸，發布了《關於市場風險資本監管的補充規定》，簡稱為《補充協議》，該協議的主要內容如下：

1. 將市場風險納入到資本監管的範疇

隨著金融衍生品在世界範圍內的風靡，商業銀行的市場風險不斷增加，《補充協議》要求商業銀行保持適當的資本金，以應付其承受的包括利率風險、股價風險、匯率風險和商品價格風險在內的市場風險。《補充協議》還重點介紹了標準測量法和內部模型法這兩種測量和計算市場風險所需資本金的方法。

2. 增加了三級資本的概念

《補充協議》提出了三級資本的概念，規定短期次級債務在滿足一定條件的情況下，可以計入三級資本。這些條件包括無擔保的、次級的、全額支付的短期次級債務；至少有兩年的原始期限，並且限定在應付市場風險的一級資本的250%；它僅能合格地應付市場風險；《巴塞爾協議》中的資本要求不可突破，用三級資本替代二級資本不得超過上述的250%的限制，二級資本和三級資本之和不得超過一級資本；三級資本不可提前償還，而且如果三級資本的支付使得資本數量低於最低資本的要求，則無論利息還是資本，都不可支付。

3. 相應修改了資本比率的計算方法

在引入市場風險後，最低資本比率的計算公式相應地變為：

資本對風險資產比率＝(核心資本＋附屬資本＋三級資本)÷(表內風險資產＋表外風險資產＋市場風險所需資本×12.5)×100%　　　　　　　　　　　（2.7）

該公式與原公式相比，分子上增加了三級資本，分母上則相應增加了市場風險的風險資產數額。

四、《巴塞爾新資本協議》

為進一步促進金融體系的安全性和穩健性，促進銀行業的公平競爭，強調風險管

理的全面性，提供更為全面的處理風險的方案，兼顧各國銀行業的不同發展水平，巴塞爾委員會對資本協議進行了大刀闊斧的改革。該委員會在1999年提出了《巴塞爾新資本協議》的框架，2001年發布了《巴塞爾新資本協議》（也稱為《巴塞爾協議Ⅱ》）的徵求意見稿，2003年5月公布了徵求意見稿第三稿，2004年6月30日公布了最終稿，2006年在成員國開始實施。

《巴塞爾新資本協議》由新資本協議概述、新資本協議草案和輔助性文件三部分組成，新增了對操作風險的資本要求，在最低資本要求的基礎上，提出了監管當局的監督檢查和市場紀律的新規定，形成了資本監管的「三大支柱」。

（一）第一支柱：最低資本要求

在《巴塞爾新資本協議》中，最低資本要求仍然是核心指標，將銀行資本分為核心資本和附屬資本。《巴塞爾新資本協議》的創新之處在於：資本充足率的計算包括了信用風險、市場風險、操作風險的資本要求；引入了計量信用風險的內部評級法；商業銀行既可以採用外部評級公司的評級結果確定風險權重，也可以用各種內部風險計量模型計算資本要求。

具體來說，最低資本的計算公式變為：

資本對風險資產比率＝（核心資本＋附屬資本）÷[信用風險加權資產＋（市場風險所需資本＋操作風險所需資本）×12.5]×100％　　　　　　　　　　　　　　　（2.8）

（二）第二支柱：監管當局的監督檢查

監管當局的檢查目的是要確保各家商業銀行建立起有效的內部程序，建議評估銀行在認真分析風險的基礎上設定資本充足率，對銀行是否妥善處理不同風險的關係進行監督。監管當局可以採用現場檢查和非現場檢查等方法審核銀行的資本充足情況。在資本充足率水平較低時，監管當局要及時採取措施加以糾正。

《巴塞爾新資本協議》還規定了監管當局的監督檢查的四個原則：銀行應具備一整套程序，用於評估與風險狀況相適應的總體資本水平，並制定保持資本水平的戰略；監管當局檢查和評價銀行內部資本充足率的評估情況及其戰略，監測並確保銀行監管資本比率的能力；監管當局應當鼓勵銀行資本水平高於監管資本比率，應該要求有能力的銀行在滿足最低資本要求的基礎上，另外持有更多的資本；監管當局應盡早採取適當的干預措施，防止銀行的資本水平降至防範風險所需的最低要求之下。

（三）第三支柱：市場紀律

市場紀律主要是強調市場約束具有強化資本監管、幫助監管當局提高金融體系安全性的潛在作用，並在使用範圍、資本結構、風險披露的評估程序、資本充足率四個方面制定了具體的定性和定量披露內部信息的內容。

市場約束的力量主要來自於銀行的利益相關者，如股東、存款人、債權人等。由於利益相關者主要是通過公開披露的信息來瞭解商業銀行的，因此《巴塞爾新資本協議》特別強調提高銀行的信息披露水平，旨在加大信息透明度，使利益相關者能夠依據公開的信息，更好地做出判斷，採取措施。《巴塞爾新資本協議》要求銀行分開核心披露和補充披露，並建議複雜的國際活躍銀行要全面公開披露核心及補充信息，在披露頻率方面，則要求至少每半年一次。就披露的信息內容而言，則包括資本充足率、

資本構成、風險敞口及風險管理策略、盈利能力、管理水平及過程等。

五、《巴塞爾協議Ⅲ》

2007年，美國爆發次貸危機。2007年8月，美國貝爾斯登銀行破產，2007年9月，雷曼兄弟銀行破產，這場由美國房地產引發的危機迅速向全世界蔓延，演變為一場全球性的金融危機。金融危機的全面爆發，人們開始質疑《巴塞爾協議Ⅱ》的監管效果，並開始反思和完善銀行監管體系的構建。在這種情況下，《巴塞爾協議Ⅲ》得以產生。

《巴塞爾協議Ⅱ》本身有較多缺陷。首先，該協議關注銀行個體風險，強調微觀監管，僅對單個金融機構進行資本監管，忽視了對整個銀行系統的監管，並且在風險監管過程中，並未考慮風險的轉移，也沒有制定風險出現后的應急預案。其次，該協議對資本充足率的認識不足。一是總資本充足率8%的最低監管標準對現有銀行來說太低，大多數銀行都能夠達到要求。二是銀行資本質量較差。採取普通股和優先股補充銀行資本的方式，速度較慢、週期較長、成本較高，銀行更願意採用發行次級債等方式增加附屬資本，這種方式速度快、簡便靈活，能迅速增加分子項，提高資本充足率，但是資本質量並不高，不能真正抵禦風險。再次，該協議的資本監管造成了順週期效應。經濟低迷時期，銀行需要更多資本金與資本相匹配，會緊縮信貸規模和數量，造成流動性不足，最終衝擊實體經濟，經濟繼續萎縮；經濟繁榮時期，銀行則採取相反措施。最後，投資銀行、對沖基金等非傳統金融機構的產生和發展對傳統的銀行發生了重大關聯關係，僅對銀行系統的監管已不能解決金融系統產生的風險。

（一）多層次分類銀行資本，提高資本充足率

1. 重新定義資本構成

《巴塞爾協議Ⅲ》將資本劃分為三級，把資本分為一級資本和二級資本。一級資本包括核心一級資本和其他一級資本。其中，核心一級資本主要為普通股，包括留存收益；其他一級資本為優先股和其他無期限的損失吸收工具。以往出現的三級資本被取消。一級資本用於銀行在持續經營過程中吸收損失，而在銀行清算時，二級資本吸收銀行損失，這樣既保障了存款人的利益免遭損失，也抵禦了銀行可能出現的系統性風險。《巴塞爾協議Ⅲ》資本構成、《巴塞爾協議Ⅲ》核心資本分別如表2.5和表2.6所示。

表2.5　　　　　　　　　《巴塞爾協議Ⅲ》資本構成

	分子	比率
《巴塞爾協議Ⅰ》	一級資本、附屬資本	總資產/風險加權資產
《巴塞爾協議Ⅱ》	一級資本、附屬資本、三級資本	總資本/[信用風險加權資產+(市場風險資本+操作風險資本)×12.5]×100%
《巴塞爾協議Ⅲ》	核心一級資本、其他一級資本、附屬資本	總資本/[信用風險加權資產+(市場風險資本+操作風險資本)×12.5]×100%

表 2.6　　　　　　　　　《巴塞爾協議Ⅲ》核心資本

一級資本	核心一級資本	實收資本/普通股	
		留存收益	
		需調整計入	資本公積
			少數股東權益
			未分配利潤
		外幣報表折算差額	
	其他一級資本	合格的其他一級資本工具及其溢價	
		少數股東權益可計入部分	
二級資本	合格的二級資本工具及其溢價		
	少數股東資本可計入部分		
	50%的可供出售資產的股權類、債券類公允價值變動形成的未實現淨利得		
	交易性金融工具公允價值變動形成的未實現累計淨利得		

2. 《巴塞爾協議Ⅲ》提高了資產監管指標

《巴塞爾協議Ⅲ》調高了資本充足率指標，規定最低普通股權益（即核心一級資本），用於彌補資產損失的資本，由2%上升到4.5%，一級資本要求（包括普通股權益和其他建立在更嚴格標準之上的合格金融工具）也由4%上升至6%，總資本充足率仍為8%，這為實施的第一階段，將實行到2015年為止。

（二）建立資本留存緩衝和逆週期資本緩衝

資本留存緩衝是指在銀行運行良好的時期累積資本，形成超額資本，用於彌補銀行在面臨經濟衰退時出現的損失。資本留存緩衝在滿足最低資本充足率的要求上達到2.5%，由普通股構成。逆週期資本緩衝是在經濟環境變化出現信貸過度增長的情況下，防止銀行系統性風險出現，按0~2.5%的要求計提的動態資本。逆週期資本緩衝由普通股或者是全部用來彌補損失的資本構成，各監管當局根據經濟形勢判斷，按具體情況實施，這必然會由於各國認識上的差距而帶來逆週期資本緩衝的不同。綜合資本充足率、資本留存緩衝和逆週期資本緩衝的規定，使資本構成要求出現如表2.7所示的變化。

表 2.7　　　　　　　《巴塞爾協議Ⅲ》資本構成要求　　　　　　　單位：%

	普通股權益	一級資本	總資本
最低資本要求	4.5	6.0	8.0
資本留存緩衝		2.5	
最低資本要求+資本留存緩衝	7.0	8.5	10.5
逆週期資本緩衝		0~2.5	

（三）引入槓桿率機制

銀行大量將表內業務轉移到表外，以快速達到資本金的要求。銀行通過高槓桿率

的經營模式雖然迅速達到了資本充足率的最低監管標準，但累積了大量銀行風險，容易引發系統性風險。槓桿率是資本和風險暴露的一個比率，是資本涵蓋表內外風險資產總額的比率。巴塞爾委員會要求槓桿率保持在 3% 以內。

$$槓桿率 = 總資本 \div (表內總資產 + 特定表外資產) \qquad (2.9)$$

（四）提出流動性標準

這裡有兩個定量指標，分別為流動性覆蓋率和淨穩定融資比例。流動性覆蓋率是短期流動指標，是指在未來 30 日內資金流出量的覆蓋比率要大於等於 100%。

$$流動性覆蓋率 (LCR) = 優質流動性資產 \div 未來 30 日內現金淨流出量 > 100\% \qquad (2.10)$$

流動性覆蓋率是基於銀行現金流量表測算出來，資金流出量是巴塞爾委員會通過壓力測試得出的資金缺口，優質資產具有低信用風險和低市場風險的特點，能迅速變現彌補銀行所需的資金缺口。淨穩定融資比例是長期流動指標，是指銀行有穩定的資金來源來保證銀行在 1 年及以上的經營，要求該比例大於等於 100%。

$$淨穩定融資比例 (NSFR) = 可得到的穩定融資資金 \div 所需的穩定融資資金 \times 100\%$$

$$(2.11)$$

第 3 節　商業銀行的資本結構管理

從廣義上來說，商業銀行的資本充足性包含了數量和結構兩方面的內容。在上一節中，我們介紹了商業銀行資本充足性的測定方法和評價指標，主要是從數量上來評價商業銀行資本的充足性。在這一方面，目前從事國際業務的商業銀行在資本管理上都遵循《巴塞爾協議》的指導，努力達到協議所規定的最低資本要求。事實上，銀行資本的充足性不僅要求總量上的達標，同時也要求實現資本內部結構的合理性。從靜態的角度來說，這種合理性是指核心資本與附屬資本在資本總額中佔有比重的合理；核心資本中普通股、優先股、留存收益等資本工具比重的合理；附屬資本中資本票據、可轉換債券、次級債券等融資工具比重的合理。從動態角度來說，這種合理性要求商業銀行在完善的資本市場中，形成成熟的融資方式選擇理念和框架，對各種融資手段有一個基本的排序，並使這種安排有利於降低銀行的經營成本或經營風險，增強經營管理及后續融資的靈活性。

具體來說，為了既能滿足《巴塞爾協議》的最低資本要求，又要實現資本結構的優化。基於《巴塞爾協議》的最低資本計算公式，商業銀行可以相應地選擇分子策略和分母策略。

一、分子策略

在《巴塞爾協議》的資本充足率計算公式中，分子即為資本金，其總量等於核心資本加上附屬資本。分子策略的用意就在於通過一定的方式，盡量地增加商業銀行的資本總量，優化資本結構。

商業銀行的資本總量既要滿足《巴塞爾協議》的最低資本要求，又要滿足其自身

經營管理所需的資本量。在獲得的方式上,既可以通過內源資本累積的策略實現,也可以通過增發股票、債券等外源資本的方式來實現。

(一) 內源資本

內源資本是指商業銀行經營活動產生的資金,即銀行內部融通的資金,主要是指銀行的留存收益。內源資本策略是指商業銀行通過對實現利潤的留存而形成自身資本的過程。在利潤總額一定的情況下,內源融資資本充實策略實質上就是商業銀行股利政策的選擇。如果支付股利較多,那麼相應的留存收益就少,銀行的資本就需要更多地用股票、債券等外源形式來充實;如果分配的股利較少甚至不分派股利,留存收益就比較多,內源資本可以更多地幫助商業銀行增加所需資本。根據莫迪利亞尼和米勒 (Modigliani 和 Miller) 提出的「MM 定理」,在完善的資本市場中,企業的價值取決於創造利潤的能力而與融資方式無關。但在實際當中,資本市場的條件並不符合「MM 定理」的要求。對於銀行來說,其股利政策的選擇要符合自身經營目標和風格的需要,因此必須對具體股利政策的利弊進行全面的分析。

具體來說,內源資本策略的優勢如下:

(1) 自主性。內源融資源於自有資金,商業銀行在提取時具有相當大的自主性,只要內部的決策機構和權力機關批准即可,受外界的制約和影響非常有限。

(2) 融資成本。商業銀行利用留存收益的方式來增加資本,基本上不會產生額外的花費。相對而言,如果選擇發行股票、債券等方式來融資,都需要支付大量的費用,如券商的推銷費用、會計師事務所的審計費用、律師的諮詢費用等。在融資費用較高的當前,內部融資的策略確實是一種經濟的選擇。

(3) 不會稀釋原有股東的每股收益和控制權。商業銀行從未分配利潤中提取的權益資本不會稀釋原有股東的每股收益和控制權,同時還可以增加商業銀行的淨資產,支持商業銀行擴大其他的融資。

(4) 使股東獲得稅收上的好處。我們知道,商業銀行的股東獲得的股利是需要繳納個人所得稅的,因此如果從稅后利潤中多提取留存收益而少發股利,那麼股東可以出售部分股票來代替股利收入,所繳納的資本利得稅一般遠低於個人所得稅。從這一角度來說,內源資本策略不失為一種銀行與股東「雙贏」的策略。

內源資本策略也有其顯著的局限和缺陷,集中表現在以下方面:

(1) 商業銀行利潤規模的限制。商業銀行的內源資本主要是由留存收益形成的,而眾所周知,留存收益是從銀行的稅后利潤中提取的。因此,從根本上來說,內源資本的大小完全取決於銀行的盈利能力。考慮到商業銀行的利潤規模與融資規模在量上的差異,內源資本策略不可能滿足大規模的融資需求。

(2) 商業銀行資本充足性的選擇上的限制。如果商業銀行完全以資本與風險資產比來描述銀行資本的充足性,那麼內源資本可以支持的資產增大的程度完全視該比率的高低而定。如果銀行的資本要求越低,則內源資本支持資產增大的能力越大;反之,這種能力就會隨資本要求的增加而下降。這就涉及了商業銀行自身經營風格的問題。在同樣的資產規模下,如果商業銀行願意在資本資產比較低的情況下經營,即利用較高的財務槓桿,那麼相對來說對資本的數量要求會降低,內源融資策略則會顯得更為

適宜；反之，如果商業銀行要求的資本資產比較高，那麼對資本的數量要求較大，如上所述，內源融資在規模上受到盈利能力的限制，滿足銀行資本充足率的能力會比較有限。

（3）來自股利政策方面的限制。在現代市場經濟條件下，企業的股利政策是需要綜合考慮多方面的因素後做出的，商業銀行也不例外。商業銀行的股利政策在吸引投資者、穩定市場價值等方面都有重要的影響，必須慎重決策。商業銀行過多地留存利潤而過少地分配股利，可能造成股價下跌，導致銀行市場價值的下降，也會減少銀行對潛在投資者的吸引力。另外，股利太少可能會造成公司盈利能力差或現金管理能力差的假象，不利於未來的外部融資。事實上，股利過少或者不支付股利的政策在實際當中由於受到股東的阻撓而難以通過。這些都表明，在考慮了股利的因素後，內源融資的規模會受到進一步的限制。

（二）外源資本

外源資本策略是指通過發行股票、債券等方式，從商業銀行的外部獲取資金，充實銀行的資本和改善銀行的資本結構。

就股票（普通股）融資本身來說，其所籌集的資金銀行無須歸還，無固定的股利負擔，還可以增強債務融資的能力。其不足在於股票（普通股）融資會分散原有股東的每股淨利及對銀行的控制能力。就債券而言，其可以起到稅盾的作用，擴大銀行的財務槓桿，不稀釋銀行原有的股權。其主要缺陷則在於有固定的還本付息的負擔，可能加大企業的經營壓力。

但是，在外源資本的融資工具選擇的時候，我們必須結合《巴塞爾協議》的規定來綜合考慮。從盡量提高銀行的資本總量，優化其資本結構的要求看，商業銀行首先應該考慮的是提高其核心資本。對於核心資本不足的銀行，通過發行新股來增加資本是上佳的選擇。當然，在這一過程中還要考慮到這種方式的可得性和能否為將來進一步籌集資本提供靈活性以及所造成的金融後果。一般情況下，為了不影響股東利益以及增強後續融資的靈活性，商業銀行通常選擇發行非累積性優先股的形式來增加核心資本。而對於核心資本已占全部資本的50％以上的商業銀行，往往可以選擇通過發行可轉債、次級債券等形式來增加附屬資本，既能夠最大限度地增加銀行資本，又充分保護了現有股東的權益，還利用債務資金的避稅功能，可謂一舉多得。在商業銀行資本結構管理的實踐中，使用外源資本的策略充實商業銀行的資本，調整商業銀行的資本結構，已經成了主流的形式。

二、分母策略

《巴塞爾協議》的資本充足率計算公式的分母是風險資產。因此，分母策略的著眼點就在於如何減少商業銀行的風險資產，從而提高資本充足率。總體來說，分母策略無外乎兩種做法：一是從總量上盡量壓縮總資產的規模，控制風險資產的規模；二是優化資產結構，降低風險權數高的資產在總資產中所占的比重，加強表外業務的管理，盡可能地選擇轉換系數小且相應的風險權數較小的表外資產。

(一) 適度控制資產總量

商業銀行的資產規模越大，客觀上對資本量的要求也就越大。因此，根據商業銀行的資本及經營狀況，適度地控制自身的資產營運規模，自然是有利於提高銀行資本的充足率。具體來分析，商業銀行的資產構成與普通工商業企業不同，集中地表現在現金存量較高和金融債權的比重極高兩個方面。因此，要想控制銀行的資產規模，應主要從這兩類資產著手。就現金存量而言，商業銀行應該提高現金管理的能力，在滿足了最基本的、必需的現金需要後，盡量減少現金庫存量。這是因為現金資產本身是流動性高而收益性最低的資產。一般來說，現金的最低限額要滿足下列業務要求：滿足客戶提取存款進行日常交易的要求；滿足金融管理當局對法定準備金的規定；在央行或其他往來行存有足夠的現金的清償支票；滿足向代理行支付現金以換取服務的需要。

金融債券主要由各種貸款和證券投資組成。對於貸款而言，它是銀行資產最主要的部分，也是銀行資產管理最重要的內容。其規模受到銀行信用環境、宏觀經濟運行狀況等多方面因素的影響。對於證券投資，由於該類資產既可以滿足銀行流動性的需求，又能獲取較高利息收入滿足銀行盈利性的要求，是較為優質的資產。因此，商業銀行一方面應該結合宏觀經濟以及證券市場的運行狀況來調整該業務的規模，另一方面也應該進行有效的投資組合，以達到降低風險、提高流動性與盈利性的目的。

(二) 優化資產結構

在銀行資產總額一定的條件下，還可以通過調整資產結構的方式，實現風險資產總額的減少。對於表內資產，要盡量降低風險權數高的資產在總資產中所占的比重。具體來說，無論對於貸款還是證券投資類的資產，商業銀行都應該嚴格遵循分散投資的原則，降低資產之間的相關係數，對資產進行積極有效的組合管理，最大限度地降低風險。對於表外資產，則盡可能地開展那些轉換系數較小且相應的風險權數小的業務。

以上我們對商業銀行提高資本充足率、優化資本結構的「分子策略」和「分母策略」進行了分類介紹和分析。在實際操作中，商業銀行可以同時使用兩種策略來提高資本充足率，而具體的選擇則要視商業銀行自身的資本要求、經營風格、管理水平以及資本市場的便利性等因素來綜合決定。

第 4 節　中國商業銀行的資本管理現狀

改革開放以來，為提高中國商業銀行的經營管理水平和競爭實力，中國相關管理機構不斷積極探索，相繼出抬了一系列規範商業銀行開展資本管理活動的法律和法規。其中，1995 年頒布的《商業銀行法》從法律意義上對商業銀行資本充足率進行了規定。2004 年 3 月 1 日，中國銀行業監督管理委員會在參考了 1988 年《巴塞爾協議》的基本框架以及《巴塞爾新資本協議》第二支柱和第三支柱的有關精神後，出抬了《商業銀行資本充足率管理辦法》，使中國在商業銀行資本監管方面有了重大的改進。

2008年金融危機以來，巴塞爾銀行監管委員會積極推進國際金融監管體系改革，並出抬了《巴塞爾協議Ⅲ》，確立了銀行業資本和流動性監管的新標準，要求各成員國從2013年開始實施，2019年前全面達標。在此背景下，中國銀監會於2012年6月7日發布了新的《商業銀行資本管理辦法（試行）》（以下簡稱「新辦法」）。「新辦法」於2013年1月1日起實施。「新辦法」中對資本定義更加嚴格，並擴大了風險資本的覆蓋範圍，對於增強銀行體系穩健性、引導銀行轉變發展方式以及促進信貸業務的發展都起到積極的作用。

一、中國商業銀行資本的定義

根據最新的《商業銀行資本充足率管理辦法（試行）》的相關規定，商業銀行總資本包括核心一級資本、其他一級資本和二級資本。

（一）核心一級資本

核心一級資本主要包括實收資本、資本公積、盈余公積、未分配利潤、一般風險準備和少數股權。其中，少數股權是指在兼併會計報表時，包括在核心資本中的非全資子公司中的少數股權，子公司淨經營成果和淨資產中不以任何直接或間接方式歸屬於母公司的部分。另外，在計算核心資本充足率時，需要對核心一級資本進行一定的扣除，包括商譽、商業銀行對未並表銀行機構的資本投資、商業銀行之間通過協議相互持有的各級資本工具、其他依賴於本銀行未來盈利的淨遞延稅資產、超出本銀行核心一級資本淨額10%的部分等。

（二）其他一級資本

其他一級資本包括其他一級資本工具及其溢價，少數股東資本可計入部分。

（三）二級資本

二級資本包括二級資本工具及其溢價、超額貸款損失準備和少數股東資本可計入部分。對於少數股東資本可計入部分，「新辦法」規定，商業銀行附屬公司適用於資本充足率監管的，附屬公司直接發行且由第三方持有的少數股東資本可以部分計入監管資本；附屬公司核心一級資本中少數股東資本用於滿足核心一級資本最低要求和儲備資本要求的部分，可計入並表核心一級資本；附屬公司一級資本中少數股東資本用於滿足一級資本最低要求和儲備資本要求的部分，扣除已計入並表核心一級資本的部分后，剩餘部分可以計入並表其他一級資本；附屬公司總資本中少數股東資本用於滿足總資本最低要求和儲備資本要求的部分，扣除已計入並表一級資本的部分后，剩餘部分可以計入並表二級資本。

二、中國商業銀行資本充足率監管

（一）資本充足率的計算公式和相關規定

中國實行的《商業銀行資本充足率管理辦法（試行）》是在同時參考了《巴塞爾協議Ⅱ》和《巴塞爾協議Ⅲ》，並結合中國商業銀行的經營實際制定的。值得注意的是，此次計算資本充足率，將操作風險納入了資本監管範疇。

$$資本充足率 = (總資產 - 對應資本扣減項) \div 風險加權資產 \times 100\% \qquad (2.12)$$

一級資本充足率＝（一級資本－對應資本扣減項）÷風險加權資產×100%　　（2.13）

核心一級資本充足率＝（核心一級資本－對應資本扣減項）÷風險加權資產×100%

（2.14）

商業銀行風險加權資產包括信用風險加權資產、市場風險加權資產和操作風險加權資產，並對其分別計量。商業銀行可以採用權重法或內部評級法計量信用風險加權資產，採用標準法或內部模型法計量市場風險資本要求，採用基本指標法、標準法或高級計量法計量操作風險資本要求。

銀監會對商業銀行資產負債表內資產的資產項目規定了0、20%、50%和100%的資產風險權重系數，對於資產負債表表外項目則規定了0、20%、50%、100%的信用轉換系數。

(二) 銀監會的監督檢查

監管機構的監督檢查是《巴塞爾新資本協議》的第二支柱，在這方面，中國銀監會建立起了一套操作性強、透明度高的標準和程序，以確保各項監管措施的落實。其中，將商業銀行按資本充足率的高低進行分類，是進行資本充足率監督檢查的核心內容。

根據資本充足狀況，銀監會將商業銀行分為以下四類：

（1）第一類商業銀行：資本充足率、一級資本充足率和核心一級資本充足率均達到「新辦法」規定的各級資本要求。對於這類銀行，銀監會支持其穩健發展業務，但為防止其資本充足率水平快速下降，銀監會可以採取預警監管措施。

（2）第二類商業銀行：資本充足率、一級資本充足率和核心一級資本充足率未達到「第二支柱」資本要求，但均不低於其他各級資本要求。對於此類銀行，銀監會可採取與商業銀行董事會、高級管理層進行審慎性會談，要求商業銀行制訂切實可行的資本補充計劃和限期達標計劃等措施。

（3）第三類商業銀行：資本充足率、一級資本充足率和核心一級資本充足率均不低於最低資本要求，但未達到其他各級資本要求。對於此類銀行，銀監會除採取以上措施外，還可以限制商業銀行分配紅利和其他收入，限制商業銀行向董事、高級管理人員實施任何形式的激勵，限制商業銀行進行股權投資或回購資本工具等。

（4）第四類商業銀行：資本充足率、一級資本充足率和核心一級資本充足率任意一項未達到最低資本要求。銀監會可要求這類商業銀行大幅降低風險資產的規模，責令這類商業銀行停辦一切高風險資產業務，限制或禁止這類商業銀行增設新機構、開辦新業務等。

(三) 結合《巴塞爾協議Ⅲ》，中國銀監會制定了最新監管要求

1. 資本充足率監管

由資本充足率要求、逆週期資本緩衝、資本留存緩衝和系統性銀行超額附加資本四個部分構成中國商業銀行資本進行兩級分類，即一級資本和二級資本。「中國版《巴塞爾協議Ⅲ》」對資本充足率的指標進行了定量規定，該規定比國際通行的準則更為嚴格，核心一級資本充足率的最低標準為5%，一級資本充足率為6%，而總資本充足率仍為8%。資本留存緩衝為2.5%，逆週期資本緩衝為0~2.5%，系統性銀行的附加資本暫時為1%，對非系統性銀行的附加資本暫無規定。

2. 槓桿率監管

槓桿率指標是衡量風險的重要工具，既能約束銀行規模的快速擴張，又能防範系統性風險。中國定義槓桿率為核心資產和總資產的比值。對槓桿率的要求為不低於4%，高於國際通用的標準。

3. 貸款損失準備監管

《巴塞爾協議Ⅲ》中並沒有規定貸款損失準備的監管指標，中國根據商業銀行經營的實際情況，提出了貸款損失準備監管的要求。中國對銀行貸款風險損失的監管提出了兩大指標，分別為撥備覆蓋率和貸款撥備覆蓋率。撥備覆蓋率是指貸款損失準備和不良貸款的比率，反應的是商業銀行對貸款損失的彌補能力。中國對貸款進行五級分類，分為正常類、關注類、次級類、可疑類和損失類貸款，並在此基礎上計算出了撥備覆蓋率。

$$貸款損失撥備覆蓋率 = 貸款損失準備 \div 各項貸款 \qquad (2.15)$$

4. 流動性監管

銀監會還對商業銀行流動性提出了要求與達標時限，如表2.8所示。

表2.8　　　　　　　流動性覆蓋率（LCR）和淨穩定融資比例

	要求	100%
流動性覆蓋率	完成時間	2013年年底到達要求
淨穩定融資比例	要求	100%
	完成時間	2016年年底到達要求

同時，銀監會有權對商業銀行資本充足率實行現場檢查和非現場監控。檢查的內容主要包括商業銀行資本充足率有關規章制度的制定和執行情況、商業銀行保持資本充足率的資本規劃和執行情況、商業銀行的信用風險和市場風險狀況、商業銀行交易帳戶的設立以及項目計價是否符合有關規定。

（四）信息披露

信息披露是《巴塞爾新資本協議》「第三大支柱」──市場紀律的實質要求。為進一步提高中國商業銀行的經營信息透明度，強化對銀行經營行為的市場約束，維護金融體系的安全和穩定，中國銀監會也制定了關於加強商業銀行信息披露的相關規定。

商業銀行資本充足率的信息披露實行董事會負責制，未設立董事會的，由行長負責，信息披露的內容經過董事會或行長批准，並保證披露的信息真實、準確和完整。披露的內容主要包括風險管理目標和政策、並表範圍、資本、資本充足率、信用風險和市場風險。表2.9列舉了中國部分商業銀行資本充足率情況。

表2.9　　　　　　中國部分商業銀行資本充足率情況　　　　　　單位：%

銀行	2012年	2013年	2014年
中國銀行	13.63	12.46	14.38
中國建設銀行	14.32	13.34	14.87

表2.9(續)

銀行	2012年	2013年	2014年
交通銀行	14.07	12.08	14.04
招商銀行	12.14	11.14	11.74
中信銀行	13.44	11.24	12.33
中國民生銀行	10.75	10.69	10.69
中國農業銀行	12.61	11.86	12.82
浦發銀行	12.45	10.97	11.25
中國工商銀行	13.66	13.12	14.53

資料來源：2012年、2013年、2014年各商業銀行年報。

三、提高中國商業銀行資本充足率的特殊方法

在本章第三節中，我們介紹了可供商業銀行選擇的用於提高資本充足率、改善資本結構的各種方法。對於中國的商業銀行而言，無外乎是上一節中提到的分子策略和分母策略，即增加資本或壓縮資產規模。不同的是，由於中國的國情不同，在實際運用中可以有一些特殊的方法來提高銀行資本充足率。

（一）國家註資

在中國，政府為商業銀行改革的成功做出了巨大的貢獻，其中最重要的方式之一，就是通過國家從財政預算中切塊或者發行特別國債等方式給予商業銀行資金支持，使商業銀行的資本金增加並改善資本結構。例如，1998年中國財政部發行了2,700億元特別國債，用以補充四家國有商業銀行的資本金；1999年，國家成立四家資產管理公司剝離四家國有商業銀行13,900億元的不良資產；2004年1月，國家通過中央匯金公司對中國銀行和中國建設銀行用外匯儲備註資450億美元；等等。

這種國家註資行為，一方面是由於中央或地方政府本身就是部分商業銀行的股東，註資行為可以理解為是履行股東義務的一種行為，以保證商業銀行資本金與業務的同步增長；另一方面也帶有政府出於維護中國的金融安全、加快銀行業對外開放戰略的考慮。但是，值得注意的是，這種政府行為的弊端也是顯而易見的，這種「輸血」行為並不能增強銀行盈利的「造血」功能，而且有可能引發較大的「道德風險」。因此，國家註資作為銀行充實資本金的特殊方式，也只能是一種權宜之計，商業銀行不能過多地依靠這一方式。

（二）引入戰略投資者

戰略投資者是指那些具有資金、技術、管理、市場、人才優勢，能夠促進產業結構升級、增強企業核心競爭力和創新能力、拓展企業產品佔有率，致力於長期投資合作，謀求獲得長期利益回報和可持續發展的企業和集團。在商業銀行領域，引入戰略投資者是指通過引進包括外資資本和民營資本來增加核心資本的一種方式。可以看出，成功地引入國際上先進銀行作為戰略投資者，可以充實銀行自身的核心資本。得益於

與先進的國際商業銀行的長期合作，中國商業銀行還可以較快地在管理、產品創新、流程再造、產品行銷等諸多方面得到戰略投資者支持，從而增強自身競爭力，更快更好地融入國際金融市場的大舞臺中。

目前，中國的商業銀行中已有不少成功引入境外戰略投資者的案例。例如，1996年亞洲開發銀行率先入股光大銀行，首開外資入股中國商業銀行的先河；2001年12月，匯豐銀行收購上海銀行8%的股權；2003年，花旗銀行以戰略投資者的身分持有上海浦東發展銀行4.62%的股權；2006年1月，中國工商銀行與美國高盛集團、德國安聯集團、美國運通集團訂立了股權購買協議，成功引入了境外戰略投資者等。

可以說，在一定的條件下，這些特殊的方式幫助中國部分商業銀行充實了資本，在它們進行改革上市的過程中起到了重要的作用，也為其他商業銀行的發展和改革提供了一定的借鑑和學習意義。

【本章小結】

（1）商業銀行資本是一個寬泛的概念，在不同的領域有不同的內涵，如會計資本、監管資本、經濟資本等。通常我們所說的是監管意義上的、具有雙重屬性的資本，即不僅包括一般企業的所有者權益項下的實收資本（股本）、資本盈餘等，還包括了可轉換債券、長期次級債券等債務資本以及儲備金等資本。商業銀行的資本具有營業功能、保護功能、滿足監管當局要求等功能。

（2）資本充足率對於商業銀行至關重要，資本需要量的測定方法主要有資本比率法、分類比率法和綜合分析法等。1988年，在瑞士通過的《巴塞爾協議》得到了從事國際業務的商業銀行的廣泛認可，統一了國際銀行資本充足率衡量的標準。該協議的主要內容包括四部分：一是資本構成；二是風險權重系數；三是標準化比率的目標；四是過渡期安排。

（3）2004年正式通過的《巴塞爾新資本協議》對1988年的《巴塞爾協議》進行了大刀闊斧的改進，將市場風險和操作風險納入了銀行資本監管的範疇。同時，在最低資本要求的基礎上，增加了監管當局的監督檢查和市場紀律兩大要求，形成了銀行資本監管的「三大支柱」。

（4）2008年金融危機的全面爆發暴露出《巴塞爾協議Ⅱ》存在諸多缺陷，人們開始反思和完善銀行監管體系的構建。2010年正式出抬的《巴塞爾協議Ⅲ》延續了《巴塞爾協議Ⅱ》的基本精神，但做出了改進和完善。《巴塞爾協議Ⅲ》將核心資本分為核心一級資本和其他一級資本，新增了槓桿率監管機制和流動性監管機制，突出普通股作為吸收銀行損失的重要作用。

（5）銀行資本的充足和結構合理都是銀行資本充足性的要求。為實現資本充足且結構合理，基於《巴塞爾協議》體系，商業銀行可以採用分子策略或分母策略。分子策略旨在充實資本，商業銀行可以使用不同的資本工具，通過留存收益、儲備金等內源資本或者股票以及次級債券等外源資本來實現；分母策略的目的是減少風險資產的

總額，商業銀行可以通過壓縮資產總體規模、調整資產結構、減少高風險資產的比重來達到目的。

（6）目前中國商業銀行資本監管的主要依據的是 2012 年發布的《商業銀行資本管理辦法（試行）》。「新辦法」同時參考了《巴塞爾協議Ⅱ》和《巴塞爾協議Ⅲ》，將信用風險、市場風險納和操作風險納入資本監管的範疇。另外，中國銀監會也加強了對銀行的監督檢查和信息披露等方面的監管。在充足銀行資本方面，中國商業銀行存在一些特殊的方式，如國家註資和引入戰略投資者等。

思考練習題

1. 商業銀行資本有哪些功能？
2. 衡量資本充足率的方法有哪些？
3. 2004 年發布的《巴塞爾協議Ⅱ》規定的核心資本和附屬資本有哪些？
4. 2010 年發布的《巴塞爾協議Ⅲ》是如何對資本進行分類的？
5. 試簡述《巴塞爾協議Ⅰ》《巴塞爾協議Ⅱ》和《巴塞爾協議Ⅲ》的差異。
6. 簡述內源資本策略的限制。

第 3 章　商業銀行負債業務

　　內容提要：商業銀行作為信用仲介，負債是其主要的資金來源，也是最基本的業務。商業銀行的負債業務由三大部分組成，即存款負債、借入負債和其他負債。本章介紹商業銀行負債業務的結構、相關理論、負債成本的分析方法，商業銀行存款業務的管理內容和銀行負債成本控制方法以及中國目前商業銀行負債業務的現狀和改進措施。

　　在商業銀行的全部資金來源中，90％以上來自於負債。商業銀行負債的結構和成本既是其資金運用成本的決定因素，也是影響商業銀行的盈利水平和風險狀況的關鍵因素。因此，商業銀行可以通過對負債業務的管理，降低負債成本，優化負債結構。

第 1 節　商業銀行負債的目標和結構

一、商業銀行負債的概念

　　商業銀行負債是商業銀行所承擔的一種經濟義務，銀行必須用自己的資產或提供的勞務去償付。因此，銀行負債是銀行在經營活動中尚未清償的經濟義務。
　　銀行負債的基本特點是負債必須是基於過去的交易或事項而產生的，構成現時的經濟義務。現時義務不等於未來承諾，正在籌劃的未來交易或事項不構成銀行的負債。負債必須是可以用貨幣來確定的，一切不能用貨幣計量的經濟義務都不能稱之為銀行負債。負債只能在償付之後才能消失，以債抵債只是原有負債的延期，不構成新的負債。
　　可以從廣義和狹義兩種角度來理解銀行負債。廣義負債是指銀行除自有資本以外的一切資金來源，包括資本期票和長期債務等二級資本的內容；狹義負債主要指銀行存款、借款等一切非資本性的債務。本章以狹義負債作為研究對象。

二、商業銀行負債的意義

　　（一）銀行負債是銀行吸收資金的重要來源，是銀行經營的先決條件
　　在商業銀行經營中，銀行負債提供了銀行絕大部分的資金來源。商業銀行作為信用仲介，首先表現為「借者的集中」，即通過負債業務廣泛地籌集資金，然後才可能成為「貸者的集中」，通過資產業務有效地運用出去，因此負債業務是商業銀行開展資

業務的基礎和前提。同時，信用仲介把借者和貸者緊密聯繫起來，進而為銀行開展中間業務創造了有利條件。

（二）銀行負債是銀行保持流動性的手段

商業銀行可以通過資本和負債兩種途徑獲得流動性。一方面，銀行通過負債業務聚集大量的可用資金以確保正常合理的貸款需求和存款提取的資金需要；另一方面，銀行通過負債業務可以應付臨時性的資金需要，從而達到銀行流動性管理的要求。當然，不同規模、信譽狀況的銀行利用負債進行流動性管理的目標不同。一般而言，規模較大、信譽較好的銀行比較側重於依靠負債業務獲得流動性。

（三）銀行負債是各商業銀行競爭的焦點，是其實力的體現

商業銀行根據負債的成本確定資產的價格。如果籌集資金的成本過高，造成銀行的定價過高，將使銀行在競爭中處於不利地位。商業銀行通過對負債業務進行創新，擴大負債業務規模，以達到拓展經營範圍、擴大信貸規模的目的，降低平均負債成本，進而增強核心競爭力。

（四）銀行負債影響社會流通中的貨幣量

現金和銀行存款構成了社會流通中的貨幣量。現金是中央銀行的負債，存款是商業銀行的負債。若負債跟不上貸款的迅速增長，則造成社會上流通的現金增加。因此，穩定銀行負債對穩定社會流通中的貨幣量有著決定性的影響。

（五）銀行負債是銀行同社會各界聯繫的主要渠道

社會所有經濟單位的閒置資金和貨幣收支都離不開銀行的負債業務。市場的資金流向，企業的經營活動，機關事業單位、社會團體和居民的貨幣收支，每時每刻都反應在銀行的帳面上。因此，負債又是銀行進行金融服務和監督的主要渠道。

三、銀行負債的經營目標

銀行負債的基本目標是在一定的風險水平下，以盡可能低的成本獲取所需要的資金。其具體目標包括把握合理的負債結構、提高存款負債的穩定性、降低負債成本、維持銀行負債的增長率等。

（一）建立合理的負債結構，提高存款負債的穩定性

合理的負債結構指要著眼於銀行資產業務的資金需要，依據不同存款負債和借入負債的成本和期限進行選擇組合，使銀行的負債結構不但能與資產的需要相匹配，還能保持銀行負債的流動性，並且有利於盈利目標的實現。提高銀行存款穩定性的重點是提高易變性存款的穩定性。通過合理配置負債結構，以達到在不增加成本或者少增加成本的前提下，增強存款負債的穩定性，為資產業務的開展提供充足的資金。

（二）降低負債的成本

銀行的負債成本主要由利息支出和各項相關的費用支出所組成。各種不同的負債，其利息支出和費用支出也不盡相同。如活期存款的利息支出較低，但費用支出卻相對較高；定期存款、金融債券的利息支出較高，而費用支出則相對較低。隨著銀行負債規模的擴大，銀行有些費用支出即固定成本會呈現下降趨勢。因此，可以通過擴大負債規模、調整負債結構、減少負債費用支出等措施，有效地降低負債的成本，從而在

合理的利差幅度內不斷提高銀行的盈利水平，更好地為銀行的生存和發展創造條件。

（三）維持銀行負債的增長

商業銀行是典型的高負債經營的金融企業，負債規模的大小是銀行實力體現的一個重要標誌，具體反應了一家銀行經營實力的增長情況及業務擴展的實際能力。如何維持銀行負債的增長率，已經成為銀行生存的基礎和發展的前提。

需要注意的是，銀行負債經營目標中，也包括流動性、安全性、盈利性三大基本目標的對立統一。例如，活期存款的比重增大，有利於降低負債成本，但同時可能降低了存款的穩定性；而定期存款的比重增加，雖然有利於資金的盈利性，但可能減弱了資金的流動性。同時，存款總量的增長並不是建立在貸款需求增長的基礎上，那麼「存款越多越好」的理念也就不見得正確。這些客觀存在的矛盾性，使銀行負債管理有一定的難度。這就要求銀行優化負債結構，有效控制負債規模，調節負債的資金運用，協調「三性」，力求達到在一定風險下，以盡可能低的成本獲取所需要的資金。

四、銀行負債的結構

商業銀行的負債結構主要由存款負債、借入負債和其他負債三部分構成。由於各國的金融體制的差異和金融市場發達程度的不同，各國銀行的負債結構也不盡相同；即使在一個國家的同一家銀行，由於經濟發展和金融環境的變化，其負債結構也處於不斷變化的過程中。表 3.1 是近年來中國商業銀行資金來源的結構狀況。

表 3.1　　　　　　　中國商業銀行信貸資金來源　　　　　　單位：百萬元

年　份	2008 年	2009 年	2010 年	2011 年	2012 年	2013 年	2014 年
資金來源總計	53,840,559	68,187,413	80,587,992	91,322,633	102,407,281	117,466,617	132,345,303
各項存款	46,620,332	59,773,985	71,823,317	80,936,833	91,736,811	104,384,686	113,864,464
企業存款	15,763,221	21,711,294	24,449,687	41,091,205	45,883,393	52,082,590	56,524,912
個人存款	—	—	—	35,353,643	41,099,238	46,650,239	50,783,109
財政存款	1,804,004	2,241,165	2,545,497	2,622,307	2,423,428	3,013,347	3,566,448
臨時性存款	—	—	—	157,014	163,305	166,106	109,783
信託存款	373,324	594,511	646,115	30,847	22,831	35,433	44,175
機關團體存款	2,196,277	2,955,956	6,617,331	—	—	—	—
城鎮儲蓄存款	21,788,535	26,076,731	30,330,215	—	—	—	—
農業存款	1,007,451	1,456,832	1,724,361	—	—	—	—
其他存款	3,687,520	4,737,496	5,510,112	1,681,818	2,144,616	2,436,972	2,836,037
金融債券	2,085,248	1,620,355	1,352,685	1,003,883	848,757	668,100	984,320
流通中貨幣	3,421,896	3,824,597	4,462,817	5,074,846	5,465,981	5,857,444	6,025,953
對國際金融機構負債	73,259	76,172	72,008	77,646	82,768	85,445	86,718
其他來源	1,639,824	2,892,304	2,877,165	4,229,424	4,272,964	6,470,941	11,383,848

數據來源：中國人民銀行各年統計報告。

從表 3.1 可以看出，存款負債始終是商業銀行的主要負債，約占商業銀行資金來源的 80% 以上；借入負債的比重則隨金融市場的發展而不斷上升。中國人民銀行各年統計數據表明，金融機構信貸資金來源合計從 2008 年的 538,406 億元增長到 2014 年的 1,323,453 億元，年均增長 29%。其中，存款負債從 2008 年的 466,203 億元增長到 2014 年的 1,138,645 億元，年均增長 29%，在存款負債中城鎮儲蓄存款或個人存款所占比重也一直較高。

20 世紀 70 年代以來，西方國家商業銀行負債結構發生了較為明顯的變化，一是存款負債比重在降低，非存款類資金來源比重逐步上升；二是存款中定期存款比重上升，活期存款比重下降。這兩個變化一方面使銀行的資金來源穩定，同時也降低了銀行的流動性風險；另一方面，負債結構的改變導致成本的提高，為了實現盈利性目標，迫使商業銀行經營風險更大的投資和貸款。

目前，中國商業銀行仍以被動負債為主，融資渠道單一。為適應國際銀行業的發展趨勢，商業銀行應適當增加商業銀行發展金融債券的發行規模，積極發展主動負債，改善負債結構。

五、負債結構管理理論

銀行負債結構的變化，極大地影響著銀行的盈利水平、風險狀況與資金的流動性。因此，如何安排負債結構是商業銀行經營管理中的重要任務。關於負債結構的管理理論主要有以下三種：

（一）存款理論

存款理論曾是商業銀行負債經營的正統理論，其基本思想如下：

（1）存款是商業銀行最主要的資金來源，是銀行各項業務經營活動的基礎，存款始終具有決定性意義。

（2）儘管可以採用許多的辦法去爭取存款，但銀行處於「被動」的位置上，服從於存款人意志，存款負債因而被稱為「被動型負債」。

（3）特別強調資金運用的安全性。

存款理論的主要特徵是其穩健性、保守性傾向。

存款理論的局限性在於銀行經營只注重存款規模，而忽視其他資金來源的重要性，忽視資產負債結構協調對銀行經營的重要性。

（二）購買理論

購買理論是在西方國家經濟出現滯脹的情況下產生的，它與存款理論完全相反，標誌著銀行負債管理思想的重大轉變。購買理論認為：

（1）銀行可以主動負債，主動購買外界資金。

（2）銀行購買資金的目的是增強流動性，購買對象即資金供給者的範圍十分廣泛。

（3）在存款利率管制的條件下，直接或間接地抬高資金價格來吸收存款，是購買資金的有效手段。

（4）銀行購買資金的適宜環境是通貨膨脹條件下的實際低利率甚至負利率。

該理論積極的一面是主動吸收資金，有助於信用擴張或經濟增長，增強銀行競爭

力。該理論消極的一面，如導致盲目競爭、增加銀行的經營成本、使利差縮小等。

（三）銷售理論

銷售理論產生於20世紀80年代。存款理論和購買理論都是單純地著眼於資金，而銷售理論的中心任務是運用行銷手段，向客戶推銷銀行的金融產品，以獲得所需的資金和所期待的收益。銷售理論的主要內容包括：

（1）客戶至上。維護客戶的利益，滿足客戶的需求，是銀行服務的出發點和歸宿。銀行表面上是資金的匯集融通中心，實際上是利益的調節中心，銀行要追求自己的利益，但同時也要維護客戶的利益。

（2）產品多樣化。銀行要不斷設計與開發新的金融產品，保證產品的多樣化，以滿足客戶的多樣化需求。

（3）銀行銷售金融產品的目的之一是組織資金。通過向客戶提供服務，適當地利用貸款或投資等資產手段的配合來做一攬子安排，達到吸收資金的目的。

銷售理論反應了銀行和非銀行金融機構之間的相互競爭和相互滲透，反應了商業銀行綜合化、萬能化發展的趨勢。

第2節　商業銀行存款負債

一、商業銀行存款的種類和結構

存款的種類有不同的劃分標準。如果按存款支取方式劃分，有活期存款、定期存款和儲蓄存款等；按存款的所有者劃分，則有企業存款、同業存款、財政和其他公共存款、城鄉居民個人存款。存款的具體劃分標準依據研究角度和實際需要而定。本節主要介紹西方商業銀行對存款的分類和中國目前對存款的分類情況。

（一）傳統型存款

1. 活期存款（Demand Deposits）

活期存款也稱支票帳戶或交易帳戶，是指無需任何事先通知，存款戶即可隨時存取和轉讓的一種銀行存款。其形式包括開出支票、本票、匯票，或通過電話、自動出納機或者其他電傳手段等進行取現或轉帳。

開立這種帳戶的目的是為了通過銀行進行各種支付結算。由於活期存款存取頻繁，流動性風險大，而且還需要提供多種服務，如存取、轉帳、提現和支票等，因此活期存款營業成本較高，一般不對存戶支付利息，甚至還收取一定手續費。雖然活期存款流動性很強，但存取交替流動中，總會在銀行形成一筆相對穩定、數量可觀的余額，是銀行貸款主要的資金來源之一。活期存款不僅具有貨幣支付手段和流通手段的職能，同時還具有很強的派生能力，能有效提高銀行的盈利水平。因此，商業銀行在任何時候都會把活期存款作為經營的重點之一。

2. 定期存款（Time Deposits）

定期存款是指存款客戶與存款銀行事先約定存款數量、利率、期限，並獲取一定

利息的存款。存款期限短的有1個月、3個月、6個月、12個月，長期的有3年、5年、8年。利率視期限長短而不等，但都要高於活期存款利率。傳統的定期存款一般到期才能提現，提取是要憑藉銀行簽發的定期存單，存單不能轉讓，銀行根據存單計算應付利息。但是，隨著存款工具的創新，已經開發出可以轉讓的定期存單。

定期存款對於客戶來說是一種收入穩定且風險很小的投資方式，並且可以以存單作為動產質押取得銀行貸款。對於商業銀行來說，相對活期存款，定期存款由於期限固定，一般不能提前支取，是銀行穩定的資金來源，可以用來支持銀行的中長期貸款、投資業務；定期存款的準備金率較低，減少了銀行在這方面的存款準備金，提高了資金利用率；在存續期間，提供的服務較少，相對經營成本較低，作為對存款人的回報，銀行支付的利息也隨著存款的延長而提高。因此，定期存款對於商業銀行經營管理有著特別重要的意義。

3. 儲蓄存款（Savings Deposits）

儲蓄存款指為居民個人積蓄貨幣資產和獲取利息而設定的一種存款。儲蓄存款基本上分為活期和定期兩種。活期儲蓄存款雖然可以隨時支取，但取款憑證——存折不能流通轉讓，也不能透支。傳統的定期儲蓄存款的對象一般僅限於個人和非盈利性組織，並且若要提取，必須提前7天事先通知銀行，同時存折不能流通和貼現。

由於儲蓄存款的流動性介於活期存款和定期存款之間，銀行承擔的流動性風險亦大於定期存款流動性風險和小於活期存款流動性風險，因此銀行對儲蓄存款支付的利息低於定期存款。儲蓄存款已成為中國商業銀行最重要的資金來源。中國人民銀行的統計數據顯示，截至2014年12月底，中國金融機構的儲蓄存款已達到50.3萬億元，遠遠超過了企業單位和財政性存款的總和。

（二）創新型存款

存款創新是指根據客戶的動機和需求，在原有存款種類基礎上，推出新的品種、新的類型，以滿足客戶的不同需求。隨著經濟和信用關係的發展、同業競爭的加劇以及金融風險的加大，商業銀行為了提高自身競爭力，規避金融管制，對金融工具進行了創新。在西方銀行也相繼出現了許多新的存款帳戶，下面對西方商業銀行具有代表性的創新存款工具進行簡要介紹。

1. 大額可轉讓定期存單（Negotiable Certificate of Deposits，NCDs）

大額可轉讓定期存單由美國花旗銀行於1961年首創，目的是為了逃避最高利率限制與存款準備金規定，它是指按某一固定期限和一定利率存入銀行的資金可在市場上買賣的憑證。大額可轉讓定期存單的特點是：第一，可轉讓定期存單的面額較大，一般為10萬~100萬美元不等。第二，利率一般高於同期儲蓄存款。第三，有比較活躍的流通市場，可隨時在二級市場出售轉讓。可轉讓定期存單實際屬於一種浮動利率的定期償還本金的可轉讓有息證券，它把長期存單的收益與短期證券的流動性相結合，使銀行負債證券化，增加了這一創新存款商品的市場競爭力。

1986年，中國交通銀行首先引進了大面額可轉讓存單，由於利率高於同期存款，因此頗受歡迎。但利率上的優惠取消後，推銷就比較困難了，主要原因是中國還沒形成定期存單的轉讓市場，「可轉讓」這一主要特性不能充分發揮，導致流動性缺失。

2. 可轉讓支付憑證（Negotiable Order of Withdrawal Account，NOWs account）

20世紀70年代，美國商業銀行存款利率受到管制，不準儲蓄帳戶使用支票。為了規避管制，爭取更多的客戶，產生了一種新的儲蓄存款帳戶——可轉讓支付憑證。

可轉讓支付憑證是一種對個人和非盈利機構開立的、支付利息的支票帳戶。該帳戶的特點是：第一，轉帳或付款不是使用一般的支票，而使用支付命令。它以支付命令書取代支票，實際上是一種不使用支票的支票帳戶。第二，可以按其平均餘額支付利息。第三，存款對象僅限於個人和非盈利機構。由於可轉讓支付憑證兼有傳統支票活期存款的支付便利性和儲蓄存款的收益性，可轉讓支付憑證帳戶的推出，有利於吸引客戶，擴大存款來源。

3. 超級可轉讓支付憑證（Super NOWs）

超級可轉讓支付憑證始於1985年，超級可轉讓支付憑證帳戶是可轉讓支付憑證帳戶發展起來的利率較高的活期存款帳戶。該帳戶的特點是：第一，存款對象僅限於個人和非盈利金融機構。第二，創辦之初，有最低餘額的限制，法定最低開戶金額和平均餘額為2,500美元。第三，對保持2,500美元或以上餘額的帳戶，利率不受限制。一般來說，該帳戶利率要低於貨幣市場的存款利率。第四，可以開出支付命令，並且開出支付命令不受限制。第五，這種帳戶作為轉帳帳戶要上繳存款準備金，銀行為吸引客戶通常還提供一定的補貼和獎勵。

4. 貨幣市場帳戶（Money Market Deposit Account，MMDA）

貨幣市場帳戶始辦於1982年的美國，這種帳戶的性質介於活期存款與儲蓄存款之間。目前西方國家把貨幣市場存款帳戶作為主要的儲蓄工具。貨幣市場帳戶的特點是：第一，開戶的金額為2,500美元，平均餘額不低於2,500美元。第二，對存款無最高利率限制，如果餘額低於2,500美元，利率則改按儲蓄存款計息；利率每週按貨幣市場利息調整，於月底打入該帳戶。第三，對存款不規定最短期限，但銀行規定客戶提取存款應在7天前通知銀行。第四，儲戶使用該帳戶進行收付，每月不得超過6次，其中用支票付款不得超過3次。第五，儲戶對象不限，個人、非盈利機構、工商企業者均可開戶。

5. 自動可轉帳服務帳戶（Automatic Transfer Service Account，ATS）

自動可轉帳服務帳戶是美國商業銀行於1978年推出的，是由早期電話轉帳服務發展而來的，其主要內容是存戶同時在銀行開立兩個帳戶——儲蓄帳戶和活期存款帳戶，活期存款帳戶的餘額始終保持1美元，其餘額轉入儲蓄帳戶可獲得利息收入。當銀行收到存戶開出的支票付款時，可將支付款項從儲蓄帳戶轉到活期存款帳戶上進行自動轉帳，及時支付支票上的款項。開立自動轉帳服務帳戶要求繳納存款準備金。

6. 協定帳戶（Agreement Account，AA）

協定帳戶是自動可轉帳戶的進一步創新，該帳戶是銀行與客戶達成的一種協議，存戶授權將款項存在活期存款帳戶、可轉讓支付憑證帳戶或貨幣市場互助基金帳戶中的任何一個帳目上。對活期存款帳戶或可轉讓支付憑證帳戶，一般都規定一個最低餘額，超過最低餘額的款項由銀行自動轉入同一存戶的貨幣市場互助基金上以便取得較高的利息；如果餘額低於最低餘額，也可由銀行自動將貨幣市場基金帳戶的款項轉入

活期存款帳戶或可轉讓支付憑證帳戶，以補足最低餘額。

7. 個人退休金帳戶（Individual Retirement Account）

個人退休金帳戶是美國商業銀行於1974年創辦的專為工資收入者開辦的儲蓄養老金帳戶。如果存款人每年存入2,000美元，可以暫時免稅，利率不受「Q條例」限制，到存款人退休后，再按其支取金額計算所得稅。這種存款存期長，利率略高於儲蓄存款，是銀行穩定的資金來源，也深受存款人的歡迎。

8. 定活兩便存款（Time-demand Deposit）

這是一種存款時不需約定期限、隨時可以支取、利率按照實際存款期限而變動的存款。定活兩便存款不能使用支票，一般有一個基本期限，在該期限內取款，以活期存款計息；超過這一期限，按照實際存款期限計息，利率低於相應期限的定期存款但高於活期存款。

二、商業銀行存款業務管理

商業銀行存款業務管理主要包括存款的穩定性管理、存款的行銷管理、存款的成本管理。

（一）銀行存款的穩定性管理

存款的穩定性，也稱存款的沉澱率。穩定的存款餘額是形成銀行中長期和高盈利資產的主要資金來源。從商業銀行經營管理的角度來看，它比存款總額更具有現實意義。提高存款穩定性，主要表現在提高活期存款的穩定率和延長存款的平均占用天數。

活期存款穩定率＝（活期存款最低餘額÷活期存款平均餘額）×100%　　　（3.1）

活期存款占用天數＝（活期存款平均餘額×計算期天數）÷存款支付總額　　（3.2）

根據存款的波動性，可將銀行存款劃為以下三大類：

（1）易變性存款。易變性存款主要指活期存款。由於客戶可以隨時向銀行提現和轉帳，這類存款的穩定性最差。

（2）準變期存款。準變期存款主要指定活兩便存款、通知存款等。這類存款既不能隨時提現和轉帳，又沒有支取約定期限的制約，其穩定性介於活期存款和定期存款之間。

（3）穩定性存款。穩定性存款主要指定期存款、可轉讓存單及專項存款等。這類存款在約定期內一般不能提前支取，是穩定性較強的存款。

提高銀行存款穩定性的重點是提高易變性存款的穩定性，取決於兩方面因素，一是存款客戶的多少；二是銀行是否能夠提供優質高效的服務。因為在存款總量一定的情況下，存款客戶越多，個別客戶的存款波動對銀行總體存款穩定性的影響就越小；而銀行若能提供高效優質的服務，將吸引更多的客戶，提高存款的穩定性。

要提高存款的穩定性，還必須努力延長穩定性存款和易變性存款的平均占用天數。例如，對於定期存款中的保管性存款，客戶存款的目的是為了累積財富以備遠期消費，其穩定性最強，銀行必須為這類存款採取安全、保值和保險措施，做好存款轉存和計算複利的工作，以盡量延長這類存款的占用天數。對於定期存款中的投資性存款，由於受到債券、股票等高收益金融資產的衝擊，其穩定性顯然要低於保管性存款。對於

投資性存款，銀行一方面要視金融市場的價格變化和自身承受能力而適當調整利率；另一方面要通過各種途徑宣傳銀行存款比其他金融資產更安全可靠、風險更小的特性，來鞏固存款，以延長平均占用天數。

（二）銀行存款的行銷管理

銀行存款的行銷是一種確定並刺激需求的過程，包括銀行提供金融產品和服務、客戶購買並使用該產品和服務以及對其做出反應的全部過程。對於銀行而言，存款實際上是一種被動負債，在存款規模、存款種類等問題上，儲戶擁有主動權。因此，銀行要在存款經營中實現預期的目標，必須通過一系列積極的經營策略，不斷推出滿足需求的新的存款工具，優化存款規模與結構。

1. 儲蓄存款行銷策略

對於儲蓄存款而言，應注意以下幾點：

（1）針對儲戶動機，開發出多樣化的存款工具，以滿足不同層次、不同形式的儲戶需求。

（2）必須重視利率槓桿的作用，對存款利率水平和檔次適時進行調整，以擴大儲蓄和提高儲蓄存款的穩定性；提供優質高效的服務，提高存取款的便捷性、安全性、舒適性及現代化；做好廣告宣傳，加強外勤工作，合理設置網點，充分調動吸儲人員的積極性。

2. 企業存款的行銷策略

對於企業存款而言，應注意以下幾點：

（1）根據不同企業、不同資金的特點，開發多種形式的企業存款工具來滿足其需要。

（2）努力以貸引存，做到存貸結合，並結合銀行的資產業務和中間業務，協調企業管好用好資金。

（3）建立健全企業存款管理制度，提供全面的信用服務，密切銀企關係，以穩定和擴大企業存款。

（三）銀行存款的成本管理

存款成本高低是銀行能否盈利的前提條件，存款的經營管理首先是要在不增加成本或相對少增加成本的前提下吸收更多穩定的存款。

1. 存款成本的構成

存款成本從管理會計角度可以分成固定成本和變動成本兩大部分。存款成本從財務會計學角度可以分成以下項目：

（1）利息成本。利息成本是指銀行按約定的存款利率與存款金額的乘積，以貨幣形式直接支付給存款者的報酬。存款利率有固定利率和可變利率之分。目前中國的存款一般都按固定利率計息，因此利息成本在中國仍然是商業銀行的一項剛性成本和利率變動風險較小的固定成本。

（2）營業成本。營業成本也稱服務成本，是指除存款利息外的其他所有開支，如代辦手續費、固定資產折舊費、宣傳費、人工工資、辦公費用及其他服務費用。在中國，利息成本一般由國家統一規定，營業成本就成為商業銀行成本控制的關鍵。

反應銀行存款成本的指標有資金成本率、可用資金成本、加權資金成本、邊際存款成本等。

2. 影響存款成本的定價的因素

(1) 利率水平。存款利率直接影響利息成本，而利息成本是存款成本的主要部分，因此市場利率因素對存款成本定價起著決定性影響。市場利率越高，存款成本越高。根據市場利率水平，銀行存款定價時，要經常調整定價，即對存款利率、服務費和手續費進行調整。

(2) 其他銀行的定價策略。存款是銀行的被動負債，其他銀行的定價策略影響著本銀行在吸引存款上的競爭力，因此本銀行存款成本的定價要參照其他銀行的定價策略。

(3) 不同存款帳戶的利率需求彈性。這主要是評估潛在的存款價格的變化對存款流量的影響，即銀行能夠增加存款的可能性。

(4) 存款的期限結構。對於不同期限結構的存款，在利息成本和營業成本上應有所差異。

(5) 銀行的盈利能力。銀行存款成本管理的目標應當是存款收益最大化和存款成本最小化，最終使銀行的盈利最大化。銀行可以採用成本收益分析法來分析存款成本的變化。

(6) 貸款與存款成本的關係。存款成本會受到貸款政策的影響。某些貸款政策會降低存款的成本。例如，借款人在銀行保留的補償成本餘額，這部分存款成本很低，而且相對來說比較穩定。

(7) 客戶與銀行的關係。一般來說，客戶與銀行的關係越密切，客戶使用銀行的服務越多，客戶的成本就越低，銀行為其提供的便利就越多。

3. 存款成本的控制

(1) 存款結構和成本的控制。一般情況下，存款期限長，利率高，成本高；反之，存款期限短，利率低，成本低。這樣看來，存款的期限結構和利率結構與成本之間存在著一種對立關係，但並不絕對如此，因為存款成本中除了利息成本，還存在著營業成本。就活期存款與定期存款相比，前者的利息成本低於後者，但營業成本則恰恰相反，因此，前者的總成本不一定比後者低。

在實踐中，對存款結構的選擇應正確處理以下關係：第一，盡量擴大低息存款的吸收，降低利息成本的相對數；第二，正確處理不同存款的利息成本和營業成本的關係，力求不斷降低營業成本的支出；第三，活期存款的發展戰略必須以不減弱銀行的信貸能力為條件；第四，定期存款的發展不以提高自身的比重為目標，而應與銀行存款的派生能力相適應。

(2) 存款總量和成本的控制。商業銀行的存款總量與成本之間的關係可以概括為以下四種情況：第一，逆向組合模式，即總量增加，成本下降；第二，同向組合模式，即總量增加，成本增加；第三，總量單向變化模式，即存款總量增加，成本不變；第四，成本單向變化模式，即存款總量不變，成本增加。

由此可見，存款成本不僅與存款的總量有關，還與存款結構、單位成本內固定成本

與變動成本的比例、利息成本和營業成本佔總成本的比重等都有密切的關係，從而產生上述不同組合。這要求銀行努力實現逆向組合模式和總量單向變化模式，要求銀行在不增加成本或者減少成本的前提下，盡可能組織更多的存款，即走內涵式擴大再生產之路。不能單純靠提高存款利率，增設營業網點，增加內外勤人員以擴大存款規模。因此，存款總量並非越多越好，應限制在其貸款可發放程度以及吸收存款的成本和管理負擔在能力承受的範圍內。銀行對存款規模的控制，要以存款資金在多大程度上被實際運用於貸款和投資為評判標準。目前較科學的存款規模控制模式是通過存款成本變化來控制存款量，尋求邊際成本曲線和實際收益曲線的交點，以確定最佳的存款量。

三、存款保險制度

存款保險制度是一種金融保障制度，是指由符合條件的各類存款性金融機構集中起來建立一個保險機構，各存款機構作為投保人按一定存款比例向其繳納保險費，建立存款保險準備金，當成員機構發生經營危機或面臨破產倒閉時，存款保險機構向其提供財務救助或直接向存款人支付部分或全部存款，從而保護存款人利益、維護銀行信用、穩定金融秩序的一種制度。作為金融安全網的一部分，存款保險的基本作用在於預防銀行擠兌和保護小存款人利益。隨著經濟金融的發展，存款保險體系的作用有所演變，可分為：第一，保護大多數小額存款人的利益；第二，提高公眾對金融體系的信心，保證銀行系統的穩定；第三，通過建立對問題銀行的處置規則，提供一種有序的處理破產機構的機制，避免危機的擴大。

1960年之前，美國是世界上唯一建立存款保險制度的國家。1961年，印度成為第二個建立存款保險制度的國家。存款保險制度得到國際認可並大規模建立是在20世紀90年代以後，與世界銀行業危機爆發次數相關性較強。20世紀80年代，各國銀行所統計的嚴重的系統性銀行危機達到45次。20世紀90年代，全球爆發了63次嚴重的銀行危機。與此對應，1990年只有34個國家建立存款保險制度，2000年則有71個國家建立存款保險制度，增長209%。進入21世紀，陸續有32個國家建立存款保險制度，在2008年金融危機后建立存款保險制度的國家數目占這些國家數目的44.1%。截至2011年年底，全球已有111個國家建立存款保險制度。

存款保險制度常常伴隨利率市場化而產生。利率市場化後銀行間經營差異擴大，銀行業風險上升。通過建立完善的顯性存款保險制度，可有效降低擠兌風險，促進中小銀行與大型銀行公平競爭，維護金融穩定。從各國經驗看，部分國家均在利率市場化之前或利率市場化過程中建立了存款保險制度，從而有利於利率市場化以及金融自由化的進一步深入。但其本身也有成本，可能誘發道德風險，使銀行承受更多風險，還產生了逆向選擇的問題。

在中國，2014年11月27日，國務院全文公布了《存款保險條例（徵求意見稿）》，共有23條。其中，規定最高償付限額為人民幣50萬元；保費由銀行繳納。《存款保險條例》於2015年2月17日正式公布，並自2015年5月1日起施行。

第 3 節　商業銀行借入負債業務

雖然存款構成銀行的主要資金來源，但仍有存款無法滿足貸款和投資增長需求的可能。此時，銀行需要尋求存款以外的其他資金來源，即需要借入資金來滿足銀行的資金需要。存款是銀行的被動負債，而借入負債則是銀行的主動負債，借入負債比存款負債具有更大的主動性、靈活性和穩定性。銀行的借入負債按期限的長短分為短期借款和長期借款。其中，銀行的長期借款主要是通過發行金融債券來籌集資金。

一、短期借款業務

(一) 短期借款的種類

1. 同業拆借

同業拆借指金融機構之間的短期資金融通，主要用於支持日常性資金週轉，是商業銀行為解決短期資金餘缺、調劑法定準備金頭寸而相互融通資金的重要方式。同業拆借一般是通過商業銀行在中央銀行的存款帳戶進行的，同業拆借實質上是超額準備金的調劑，因此又稱中央銀行基金，在美國則稱聯邦基金。

一般而言，中國銀行間同業拆借的主要目的是補充準備金和保持資金的流動性，然而隨著金融業的發展，同業拆借日益成為商業銀行資產負債管理的重要工具。銀行拆借額度必須立足於自身的承受能力，拆出資金以不影響存款的正常提取和轉帳為限，拆入資金必須以本身短期內的還款能力為度。目前，根據中國人民銀行的規定，中資商業銀行、城市信用合作社、農村信用合作社縣級聯合社的最高拆入限額和最高拆出限額均不超過該機構各項存款餘額的8%。

同業拆借的利率一般高於活期存款利率、低於短期貸款利率，通常情況下，拆借利率略低於中央銀行再貼現利率，這樣能迫使商業銀行更多地向市場借款，有利於中央銀行控制基礎貨幣的供應。在中國，根據2007年8月發布的《同業拆借管理辦法》，中國同業拆借市場由1~7天的頭寸市場和期限在一年內的借貸市場組成。從中國人民銀行網站的統計數據可知，截至2015年8月底，同業拆借的市場成交60,181億元，各交易品種交易量分別為1天的為53,120億元，7天的為5,383億元，14天的為1,184億元，20天及以上的為494億元。短期期限品種占主導地位，僅隔夜拆借品種交易量占比達88%。

中國人民銀行發布的《同業拆借管理辦法》從市場准入、期限管理和限額管理三方面放鬆管制。其中，第六條規定了16類金融機構可以申請進入同業拆借市場，這個範圍涵蓋了所有銀行類金融機構和絕大部分非銀行金融機構。該條例的發布進一步促進了同業拆借市場發展，配合了上海銀行間拆放利率（SHIBOR）報價制改革，順應了市場參與者的需求。

2. 向中央銀行借款

商業銀行向中央銀行借款主要形式有兩種，一是再貼現，二是再貸款。再貼現指

商業銀行將其買入的未到期的已貼現匯票，向中央銀行再次申請貼現，也稱間接借款；再貸款指中央銀行向商業銀行的信用放款，也稱直接貸款。市場經濟發達的國家，商業票據和貼現業務廣泛流行，再貼現就成了商業銀行向中央銀行借款的主要渠道。而在商業票據不普及的國家，則主要採用再貸款形式。

中央銀行對商業銀行的放款，會產生具有數倍派生能力的基礎貨幣，對商業銀行的放款成為一種重要的宏觀金融調控手段，是否放款、何時放款、放款量多少都要以貨幣穩定和金融穩定作為最高原則。因此，商業銀行向中央銀行借款是有嚴格限制的，一般情況下，借款只能用於調劑頭寸、補充儲備的不足和資產的應急調整，而不能用於貸款和證券投資。

中國的銀行向中央銀行的借款以再貸款為主要形式。隨著中國票據和貼現市場的發展，商業銀行的貼現業務將逐漸擴大，逐步以再貼現取代再貸款將是歷史發展趨勢。

3. 轉貼現

轉貼現是指中央銀行以外的投資人在二級市場上購進票據的行為。商業銀行通過轉貼現在二級市場上賣出未到期的貼現票據以融通到所需要的資金，而二級市場上的投資人在票據到期前還可進一步轉手買賣，繼續轉貼現。轉貼現的期限一律從貼現之日起到票據到期日為止，按實際天數計算。轉貼現利率可由雙方議定，也可以貼現率為基礎參照再貼現率來確定。在中國，票據款項的回收一律向申請轉貼現的銀行收取，而不是向承兌人收取。

4. 回購協議

回購協議是指商業銀行在出售證券等金融資產時簽訂協議，約定在一定期限後按約定價格購回所賣證券，以獲得資金的融資方式。回購協議中的金融資產主要是證券，在中國則嚴格限制於國債。回購協議交易通常在相互高度信任的機構間進行，並且期限一般很短。回購協議中，協定日期為一天的稱為隔夜回購，超過一天的稱為定期回購，未規定期限的稱為開放式回購。在中國，回購協議的回購交易最長為 365 天，但絕大多數集中在 30 天之內。回購協議的交易方式一般有兩種，一種是證券賣出和購回採用相同的價格，協議到期時以約定的收益率在本金外再支付費用；另一種是購回證券時價格高於賣出時的價格，其差額就是資金提供者的收益。

5. 大面額存單

大面額存單指銀行發行的期限在一年以內的面額固定的可轉讓存單，是資產證券化的產物。大面額存單的特點是可以轉讓、有較高的利率、兼有活期存款流動性和定期存款盈利性的優點。大面額存單一般由銀行直接發售，利率由發行銀行確定，可以採用固定利率或浮動利率兩種方式。中國人民銀行於 2015 年 6 月 2 日公布《大額存單管理暫行辦法》，使得中國的大額存單得以走上臺前。中國工商銀行、中國建設銀行、中國農業銀行、中國銀行、交通銀行、中信銀行、浦發銀行、招商銀行、興業銀行宣布於 2015 年 6 月 15 日推出各自的首期大額存單。從公開信息看，各家銀行有關大額存單的幾個關鍵數字也幾乎「同步」：個人認購起點金額為 30 萬元人民幣，機構投資人認購起點金額為 1,000 萬元人民幣，利率按照對應期限央行基準利率上浮 40%。此外，大額存單都可保本保息，支取靈活。

6. 歐洲貨幣市場借款

歐洲貨幣市場存款是指銀行利用歐洲貨幣市場籌集到所需要的短期資金。其特點有：第一，不受任何國家政府管制和納稅限制，借款條件靈活，借款用途不限；第二，短期借款主要憑信用，資金調度靈活、手續簡便；第三，不受法定存款準備金和存款利率最高額的限制，存款利率相對較高，放款利率相對較低，存貸利差小，對存貸雙方都有吸引力；第四，借款利率依據倫敦同業拆借利率（LIBOR），由雙方具體商定。

（二）短期借款的管理要點

短期借款主要用於應對銀行短期頭寸不足，借款期限較短，對流動性的需要相對明確和集中，面臨較高的利率風險。因此，針對其特點，在管理上要注意以下幾點：

1. 把握短期借款的時機

商業銀行要根據自身在一定時期資產的期限結構及變動趨勢，來確定是否利用短期借款及短期借款的規模；要考慮金融市場的狀況，在資金供應充足時借入，以達到降低成本的目的；要根據中央銀行貨幣政策的變化控制短期借款的程度，當實行寬鬆的貨幣政策時，短期借款的成本降低，則可以考慮適度增加借款。

2. 研究短期借款的資金成本

短期借款是商業銀行經營實現流動性、安全性和盈利性所必需的，但並不是短期借款越多越好，借入資金有時比吸收存款付出的代價還大。當短期借款付出的資金成本大於擴大資產規模帶來的收益時，則不宜增加借款規模。應盡量把借款到期時間和金額與存款的增長相協調，把借款控制在自身承受能力範圍內，爭取利用存款的增長來解決一部分借款的流動性需要。

3. 降低短期借款的流動性風險

短期借款的流動性風險較大，銀行應主動把握借款期限和金額，採用多頭拆借的方式將借款對象和金額分散化，以避免短期借款到期金額過於集中給銀行帶來的較大的償債壓力，降低流動性的風險。

二、長期借款業務

（一）金融債券的特徵

商業銀行的長期借款一般採用金融債券的形式。金融債券是20世紀70年代以來西方商業銀行業務綜合化、多樣化發展和金融證券化的產物。與存款相比，金融債券具有以下特點：

1. 籌資目的多樣化

吸收存款為的是全面擴大資金來源總量，而發行金融債券為的是增加長期資金來源和滿足特定用途的資金需要。

2. 籌資行為主動化

吸收存款是經常性的、無限額的，主動權在客戶手中，而發行金融債券籌集長期借款則是集中性的、有限額的，銀行擁有主動權。

3. 籌資的效率高效化

一般來說，金融債券的利率要高於同期存款的利率，對客戶來說，吸引力較強，

因此其籌資效率一般高於存款。

4. 資金的流動性強

除特定的可轉讓存單外，一般存款的信用關係固定在銀行和存款客戶之間不能轉讓，而金融債券一般不記名，有廣泛的二級市場可以流通轉讓，因此比存款具有更強的流動性。

5. 資金的穩定性高

存款尤其是活期存款可以自由存取，期限具有彈性，資金穩定程度相對低，而金融債券具有明確的償還期，一般不能提前還本付息，資金穩定程度高。

基於金融債券的特點，發行金融債券對銀行負債經營有較大的積極意義。第一，籌資範圍廣泛，面向全社會籌資，突破了銀行原有存貸關係限制，既不受銀行所在地資金狀況的限制，也不受銀行自身網點和人員的限制。第二，高利率和強流動性，對客戶吸引力大，提高了銀行籌資速度和數量，同時債券所籌集的資金不用繳納法定存款準備金，提高了銀行資金的利用率。第三，發行金融債券作為商業銀行的長期資金來源的主要途徑，銀行能主動地根據資金運用計劃，有針對性地籌集資金，使資金來源和資金運用在期限上保持對稱，加強商業銀行資產負債管理。

但發行金融債券作為長期資金也有其局限性。第一，金融債券的發行受到監管部門的嚴格限制，銀行籌資的自主性不強。第二，除了利率高於存款利率，金融債券的發行費用也加重了籌集資金的成本。第三，金融債券的流動性依賴於二級市場的發達程度，因此在金融市場不夠發達的國家，發行金融債券受到制約。

(二) 金融債券的主要種類

1. 一般性金融債券

一般性金融債券是指商業銀行為籌集用於長期貸款、投資等業務的資金而發行的債券。按不同標準，金融債券可以劃分為很多種類。最常見的分類有以下兩種：

(1) 根據利息計算方式的不同，金融債券可分為普通金融債券、累進利息金融債券和貼現金融債券。普通金融債券是指到期一次還本付息的債券，期限通常在 3 年以上，利率固定，平價發行，不計複利；累進利息金融債券是指浮動期限式的、利率和期限掛勾的金融債券，期限一般在 3~5 年，債券持有者可以在最短和最長期限內隨時到發行行兌付，但不滿一年不能兌付；貼現金融債券是指在一定期限內按一定貼現率以低於票面金額的價格折價發行的債券，不單獨計息，到期按面值還本付息，利息為發行價與面額的差額。例如，票面金額為 1,000 元，期限為 1 年的貼現金融債券，發行價格為 900 元，1 年到期時支付給投資者 1,000 元，那麼利息收入就是 100 元，而實際年利率就是 11.11%。按照國外通常的做法，貼現金融債券的利息收入要徵稅，並且貼現金融債券不能在證券交易所上市交易。

(2) 根據利息支付方式的不同，金融債券分為附息金融債券和一次性還本付息金融債券。附息金融債券是指在債券期限內，每隔一定時間支付一次固定數額利息的金融債券；一次性還本付息金融債券是指期限在 5 年之內、利率固定、發行銀行到期一次支付本息的中期普通金融債券。中國發行的一般是一次性還本付息債券。國際上流行的普通金融債券大多是付息債券，指的是債券期限內每隔一定時間（半年或一年）

支付一次利息的金融債券。付息債券可以有較長的期限，並能有效減輕銀行在債務到期時一次集中付息的利息負擔。

此外，金融債券也可以像企業債券一樣，根據期限的長短劃分為短期債券、中期債券和長期債券；根據利率是否可變，分為固定利率債券和浮動利率債券；根據是否記名，分為記名債券和不記名債券；根據擔保情況，分為信用債券和擔保債券；根據可否提前贖回，分為可提前贖回債券和不可提前贖回債券；根據發行人是否給予投資者選擇權，分為附有選擇權的債券和不附有選擇權的債券；等等。

2. 資本性金融債券

資本性金融債券是為了彌補銀行資本不足而發行的，是介於存款負債和股票資本之間的一種債務，《巴塞爾資本協議》稱之為附屬資本或次級長期債務。

資本性金融債券可分為以下四類：

（1）次級債，即固定期限不低於5年（包括5年），除非銀行倒閉或清算，不用於彌補銀行日常經營損失，並且該項債務的索償權排在存款和其他負債之後的商業銀行長期債務。

（2）混合資本債，即針對《巴塞爾資本協議》對混合資本工具的要求而設計的一種債券形式，所募集資金可計入銀行附屬成本。

（3）可轉債，即在一定條件下可以被轉換為公司股票的債權，具有股票和債券的雙重屬性。

（4）可分離債，即分離交易的可轉換公司債，是指上市公司公開發行的認股權和債券分離交易的可轉換公司債券。

中國銀監會對次級債的持有規模有嚴格的規定，商業銀行持有他行發行的次級債和混合資本債總額不得超過其核心資本的20%，而且其風險權重高達100%。自從2008年金融危機深化以來，在美國金融機構由於資本準備不足而頻陷危機的警示作用下，中國國內商業銀行紛紛通過各種途徑補充資本金，以股份制商業銀行為首的金融機構發債規模大幅攀升。但是，2015年受監管審批趨嚴、銀行轉向股權融資、銀行業資產增速放緩等影響，被視為商業銀行重要「補血」途徑之一的二級資本債出現下滑。據2015年8月的統計數據顯示，2015年債券市場共發行了29只商業銀行二級資本債，發行金額合計1,113.64億元，與2014年同期的21只、2,427.5億元相比，發行只數有所上升，但發行總額卻縮水逾五成。

3. 國際金融債券

國際金融債券是指在國際金融市場發行的面額以外幣表示的金融債券。

（1）外國金融債券，即債券發行銀行通過外國金融市場所在國的銀行或金融機構發行的以該國貨幣為面值的金融債券。其特點是債券的幣值、發行市場與債券的發行銀行分別屬於2個不同的國家。

（2）歐洲金融債券，即債券發行銀行通過其他銀行或金融機構，在債券面值貨幣以外的國家發行並推銷的債券。其特點是債券的發行銀行、債券的幣值、債券的發行市場分別屬於3個不同的國家。歐洲債券通常以國際通用貨幣標價（如美元），所籌資金的使用範圍廣泛，因此是一種重要的金融債券。

（3）平行金融債券，即發行銀行為籌措一筆資金，在幾個國家同時發行債券，債券分別以各投資國的貨幣標價，各債券的籌資條件和利率基本相同。實際上，這是一家銀行同時在不同國家發行的幾筆外國金融債券。

（三）金融債券的管理要點

1. 合理計劃債券的發行與使用，提高資金的使用效率與效益

首先，要做好項目的可行性研究，項目收益高於成本時才能發債；其次，要使債券發行和用款項目在資金和數量上基本相等，避免資金限制或資金不足的現象。

2. 防範利率風險與匯率風險

一般而言，當未來市場利率有上升的趨勢時，發行債券時選擇固定利率計息方式；當未來市場利率有下降趨勢時，發行債券時選擇浮動利率計息方式。對於匯率的選擇一般選用匯價具有下浮趨勢的弱幣作為票面貨幣。但是，在國際金融市場上，匯價具有上浮趨勢的強幣作為票面貨幣的債券容易銷售。因此，要結合利率和匯率風險，綜合考慮發債。

3. 尋找最佳的發行時機

商業銀行應選擇市場資金供給大於需求、利率較低的時期發行債券。發行國內債券時，由於利率較穩定，時間的選擇主要取決於市場資金的充裕程度。

4. 研究投資者心理

客戶是債券是否順利推銷出去的關鍵因素，商業銀行債券的發行應以客戶為中心，以市場為導向，不斷創新，滿足投資者的需求。

第4節　商業銀行負債成本控制

一、負債成本的概念

（一）利息成本

利息成本是指以貨幣形式直接支付給存款人或債券持有人、信貸仲介人的報酬。

（二）營業成本

營業成本是指花費在吸收負債上的除利息之外的一切開支，包括櫃臺和外勤人員工資、宣傳費用、折舊攤提費、辦公費以及為存戶提供其他服務的費用。

（三）資金成本

資金成本是指包括利息在內的花費在吸收負債上的一切開支，即利息成本和營業成本之和。資金成本反應銀行為取得負債而付出的代價，資金成本率是其衡量指標。

存款資金成本率＝（存款資金成本÷存款資金總額）×100%　　　　　　（3.3）

總資金成本率＝[（利息成本＋營業成本）÷（吸收資金總額）]×100%　　（3.4）

（四）可用資金成本

可用資金是指銀行可以實際用於貸款和投資的資金，它是銀行總資金來源中扣除應繳存法定存款準備金和必要的儲備金后的余額。可用資金成本也稱銀行的資金轉移

價格，是指銀行可用資金所應負擔的全部成本。可用資金成本是確定銀行盈利性資產的價格基礎。可用資金成本率是指資金成本與可用資金數額之比，用於對比不同存款，分析為得到各種可用資金所付出的代價，也可用於總體上分析銀行可用資金成本的歷史變化情況，比較本行與其他銀行可用資金成本的高低。

可用資金額＝吸收的資金－法定存款準備金－必要的儲備金 (3.5)

可用資金成本率＝(利息成本＋營業成本)÷可用資金額×100% (3.6)

(五) 相關成本

相關成本是指與增加負債有關而未包括在上述成本之中的成本，包括以下兩部分：

第一，風險成本，即因負債增加引起銀行風險增加而必須付出的代價。例如，利率敏感性存款增加會增加利率風險；存款總額的增長提高了負債對資本的比率，會增加資本風險等。

第二，連鎖反應成本，即銀行因對新吸收存款增加的服務和利息支出，而引起對原有存款增加的開支。例如，銀行以增加利息和提供服務的方式，吸引客戶增加存款，當對新存款客戶提供更多的利息和服務時，原有客戶的利息和服務也會要求相應增加，這樣就加大了銀行成本開支。

二、負債成本的分析方法

(一) 歷史加權平均成本法

其計算公式為：

$$\bar{X} = \frac{\sum Xf}{\sum f} \tag{3.7}$$

上式中，f 為各種資金來源的數量；X 為每種資金的單位成本；$\bar{X}$ 為銀行全部資金來源的單位加權平均成本。

其中，每種資金的單位成本包括利息成本和其他成本，計算時可將這兩種成本加起來再乘以資金數量，也可以分別相乘後加總，即：

$$\bar{X} = \frac{\sum (X_1 + X_2)f}{\sum f} = \frac{\sum X_1 f + X_2 f}{\sum f} \tag{3.8}$$

這種方法主要用於對不同銀行的各種負債成本的對比分析、同一銀行歷年負債成本的變動分析等。每一項負債的歷史加權平均成本等於利息費用率與該項的平均餘額的乘積。

該方法對評價銀行過去和現在的經營狀況有著重要意義，但其未能考慮銀行未來的利息成本變動。當未來利率上升時，歷史平均成本就會低於新債務的實際成本，這樣以歷史成本為基礎的資產收益率必然會相應下降，從而實現不了利潤目標。反之，未來利率下降，則使盈利性資產的價格可能因高估而不利於競爭。

(二) 邊際成本法

邊際成本指商業銀行每增加一單位的負債資金所產生的成本。銀行在確定資金成本時，只有當新增資產的邊際收益大於新增負債的邊際成本時，才能獲取適當的利潤。每項負債都有不同的邊際成本，其成本隨著市場利率、管理費用和該負債用於補充現

金資產的比例變化而變化。這些獨立的成本加在一起就可以得出新增資金的加權邊際成本。

在決定資產價格時，邊際成本實際上是盈虧平衡點。如果已知邊際成本，資產收益率應略高於邊際成本，從而保證適當的資產收益率與邊際成本之差，以彌補違約風險損失和支付股東應得的報酬。邊際成本也可以反應各種負債的相對成本，以確定新增負債的最低費用目標。

某種資金的邊際成本計算公式為：

$$MC_1 = \frac{新增利息+新增其他開支}{新增資金} \tag{3.9}$$

如果新增資金中有 X 部分用於補充現金資產，不能算作盈利資產，則可新增可用資金的邊際成本為：

$$MC_2 = \frac{新增利息+新增其他開支}{新增資金-X} \tag{3.10}$$

例如，某銀行準備以 NOWs（可轉讓支付命令）帳戶支持資產擴充，這些資金的利息成本為5%，其他開支為3%，新增資金的18%用於非盈利資產。此時銀行的邊際成本計算如下：

$MC_1 = (5\%+3\%) \div 1 \times 100\% = 8\%$

$MC_2 = (5\%+3\%) \div (1-18\%) \times 100\% = 9.76\%$

利用上述方法計算某類資金的邊際成本時較為有效，但銀行資金來源多種多樣，各項資金來源的風險也各不相同，因此採用平均邊際成本更能反應銀行總體新增資金成本的情況。

由表 3.2 中的數據可計算出：平均邊際成本率 = 17.64÷180×100% = 9.8%

可用資金邊際成本率 = 17.64÷163.4×100% = 10.8%

因此，可知如果銀行的新增資產能夠獲得高於 10.8% 的收益率，則新增資金的結構是可取的；否則，必須放棄資產的擴張或改變資金的成本結構。

表 3.2　　　　　　　　　　銀行平均邊際成本的計算　　　　　　　　　單位：億元

類別	增加額 (1)	可用資金比率 (%)(2)	可用資金額 (3)=(1)×(2)	成本率 (%)(4)	總成本 (5)=(1)×(4)
活期存款	40	78	31.2	5.8	2.32
貨幣市場帳戶	60	94	56.4	8.2	4.92
定期存單	30	94	28.2	10	3
其他定期存單	30	94	28.2	8	2.4
資本	20	97	19.4	25	5
合計	180	—	163.4	—	17.64

第5節　中國商業銀行的負債結構

一、中國商業銀行的負債結構

隨著中國金融市場的發展和開放，主動負債的形式開始成為商業銀行的資金來源，因此負債結構也發生了相應的變化。下面以表3.3和表3.4所示的中國國有商業銀行數據為例。

表3.3　　　　　　　　　　中國商業銀行存款組成　　　　　　　　單位：萬億元

項目	2010年	2011年	2012年	2013年	2014年
存款餘額	73.3	82.7	94.3	107.1	117.4
居民儲蓄	30.7	34.7	40.4	45.2	49
企業存款	25.3	42.3	47.9	54.2	59.1
金融債券	1.35	0.10	0.85	0.67	0.98

表3.4　　　　　　　　　　中國商業銀行存款結構　　　　　　　　單位：%

項目	2008年	2009年	2010年	2011年	2012年
活期存款	24.3	20	23	23.6	24.5
定期存款	11.4	12	13.1	13.1	12.3
儲蓄存款	55	54	52.4	52.4	51.1
其他存款	9.3	14	11.5	11.5	12.1

數據來源：銀監會年報。

結合數據分析，中國國有商業銀行的整體負債結構主要具有以下特點：

（一）被動負債為主

中國國有商業銀行主要是以吸收被動負債（即活期存款、定期存款、儲蓄存款以及其他存款）資金來源為主，而主動型負債資金來源，如發行債券所吸收的資金總量有所增加，但其占全部負債的比例卻是非常有限的。這表明銀行依然依賴於通過存款負債來籌集資金，這種情況與中國金融市場（特別是貨幣市場）欠發達、金融工具較缺乏有關。

（二）儲蓄存款為主

中國國有商業銀行的存款構成依舊是以儲蓄存款為主，活期存款次之，定期存款相對較少。中國國有商業銀行各年的儲蓄存款都占存款總額的50%以上，可見儲蓄存款仍是中國城鄉居民的首選金融資產。其中，活期存款占存款總額的20%左右，而定期存款所占的份額相對較少，僅占10%左右。中國國有商業銀行的活期存款和定期存款的比例都相對穩定。這說明隨著市場經濟的發展、人民生活水平的提高以及人民消

費習慣、消費預期的變化，中國商業銀行存款結構也發生了很大的變化，由過去的以短期、活期存款為主變為現在的以長期、定期存款為主。

（三）企業存款增長較慢

企業存款 2010 年之后增長較為緩慢，是因為增長主要依靠銀行貸款的增長和財政支出的增加，所以波動不定。這是由於企業存款的增減直接與企業效益相關。目前中國企業正處於轉型期，許多企業尤其國有大中型企業經濟效益普遍不理想，從而影響了銀行企業存款的增加。受金融危機的影響，外需急遽減少，出口拉動型經濟受到很大衝擊，出口型企業的利潤大幅下降，這也在一定程度上減少了企業存款的數量。

二、優化負債結構

由上述分析，我們可以看出，中國商業銀行總體的負債金額呈逐年上升趨勢，其中存款負債和非存款負債都有所增加，但負債形式依然是以存款為主的被動負債。這樣的負債結構使得商業銀行的融資渠道較為單一，對存款的依賴性過大，銀行自主性較小。在過去很長一段時間裡，中國商業銀行把擴大存款規模作為首要的經營目標，甚至有為吸引存款而出現存貸利息倒掛的現象，這是很不合理的。近年來在利潤驅動下，部分商業銀行管理的重點放在低成本的活期存款上，但由於新增的貸款業務大多投向貸款期限較長的住房按揭、基礎設施類貸款，資產和負債的期限不匹配，一旦宏觀經濟惡化，銀行的流動性風險和利率風險就會顯現。因此，中國商業銀行應該積極發展主動負債業務，優化負債結構。

（一）積極培育市場，為主動負債業務健康發展提供良好環境

首先，推動債券市場發展。金融債券市場是商業銀行融資的重要渠道之一，通過發行金融債券進行融資，具有融資成本低、速度快等優點。因此，中國應大力發展金融債券市場，同時鼓勵各商業銀行利用自身聲譽、信息等方面的優勢發行金融債券進行融資，擴寬其資金來源，改善銀行的負債結構。其次，促進貨幣市場的發展。中央銀行應當進一步採取措施，鼓勵商業銀行積極參與貨幣市場業務，尤其是鼓勵中小商業銀行與貨幣市場調劑的余缺。這樣可以降低銀行存款的比重，從而使負債結構多元化，降低風險。

（二）加強產品創新、豐富負債業務品種

鼓勵中國商業銀行開展金融產品創新活動，通過設計多樣化的金融工具（如遠期、互換等）來滿足客戶的需求，從而改善其負債結構。創新連接不同市場的產品，將存款與債券市場、存款與貨幣市場收益掛勾，如貨幣市場基金、結構性存款等，利用金融衍生產品規避敞口風險，也可以更加主動地應對利率風險和流動性風險。

（三）大力發展理財業務，推動商業銀行金融方式創新，解決流動性過剩問題

理財產品的推出擴展了投資渠道，有效地分流居民存款，大大減輕了商業銀行的流動性壓力，同時還可以帶來豐厚的手續費收入，可以通過資產池與產品本身收益差價獲得一部分交易收入，能有效緩解銀行籌資成本偏高與投資回報偏低的矛盾。

【本章小結】

（1）銀行負債是銀行在經營活動中產生的尚未償還的經濟義務，由存款負債、借款負債和其他負債構成。商業銀行經營的基本目標是在一定的風險水平下，以盡可能低的成本獲取所需要的資金。商業銀行的經營理論包括存款理論、購買理論和銷售理論。

（2）銀行存款是商業銀行負債業務中最重要的業務，也是商業銀行信貸資金的主要來源。依據不同標準可以把存款劃分成不同類型。商業銀行存款業務管理主要包括穩定性管理、存款行銷管理、存款成本管理。

（3）借入負債是商業銀行主動通過金融市場或直接向中央銀行融資。與存款負債不同，借入負債屬於銀行的主動負債，按期限可以分為短期借款和長期借款，其中銀行的長期借款主要是通過發行金融債券籌資。

（4）通過對負債內容的分析，可以用歷史平均成本法或邊際成本法來測算負債成本。歷史平均成本法可以用來評價銀行過去和現在的經營狀況。在決定資產價格時，邊際成本實際上是盈虧平衡點。

（5）銀行負債結構的變化，極大地影響著銀行的盈利水平、風險狀況及資金的流動性。目前，中國商業銀行負債形式依然是以存款為主的被動負債，融資渠道較為單一，對存款的依賴性過大，銀行自主性較小。商業銀行應該積極發展主動負債業務，優化負債結構。

思考練習題

1. 「對商業銀行來說存款越多越好」，你認為這句話對不對？為什麼？
2. 如何理解發行金融債券對商業銀行經營管理的意義？
3. 簡述商業銀行存款創新的類型及必要性。
4. 簡述商業銀行負債成本的分析方法。
5. 負債結構管理的理論基礎有哪些？
6. 簡述商業銀行短期借款的意義及管理重點。
7. 你認為該如何優化中國商業銀行的負債結構？

第 4 章　商業銀行貸款業務

　　內容提要：貸款是商業銀行的主要資產，是商業銀行取得利潤的重要渠道，也是其參與社會經濟活動、影響社會資源配置的手段。本章將討論商業銀行貸款業務的種類與創新、貸款政策與程序、貸款客戶信用分析、貸款的質量評價、貸款的定價、問題貸款與貸款損失的管理，最后分析中國商業銀行信貸資產管理的歷史、現狀和存在的不足。

　　銀行貸款是商業銀行作為貸款人按照一定的貸款原則和政策，以還本付息為條件，將一定數量的貨幣資金提供給借款人使用的一種借貸行為。貸款是商業銀行的傳統核心業務，也是商業銀行最重要的盈利資產，是商業銀行實現利潤最大化目標的主要手段。

第 1 節　貸款業務的種類與創新

一、貸款的種類

　　商業銀行貸款由貸款的對象、條件、用途、期限、利率和方式等因素構成。從銀行經營管理的需要出發，可以對銀行貸款按照不同的標準進行分類，而不同的分類方法對於銀行業務經營與管理又具有不同的意義。

　　(一) 按貸款的期限分類

　　商業銀行的貸款可分為活期貸款、透支和定期貸款三種。活期貸款是不固定償還期限，銀行可以隨時收回或借款人可以隨時償還的貸款。這種貸款一般是短期、臨時性的。活期貸款收回時，需要提前通知，使客戶有所準備，因此活期貸款又稱為通知貸款。透支是一種特殊的活期貸款，是銀行允許客戶在其支票存款戶用完后，按約定的額度隨時開出支票向銀行借用款項，並隨時歸還。由於透支沒有固定償還期，屬於活期貸款。定期貸款是指具有固定償還期限的貸款，其中依償還期長短不同又可細分為短期貸款、中期貸款和長期貸款。短期貸款指期限在 1 年（含）以下的貸款；中期貸款指期限在 1 年以上 5 年（含）以下的貸款；長期貸款指期限在 5 年以上的貸款。

　　(二) 按貸款的保障性分類

　　商業銀行的貸款可分為信用貸款、擔保貸款和票據貼現。信用貸款是僅憑藉款人的信用，無需抵押品或保證人擔保的貸款。商業銀行一般給那些實力雄厚、信譽較高、

與銀行關係密切的客戶提供信用貸款，這類貸款從理論上講風險較大，因此銀行要收取較高的利息。擔保貸款是指具有一定的財產或信用作還款保證的貸款。根據還款保證的不同，擔保貸款具體分為抵押貸款、質押貸款和保證貸款。抵押貸款是以一定的抵押品作為擔保而發放的貸款。這種貸款在發放時，銀行要求借款人將某種物品的所有權轉給銀行，在貸款到期時，如借款人不能償還款項時，銀行有權將擔保物品在市場上出售，以所得償還貸放出去的款項。質押貸款是指按規定的質押方式以借款人或第三者的動產或權利作為質物發放的貸款。保證貸款是以保證人的信用或支付能力為擔保的貸款。這種貸款的安全程度取決於保證人和借款人的信用、實力及經營狀況。擔保貸款由於有財產或第三者承諾作為還款的保證，因此貸款風險相對較小。在中國，抵押貸款、質押貸款和保證貸款都是按照《中華人民共和國擔保法》規定的方式來發放的。票據貼現是貸款的一種特殊方式，它是指銀行應客戶的要求，以現款或活期存款買進客戶持有的未到期的商業票據的方式發放的貸款。票據貼現實行預扣利息，票據到期後，銀行可向票據載明的付款人收取票款。如果票據合格，並且有信譽良好的承兌人承兌，這種貸款的安全性和流動性都比較好。

（三）按貸款的償還方式分類

商業銀行的貸款可以分為一次性償還貸款和分期償還貸款兩種。一次性償還貸款指借款人必須於貸款到期日一次將貸款本金全額歸還銀行。但貸款的利息不受此限制，可以在貸款到期前分次支付，也可與本金一起償付。這種貸款一般期限較短，金額也較小。分期償還貸款也叫分期付款，是指借款人按規定期限分次償還貸款本金和利息的貸款。這種貸款多用於不動產貸款和消費者貸款。

（四）按貸款的風險度分類

按照貸款的質量和風險程度劃分，銀行貸款可以分為正常貸款、關注貸款、次級貸款、可疑貸款和損失貸款五類。正常貸款是指借款人能夠履行合同，有充分把握按時足額償還本息的貸款。關注貸款是指儘管借款人目前有能力償還本息，但存在一些可能對償付產生不利影響因素的貸款。次級貸款是指借款人的還款能力出現了明顯問題，依靠其正常經營收入已無法保證足額償還本息的貸款。可疑貸款是指借款人無法足額償還本息，即使執行抵押或擔保，也肯定要造成一部分損失的貸款。損失貸款是指在採取了所有可能的措施和一切必要的法律程序之後，本息仍然無法收回，或只能收回極少部分的貸款。

（五）按貸款的用途分類

銀行貸款的用途非常複雜，涉及再生產的各個環節、各種產業、各個部門、各個企業，與多種生產要素相關，貸款用途本身也可以按不同的標準進行劃分。但按照中國習慣的做法，通常有兩種分類方法：一種是按照貸款對象的部門來分類，分為工業貸款、商業貸款、農業貸款、科技貸款和消費貸款；另一種是按照貸款具體用途來劃分，一般分為流動資金貸款和固定資金貸款。

（六）按銀行發放貸款的自主程度分類

按銀行發放貸款的自主程度劃分，銀行貸款可以分為自營貸款、委託貸款和特定貸款三種。自營貸款是指銀行以合法方式籌集的資金自主發放的貸款。這是商業銀行

最主要的貸款。由於是自主貸放，因此貸款風險及貸款本金和利息的回收責任都由銀行自己承擔。委託貸款是指由政府部門、企事業單位以及個人等委託人提供資金，由銀行根據委託人確定的貸款對象、用途、金額、期限、利率等代為發放，監督使用並協助收回的貸款。這類貸款銀行不承擔風險，通常只收取委託人支付的手續費。在中國，特定貸款是指經國務院批准並對可能造成的損失採取相應的補救措施后，責成國有商業銀行發放的貸款。這類貸款在新修訂的《商業銀行法》中已被取消。

二、貸款的創新

商業銀行貸款創新指的是商業銀行可以通過構築貸款組合來創新貸款的形式，提供給客戶更豐富的產品。中國商業銀行一方面通過產品的開發創新，另一方面通過組合商業銀行現有的產品，創新出更符合客戶需求的新的產品。下面重點分析以下幾種產品組合：

（一）貸款承諾

銀行承諾在一定時期內或者某一時間按照約定條件提供貸款給借款人，是一種承諾在未來某時刻進行的直接信貸。按承諾方是否可以不受約束地隨時撤銷承諾，貸款承諾可分為可撤銷貸款承諾和不可撤銷貸款承諾；按利率的變動特性，貸款承諾可以分為固定利率承諾和變動利率承諾，前者是指承諾方必須以預先確定的利率向借款人提供信用，后者一般根據市場主導利率加上一個附加率來確定。

（二）貸款證券化

商業銀行將性質相同、未來有穩定現金流的各種貸款匯集，以其為擔保發行證券出售給投資者，從而實現貸款的流動性和市場化。具體做法是商業銀行將所持有的各種流動性較差的貸款組合成若干個資產池，出售給專業性的融資公司，再由融資公司以這些資產池為擔保，發行資產抵押證券。這種資產抵押證券同樣可以通過證券發行市場發行或私募的方式推銷給投資者。出售證券所收回的資金則可作為商業銀行新的資金來源再用於發放其他貸款。

（三）長期貸款+信託貸款（或委託貸款）

長期貸款+信託貸款（委託貸款）是目前在項目融資中經常使用的結構化融資組合，使用這一組合的主要目的是降低價格。對於大項目融資而言，一般需要長期的、穩定的資金來源，因此中長期的項目貸款是項目融資的基礎。但中長期貸款的利率通常較高，借款人需要付出很高的融資成本。信託貸款（委託貸款）在一定時期內可以替代長期貸款，利率一般比長期貸款要低，在融資的前期使用信託貸款（委託貸款）替代長期貸款可以降低整個貸款期內的融資價格。

（四）長期貸款+臨時週轉貸款

長期貸款+臨時週轉貸款也是目前項目融資中運用較多的結構化融資組合，使用這一組合的主要目的是滿足借款人的臨時資金需求。由於長期貸款在提款前提上有諸多限制，借款人在項目建設前期有時不能完全滿足這些限制但又希望按計劃進行建設，這時就需要銀行提供臨時週轉貸款來滿足其臨時性資金需求。由於有長期貸款作為保證，銀行發放臨時貸款的風險是可控的。

（五）長期貸款+短期融資產品組合

在項目融資中將長短期融資產品進行組合運用是有效降低財務成本的途徑。主要的短期融資產品包括流動資金循環貸款、票據融資、法人帳戶透支等，這些產品在短期內和一定額度下替代長期貸款，從而在一定程度上降低融資的價格。同時，由於長期貸款提款和還款計劃固定，而短期融資產品在還款方式、條件、風險控制等方面對項目公司的限制較少，公司可根據建設和營運中的實際現金流情況靈活使用短期融資產品，保證正常和穩定的經營。

（六）流動資金貸款+貿易融資+票據

在短期內，借款人所能使用的結構化融資主要是流動資金貸款+貿易融資+票據的組合，其目的是滿足企業短期的經營性資金需求。該組合以流動資金貸款為基礎，滿足企業一般性的資金需求，再配合以企業貿易狀況和應收帳款為基礎的貿易融資和票據產品，可有效地降低整個組合的價格。

第 2 節　貸款政策與程序

一、貸款政策

貸款政策是指商業銀行為實現其經營目標而制定的指導貸款業務的各項方針和措施的總稱，也是商業銀行為貫徹安全性、流動性、盈利性三項原則的具體方針與措施。商業銀行制定貸款政策的目的在於：首先，為了保證其業務經營活動的協調一致。貸款政策是指導每一項貸款決策的總原則。理想的貸款政策可以支持銀行做出正確的貸款決策，對銀行的經營做出貢獻。其次，為了保證銀行貸款的質量。正確的信貸政策能夠使銀行的信貸管理保持理想的水平，避免風險過大，並能夠恰當地選擇業務機會。此外，貸款政策是一種在全行建立的信用諾言。通過明確的政策建立的信用諾言是銀行共同的信用文化發展的基礎。貸款政策的科學性、合理性及實施狀況，必然會影響到商業銀行的經營績效。商業銀行貸款政策的主要內容應包括：確定指導銀行貸款活動的基本原則，即商業銀行的經營目標和經營方針（安全性、流動性和盈利性）；明確信貸政策委員會或貸款委員會的組織形式和職責；建立貸款審批的權限責任制及批准貸款的程序；規定貸款限額，包括對每一位借款人的貸款最高限額、銀行貸款額度占存款或資本的比率；貸款的抵押或擔保；貸款的定價；貸款的種類及區域的限制。上述貸款政策的內容應當體現商業銀行的經營目的與經營戰略，決定商業銀行的經營特點和業務方向。

商業銀行制定貸款政策的主要依據是所在國的金融法律、法規、財政政策和中央銀行的貨幣政策；銀行的資金來源及其結構，即資本狀況及負債結構；本國經濟發展的狀況；銀行工作人員的能力和經驗。

二、貸款程序

商業銀行發放貸款時將遵循既定的程序制度，目的是為了保障貸款的安全性、盈

利性和流動性，使貸款政策得到最恰當的執行。貸款程序通常包括以下幾個方面：

（一）對貸款的審核與檢查

這主要由貸款權力歸屬部門負責執行，目的在於保持貸款政策執行的客觀性，其標準在於：確定貸款是否符合管理方針和法令規定；批准貸款的主管人員是否按照銀行貸款政策辦事；信貸檔案是否齊全；貸款申請書是否說明抵押品的種類和金額；還款來源是否像清單所列明的那樣足以清償貸款。具體而言，對貸款的審核與檢查包括對借款申請書的審查和對貸款項目本身的調查。對借款申請書的審查要說明借款的目的和用途，銀行通常要審查借款人的借款目的是否與貸款方針的要求相符；借款的數額，銀行通常要審查借款人的借款數額是否與實際需求相符、是否超過法定的貸款限額；借款期限，還款的方法及來源；擔保的方法，銀行通常願意接受市場價格穩定、易銷售的財產作為抵押品。對貸款項目本身的調查的目的在於確定該項貸款對整個社會經濟發展或地區經濟發展是否有利；借款人的資信能力；有無合法的代理人；放款規模的大小。

（二）簽訂貸款合同

如果銀行信貸部門對借款人和貸款項目本身審查合格，則依雙方協商內容訂立法律文本，以明確各自的權利和義務，該合同書也將是未來有關糾紛和貸款具體執行的法律依據。這一合同將包括：

（1）貸款總則。總則中規定貸款數額、利率、期限和還款方式等貸款的基本要素。

（2）貸款條件。銀行為了保證貸款能夠安全收回，對貸款企業的資金運用、生產管理、投資方向、投資數額等生產條件做出的要求。

（3）擔保品的選擇。

（4）財務報告。為了準確掌握借款方的財務狀況和貸款的使用情況，銀行在貸款合同中通常要求借款企業在使用貸款期間，提供各種與貸款有關的財務報告和統計資料。

（5）違約條款。違約條款主要是解決拖欠貸款或破產時的債務清償問題。

（6）還款方法。銀行可能要求借款人一次全部還清貸款，也可能同意分期償還。

（三）貸款的發放

借款合同生效后，銀行應按合同規定的條款發放貸款。在發放貸款時，借款人應先填好借款借據，經銀行經辦人員審核無誤，並由信貸部門負責人或主管行長簽字蓋章，送銀行會計部門，將貸款足額劃入借款人帳戶，供借款人使用。貸款人要按借款合同規定按期發放貸款。貸款人不按合同約定按期發放貸款的，應償付違約金。

（四）貸后檢查和貸款歸還

貸款發放后，貸款人應當對借款人執行借款合同的情況及借款人的經營情況進行追蹤調查和檢查。檢查的主要內容包括借款人是否按合同規定的用途使用貸款；借款人的還款能力，即還款資金來源的落實情況等。對違反國家有關法律、法規、政策、制度和借款合同規定使用貸款的，檢查人員應及時予以制止並提出處理意見。對問題突出、性質嚴重的，要及時上報主管領導甚至上級行採取緊急措施，以盡量減少貸款的風險損失。

如果貸款人出現不良徵兆，如收到財務報表、支付報表或其他文件時間的不正常推延；來自其他金融機構有關借款者的意外貸款需要；借款者態度的變化（如拒絕回電話或經常不在辦公室）；當地經營環境的變化（如大企業關門或加入新的競爭者）；借款者的不負責行為（如曠工或過度的酗酒）；透支額增加；借款者的企業發生罷工或其他停工事件；借款者違法行為被揭發；對借款者的意外判決（如侵權賠償或稅款留置）；等等。銀行貸款管理者要依靠銀行對有關報警信號的敏感反應能力和既定應急方案，一旦發現以上潛在的違約風險，必須盡快採取行動使損失最小，避免任何拖延使損失增加。

在處理逾期帳戶時，總的原則是爭取借款人的最佳合作，搶先接管抵押品，主動與借款人合作使貸款得以償還。對於確認無法回收的貸款應提留呆帳準備金，但這並不意味著催收的停止。需要強調的是，儘管貸款政策和程序規定了有關銀行貸款業務的明確做法，但過分僵化的剛性規定不利於員工創造力的發揮。因此，銀行應該鼓勵有關員工對貸款業務的積極參與，具體貸款政策和程序也應在保持穩定性的同時，根據實際情況不斷修正，尤其是在銀行內外部環境變動不定的情況下。

第 3 節　貸款客戶信用分析

貸款信用分析就是商業銀行對借款人償還債務的能力與意願進行調查分析，借以瞭解借款人履約還款的可能性，從而制定出正確的貸款政策，提高貸款決策的科學性，有針對性地加強貸款管理，防範信用風險。信用分析是商業銀行貸款業務基本而主要的工作內容，信用分析的質量決定貸款的質量。信用分析離不開對借款人的信用調查研究。因此，信用分析也稱為信用調查或信用調查分析。信用分析主要包括財務分析和非財務分析。

一、財務分析

對借款人進行財務分析不僅是信用分析的必要內容，同時也是商業銀行信貸管理需要經常進行的工作。通過這個分析可以基本掌握企業的經營現狀和償債能力，這是銀行決定該企業能否作為授信對象的重要依據。財務分析主要根據企業的財務報表來進行，這些報表包括資產負債表、損益表、現金流量表以及留存收益表等。但目前用得最多的是資產負債表和損益表。下面主要根據這兩個報表來介紹和分析企業財務狀況。

（一）財務報表項目的分析

分析企業財務報表，首先需要對表中各項目分別進行審定和評價，以獲取一個總體的瞭解。

1. 資產項目的分析

企業資產分為流動資產、固定資產和無形資產三類。流動資產包括現金及銀行存款、應收帳款與應收票據、存貨，其中現金及銀行存款項目比較簡單，因此無需專門

分析。

應收帳款的流動性僅次於現金,是企業償還短期債務的主要資金來源。對應收帳款分析的要點如下:一是帳戶分佈的情況。一般情況下,應收帳款集中於少數幾個大戶,帳款收不回的風險就大於應收帳款分散在許多小戶頭上。二是帳齡分佈情況。如果應收帳款帳齡遠遠超過一般的收帳期間,可能預示著不正常情況,如果許多應收帳款是過期的,銀行就應建立足夠的壞帳準備。三是帳戶中是否有抵押或轉讓出去的現象,如有,就不應算做償還債務的資金來源。

對應收票據的分析要注意看應收票據的數量、是否以逾期帳款冒充合法流動資產、是否為企業高級人員或股東的欠款等。

對存貨項目進行分析時,第一,分析存貨保留時間的長短,如某項存貨呆在企業的時間超出一般存貨週轉時間,就要查明原因。第二,看存貨規模是否合理。第三,分析存貨流動性如何。第四,看其有無陳舊變質的風險以及是否有投保。因為存貨是企業償債的物質基礎。

對固定資產的分析首先要注意借款人所使用的固定資產折舊方法,採用不同的折舊方法,其折舊額會不同,從而對當年淨收益額產生影響。其次要看其是否投保,特別是以固定資產作擔保的貸款中更應強調這一點。再就是要考慮固定資產的用途,考慮其用途是因為當企業無力還款時,要變賣固定資產以償還銀行貸款。但在變賣過程中,如果它是一種具有特殊用途的固定資產,銷售則比較困難。

在審查投資時,主要注意企業購買的各種有價證券的市場行情、信用等級及其流動性等。

2. 負債項目的分析

企業的負債包括長期負債和短期負債。短期負債包括應付帳款、應付票據、應交稅金和應交費用等。長期負債包括長期借款和中長期公司債。對短期負債項目,首先要核實其數額是否真實,有無應計未計的情況;其次要瞭解應付款和應付資金的時間,如果已經過期,可能會引起罰金或罰息。對長期負債項目,要瞭解其到期日和企業償還長期負債的總體安排,借以評估其對企業長期償債能力的影響。此外,銀行還必須特別注意「或有負債」的問題。

3. 淨值項目分析

淨值又稱業主權益,在資產負債表中被列為負債一方。這是企業的產權,反應企業的實力和財務狀況。在分析這一項目時,首先要看其中各項數字是否真實,有無虛假成分;其次要考察企業資本的結構,通常要求普通股占的比重高一些,這樣的話其性質穩定性高、波動性小一些。

4. 損益項目分析

資產負債表是時點數,反應某一時點上資產、負債與淨值的數額和結構。損益表是時期數,直接反應企業在一定時期內的經營結果。對損益表的分析可以顯示企業經營的平穩程度和管理效能。

損益表中主要包括銷售淨額、各項費用和盈利三部分。分析時首先考察企業利潤收入情況,其次對各個項目進行考察。通常還要將各個項目與銷售收入對比、前期與

本期對比以及本企業與外企業對比。

(二) 財務比率分析

銀行分析企業的財務比率就是要把企業的各種比率與同類企業相比較、與企業自身的歷史記錄相比較，確定企業的財務狀況、經營狀況和償債能力。比率分析通常包括以下幾方面的實際經營指標：

1. 流動性比率

流動性比率可以衡量企業短期償債能力，包括流動比率、速動比率和現金比率。

$$流動比率 = 流動資產 \div 流動負債 \times 100\% \tag{4.1}$$

流動資產包括現金、有價證券、應收帳款和存貨等；流動負債包括應付帳款、短期應付票據、近期即將到期的長期票據、遞延所得稅款和應計費用等。流動比率反應企業流動資產與流動負債之間的關係，表示每元流動負債有幾元流動資產來抵償，故又稱為償債能力比率。通常要求這一比率應維持在200%以上。這個比率越高，以流動資產抵償流動負債的程度就越高，流動負債獲得清償的機會就越大。

$$速動比率 = (流動資產 - 存貨) \div 流動負債 \times 100\% \tag{4.2}$$

存貨通常是企業的流動資產中最缺乏流動性的。由於速動資產中扣除了存貨，保留了流動性較高的資產，因此更能精確地測量一個企業的短期償債能力。一般認為，企業的速動比率至少要維持在100%以上，即每一元流動負債至少要有一元以上的速動資產作保障，才算有足夠的流動性。

$$現金比率 = (現金 + 等值現金) \div 流動資產 \times 100\% \tag{4.3}$$

現金是指庫存現金和銀行存款，等值現金是指高流動性的有價證券。現金比率是對企業短期償債能力的進一步說明，反應企業流動資產中現金類資產所占的比重。從償債角度說，現金比率越高越好。

2. 資產管理比率

資產管理比率也稱資金週轉能力比率，是用來衡量企業運用資產的有效程度。資產管理比率包括四個比率：總資產利用率、固定資產利用率、應收帳款週轉率、存貨週轉率。

$$總資產利用率 = 銷售淨額 \div 總資產 \times 100\% \tag{4.4}$$

這一比率用來反應每元資產的產品銷售量。該比率越高越好。

$$固定資產利用率 = 銷售淨額 \div 固定資產 \times 100\% \tag{4.5}$$

這一比率用來衡量企業設備的利用效率，表示企業實現每元銷售額需要使用多少廠房和設備。比率越高，固定資產利用效率越高。

$$應收帳款週轉率 = 賒售淨額 \div 平均應收帳款 \times 100\% \tag{4.6}$$

這一比率反應了應收帳款的週轉速度，即轉化為現金的速度，說明企業在該時期內收回賒銷帳款的能力。利用上述公式計算出來的是企業在一定時期內應收帳款的週轉次數。週轉次數越多，說明該企業賒銷商品平均保持的應收帳款越少，即收帳能力越強；反之，則說明企業賒銷商品后的收帳能力越差。

$$存貨週轉率 = 銷售成本 \div 平均存貨 \times 100\% \tag{4.7}$$

這一比率用來估算企業現有存貨的流動性，即存貨變現速度。反應一定時期內存

貨週轉更新的次數。這個數額越大，說明企業銷售一定商品所需的庫存越少，存貨的流動性越強，企業的償債能力也越強。

3. 負債管理比率

負債管理比率也稱財務槓桿比率，是用來衡量企業取得並償付債務的能力。負債管理比率通常包括負債資產比率與負債淨值比率。

負債資產比率＝負債總額÷資產總額×100%　　　　　　　　　　　　　　(4.8)

這一比率反應企業債務與資產的比例，即有多少資產是靠負債來支持的。對銀行來說，這個比率越低越好。如果負債資產比率過高，反應一家企業過多地依靠借入資金來營運，這時企業償債能力就較低，債權人承擔的風險就較高。

負債淨值比率＝負債總額÷股東權益總額×100%　　　　　　　　　　　　(4.9)

這一比率反應企業債務與股東權益的關係，即一定量股東權益與多少債務相對應。這個比率越大，說明與一定量股東權益相對應的企業債務越多；反之，則說明與一定量股東權益相對應的企業債務越少。

4. 盈利能力比率

盈利能力比率反應企業的銷售和盈利狀況，是一個企業經營管理狀況的綜合反應。盈利能力比率通常也包括以下三個指標：

銷售收益率＝稅後淨利÷銷售額×100%　　　　　　　　　　　　　　　　(4.10)

這一比率反應每元銷售額可以產生多少淨收益。

資產收益率＝稅後淨利÷資產總額×100%　　　　　　　　　　　　　　　(4.11)

這一比率反應企業淨收益與資產總額的比率，即每元資產能產生多少淨收益。

股東權益收益率＝稅後淨利÷股東權益總額×100%　　　　　　　　　　　(4.12)

這一比率反應股東產權的獲利程度，即每元股東產權能夠產生多少淨收益。

這三個比率分別從不同的角度反應了企業的盈利能力，其中最重要的是股東權益收益率。因為企業盈利能力的大小最終要表現在企業股東的物質利益的多少上。

二、非財務分析

非財務分析主要是對借款人的品格、能力、擔保、資本和環境等的調查分析。非財務分析的主要內容包括行業風險因素分析、經營風險因素分析和管理風險因素分析。

（一）行業風險因素分析

每個企業都處在特定的行業中，每一個行業都有其特定的風險，我們可以從行業的基本狀況和發展趨勢來判斷借款人的基本風險。行業風險因素分析主要包括以下內容：借款人的成本結構；行業的生命週期；經濟週期；借款人所在行業的盈利性；借款人行業對其他行業的依賴性；產品的替代性；法律政策；經濟、技術環境。

（二）經營風險因素分析

一般來說，借款人的經營風險可從企業總體特徵、產品、原材料供應、生產、銷售等幾個方面入手分析。借款人總體特徵分析可以從企業的生產或銷售規模、企業所處的發展階段、產品多樣化程度及經營策略等方面來考察。產品分析主要分析產品在社會生活中的重要性和產品的獨特性，如果產品是需求穩定的常用品或必需品，質量

處於同類產品的先進水平，那麼風險就較小；反之，風險就較高。借款人供、產、銷環節的分析，借款人採購環節的風險分析，重點分析原材料價格風險、購貨渠道風險和購買量風險。借款人生產環節的風險分析，重點分析生產的連續性、生產技術更新的敏感性以及抵禦災害的能力、環境保護和勞資關係等。借款人銷售風險環節的風險分析，重點分析其產品的銷售範圍、促銷能力、銷售的靈活性、銷售款的回籠等。

（三）管理風險因素分析

管理風險重點分析借款企業的組織形式、管理層的素質與經驗及管理能力、管理層的穩定性、經營思想和作風、員工素質、法律糾紛等。

第 4 節　貸款的質量評價

一、貸款質量評價的涵義

貸款質量評價也稱為貸款風險分類，是指銀行的信貸分析和管理人員，綜合能獲得的全部信息並應用最佳分析技術，根據貸款的風險程度對貸款質量做出評價和判斷。貸款風險分類的目的：一是揭示貸款的實際價值和風險程度，真實、全面、動態地反應貸款的質量。二是發現貸款發放、管理、監控、催收以及不良貸款管理中存在的問題，加強信貸管理。三是為判斷貸款損失準備金是否充足提供依據。

二、貸款風險分類的標準

中國的貸款風險分類主要借鑑以美國為代表的貸款分類方法，即把貸款分為正常、關注、次級、可疑和損失五類。加拿大、東南亞國家及東歐部分國家都採用這種模式。此外，有些國家把貸款劃分為 4 類、6 類和 7 類。大多數國家採用的是五級分類法。

（一）正常貸款

正常貸款是指借款人一直能正常還本付息，銀行對借款人最終償還貸款有充分把握，各方面情況正常，不存在任何影響貸款本息及時全額償還的消極因素，沒有任何理由懷疑貸款會遭受損失。

（二）關注貸款

關注貸款是指儘管借款人償還貸款本息沒有問題，但是存在潛在的缺陷，繼續存在下去將會影響貸款的償還。關注類貸款的特徵包括：

（1）宏觀經濟、市場、行業等外部環境的變化對借款人的經營產生不利影響，並可能影響借款人的償債能力，如借款人所處的行業呈下降趨勢。

（2）企業改制（如分立、租賃、承包、合資等）對銀行債務可能產生不利影響。

（3）借款人的主要股東、關聯企業或母子公司等發生了重大的不利變化。

（4）借款人的一些關鍵財務指標，如流動性比率、資產負債率、銷售利潤率、存貨週轉率低於行業平均水平或有較大下降。

（5）借款人未按規定用途使用貸款。

（6）固定資產貸款項目出現重大的、不利於貸款償還的調整，如基建項目工期延長，或概算調整幅度較大。
（7）借款人還款意願差，不與銀行積極合作。
（8）貸款抵押品、質押品價值下降，或銀行對抵押品失去控制。
（9）貸款保證人的財務狀況出現疑問。
（10）銀行對貸款缺乏有效的監督。
（11）銀行信貸檔案不齊全，重要文件遺失，並且對於還款構成實質性影響。
（12）違反貸款審批程序，如超越授權發放貸款。

（三）次級貸款

次級貸款是指貸款的缺陷已經很明顯，正常經營收入不足以保證還款，需要通過出售、變賣資產或對外融資，乃至執行抵押擔保來還款。次級類貸款特徵包括：
（1）借款人支付出現困難，並且難以獲得新的資金。
（2）借款人不能償還對其他債權人的債務。
（3）借款人內部管理問題未能解決，妨礙債務的及時足額清償。
（4）借款人採用隱瞞事實等不正當手段套取貸款。
（5）借款人經營虧損，淨現金流量為負值。
（6）借款人已經不得不尋求拍賣抵押品、履行擔保等還款來源。

（四）可疑貸款

可疑貸款是指貸款已經肯定要發生一定的損失，只是因為存在借款人重組、兼併、兼併、抵押物處理和未決訴訟等待定因素，損失金額還不能確定。可疑類貸款特徵包括：
（1）借款人處於停產、半停產狀態。
（2）貸款項目，如基建項目處於停緩狀態。
（3）借款人已資不抵債。
（4）企業借改制之機逃避銀行債務。
（5）銀行已訴諸法律來收回貸款。
（6）貸款經過了重組，仍然逾期，或仍然不能正常歸還本息，還款狀況未得到明顯改善。

（五）損失貸款

損失貸款是指貸款要大部分或全部發生損失。損失類貸款特徵包括：
（1）借款人和擔保人經依法宣告破產，經法定清償后，仍不能還清貸款。
（2）借款人死亡，或依照《中華人民共和國民法通則》的規定，宣告失蹤或死亡，以其財產或遺產清償后，未能還清的貸款。
（3）借款人遭受重大自然災害或意外事故，損失巨大且不能獲得保險補償，確實無力償還的部分或全部貸款。
（4）經國務院專案批准核銷的逾期貸款。
（5）貸款企業雖未破產，工商行政部門也未吊銷執照，但企業早已關停或名存實亡。

77

(6) 由於計劃經濟體制等歷史原因造成的，債務人主體已消亡，懸空的銀行貸款。

三、貸款風險分類的程序

（一）閱讀信貸檔案，填寫「貸款分類認定表」

貸款分類的信息主要來源於信貸檔案。一般來說，信貸檔案至少覆蓋以下6個方面的內容：

（1）客戶的基本情況。

（2）借款人和保證人的財務信息。這主要指資產負債表、損益表、現金流量表、外部審計師的報告以及借款人的其他財務信息。

（3）重要文件。包括：借款人貸款申請；銀行信貸調查報告和審批文件，這主要包括長期貸款的可行性分析報告、上級行的立項文件和批准文件；貸款合同、授信額度或授信書；貸款擔保的法律文件，包括抵押合同、保證書、抵押品評估報告、財產所有權證，如地契和房產證明等；借款人還款計劃或還款承諾。

（4）往來信函。

（5）借款人還款記錄和銀行催款通知。

（6）貸款檢查報告。

銀行應當制定信貸檔案管理制度，為每個借款人建立完整的檔案。信貸員有責任保護客戶信貸檔案的完整和真實，如有漏洞，應以書面形式說明。

（二）審查貸款的基本情況

貸款的基本情況主要包括貸款目的、還款來源、資產轉換週期以及還款記錄四個方面，貸款分類就從這四個方面入手。

（1）貸款目的。對貸款目的，即貸款的用途審查的主要內容是貸款合同所規定的用途與貸款的實際用途是否一致，這是判斷貸款正常與否的最基本的標志。根據《貸款通則》的規定，借款人有義務按借款合同的約定用途使用貸款，如果貸款被挪用，意味著原先貸款發放的依據已喪失，對銀行而言則意味著更大的風險，已用的貸款至少被劃為關注類貸款。

（2）還款來源。通常借款人的還款來源不外乎有現金流量、資產銷售、抵押品的清償、重新籌資以及擔保人償還等，這幾種來源的穩定性和可變現性不同、成本費用不同、風險程度也不同。通過正常經營所獲得的資金是償還債務最有保障的來源，依靠擔保抵押品的清償或重新籌資，由於不確定性因素較多和成本較高，風險也就較大，因此在分類中，貸款分類人員就應判斷借款人合同約定的還款來源是否合理、風險程度是高是低，從而為貸款分類提供初步依據。

（3）資產轉換週期。資產轉換週期是銀行信貸資金由金融資本轉化為實物資本，再由實物資本轉化為金融資本的過程。目前，中國商業銀行有相當一部分逾期貸款就是由於信貸人員對資產轉換週期評估不準而造成的。

（4）瞭解貸款的還款記錄，確定貸款的逾期狀況。貸款的還款記錄是借款人還款能力、還款意願、貸款償還的法律責任的綜合體現，顯示貸款本息的逾期情況，是貸款質量的直觀反應。貸款的還款記錄一般有三種情況：貸款還款記錄不佳，還本付息

出現逾期；貸款本息尚未到期；貸款還款記錄良好，借款人能還本付息。可根據貸款的還本付息情況，做出對貸款的初步分類。對單筆貸款的分類，一般從判斷貸款的還款記錄開始，但僅靠貸款的還本付息情況，還不能判斷貸款的質量，應對影響還款可能性的因素進行分析。例如，本息償還逾期 30 天（含 30 天）以內的貸款可視為正常貸款，但如果分析發現借款人的財務狀況很差，或淨現金流量出現負值，則貸款應劃為關注類貸款或以下。

（三）確定貸款的還款可能性，並得出分類結果

確定還款可能性，應分析借款人的還款能力、還款意願、貸款償還的法律責任、銀行的信貸管理、貸款的擔保五個方面的因素。分析借款人的還款能力，需要分析借款人財務狀況、現金流量、影響還款能力的非財務因素。借款人還款能力是決定貸款本息是否能及時收回的主要因素。影響借款人還款能力的非財務因素很多，包括借款人的經營管理狀況、外部經營環境、貸款的行業和國家風險等。還款意願是指借款人按合同規定還本付息的主觀願望。貸款償還的法律責任要做到清晰明確，造成法律責任不明有多方面的原因，主要的原因有貸款合同要素不全、還款條款涵義不明確、由無授權的人員簽字等。貸款擔保包括對貸款的抵押、質押和保證，是貸款本息償還的第二還款來源，重要性僅次於借款人的還款能力。在借款人還款能力存在問題的情況下，貸款抵押品、質押物的變現能力，保證人的還款能力和還款意願至關重要。銀行的信貸管理與貸款質量的好壞有著直接的關係。一般來說，分類時應將銀行的信貸管理水平作為一個總體因素進行考慮。對信貸管理水平差的銀行或專業素質差的信貸人員發放的貸款應進行重點檢查。

分類過程中，在確定貸款的還款記錄後，對以上五類因素的分析各有側重，也存在一定的先後順序。例如，對還款記錄良好的貸款，對還款意願、還款的法律責任的分析可以放在次要的位置，對還款記錄不佳的貸款則應對所有因素進行分析。在任何情況下，都需要首先對借款人還款能力做出判斷。另外，在評估借款人還款的可能性時，應瞭解貸款的用途、償還貸款的資金來源和借款人的資產轉換週期。

第 5 節　貸款的定價

一、貸款定價簡介

貸款如何合理定價是銀行長期以來頗感困擾的問題。定價過高，會驅使客戶從事高風險的經濟活動以應付過於沉重的債務負擔，或是抑制客戶的借款需求，使之轉向其他銀行或通過公開市場直接籌資；定價過低，銀行無法實現盈利目標，甚至不能補償銀行付出的成本和承擔的風險。隨著許多國家金融管制的放鬆，貸款市場的競爭日趨激烈，對貸款進行科學定價較以往更為重要。

廣義的貸款價格包括貸款利率、貸款承諾費及服務費、提前償付或逾期罰款等，貸款利率是貸款價格的主要組成部分。在宏觀經濟運行中，影響貸款利率一般水平的

主要因素是信貸市場的資金供求狀況。從微觀層面上考察，在貸款業務的實際操作中，銀行作為貸款供給方所應考慮的因素是多方面的。第一，銀行提供信貸產品的資金成本與經營成本。如前所述，資金成本有歷史平均成本和邊際成本兩個不同的口徑，后者更宜作為貸款的定價基礎。而經營成本則是銀行因貸前調查、分析、評估和貸后跟蹤監測等所耗費的直接或間接費用。第二，貸款的風險含量。信貸風險是客觀存在的，只是程度不同，銀行需要在預測貸款風險的基礎上為其承擔的違約風險索取補償。第三，貸款的期限。不同期限的貸款適用的利率檔次不同。貸款期限越長，流動性越差，並且利率走勢、借款人財務狀況等不確定因素越多，貸款價格中應該反應相對較高的期限風險溢價。第四，銀行的目標盈利水平。在保證貸款安全和市場競爭力的前提下，銀行會力求使貸款收益率達到或高於目標收益率。第五，金融市場競爭態勢。銀行應比較同業的貸款價格水平，將其作為本行貸款定價的參考。第六，銀行與客戶的整體關係。貸款通常是銀行維繫客戶關係的支撐點，故銀行貸款定價還應該全面考慮客戶與銀行之間的業務合作關係。此外，銀行有時會要求借款人保持一定的存款余額，即存款補償余額，以此作為發放貸款的附加條件。存款補償余額實際上是一種隱含貸款價格，因此與貸款利率之間是此消彼長的關係。

二、貸款定價方法

銀行在綜合考慮多種因素的基礎上，開發出了若干貸款定價方法，每種方法體現著不同的定價策略，以下介紹幾種比較主流的定價方法。

(一) 成本加成定價法

這種定價方法比較簡單，假定貸款利率包括四個組成部分，即可貸資金的成本、非資金性經營成本、違約風險的補償費用（違約成本）、預期利潤，也即在貸款成本之上加一定的利差來決定貸款利率，又稱成本相加定價法。貸款利率的計算公式為：

貸款利率＝籌集資金的邊際利息成本＋經營成本＋預計補償違約風險的邊際成本＋銀行目標利潤水平 (4.13)

銀行要準確掌握貸款資金的利息成本和經營成本水平並非易事，因此需要一個精心設計的管理信息系統。首先，銀行要歸集各種債務資金的邊際成本數據，計算出全部新增債務資金的加權平均邊際成本，作為貸款定價的基礎。其次，銀行需要開發貸款經營成本的系統性測算和分解方法，將不同崗位職員的工資薪酬和福利、經常性開支、設備成本及其他費用支出分攤到每筆貸款業務上。在計算違約成本時，銀行可以將貸款劃分為不同的風險等級，再根據歷史資料計算各風險等級貸款的平均違約率，據此確定貸款的違約風險補償費率。目標利潤是銀行為股東提供所要求的資本收益率而預期要實現的貸款利潤率。

成本加成定價法考慮了貸款的融資成本、經營成本和客戶的違約成本，具有一定的合理性。不過，這種定價方法也有其缺陷。這種定價方法要求銀行能夠準確地認定貸款業務的各種相關成本，在實踐中有相當的難度。這種定價方法沒有考慮市場利率水平和同業競爭因素。事實上，在激烈的競爭中，銀行並非完全的價格制定者，而往往是價格的接受者。

（二）基準利率定價法

基準利率定價法是選擇合適的基準利率，銀行在此之上加一定價差或乘上一個加成系數的貸款定價方法。基準利率可以是國庫券利率、大額可轉讓存單利率、銀行同業拆借利率、商業票據利率等貨幣市場利率，也可以是優惠貸款利率，即銀行對優質客戶發放短期流動資金貸款的最低利率。由於這些金融工具或借貸合約的共同特徵是違約風險低，因此它們的利率往往被稱為無風險利率（Riskless Interest Rate），是金融市場常用的定價參照系，故也被稱為基準（Benchmark）利率。對於所選定的客戶，銀行往往允許客戶選擇相應期限的基準利率作為定價的基礎，附加的貸款風險溢價水平因客戶的風險等級不同而有所差異。根據基準利率定價法的基本原理，銀行對特定客戶發放貸款的利率公式一般為：

貸款利率＝基準利率＋借款者的違約風險溢價＋長期貸款的期限風險溢價　　（4.14）

公式中後兩部分是在基準利率基礎上的加價。違約風險溢價的設定可使用多種風險調整方法，通常是根據貸款的風險等級確定風險溢價。不過，對於高風險客戶，銀行並非採取加收較高風險溢價的簡單做法，因為這樣做只會使貸款的違約風險上升。因此，面對較高風險的客戶，銀行大多遵從信貸配給思想，對此類借款申請予以回絕，以規避風險。如果貸款期限較長，銀行還需加上期限風險溢價。

在20世紀70年代以前，西方銀行界在運用基準利率定價法時普遍以大銀行的優惠利率作為貸款定價基準。進入20世紀70年代，由於銀行業日趨國際化，優惠利率作為商業貸款基準利率的主導地位受到倫敦銀行同業拆借利率（LIBOR，下同）的挑戰，許多銀行開始使用LIBOR作為基準利率。LIBOR為各國銀行提供了一個共同的價格標準，並為客戶對各銀行的貸款利率進行比較提供了基準。20世紀80年代後，出現了低於基準利率的貸款定價模式。由於短期商業票據市場迅速崛起，加上外國銀行以接近籌資成本的利率放貸，迫使許多銀行以低於優惠利率的折扣利率（通常是相當低的貨幣市場利率加一個很小的價差）對大客戶發放貸款。不過，對中小型客戶貸款仍然以優惠利率或其他基準利率（如LIBOR）為定價基礎。

（三）客戶盈利性分析法

客戶盈利性分析（Customer Profitability Analysis，CPA）是一個較為複雜的貸款定價系統，其主要思想是認為貸款定價實際上是客戶關係整體定價的一個組成部分，銀行在對每筆貸款定價時，應該綜合考慮銀行在與客戶的全面業務關係中付出的成本和獲取的收益。客戶盈利性分析法的基本框架是評估銀行從某一特定客戶的銀行帳戶中獲得的整體收益是否能實現銀行的利潤目標，因此亦稱帳戶利潤分析法。銀行要將該客戶帳戶給銀行帶來的所有收入與所有成本以及銀行的目標利潤進行比較，再測算如何定價。其公式如下：

帳戶總收入＞（＜或＝）帳戶總成本＋目標利潤　　（4.15）

如果帳戶總收入大於帳戶總成本與目標利潤之和，意味著該帳戶所能產生的收益超過銀行要求的最低利潤目標。如果公式左右兩邊相等，則該帳戶正好能達到銀行既定的利潤目標。如果帳戶總收入小於帳戶總成本與目標利潤之和，有兩種可能的情況：一是帳戶收入小於成本，該帳戶虧損；二是帳戶收入大於成本，但獲利水平低於銀行

的利潤目標。在這兩種情況下，銀行都有必要對貸款重新定價，以實現既定盈利目標。下面逐一介紹公式中每項要素的構成和計算方法。

1. 帳戶總成本

帳戶總成本包括資金成本、所有的服務費和管理費以及貸款違約成本。資金成本即銀行提供該貸款所需資金的邊際成本，這裡使用的是債務資金的加權邊際成本。服務和管理費用包括該客戶存款帳戶的管理費用、客戶存取款項、簽發支票的服務費用、貸款的管理費用（如信用分析費用、貸款回收費用和質押品的維護費用等）及其他服務項目的費用。違約成本是銀行基於貸款風險度量估算出的、類似貸款平均潛在違約損失。

2. 帳戶總收入

帳戶總收入包括銀行可以從客戶的帳戶中獲得的可投資存款的投資收入、表內外業務服務費收入和對該客戶貸款的利息收入及其他收入等。其中，客戶帳戶中的可投資存款額是指該客戶在計算期內的平均存款餘額扣減托收未達現金、法定存款準備金后的餘值。銀行求出可投資存款額后，結合一定的存款收益率水平，即可計算出該客戶存款給銀行帶來的投資收入。服務費收入主要是貸款承諾費、結算手續費等。

3. 目標利潤

目標利潤是指銀行資本要求從每筆貸款中獲得的最低收益。目標利潤根據銀行既定的股東目標收益率（資本的目標收益率）、貸款分配的資本金比例（資本與資產比率）及貸款金額確定。其計算公式為：

$$目標利潤 = 資本 \div 總資產 \times 資本的目標收益率 \times 貸款額 \qquad (4.16)$$

如果銀行使用帳戶利潤分析法為新客戶的貸款定價，就需預測客戶的帳戶活動，在此基礎上估算帳戶總成本和總收入，銀行也可以使用該方法對老客戶已發放貸款的價格水平進行評價。總體來說，如果帳戶淨收益等於目標利潤，說明貸款定價基本合理；如果客戶帳戶淨收入大於或小於目標利潤，銀行就應考慮調整對該客戶貸款定價進行上浮或下浮調整。銀行也可以採用提高或降低服務價格的方式來起到調整貸款定價的作用。

第 6 節　問題貸款與貸款損失的管理

一、問題貸款的管理

（一）問題貸款的預警

問題貸款的出現是完全可以提前發現的，通過監控以下方面的預警信號就可以有效地提前發現問題貸款的出現：

（1）在銀行帳戶上反應的預警信號。這主要包括以下方面：經常停止付支票或退票；長期透支用款及超過允許的透支額；應付票據展期過多；用貸款償還其他公司的債務；不能按期支付利息或要求貸款展期等方面。

（2）與銀行關係上反應的預警信號。這主要包括以下方面：多頭開戶並經常變換

基本行；在銀行的存款出現不正常的下降；過分依賴於短期負債；應付票據展期過多；從其他銀行獲得貸款，特別是抵押貸款；簽發的支票經常超過存款額等方面。

（3）財務報表上反應的預警信號。這主要包括以下方面：財務報表不完整或不連續，或有做假的嫌疑；被出示保留意見、否定意見的或拒絕表示意見的審計報告的財務報表；存貨及應收帳款的增幅遠遠超過銷售的增幅；經營成本的增幅遠遠超過銷售的增幅；不合理的會計制度的變更；應收帳款和應付帳款的數量、帳齡出現異常的變化等方面。

（4）企業人事管理上反應的預警信號。這主要包括以下方面：高級管理人員出現重要的變動；缺乏有效的監督機制；無故更換會計師及事務所；各職能部門相互不協調，缺乏效率等信號。

（5）經營管理上反應的預警信號。這主要包括以下方面：財務記錄及管理混亂；銷售旺季過後，仍有大量的存貨；失去關鍵性的客戶或大客戶經營失敗；主要投資項目失敗；企業市場份額縮小；企業的生產規模過度擴張；整個行走向衰弱期等信號。

（二）問題貸款的處理

問題貸款如果出現以後，銀行應該立即採取措施解決問題貸款的存在，採取的措施方法多種多樣。一般的程序如下：

（1）分析原因、確定類型。
（2）針對早期預警信號，採取相應措施。
（3）借貸雙方共同簽訂貸款處理協議。
（4）清償抵押品。
（5）訴諸法庭。
（6）依法收貸。
（7）採用處理不良債權的其他途徑及方式。
（8）呆帳衝銷。

（三）貸款損失的管理

對於貸款損失的管理，銀行一般都通過提取貸款損失準備金來應對貸款損失對銀行經營的衝擊。貸款損失準備金是預留應付壞帳的款項（客戶違約、需要重新磋商貸款條款等）。商業銀行提取的貸款損失準備金一般有三種：一般準備金、專項準備金和特別準備金。

一般準備金是商業銀行按照貸款餘額的一定比例提取的貸款損失準備金。中國商業銀行現行的按照貸款餘額1%計提的貸款呆帳準備金就相當於一般準備金。

專項準備金應該針對每筆貸款，根據借款人的還款能力、貸款本息的償還情況、抵押品的市價、擔保人的支持度等因素，分析風險程度和可回收的可能性合理計提。中國現行的《貸款損失準備金計提指引》規定，專項準備金要根據貸款風險分類的結果，對不同類別的貸款按照建議的計提比例進行計提。

特別準備金是針對貸款組合中的特定風險，按照一定比例提取的貸款損失準備金。特別準備金與普通和專項準備金不同，不是商業銀行經常提取的準備金。只有遇到特殊情況才計提特別準備金。

第 7 節　中國商業銀行信貸資產管理

西方商業銀行資產負債管理歷史上採用的各種方法，在中國由於適用條件不具備或方法自身的局限，這些方法只能提供若干思路，不具有現實可行性。因此，從西方商業銀行資產負債管理的實踐中，我們可以借鑑的主要是銀行的資產負債管理的一般原理。

一、中國商業銀行信貸資產管理歷史

在 1994 年以前，中國在金融領域一直沿襲著計劃經濟體制時期的貸款規模控制的信貸管理體制。信貸計劃一直是以指令性的方式下達給各商業銀行，作為貸款的最高限，未經批准不得突破。1994 年 2 月，中國人民銀行下發了《關於對商業銀行實行資產負債比例管理的通知》，但由於仍然受貸款規模控制的影響，因此還不能稱為真正意義上的資產負債比例管理。

第一，1994—1996 年，實行貸款限額下的資產負債比例管理。實行貸款限額下的資產負債比例管理即隨著存款增長，貸款雖然可按比例增加，但貸款的增長額不能突破指令性的限額指標。

第二，1996—1997 年，實行比例管理基礎上的限額控制。實行比例管理基礎上的限額控制，即商業銀行因存款增長而使貸款額有可能超出限額指標時，可向中央銀行申請增加限額指標，中央銀行根據全國貸款規模控制的實際情況，決定是否追加指標，或追加多少指標。

因此，在限額控制下的資產負債比例管理並未改變指令性指標規模控制的實質。由於資產規模控制的主動權不在商業銀行，因此商業銀行很難推行真正意義上的資產負債比例管理。

第三，1998 年至今，實行了真正意義上的資產負債比例管理。

二、中國商業銀行信貸資產管理制度

中國商業銀行信貸資產管理制度主要是通過制定貸款的利率政策、授權授信、貸審分離、信貸監管等政策來完成貸款的發放；通過完善貸前、貸中、貸後信用分析、審查、檢查的內容和方法監督貸款質量；通過不斷完善對客戶信用等級評定的內容和方法有效地區分信用風險，並且準確地對貸款進行五級分類，及時計提貸款損失準備金防範商業銀行信用風險，採用多種方法對不良貸款進行及時的回收和化解；通過風險管理的信息化建設，建立快速的風險識別預警機制等。下面對商業銀行統一授信制度進行簡要的介紹。

作為中國商業銀行授信制度，統一授信是指商業銀行對單一法人客戶或地區統一確定最高綜合授信額度，並加以集中統一控制的信用風險管理制度。統一授信包括貸款、貿易融資（如打包放款、進出口押匯等）、貼現、承兌、信用證、保函、擔保等表

內外信用發放形式的本外幣統一綜合授信。最高綜合授信額度是指商業銀行在對單一法人客戶的風險和財務狀況進行綜合評估的基礎上，確定的能夠和願意承擔的風險總量。銀行對該客戶提供的各類信用余額之和不得超過該客戶的最高綜合授信額度。

商業銀行實施統一授信制度，要做到以下四個方面的統一：

一是授信主體的統一。商業銀行應確定一個管理部門或委員會統一審核批准對客戶的授信，不能由不同部門分別對同一或不同客戶，不同部門分別對同一或不同信貸品種進行授信。

二是授信形式的統一。商業銀行對同一客戶不同形式的信用發放都應置於該客戶的最高授信限額以內，即要做到表內業務授信與表外業務授信統一，對表內的貸款業務、打包放款、進出口押匯、貼現等業務和表外的信用證、保函、承兌等信用發放業務進行一攬子授信。

三是不同幣種授信的統一。要做到本外幣授信的統一，將對本幣業務的授信和外幣業務的授信置於同一授信額度之下。

四是授信對象的統一。商業銀行授信的對象是法人，不允許商業銀行在一個營業機構或系統內對不具備法人資格的分支公司客戶授信。

商業銀行對每一個法人客戶都應確定一個最高授信額度。商業銀行在確定對法人客戶的最高授信額度的同時，應根據風險程度獲得相應的擔保。對由多個法人組成的集團公司客戶，尤其是跨國集團公司客戶，商業銀行應確定一個對該集團客戶的總體最高授信額度，銀行全系統對該集團各個法人設定的最高授信額度之和不得超過總體最高授信額度。商業銀行應及時掌握最高授信額度的執行情況，對最高授信額度的執行情況進行集中控制和監測，不允許有擅自超越授信額度辦理業務的情況。商業銀行應根據市場和客戶經營情況，適時審慎調整最高風險控制限額。額度一旦確定，在一定時間內應相對穩定，銀行不應隨意向上調整額度。

商業銀行應設計科學的風險分析評估模型或方法，以確定對某一客戶的最高授信限額。風險分析評估模型應定性與定量標準相結合。定性標準應至少包括以下四個方面的內容：

一是客戶的風險狀況，包括客戶的財務狀況、發展前景、信譽狀況、授信項目的具體情況、提供的抵押擔保情況。

二是銀行的風險狀況，包括對銀行的授權、目前的資產質量狀況、資金來源或資本充足程度、銀行當前的財務狀況。對銀行自身風險狀況的分析在銀團貸款或大型項目貸款時尤其重要。

三是外部經濟、金融環境，包括客戶行業的發展現狀和前景、市場所占份額、國家風險等。

四是自然因素，包括地理位置、交通狀況、資源條件等。

商業銀行應根據統一授信管理制度的要求設置相應的組織機構和職能部門，有利於科學決策和風險控制。組織機構的設置應體現審貸分離原則，保證授信額度審批部門與執行部門相互獨立，形成健全的內部制約機制。商業銀行統一授信審核、批准部門與執行部門要分清責任，協調運作。最高授信額度確定后，各種具體授信形式的發

放仍應由信貸管理部門逐筆審批，授信額度執行部門，如國際業務部門，主要負責授信形式發放的業務操作和相應的風險防範及處置。商業銀行應確定統一授信的審批程序，審批程序應規範、透明，包括信息收集、核實、授信審核、審批的全過程。商業銀行應建立有效的信息管理系統，設置專門部門進行管理，保證內部管理信息的充分流動，保證管理層能夠隨時瞭解授信額度的執行情況、客戶的風險狀況，保證統一授信管理的有效性。商業銀行應建立識別、監測、控制和管理信用風險的系統，以精確地確定授信的最高限額。商業銀行董事會或高級管理層應重視統一授信的管理方式，嚴格監督客戶最高授信額度的制定和執行情況，應對風險的發生負最終責任。商業銀行應圍繞統一授信制度，完善業務規章制度建設，制定統一授信管理辦法和實施細則以及相關的業務管理制度和風險管理辦法。商業銀行制定的統一授信管理辦法和制度應報中國人民銀行備案。商業銀行內部應加強對最高授信額度和授權制定以及執行情況的監督和檢查，對超越授權和授信額度開展業務的行為，應進行嚴肅處理。

三、中國商業銀行信貸資產管理的現狀

1998年1月1日，中國人民銀行取消了實施多年的對國有商業銀行的貸款限額管理，推行資產負債比例管理和風險管理，實行計劃指導、自求平衡、比例管理、間接調控的信貸管理體制。新的管理體制對於商業銀行按照市場經濟發展要求規模經營、合理運作具有重要意義。貸款限額取消之後，各商業銀行的自律意識普遍增強，對資金安全性、流動性和效益性的關注程度普遍提高。2005年12月，中國銀監會制定《商業銀行風險監管核心指標（試行）》。商業銀行風險監管核心指標是對商業銀行實施風險監管的基準，是評價、監測和預警商業銀行風險的參照體系。

隨著中國商業銀行信貸管理體制、制度、管理法規的不斷健全，信貸資產管理取得了明顯的成效。中國商業銀行資產管理的現狀主要表現為：

（一）中國商業銀行信貸資產質量明顯改善，不良貸款餘額及比例大幅下降

中國商業銀行不良貸款餘額從2001年的1.7萬多億元下降到2014年的8,424億元，不良貸款比率從22%以上下降到1.25%左右。股份制商業銀行的不良貸款比率從2004年的4.94%下降為2013年的0.9%。城市商業銀行、農村商業銀行的不良貸款餘額及比率也出現了明顯的下降。促成不良貸款餘額及比率下降的因素較多，除了1999年中國成立四大資產管理公司、四大商業銀行剝離14,000億元不良貸款、四大商業銀行在股份制改革前對不良貸款進行了較大規模的集中處置外，還有政府、企業、金融生態環境、銀行自身方面的原因，特別是商業銀行自身不但加強了對信貸風險的防範、管理，同時又對留存的不良貸款進行了化解。

（二）商業銀行自身的風險抵補能力進一步加強

這具體表現在商業銀行自有資本充足率的不斷提高。自1988年7月《巴塞爾協議》發布以來，中國採用了發行特種國債、不良貸款剝離、外匯儲備註資、發行次級債券、股份制改革等多種方式多次補充商業銀行的自有資本，特別是補充四大國有商業銀行的自有資本，使商業銀行自有資本充足率達標數量不斷增加，資本結構也更加合理。截至2014年年末，國有商業銀行和股份制銀行資本充足率全部達標。中國工商

銀行、中國銀行、中國建設銀行、交通銀行自有資本充足率分別為 12.19%、13.87%、14.87%、11.3%。自有資本充足率的提高極大地增強了商業銀行抵禦貸款風險的能力。此外，2014 年 12 月末，商業銀行貸款損失準備餘額為 1.96 萬億元，較 2014 年年初增加 2,812 億元；撥備覆蓋率為 232.06%，較 2014 年年初下降 50.64 個百分點；貸款撥備率為 2.90%，較 2014 年年初上升 0.07 個百分點。此外，呆帳核銷總量也大幅上升。

（三） 商業銀行信貸管理水平近年來有了較大提高

商業銀行不斷建立和完善審貸分離制、分級審批制、授權和授信管理制、統一授信制度、對客戶進行信用等級評定以及實行貸款五級分類、貸款自主定價等，與貸款相關的法律法規不斷健全，對客戶風險防範的方法和手段更加科學。總體而言，商業銀行的貸款管理水平不斷提高，直接的結果就是商業銀行近年的不良貸款比率和不良貸款余額雙雙大幅下降。

【本章小結】

（1） 商業銀行貸款由貸款的對象、條件、用途、期限、利率和方式等因素構成。從銀行經營管理的需要出發，可以對銀行貸款按照不同的標準進行分類。商業銀行貸款的創新指的是商業銀行可以通過構築貸款組合提供給顧客來創新貸款的形式，提供給客戶更豐富的產品。通過組合現有產品的創新是其主要模式。

（2） 貸款政策是指商業銀行為實現其經營目標而制定的指導貸款業務的各項方針和措施的總稱。商業銀行發放貸款時將遵循既定的程序制度，目的是為了保障貸款的安全性、盈利性和流動性，使貸款政策得到最恰當的執行。

（3） 貸款信用分析就是商業銀行對借款人償還債務的能力與意願進行調查分析，借以瞭解借款人履約還款的可能性，從而制定出正確的貸款政策。信用分析主要包括財務分析和非財務分析。

（4） 貸款質量評價也稱為貸款風險分類，是指銀行的信貸分析和管理人員，綜合能獲得的全部信息並應用最佳判斷，根據貸款的風險程度對貸款質量做出評價和判斷。中國的貸款風險分類主要借鑑以美國為代表的貸款分類方法，把貸款分為正常、關注、次級、可疑和損失五類。

（5） 廣義的貸款價格包括貸款利率、貸款承諾費及服務費、提前償付或逾期罰款等，貸款利率是貸款價格的主要組成部分。本章重點探討的是成本加成定價法、基準利率定價法、客戶盈利性分析法。

（6） 問題貸款的出現是完全可以提前發現的，通過監控某些方面的預警信號就可以有效地提前發現問題貸款的出現。對於貸款損失的管理，銀行一般都通過提取貸款損失準備金來應對貸款損失。貸款損失準備金有三種形式：一般準備金、專項準備金和特別準備金。

（7） 隨著中國商業銀行信貸管理體制、制度、管理法規的不斷健全，信貸資產管理取得了明顯的成效，但隨著經營環境的變化，新的問題和新的風險不斷顯現，還需

要進一步深化中國商業銀行資產負債管理的改革。

思考練習題

1. 簡述貸款的保障性分類方法。
2. 簡述商業銀行貸款政策的主要內容和制定依據。
3. 簡述可疑類貸款的特徵。
4. 簡述貸款定價的各種方法。
5. 論述問題貸款如何預警以及如何處理。
6. 論述中國商業銀行資產負債管理的現狀。
7. 商業銀行貸款對個人發展或公司發展有怎樣的槓桿效應，同時帶來怎樣的風險？

第 5 章　商業銀行投資業務

　　內容提要：證券投資業務是現代商業銀行的重要資產業務。本章主要介紹了商業銀行證券投資業務的目的與意義、證券投資業務的對象、各類證券的收益與風險特性以及基本測定方法、證券投資的基本策略、證券業與銀行業的融合與分離的歷史。

　　商業銀行在經營活動中，總有一部分資金穩定地投資於各種有價證券上。證券投資業務不僅能為商業銀行帶來豐厚的利潤，而且商業銀行也利用證券投資業務保持其資產的流動性、優化資產配置、降低經營風險。

第 1 節　商業銀行投資業務概述

一、商業銀行投資業務的定義

　　投資是指法人或自然人等經濟行為主體以獲得未來收益為目的，預先墊付一定數量的資金或資源來經營某項經濟事務，最終獲得收益的行為。商業銀行投資業務是指有價證券投資，是商業銀行將一部分資金投資於有價證券，以提高商業銀行資產的流動性、安全性，並獲取一定利潤的活動。投資業務是商業銀行在資本市場開展的一項重要資產業務，是商業銀行收入的重要來源。

　　商業銀行的投資業務有別於貸款業務。商業銀行的投資業務與貸款業務相比，雖然兩者都是資金的運用，有很多相同之處，但是商業銀行的投資業務有著自己的特點。第一，銀行在證券投資中可以根據銀行自身對證券市場行情的判斷和自身的資金實力，決定買入或賣出的時機和數量，完全處於主動地位。第二，由於證券投資的風險因素多、證券市場價格波動性大，持有證券的現金流與收益率難以準確估計。第三，在正常的市場條件下，證券市場流動性強，商業銀行可以隨時擴張或收縮其證券投資業務，商業銀行對證券投資業務的規模控制靈活性強。貸款業務的放貸與回收的制約條件多，擴張與收縮的速度慢。第四，銀行貸款往往要求貸款人提供擔保和抵押，而證券投資是一種市場行為，銀行處於投資地位，一般不存在抵押和擔保的問題。

　　就國內商業銀行目前的投資狀況來看，各個銀行的證券投資在銀行總資產中占據著一定的地位，但是重要程度卻有著顯著差異。在過去的幾年中，各個銀行的證券投資資產所占比重都在總資產的 10%～30% 徘徊，相對比較穩定。之所以各個銀行的證券投資資產比較穩定，這與各個銀行對證券投資業務的參與程度有很大的關係。銀行對於證券的

投資，主要取決於銀行貸款業務之外剩餘資產的豐裕程度及各銀行的資產配置策略。

就國內五大商業銀行的證券投資狀況來看，中國銀行和中國工商銀行證券投資占總資產的比例比較高，這兩家銀行證券投資的利潤貢獻度也在逐步上升。從近幾年的證券投資業務上來看，中國銀行的外幣證券投資是最多的，而工商銀行則是在國內債券市場獨占鰲頭。究其原因，還是和銀行的業務渠道緊密聯繫著。隨著經濟的發展，國內商業銀行必定會加大證券投資在整個銀行業務中的比重。從最近幾年證券投資的狀況來看，資產規模較大、知名度較高的銀行的資金實力、證券投資品種選擇的能力比較強，因此在交易類證券投資中，所占的比例就高。就國內銀行來說，國有五大商業銀行和全國股份制商業銀行的交易類證券投資在證券投資中所占比重比較大，城市商業銀行和農村商業銀行等由於更多地服務於區域經濟和資金實力的原因，證券投資業務的金額相對較小。

從美國銀行的債券投資結構來看，美國商業銀行的證券投資重點是在按揭抵押債券市場。從美國銀行近年來的證券投資資產在總投資資產中的比重來看，按揭抵押債券在美國商業銀行的證券投資中所占的比重超過了一半以上。就世界範圍內來講，美國商業銀行的投資按揭抵押債券最多的。美國各個銀行在按揭抵押債券市場進行大規模的投資，這與美國債券市場的結構是密不可分的。在美國，按揭抵押貸款的市場龐大，而且金融機構在不斷地進行市場化創新，這也使得美國的按揭抵押債券市場異常繁榮。同時，美國銀行的證券投資品種沒有明顯的限制，債券、股票和各類衍生品都是可以直接進行投資的。

不同於美國銀行，中國商業銀行限於目前的監管法律，無法進行權益性的投資。因此，中國銀行的證券投資品種目前主要以一般類債券為主，包括國債、金融債、企業債、城投債和地方債以及銀行間市場的類債券品種。而在這些債券中，政府和國有企業發行的又占了相當比重，債券投資風險小而相對收益穩定，因此成為商業銀行證券資產匹配中不可或缺的重要投資品種。這種結構帶來的負面效應就是目前商業銀行還缺少直接面對資本市場的投資風險控制模型探索，缺乏高風險品種的相關人才和實踐經驗。

二、商業銀行證券投資的目的

由於證券資產具有不同的盈利性和流動性，銀行證券投資實質上是商業銀行收益性、安全性、流動性「三性」均衡經營原則的體現，是商業銀行增加收益、分散風險、提高資產流動性的重要途徑。商業銀行將資金投資於證券之前，首先資金要滿足三方面的需要：一是法定存款準備金需要；二是確保銀行流動性需要，銀行的流動性需要通過銀行持有的現金頭寸和流動性資產來滿足；三是要滿足貸款需要。貸款收益高於證券，並且是銀行吸收存款的重要手段。只有在這些需要得到滿足後，銀行才能將資金進行證券投資。

商業銀行進行證券投資最主要的目的是獲取收益、風險管理、保持資產的流動性。

（一）獲取收益

獲取收益是商業銀行進行證券投資的最主要目的。商業銀行持有的最大資產是貸

款，收益的主要部分是通過貸款業務取得的，但證券投資業務也是商業銀行獲取收益的一項重要來源。商業銀行通過證券投資增加收益有三種來源：一是通過購買付息債券後，按照債券發行時確定的利息率從發行人那裡獲得穩定的利息收入。二是通過買賣證券獲得價差收益。三是通過合理避稅來增加收益。商業銀行投資的證券大都集中在國債和地方政府債券上，這些債券大多具有稅收優惠（減免利息稅或資本利得稅），因此商業銀行可以利用證券組合進行合理避稅來增加收益。

（二）風險管理

商業銀行可以利用證券投資來有效管理利率風險、流動性風險、信用風險，提高商業銀行資產的安全性。在利率市場化環境下，商業銀行常利用缺口管理來控制利率風險。商業銀行調整缺口的能力主要取決於其資產的流動性，貸款資產很難及時調整，而證券資產則可以在證券市場上買賣，能及時調整以實現商業銀行的缺口管理。通過證券投資可以實現銀行資產分散化，降低銀行的經營風險。

（三）保持資產的流動性

證券資產一般都有活躍的二級市場，證券資產的流動性強，可以隨時變現。商業銀行在經營過程中，為了應付客戶的提現要求和其他的資金週轉需求，客觀上要求資產保持較強的流動性，這就需要持有一部分高流動性資產。庫存現金、在央行存款、同業存款構成銀行的第一準備金，其流動性最強，但其收益很低，過多持有會降低商業銀行的盈利能力。銀行的其他資產，如貸款，雖然具有較高收益，但不具有隨時轉讓的能力，流動性較差。而短期證券則具有流動性和盈利性雙重特點，把可以迅速變現的短期證券作為第二準備金，一方面可以在金融市場上迅速轉讓，滿足銀行的流動性需求；另一方面又具有較高的收益。此外，銀行購入的中長期證券也可在一定程度上滿足流動性要求。因此，證券投資業務使流動性和盈利性更好地協調一致，從而成為增強銀行資產流動性的有力手段。

三、中國商業銀行參與證券投資的意義

從宏觀上看，商業銀行參與證券投資有利於提升中央銀行進行宏觀調控的有效性。中央銀行進行宏觀調控的一個重要手段就是公開市場操作，通過公開市場調節貨幣供應量。只有商業銀行持有一定數量的有價證券，中央銀行才能有效完成公開市場操作。商業銀行在參與公開市場操作中，靈活地調整現金與有價證券的頭寸，協調資金的收益性與流動性。

從微觀上看，商業銀行參與證券投資對其發展業務、提高經營效率有重要作用。第一，可以促進資產多元化與分散化，分散和降低資產風險。如果商業銀行的資產結構單一，單純地持有貸款資產，一方面銀行的信用風險加大，另一方面貸款資產的流動性差而不利於資金頭寸的靈活調整，加大了流動性風險。第二，有利於增加盈利。商業銀行將閒置資金投資於有價證券是增加商業銀行盈利的有效途徑。第三，有利於增強商業銀行經營的主動性。相對於貸款而言，證券投資是一種更為主動的資產業務，買賣數量與買賣時機商業銀行都可以自主決定。

第 2 節　商業銀行投資對象

各國政府對商業銀行的投資業務範圍都有一些限制性規定。在證券投資對象上，雖然各國規定有所不同，但基本上可以歸為四種類型：政府債券、金融債券、公司債券和股票。

一、政府債券

政府債券是一國政府為了籌集預算資金而發行的承擔償還責任的債務憑證。政府債券的特點在於：第一，安全性高。因為政府債券以政府信用作為擔保，在各類債券中的信用等級最高，所以投資的風險較小。第二，流通性強。政府債券的發行量大，償還有保證，競爭性強，在二級市場上較受歡迎，容易轉讓，具有很強的流動性。第三，收益穩定、免稅。政府債券的利息是事先確定的，一般不受市場利率變動的影響，收益穩定。大多數國家都規定，購買政府債券的利息收入可以享受稅收優惠待遇。

政府債券的種類較多，按照發行人劃分，有中央政府債券、政府機構債券和地方政府債券；按照期限劃分，有短期債券、中期債券和長期債券；按照發行的範圍劃分，有內債和外債。

（一）中央政府債券

中央政府債是由國家財政部門組織發行，以中央政府信用為擔保的政府債券。其中，根據債券期限的長短，中央政府債券可以分為國庫券和政府公債。

1. 國庫券

國庫券是國家為解決財政資金短缺而發行的一種以政府信用為擔保的短期政府債券。在美國等發達國家，國庫券期限一般在一年以下。在中國，國庫券期限較長，多為 1~3 年，最長可達 5 年。國庫券的特點在於：第一，信譽好，無風險，安全可靠；第二，收益高，其利息率高於同期儲蓄存款利率；第三，流動性強，易手方便，隨時變現。正因為如此，國庫券成了各國商業銀行證券投資的重要對象。

2. 政府公債

中央政府發行的中長期國債稱為政府公債。在美國，中期債券的期限為 1~10 年，長期債券的期限為 10 年以上。在中國，政府公債的期限多為 1~10 年。政府公債的期限較長，收益率也較高，商業銀行購買這些債券的主要目的是獲利。

（二）地方政府債券

地方政府債券是指由中央政府以下各級地方政府為基本建設或社會福利事業項目等進行融資而發行的債券。地方政府債券主要有以下三種：

1. 普通責任債券

普通責任債券是以地方政府的信譽作為擔保的債券。地方政府通過行使其徵稅權和其他權利來籌集資金，償還債務。

2. 收益公債

收益公債指地方政府為某一項目集資而發行的債券。其債務本息的償還資金來自項目的收益，而不以地方政府的信用為擔保，信用風險高，安全性相對較差。

3. 攤派債券

攤派債券指為了改進公共設施而籌集資金所發行的債券。地方政府發行的攤派證券向公共設施所在地居民攤派，當地的商業銀行也可能成為攤派對象。攤派債券償還本息的資金來自於對這項公共設施收益者徵稅，如果收入不足以償還本息，當地政府會從其他收入來源中提供償還資金。

地方政府債券多在發行者所在地銷售，二級市場不如中央政府債券廣泛、活躍，債券的買賣比較困難，流動性較中央政府債券差。在美國，由於地方政府債券可以免聯邦政府和州政府所得稅，還可以用於抵押貸款，信譽僅次於中央政府債券，利息也豐厚，是商業銀行的重要投資對象。

在中國，《中華人民共和國預算法》第三十五條規定：「經國務院批准的省、自治區、直轄市的預算中必需的建設投資的部分資金，可以在國務院確定的限額內，通過發行地方政府債券舉借債務的方式籌措。舉借債務的規模，由國務院報全國人民代表大會或者全國人民代表大會常務委員會批准。省、自治區、直轄市依照國務院下達的限額舉借的債務，列入本級預算調整方案，報本級人民代表大會常務委員會批准。舉借的債務應當有償還計劃和穩定的償還資金來源，只能用於公益性資本支出，不得用於經常性支出。除前款規定外，地方政府及其所屬部門不得以任何方式舉借債務。」截至目前，除中央發行國債轉貸給地方用於地方項目建設以及根據國家統一安排由地方政府舉借的外債以外，為有效應對國際金融危機的衝擊，保持經濟平穩較快發展，2009 年，國務院決定由財政部代理發行 2,000 億元地方政府債券，用於中央投資地方配套的公益性建設項目及其他難以吸引社會投資的公益性建設項目。該債券以省、自治區、直轄市和計劃單列市政府為發行和償還主體，由財政部代理發行並代辦還本付息和支付發行費的可流通記帳式債券。地方政府債券冠以發債地方政府名稱，具體為「2009 年××省（自治區、直轄市、計劃單列市）政府債券（××期）」。該債券期限為 3 年，利息按年支付，利率通過市場化招標確定。2011 年，中國開始地方政府自行發債試點工作，並以每年一個文件的速度穩步推進該項工作。2014 年 5 月 21 日，地方自行發債試點取得重要進展，財政部印發《2014 年地方政府債券自發自還試點辦法》，經國務院批准，2014 年上海、浙江、廣東、深圳、江蘇、山東、北京、江西、寧夏、青島試點地方政府債券自發自還，總規模為 1,092 億元，債券期限變更為 3 年、5 年、7 年，比例為 4：3：3；地方政府債券還本付息方式由財政部代辦變成地方自行支付利息和償還本金。

二、金融債券

金融債券是由銀行和非銀行金融機構發行的債券。在英美等西方國家，由於商業銀行和其他金融機構同屬股份公司組織，在這些國家，金融債券也可視為公司債券的一種。金融債券可進行以下分類：

1. 發行主體

按照發行主體的不同，金融債券可分為政府性金融債券和普通金融債券。政策性銀行發行的金融債券稱為政府性金融債券；銀行及非銀行金融機構發行的金融債券稱為普通金融債券。在中國，政策性銀行金融債券是由國家開發銀行、中國農業發展銀行、中國進出口銀行為籌集信貸資金而發行的債券，以財政擔保為主要特徵，該債券已成為發行規模僅次於國債的債券。與普通金融債券相比，政府性金融債券的信譽較高，但利率較低。

2. 計息方式

按照計息方式的不同，金融債券分為附息金融債券和貼現金融債券。如果金融債券上附有多期的息票，發行人定期支付利息，則稱為附息金融債券；如果金融債券是以低於面值的價格貼現發行，到期按面值還本付息，利息為發行價與面值的差額，則稱為貼現債券。按照國外通常的做法，貼現金融債券的利息收入要徵稅，並且不能在證券交易所上市交易。

3. 發行條件

按照發行條件的不同，金融債券可分為一般金融債券和累進利息金融債券。一般金融債券按面值發行，到期一次還本付息，期限一般是 1 年、2 年和 3 年。一般金融債券類似於銀行的定期存款，只是利率高些。累進利息金融債券的利率不固定，在不同時間段有不同的利率，並且一年比一年高，也就是說，債券的利率隨著債券期限的增加累進。

中國在 1984 年開始發行金融債券，發行人主要是四家國有商業銀行，認購對象主要是城鄉居民個人，銀行及其他金融機構不得認購。1994 年國家開發銀行和中國進出口銀行組建以後，為解決其營運資金來源，開始面向社會公開發行各種政策性金融債券，主要由各家商業銀行和其他非銀行金融機構認購。

三、公司債券

公司債券是股份有限公司為籌措資金依照法律程序而發行，並約定在一定期限內按票面所載條件還本付息的一種債務憑證。

(一) 公司債券的特徵

1. 風險較大

與政府債券和金融債券相比，公司債券風險較大。公司債券的發行主體是公司，如果公司經營不善，投資者將面臨利息甚至本金的損失。一方面，公司債券的發行人是一般企業，公司的經營風險較大，公司債券的信用風險較高；另一方面，公司債券的二級市場不如政府債券的二級市場發達，轉讓的流動性風險也較大。

2. 收益率較高

因為購買公司債券要承擔較高的風險，所以公司債券的票面利率一般要高於政府債券利率、金融債券利率和同期銀行存款利率。

3. 具有一定的優先權

公司債券的持有人是公司的債權人，具有收益分配和剩餘財產分配的優先權。

4. 可轉換公司債券具有可轉換權

具有可轉換性的公司債券允許投資者在一定條件下將其債權轉換為股權，成為企業的股東。

5. 不能享有免稅待遇

雖然公司債券的收益率較高，但其收益必須繳納所得稅。

雖然公司債券的種類很多，但由於風險較大，安全性、流動性和盈利性都不如政府債券，因此商業銀行對公司債券的投資額度一般較小，部分商業銀行很少從事這些證券的投資業務。

(二) 公司債券的分類

1. 公司債券按擔保抵押情況分為信用公司債券、不動產抵押公司債券、保證公司債券

信用公司債券一般期限較短，但利率較高，該債券的發行不需以公司任何資產作為擔保，而僅憑公司信譽作為擔保。一般只有經營良好、信譽卓著的大公司才有資格發行這類債券。

不動產抵押公司債券的發行以公司的實際不動產的留置權作為擔保，是抵押債券的一種。若發生公司不能償還債務的情況，抵押的財產將被出售，所得款項用來償還債務。

保證公司債券是公司發行的由第三者作為還本付息擔保的債券。擔保人是發行人以外的他人（或稱第三者），如政府、信譽好的銀行或舉債公司的母公司。一般來說，投資者比較願意購買保證公司債券，因為在這種情況下，如果公司到期不能償還債務，擔保人要負清償之責。實踐中，保證行為常見於母子公司之間，如由母公司對子公司發行的公司債券予以保證。

2. 公司債券按債券利息收益是否固定分為固定收益公司債券和變動收益公司債券

固定收益公司債券是指事先確定利率，每半年或一年付息一次，或一次還本付息的公司債券，這種公司債券最為常見。

變動收益公司債券是一種具有特殊性質的債券，是以發行公司收益狀況為條件而支付利息的公司債券。利息的多少取決於公司的經營狀況，經營獲利就支付利息，否則就不用付息。因此，變動收益債券就獲利方式而言，具有股票的性質；就最終還本而言，又具有債券的性質。

對於商業銀行而言，若公司營運狀況較好，購買變動收益公司債券；若公司經營狀況一般或者前景不明朗，則應選擇固定收益公司債券。

3. 公司債券按是否具有轉換權分為可轉換公司債券和不可轉換公司債券

可轉換公司債券是持有人在一定期限內可以按照約定的條件將其轉換為公司股票的公司債券。可轉換公司債券因為具有股票和債券的雙重性質，頗受投資者的歡迎。而不可轉換公司債券則是沒有轉換權的公司債券。

銀行認購發行公司所發行的可轉換債券後，如果一直持有該債券而不轉換成股票，那麼債券到期時，公司按照發行時所約定的利率進行還本付息，雙方是債權和債務關係，與普通的公司債券相同。如果銀行按約定的條件將可轉換債券轉換股票，銀行就

從債權人變成了公司的股東，其所享有的權利和義務與公司的其他股東完全相同。

四、股票

股票是股份公司發給股東，用以證明投資者身分和權益，並據以領取股息和紅利的憑證。

股票依據不同的標準劃分分為不同的類型，如依據股東權利和承擔義務的不同，分為普通股和優先股；依據是否記名，分為記名股票和無記名股票；依據股票是否標明金額，分為有面額股票和無面額股票；依據股息獲取順序，分為普通股和優先股。

普通股是指在公司的經營管理、盈利及剩餘財產分配上享有普通權利的股票。普通股是最基本的股票，具有股票最一般的特徵。普通股股東可以享有以下權利：公司經營決策的參與權、公司盈餘分配權、公司剩餘財產分配權、優先認股權。

優先股是股份有限公司發行的、在公司盈利和剩餘財產分配具有優先權的股票，即在公司分配盈利和剩餘財產時，優先股股東都位於普通股股東之前。優先股是一種特殊的股票，具有以下特點：股息率事先固定、對公司盈利分配先於普通股、對剩餘財產的索償權先於普通股東後於債權人、對公司經營表決權一般受限。

商業銀行購買股票最主要目的是作為公司的股東，參與控制公司的經營活動，其次才作為證券投資的工具，通過股票的買賣，賺取價差收益。股票投資的風險相對於債券投資是很大的，為了維護金融體系的穩定，多數國家都明文禁止商業銀行購買工商企業股票，只有少數幾個國家，如德國、瑞士、奧地利等國的商業銀行才允許購買。中國《商業銀行法》明文規定，銀行不得從事股票買賣活動。因此，目前股票還不是中國商業銀行的投資對象。

第3節 商業銀行投資業務的收益與風險

商業銀行從事證券投資業務時，最關心的是各種證券的收益與風險特性，正確度量證券的收益與風險是證券投資的一項重要工作。

一、證券投資收益的度量

商業銀行投資的主要目的是使資金增值，獲取收益。投資收益是指從購入證券到賣出期間的收入，其與貸款收益有所不同。貸款收益僅僅來源於利息，而投資收益包含利息收益和資本利得。利息收益是銀行購買有價證券后，依證券發行時確定的利率取得的收益；資本利得是商業銀行在證券市場通過買賣證券所實現的差價收益。實際證券收益率的高低是銀行投資業務中考慮的基本因素。

（一）債券收益

債券收益率的高低取決於票面利率、買入價、賣出價以及持有期限、貼現率等因素。從不同的角度計算債券收益率的公式有所不同。一般來講，債券收益率包括票面收益率、當前收益率、持有期收益率、到期收益率。

1. 票面收益率

票面收益率也稱名義收益率，是債券票面的固定利率。例如，一張面值為1,000元的債券，票面上註明10%，則其名義收益率為10%。對於附息票的債券，息票上註明的便是每期應支付的利息額。用利息額除以面值即得票面收益率。票面收益率只反應債券名義收益，是投資債券最直觀的收入指標。面值、期限相同的債券，票面利率越高，名義利息越高。但債券的發行和出售價格會因市場利率的影響而變化。因此，債券的名義收益率與實際收益率會有差異。票面收益率並不能反應投資人的實際收益水平，票面收益率只能作為參考指標。

2. 當前收益率

當前收益率是指債券年息與當前市場價格之比，是只考慮債券利息收入的收益率，用公式表示為：

債券當前收益率＝年利息收入／債券當前市場價格×100%　　　　　　　(5.1)

如果債券的當前價格等於債券面值，則債券當前收益率就是債券的票面利息率。例如，某債券面值為100元，市場價格為100元，每年固定利率為5%，則：

當前收益率＝5%×100/100＝5%

債券的價格與債券的面值不等，債券的當前收益率就不再與其固定利息率一致了。比如上述債券的市場價格為95元，則該債券的當前收益率為：

當前收益率＝5%×100/95＝5.26%

通過比較不同債券的當前收益率，便可以決定投資於哪一種債券能獲得更高的利息率。但當前收益率沒有考慮實際的和預期的現金流動，更沒有考慮在證券市場上賣出債券時的價格波動，因此不能準確反應投資者的實際收益。

3. 持有期收益率

持有期收益率是指投資者買入債券後，持有一段時間並在該債券未到期之前就出售所獲的收益。其計算公式為：

$$r_{持有期} = \frac{c+(P_1-P_0)\div n}{P_0}\times 100\% \qquad (5.2)$$

式中：c 為每期利息，n 為持有期數，P_1 為債券出售價格，P_0 為債券購買價格。

例如：某投資者以1,000元的價格購入某種面值為1,000元、票面利率為10%的債券，2年後以1,200元的價格賣出，在持有期間曾獲得利息200元。計算這筆投資的收益率如下：

持有期收益率＝[(100+200÷2)]÷100×100%＝20%

4. 到期收益率

到期收益率是指投資者在發行市場或者二級市場上買入並一直持有到期後的收益率。其計算公式為：

$$P_0 = \sum_{i=1}^{n} c/(1+r)^n + P_n/(1+r)^n \qquad (5.3)$$

式中：r 為到期收益率，c 為每期利息，n 為持有期數，P_n 為債券出售價格，P_0 為債券購買價格。

(二) 股票收益率的計算

股票收益主要來源於股息紅利和買賣價差。衡量股票投資收益水平的指標主要有股利收益率、持有期收益率和股份變動後持有期收益率等。

1. 股利收益率

股利收益率又稱獲利率，是指股份公司以現金形式派發股息與股票市場價格的比率。該收益率既可用於計算已得的股利收益率，也可用於預測未來可能的股利收益率。如果投資者以某一市場價格購入股票，在持有股票期間得到公司派發的現金股息，可用本期每股股息與股票買入價計算，這種已得的股利收益率對長期持有股票的股東特別有意義。如果投資者打算投資某種股票，可用該股票上期實際派發的現金股息或是預計本期的現金股息與當前股票市場價格計算，可得出預計的股利收益率，該指標對制定投資決策有一定幫助。

股利收益率的計算公式為：

$$R = D/P_0 \times 100\% \tag{5.4}$$

式中：R 為股利收益率，D 為現金股息，P_0 為股票買入價。

例如：某投資者以 40 元 1 股的價格買入 A 公司股票，持有 1 年分得現金股息 2.80 元。股利收益率 = 2.80÷40×100% = 7%。

2. 持有期收益率

持有期收益率是指投資者持有股票期間的股息收入和買賣價差之和與股票買入價格的比率。股票沒有到期日，投資者持有股票的時間短則幾天，長則數年，持有期收益率就是反應投資者在一定的持有期內的全部股息收入和資本利得與投資本金的比率。持有期收益率是投資者最關心的指標，但如果要將它與債券收益率、銀行利率等其他金融資產的收益率比較，必須注意時間的可比性，可將持有期收益率化為年收益率。

$$R_{持有期} = (D + P_1 - P_0) \div P_0 \times 100\% \tag{5.5}$$

式中：D 為現金股息；P_0 為股票買入價；P_1 為股票賣出價。

例如：某投資者以 40 元 1 股的價格買入 A 公司股票，持有 1 年分得現金股息 2.80 元，投資者在分得現金股息兩個月後，將股票以 43.20 元的市價出售。持有期收益率 = [2.80+(43.2−40)]÷40×100% = 28.8%。

3. 股份變動后持有期收益率

投資者在買入股票后，有時會發生該股份公司進行股票分割（即拆股）、送股、配股、增發等導致股份變動的情況，股份變動會影響股票的市場價格和投資者持股數量，因此，有必要在股份變動后進行相應調整，以計算股份變動后的持有期收益率。

$$股份變動后持有期收益率 = \frac{調整后的資本利得損失 + 調整后的現金股息}{調整后得購買價格} \tag{5.6}$$

(三) 債券收益率曲線

債券收益率曲線是描述在某一時點上一組可交易債券的收益率與其剩余到期期限間數量關係的一條曲線，即在直角坐標系中，以債券剩余到期期限為橫坐標、債券收益率為縱坐標而繪製的曲線。

一條合理的債券收益率曲線將反應出某一時點上（或某一天）不同期限債券的到

期收益率水平。研究債券收益率曲線具有重要的意義，對於投資者而言，債券收益率曲線可以用來作為預測債券的發行投標利率、在二級市場上選擇債券投資券種和預測債券價格的分析工具；對於發行人而言，債券收益率曲線可為其發行債券、進行資產負債管理提供參考。

債券收益率曲線的形狀可以反應出當時長短期利率水平之間的關係，是市場對當前經濟狀況的判斷及對未來經濟走勢預期（包括經濟增長、通貨膨脹、資本回報率等）的結果。債券收益率曲線通常表現為四種情況：一是正向收益率曲線，表明在某一時點上債券的投資期限越長，收益率越高；二是反向收益率曲線，表明在某一時點上債券的投資期限越長，收益率越低；三是水平收益率曲線，表明收益率的高低與投資期限的長短無關；四是波動收益率曲線，表明債券收益率隨投資期限不同而呈現波浪變動。

二、商業銀行證券投資的風險

證券投資的風險是指證券預期收益變動的可能性及變動幅度。證券投資的預期收益率與實際收益率之間的偏離度，就是投資的風險度。從風險是否能夠通過證券投資組合分散的角度看，證券投資的風險由系統風險和非系統風險構成。

（一）投資風險的類型

1. 系統性風險

系統性風險是指由於外部市場引起的投資收益的可能性變動，這種因素以同樣的方式對所有證券的收益率產生影響。系統性風險不能通過投資組合、投資策略分散和迴避，因此形成的風險具有不可分散性。例如，經濟週期、戰爭、自然災害、宏觀調控下的各種政策等。系統性風險主要包括政策風險、經濟週期波動風險、利率風險和購買力風險等。

（1）政策風險。政策風險是指證券市場的政策發生重大變化或實行重要的舉措、頒布新的法規等，引起證券市場的劇烈波動而帶來的風險。要減輕政策風險的影響，需要加強國內外政治經濟形勢的研究，注意市場可能出現的突發事件，加深政府政策對證券市場影響的理解。

（2）經濟週期波動風險。週期性風險是指由於經濟週期性變動而引起的風險，這種行情變動不是指證券價格的日常波動，而是指證券行情長期趨勢的改變。要減輕週期波動風險的影響，需要對宏觀經濟有正確的判斷，選擇適合經濟環境的投資策略。

（3）利率風險。利率風險是指市場利率變動引起證券投資收益變動，利率風險對不同證券的影響是不相同的。首先，利率風險是固定收益證券，特別是債券的主要風險；其次，利率風險是政府債券的主要風險；最後，利率風險對長期債券的影響大於短期債券。減輕利率風險影響的辦法是投資者在預見利率將要提高時，應減少對固定利率債券，特別是長期債券的持有；反之則相反。

（4）購買力風險。購買力風險又稱通貨膨脹風險，是由於通貨膨脹、貨幣貶值因素導致投資者收到的本金和利息收入的購買力低於證券投資時的購買力，使證券的實際收益水平下降的風險。實際收益率為證券的名義收益率與實際通貨膨脹率之差。為

防範購買力風險，銀行往往將提高短期債券的投資比例。

2. 非系統性風險

非系統性風險是某個因素只對個別公司的證券產生影響的風險。非系統性風險通常是由某一特殊的因素引起，與整個證券市場的價格不存在系統、全面的聯繫，而只對個別或少數證券的收益產生影響。非系統性風險可以通過投資組合抵消和迴避。非系統性風險主要包括信用風險、經營風險、財務風險等。

（1）信用風險。信用風險又稱違約風險，是指證券發行人在證券到期時無法還本付息而使投資者遭受損失的風險。投資者迴避信用風險的最好辦法是參考證券信用評級的結果。目前國際最著名的資信評級機構有穆迪公司和標準普爾公司。

（2）經營風險。經營風險是指公司的決策人員與管理人員在經營管理過程中出現失誤而導致公司盈利水平變化，從而產生投資者預期收益下降的可能。

（3）財務風險。財務風險是指公司財務結構不合理、融資不當而導致投資者預期收益下降的風險。

另外，還會有企業隱瞞公司真實經營情況、假報利潤造成的道德風險，對不可上市交易的證券進行投資造成的流動性風險，買賣過程中操作差錯造成的交易風險以及證券投資的價格風險。

（二）投資風險的測定

證券是未來收益具有不確定性的風險資產，商業銀行在選擇證券時，首先需要瞭解各種證券面臨的風險類別以及這些風險程度的高低，對投資風險進行測定。風險測定實際就是衡量證券投資的實際收益率偏離預期收益率的程度，測量的基本方法是統計學中的標準差法。

1. 預期收益率的測定

通常收益率會受到許多不確定因素的影響，因此投資者無法預知實際的收益，收益率是一個隨機變量。假定收益率服從某種概率分佈，則預期收益率的計算公式為：

$$E(r) = \sum R_j \times P_j \tag{5.7}$$

式中：$E(r)$為期望收益率，R_j為第j種情況下的收益率，P_j為該種情況下的概率。假設投資於某證券，其可能的收益率概率分佈如表5.1所示。

表5.1　　　　　　　　　　　　可能的收益率概率分佈

	概率分佈	收益率（%）
經濟衰退	0.2	5
一般	0.3	10
經濟繁榮	0.5	15

投資於該證券的預期收益率$E(r) = 0.2 \times 5\% + 0.3 \times 10\% + 0.5 \times 10\% = 11.5\%$。

2. 風險的測定

（1）標準差方法。標準差是一種證券投資的實際收益率與平均收益率的平均差距。證券的概率分佈越集中，實際可能的結果越接近預期收益率，偏離率也就越低。標準

差方法是通過對證券預計收益方差的計算來衡量投資風險，因此能夠較準確地反應證券投資遭受風險的可能性和程度的高低。但是用標準差方法衡量的是證券的總風險，其對於系統性風險和非系統性風險的衡量沒有說明，因此沒有說明該風險中有多少風險是不能通過投資多樣化的方法進行分散抵消的。

（2）β系數法。證券投資風險通常分為系統性風險和非系統性風險。一般而言，系統性風險可以測量，而非系統性風險難以測量。β值是用來測定一種證券收益受整個市場平均收益水平變化的影響程度的指標，即該證券的風險與整個市場風險的相關程度。設整個市場證券組合為m，我們考察的證券為i，則其表達式為：

資產組合i的β值＝資產組合i與市場投資組合m的協方差/市場投資組合m的方差

市場投資組合與其自身的協方差就是市場投資組合的方差，因此市場投資組合的β值永遠等於1；無風險資產的β值等於0。資產組合i的β值越大該資產的系統性風險越大。如果資產組合i的$\beta<1$，則表明資產組合的系統性風險小於市場組合m的風險。如果資產組合i的$\beta>1$，則表明資產組合的系統性風險大於市場組合m的風險；如果資產組合i的$\beta=1$，則表明資產組合的系統性風險等於市場組合m的風險。

第4節　商業銀行的投資策略

由於證券投資收益與風險的不確定性，證券投資業務的風險較難控制，商業銀行進行投資業務時，應該處理好收益性、風險性與流動性之間的關係，依據證券市場和外部環境的變化，及時調整其持有的證券頭寸和證券投資組合。

一、商業銀行證券投資的步驟

收益和風險的並存性決定了證券投資具有複雜性、風險性和技術性極強的特點。開展證券投資業務，制訂和採取有效的投資方案是商業銀行證券投資活動的首要問題。

（一）明確投資組合目標

商業銀行證券投資的基本原則為：在控制利率風險的既定條件下，實現收益性和流動性的最佳組合。對於不同規模和不同時期的商業銀行其證券投資的側重點也不同，有的是為了獲得較高的收益，有的是滿足流動性，有的是風險管理的需要。針對不同的側重點，商業銀行應該根據自身需求制定不同的投資策略。

（二）掌握各類證券知識

要對所投資領域證券有足夠的認識，找到適合的證券品種，並及時對證券市場行情做出準確反應，從而降低投資決策的盲目性和失誤。這些需要掌握的知識包括證券的種類、數量、各種證券的收益和風險特徵、證券買賣的程序、影響證券價格的因素以及證券管理的有關法規。

（三）掌握證券投資程序

證券投資是一個複雜的過程，商業銀行必須瞭解投資過程的每一個環節，熟悉投

資的程序。首先，進行資金準備，即將資產的多少用於證券投資；其次，決定選擇何種證券作為投資對象。在選擇證券時，要與商業銀行自身的特點相結合，對宏觀經濟變動趨勢、各種行業的發展做出判斷。在操作過程開始後，應遵循買賣委託、成交、交割的程序，確保順利完成證券投資過程。

（四）掌握各種投資管理方法和投資技巧

在充分瞭解投資過程之後，商業銀行還必須掌握各種投資策略和技巧，以達到既定的投資目標。投資策略主要包括確定不同收益與風險的證券投資組合、投資期限長短、投資比例等內容。投資技巧則是實現投資管理目標的具體方法，包括風險迴避技巧以及根據國內外的形勢、行市選擇恰當的時機進行投資等。能否很好地運用投資管理方法和技巧對提高商業銀行的投資收益至關重要。

二、商業銀行的投資策略

商業銀行的證券投資策略是指在法律允許的範圍內，綜合考慮收益率、投資風險、證券流動性、稅率等因素，在總量既定的條件下，通過對所持有證券的期限結構、類型結構等進行調整，以期實現既定收益率下的投資風險最小，在風險既定下的收益率最大。商業銀行的證券投資策略主要劃分為兩大類，即穩健型投資策略和進取型投資策略。

（一）穩健型投資策略

1. 階梯期限策略

這種策略的基本思路是將銀行用於證券投資的資金均勻地分配在一段特定投資期間內的不同期限的證券上。例如，銀行有1,000萬元可投資資金，投資最長期限為10年，那麼銀行將100萬元投資於一年期債券，100萬元投資於二年期債券，最終達到1~10年期每種證券的投資比例為10%。如果銀行能夠維持這種投資期限結構，將到期證券出售所得再投資於最長期限證券，那麼在一定時期後，每年都能獲得投資期限最長的證券的高收益。

這種投資的優點是資金的分佈均勻，無需預測利率的變動；銀行只需在某一期限證券到期時再買入長期限的證券，銀行參與市場的交易少，無需頻繁操作，降低了交易成本。同時，在該策略實施一定年限後，每年都獲得長期債券的較高的收益，銀行也可將到期債券的償付直接變為流動資金，滿足了銀行流動性的需求。階梯期限投資策略容易實施，兼顧了收益性和流動性，比較適合利率預測能力較弱的小銀行。但是，市場利率迅速提高時，實施該策略會造成較大損失。一方面，銀行難以將到期期限較長的債券再投資，錯過投資機會；另一方面，在利率上升時期，銀行因流動性需求而將債券被迫出售時，長期債券的價格下降幅度大，資本損失較大。

2. 槓鈴法

槓鈴法是將一部分資金投資於短期債券，獲得流動性和收益性；把另一部分資金投到長期證券中以獲得更高的收益；僅把少量資金投到中期證券，以獲得平均收益並保持一定的流動性。這種方法從長期債券中獲得高收益，而從短期債券中獲得了充足的流動性。在這種投資策略中，短期證券和長期證券的數量不一定相同，銀行可以主

動調整證券所占的比重。銀行如果判斷短期證券的價格會上漲，就會減少長期證券的比重，增加短期證券的投資；相反，如果判斷長期證券的價格會上漲，則減少短期證券的比重，增加長期證券的投資。當市場利率上升時，長期證券的價格下降，出售長期債券的資本利得減少，但到期短期債券的變現收入可投資於利率上升的新資產；當市場利率下降時，長期證券的價格上升，彌補了短期證券到期后再投資收益率的降低。該策略最主要的優點在於它可以抵消利率波動對銀行證券投資總收益的影響。另外，其短期投資的比重大，可以更好地滿足流動性需要。

3. 前置期限策略

在這種策略下，商業銀行只持有短期證券而不持有長期證券。這種投資策略強調保持資產的流動性，使銀行能及時獲得所需要的資金。當利率上升時，銀行將持有的短期債券持有到期或者出售后再投資於收益率上升的短期債券。一般在經濟處於繁榮時期，短期利率不斷上升，商業銀行為滿足流動性需求而採取該策略。當利率下降時，到期的短期證券變現所得資金再投資於新的利率較低的證券只能獲得低收益。

4. 后置期限策略

這種策略的證券期限配置與前置策略相反，銀行只持有長期證券，不持有短期證券。這種策略的證券投資能給銀行創造高收益，但很難滿足銀行額外的流動性需求，而且利率風險大，利率的變動會造成證券資產的價格大幅波動。利率波動對該策略的影響與前置策略相比剛好相反。當利率上升時，長期證券的價格下跌幅度大，會使銀行遭受損失。當利率下降時，長期證券的價格上升幅度大，價格上漲的好處將大於將長期證券再投資於新的利率低的證券，商業銀行採用此策略將有利。一般當經濟週期處於衰退，利率不斷下降，貸款需求不足時，採用此策略能獲得高收益。

(二) 進取型投資策略

1. 利率預測法

這種策略不斷預測利率變動情況，隨時改變證券的到期日來獲得最大收益。當預期利率上升時，銀行購入短期債券，在未來利率上升時及時出售證券，再投資於高利率的其他資產；當預期利率下降時，銀行購入長期證券，等待利率下降時出售長期證券獲得資本利得。

該策略要求銀行能夠準確預測未來利率的變動，對未來利率的錯誤判斷會給銀行帶來巨大損失。採用利率預測法，商業銀行將依據未來利率的變動頻繁地進入證券市場進行交易，這樣將大幅增加交易成本。與杠鈴策略相比，銀行要有更強的預測和交易能力，才能運用好這一策略。這種方法還可能導致銀行只重視證券投資的短期收益而忽略了長期收益。

2. 參照收益率曲線策略

收益曲線法是銀行根據對收益率曲線的分析，針對不同的情況，進行投資組合的靈活調整。證券投資收益曲線可以為投資選擇提供依據，由於不同的證券具有不同的收益率曲線，銀行在進行投資時，應將不同證券的收益曲線綜合起來考慮。當預測長期利率可能下降時，就減少短期投資，把資金轉移到長期投資上，這樣可以收到利率下降時價格上升的好處，增加收益；反之，當預測長期利率可能上升時，就把資金轉

移到短期投資中，等到利率上升，價格下降后，再重新購買長期證券。商業銀行採用這種方法一般可以獲得較高的收益率，但是一個重要前提是商業銀行對證券收益曲線的預測必須準確。因此，這種方法對銀行的要求較高，需要有對收益率曲線作出準確判斷的技術能力。

    3. 證券調換策略

在一個充分有效的市場中，不會存在債券價格被低估的情況。而在現實中，市場常處於暫時性不均衡狀態，導致某些證券產生相對的收益優勢時，商業銀行就可以不斷地用相對劣勢的證券調換成相對優勢的證券，這就是證券調換策略。證券調換策略主要包括以下兩種方法：

（1）價格調換。價格調換是指在具體相同票面收益率、期限和信用等級的同種證券之間，銀行將持有的價格較高的證券賣出，同時購買價格較低的同類證券，以賺取價格差異，獲得較高的收益率。

（2）收益率調換。收益率調換是在兩種證券具有相同的期限、票面價值、到期收益率和信用等級，但是票面收益率不同，銀行可以採用收益率調換的方法，即將持有的票面收益率較低的證券調換票面率較高的證券。通過調換，銀行可以獲得證券再投資的收益。

第5節　銀行業與證券業的融合與分離

商業銀行的投資業務還受到金融體制的制約，在分業經營與混業經營的不同體制下，商業銀行的投資範圍和業務內容是不同的。

分業經營是指由法律限定商業銀行業務和證券業務互相分離，分別由不同的金融機構經營的模式。吸收存款的業務只能由商業銀行從事，而證券承銷、經紀、自營以及企業併購服務等業務由證券公司或其他金融機構經營。在分業經營模式下的商業銀行又稱為職能分工型銀行，分業經營的商業銀行僅能在法律允許的範圍內投資有價證券。混業經營是指法律允許商業銀行經營銀行業務、證券業務以及基金、保險等業務，混業經營模式下的銀行也稱為全能型銀行，混業經營的商業銀行可以開展證券承銷發行等投行業務和證券交易經紀業務。國際銀行經營體制的歷史主要經歷了從混業經營到分業經營，再從分業經營到混業經營的演變過程。由於美國銀行業的發展歷史在很大程度上反應了世界銀行業的發展特徵，以下以美國銀行業的歷史來說明這一過程。

一、美國銀行業與證券業分離和融合的歷程

（一）證券業與銀行業混業經營時期

20世紀30年代以前是美國銀行業與證券業基本融合時期。這一時期，美國頒布了《國民銀行法》對銀行兼營證券業務進行了一些限制，但限制並不嚴格。尤其是這一時期內允許商業銀行以兩種方式進入證券市場：一是利用存款投資於股票、債券；二是銀行向股票投資者直接發放貸款。因此，可以把這一時期看成銀行業與證券業基本融

合時期。20 世紀 30 年代前，美國銀行業與證券業之所以能在較高程度上融合，主要是因為早期的美國證券市場基本上是屬於自發性市場。聯邦政府對證券市場沒有什麼監管措施，只有一些州頒布過所謂的「藍天法」，要求證券未經許可不得發行，但有許多州並未嚴格執行該法。總體來看，證券的發行和交易幾乎完全沒有限制。在這種「寬鬆」與「自由」的氛圍裡，銀行業與證券業的融合就有了更多的空間和機制。由於證券市場缺乏必要的監管措施，沒有嚴格的法律來規範交易行為，致使證券市場上詐欺投機現象盛行。一些沒有任何內在價值的股票、債券卻被抬到相當高的價格，最終脆弱的股市支撐不了投機者的狂熱，在 1929 年 10 月一瀉千里，導致華爾街股市崩盤。由於銀行業與證券業融合兼營，證券市場風險向銀行轉移，銀行的證券投資資產不僅大幅度貶值，同時利用貸款進行股票投資的貸款者無力償還貸款，恐慌的儲戶紛紛擠兌存款，銀行因流動性不足而紛紛倒閉，引發一場史無前例的信用危機和經濟危機。到 1933 年，美國經濟跌入有史以來的最低谷，1/4 的就業人員失去工作，整個銀行體系陷入了一片混亂，約有 11,000 家銀行倒閉或被迫兼併，使整個國家銀行數目下降 40%，銀行業的發展陷入了前所未有的困境。

（二）分業經營時期

20 世紀 30 年代至 80 年代初是美國嚴格實行銀行業與證券業分業經營的時期。總結 20 世紀 30 年代經濟大危機中銀行體系的崩潰，不僅與監督管理體系密切相關，還與銀行業過度參與證券業務直接相關，「商業銀行的證券業務是觸發股市崩盤和大蕭條的最主要原因之一」，「商業銀行的證券業務引發了銀行體系的崩潰」。有鑒於此，美國國會先後頒布了幾項重要的金融法規——《1933 年銀行法》（也稱為《格拉斯—斯蒂格爾法案》）、《1933 年證券法》、《1934 年證券交易法》以及《1940 年投資公司法》。以上這些法規法案將投資銀行業務和商業銀行業務嚴格地劃分開，嚴格限制銀行業過多地涉足證券市場，禁止商業銀行從事投資銀行業務，特別是證券承銷業務和自營買賣證券業務，同時也禁止投資銀行從事商業銀行業務，保證商業銀行與證券業的經營風險隔離開來，促進商業銀行的穩健經營和整個金融體系的平穩運行。

（三）從分業經營到混業經營時期

進入 20 世紀 80 年代，美國銀行業與證券業嚴格分離的管理體制開始鬆動，商業銀行又開始涉足更多的證券業務，銀行業與證券業由分離趨向融合。

20 世紀 30 年代以後開始的銀證分業經營，一定程度上保持了經濟金融的穩定，但也出現了一系列問題：由於非銀行金融機構所受管制較少而得到迅猛發展，使得商業銀行面臨的競爭壓力日益加大。商業銀行由於業務範圍的限制，難以取得規模效益，交易成本不易降低，經營效率難以提高，資產收益日益減少。20 世紀 70 年代以來的金融自由化思潮又使各國放鬆了對金融業的管制，提倡開展金融業競爭，從而再次形成了銀行業與證券業互相兼營的趨勢。這主要因為：第一，證券市場的發展，特別是股票、債券的高收益率吸引著存款者將銀行存款轉向投資於有價證券，而銀行業為了避免由此帶來的衝擊，繞開法律進行金融工具的創新，如大額定期存款單、票據發行便利、抵押貸款證券等，從而再次進入了證券市場。第二，商業銀行由於籌資成本的提高，利差日益縮小，盈利不斷下降，便開始通過擔保、提供貸款額度、經紀和諮詢服

務甚至直接從事金融衍生商品等表外業務，從而進一步加強了對證券業的滲透。第三，國際資本的證券化趨勢又使世界各國在海外的投資由過去的國際銀團貸款轉為通過銀行或投資公司將資金投向海外證券市場。

在這種情況下，美、日、英等國相繼修改銀行法，放松了某些金融管制。20世紀80年代后，這些國家先后批准一些銀行持股公司通過子公司經營證券業務。1989年1月，美國批准各商業銀行經銷企業債券，並在1990年9月20日批准了JP摩根銀行公司經銷企業股票。1999年，美國國會通過了由克林頓政府提交的、布什政府在1991年推出的監管改革綠皮書（Green Book），形成了《金融服務現代化法案》（Financial Services Modernization Act），亦稱《格雷姆—里奇—比利雷法案》（Gramm—Leach—Bliley Act），廢除了1933年制定的《格拉斯—斯蒂格爾法案》有關條款，從法律上消除了銀行、證券、保險機構在業務範圍上的邊界，結束了美國長達66年之久的金融分業經營的歷史。商業銀行開始大規模從事投資銀行的活動，向全能銀行轉化。

2007年次貸危機發生后，美國的商業銀行和投資銀行均面臨嚴峻考驗，在美國政府的支持下，美國銀行業重組，形成了由美國銀行、摩根大通、花旗集團、富國銀行、高盛集團和摩根士丹利六大主流銀行主導的行業競爭新格局。這六大銀行可以分為三類：第一類是商業銀行業務與投資銀行業務並重，以花旗集團、美國銀行和摩根大通為代表；第二類主營傳統的商業銀行業務，以富國銀行為代表；第三類主營投資銀行業務，以高盛集團與摩根士丹利為代表。

2008年3月，美國財政部公布了《現代金融監管架構改革藍圖》，被視為自20世紀30年代大危機以后規模最大的金融監管體系改革計劃。該計劃著眼於促進形成一個富有競爭力的、能夠帶動和支持美國經濟持續創新的金融服務業。改革方案分為短期、中期和長期建議三個部分。短期建議旨在能夠立即實施以應對當時信貸和抵押市場的危機，並增強市場穩定和商業行為監管；中期建議著眼點在於立足目前的監管框架，消除監管體制中的重疊，使某些金融服務行業的監管體制更加現代化；長期建議則提出了一個理想的、以監管目標為導向的金融監管模式。2009年3月26日，美國財政部部長蓋特納提出了一項新的金融監管計劃，要求加強政府對美國金融系統的監管，擴大監管範圍和內容，以避免再次發生系統性的金融危機。這個計劃將把聯邦政府的監管擴大到對沖基金以及其他投資機構。蓋特納還提出建立風險監管機構來監督大型金融機構並要求聯邦政府授權該機構在金融機構陷入困境時對其實施接管。美國金融監管體制改革最突出的特點是謀求建立一個統一綜合的、對系統風險能保持高度警惕的監管體系，消減兼併各類機構意味著一個統一監管體系的建立。通過從聯邦政府的視野對基礎資產進行監管，實行從分散局部監管向統一綜合監管的轉變，從規則導向監管向目標導向監管轉變，從根源上保證金融市場的健康與穩定運行，改變沒有機構對系統風險有效負責的局面。

二、分業與混業經營的優劣分析

職能分離的分業經營銀行制度有以下幾方面優點：

(一) 風險小

銀行作為間接融資機構，在經濟體系中佔有特殊地位，不能參與高風險的證券市場。如果銀行兼營證券業，在經濟形勢惡化、投資者拋售股票造成股市價格大跌時，可能使銀行投資於股票的大量資金不能收回，造成銀行無力支付企業生產和人們消費所需要提取的現金，會使經濟形勢惡化，甚至出現經濟危機。

(二) 便利於專業化分工

銀行業與證券業各自有一些不同的要求。例如，商業銀行人員需要具有信用評估、貿易金融方面的知識，而投資銀行的人員需要具有證券發行、承銷、買賣業務等方面的知識；商業銀行需要投資於付現系統方面的電腦網路，而投資銀行則需要投資於證券處理、諮詢系統以及傳輸系統；等等。銀行業與證券業分離，有利於專業化分工，提高經營效率。

(三) 防止詐欺行為

銀行經營證券業，可能將由放款業務獲得的內幕信息加以利用，把經營狀況不好的公司的股票推薦給投資者，而將業績良好的公司的股票自己保留。

(四) 管理方便

銀行兼營證券業，由於各部門間的業務內容差異較大，會增加經營管理和協調控制上的難度。二者分離，分業經營，分業管理，加強了宏觀調控，提高了管理效率。

與上述觀點相反，主張銀行業與證券業融合的人士認為混業經營恰好彌補了分業經營的不足，可以實現優勢互補。證券業與銀行業融合的商業銀行可以向客戶提供種類更多的金融商品；降低銀行的經營成本；由於經營更加多樣化，在一定程度上也降低了風險，給整個銀行系統帶來更加健全和穩定的好處。實現證券業與銀行行業的混業經營打破了銀行業和證券業分開經營的界限，有利於更加廣泛的競爭，提高效率。

三、中國金融分業經營制度的確立

中國證券市場出現後，最先由商業銀行承擔證券仲介業務，各專業銀行的信託投資公司成為證券業務發展的主力，財政部門、保險公司也紛紛涉足證券業務。在這期間，中國金融業實質上處於混業經營，在1993年以前沒有法律對銀行的分業或混業作出規定，四大國有商業銀行都開辦了證券、信託、租賃、投資等業務。在20世紀90年代初期，由於中國的金融體制不完善、金融法規不健全、金融監管薄弱，在銀行、證券、保險混業經營的情況下，大量資金從銀行進入股票市場，加劇了股票市場的暴漲暴跌，增大了中國股票市場的投機性氣氛。這不僅不利於證券市場的發展，而且也影響到整個銀行體系的安全性。1993年，《國務院關於金融體制改革的決定》規定商業銀行在中華人民共和國境內不得從事信託投資和股票業務，不得投資非自用不動產，不得向非銀行金融機構和企業投資，從法規上明確了中國商業銀行實行分業經營。1995年，《商業銀行法》頒布，對分業經營作了更具體和全面的規定，中國金融機構分業經營的法律構架基本形成。在監管體系上，證券、保險、銀行監管職能先後從中國人民銀行分離出來，成立了中國銀監會、中國證監會和中國保監會，監管體系也實現了分業監管。

1998 年開始，中國政府對銀行分業經營政策開始出現了適度放鬆，至今混業經營模式已在不同層面進行了較多嘗試。2011 年，《「十二五」規劃綱要》提出「積極穩妥推進金融業綜合經營試點」，進一步明確了混業經營的發展方向。從目前中國銀行業混業經營發展階段看，除證券業務外，監管層已基本放開銀行在信託、保險、基金和租賃方面的牌照限制；而券商牌照放開也正在試點探索中。基於現有的實踐和風險隔離考慮，未來銀行進入證券業務可選的路徑包括：第一，監管層放開券商業務牌照，銀行直接申請；第二，銀行收購券商；第三，銀行持有的海外券商牌照擴展到內地業務。

當前中國經濟增速放緩、利率市場化提速和金融「脫媒」加速，與美國銀行綜合化經營高速發展期的背景有相似之處。無論是銀行自身擴展業務範圍、保持盈利能力的主觀要求，還是金融全球化時代提升國際競爭力的需求，中國銀行業綜合化經營的趨勢已經形成。從發展方向上看，資產管理業務最有可能成為未來中國銀行綜合化經營的重點方向。在解決「隱性擔保」和「剛性兌付」問題後，銀行資產管理業務風險將會得到極度釋放，廣闊的市場前景及低風險的盈利模式將促進銀行向資產管理型機構轉變，並最終提升銀行自身的估值水平。

【本章小結】

（1）證券投資業務是商業銀行的一項重要資產業務，商業銀行利用證券投資獲取收益，同時也利用證券投資業務保持其資產的流動性，進行風險管理以達到收益性、流動性、安全性的優化組合。

（2）商業銀行證券投資的對象主要是政府債券、金融債券、公司債券和股票。在這四類投資對象中，政府債券成為商業銀行進行證券投資的首選；股票因為其價格波動性大、投資風險高，多數國家都明文禁止商業銀行購買工商企業股票。中國《商業銀行法》明文規定，商業銀行不得從事股票買賣活動。

（3）從事證券投資的一項基本工作是度量各類證券的風險和收益。債券收益率的高低取決於票面利率、買入價、賣出價和持有期限、貼現率等因素。從不同的角度計算債券收益率的公式分為票面收益率、當前收益率、持有期收益率、到期收益率。衡量股票投資收益水平的指標主要有股利收益率、持有期收益率和股份變動後持有期收益率等。

（4）證券投資風險由政策風險、經濟週期波動風險、利率風險等系統性風險和經營風險、財務風險、信用風險等非系統性風險構成。非系統性風險可以通過投資組合分散，系統性風險無法通過投資組合分散。

（5）風險的度量方法主要採用標準差方法、β 系數法。證券投資具有複雜性、風險性和技術性強的特點，商業銀行進行投資業務時，應該採取合適的投資策略，處理好收益性、安全性與流動性之間的關係，依據證券市場和外部環境的變化，及時調整其持有的證券頭寸和證券投資組合。

（6）商業銀行的證券投資策略主要劃分為兩大類：一類是穩健型投資策略，具體

分為階梯期限策略、槓鈴法、前置期限策略、后置期限策略；另一類是進取型投資策略。進取型投資策略的風險較高，操作難度也較大，是否採取進取型投資策略主要取決於商業銀行對未來利率走勢的判斷能力和商業銀行對風險的態度。

（7）商業銀行經營體制經歷了從混業經營到分業經營，再從分業經營到混業經營的演變過程。商業銀行進行混業經營與分業經營的模式各有優劣。在當前中國經濟環境中，實行分業經營是維護金融體系穩定、降低商業銀行經營風險的需要，有利於商業銀行的發展。

思考練習題

1. 證券投資的收益率較貸款收益率低，商業銀行為什麼還要進行證券投資？
2. 分析市場利率與證券收益率和證券價格的關係。
3. 簡述商業銀行證券投資業務面臨的風險類型，並指出哪些風險可通過投資組合進行分散。
4. 比較槓鈴法、階梯期限策略、前置期限策略與后置期限策略在債券期限結構上的配置特點。
如果利率突然上升，比較四種策略的收益變動情況。
5. 簡述中國商業銀行經營體制的演變過程，並說明選擇不同體制的原因。
6. 商業銀行證券投資的對象有哪些？中國是如何規定的？

第6章　商業銀行中間業務與表外業務

　　內容提要：資產業務、負債業務和中間業務是商業銀行傳統業務的三大支柱，隨著社會經濟的發展、金融自由化和電子化的出現，現代商業銀行開展中間業務的規模在不斷擴展，而且表外業務也發展迅速，已經成為現代商業銀行競爭的焦點。本章在闡述商業銀行中間業務的基礎上，重點介紹結算、代理、信託、銀行卡、諮詢及表外業務、資產證券化等中間業務。

　　商業銀行的典型特徵是信用程度高、信息高度集中、代理關係普遍且穩定、安全性和可靠性都有保障。這一優勢為商業銀行以代理人或中間人身分替客戶開展金融服務提供了可能，這些金融服務便為中間業務。

第1節　商業銀行中間業務概述

一、商業銀行中間業務的概念

　　（一）商業銀行中間業務的定義

　　所謂商業銀行中間業務（Intermediary Business），國際上通行的定義是指商業銀行不直接運用自身資金，也不佔有或直接佔有客戶資金，僅以中間人身分為客戶辦理收付與其他委託事項，提供金融服務並收取手續費的業務。

　　在中國，中國人民銀行發布的《商業銀行中間業務暫行規定》指出：一切不構成商業銀行表內資產、表內負債、能產生非利息銀行收入的業務都屬於中間業務的範疇。具體而言，中間業務包括兩大類：不構成或有資產、或有負債的中間業務（即一般意義上的金融服務類業務）和形成或有資產、或有負債的中間業務（即一般意義上的表外業務）。也就是說，一般意義上的表外業務屬於中間業務，但中間業務範圍顯然不僅僅局限於表外業務，還包括金融服務類業務。這裡金融服務類業務是指商業銀行以代理人的身分為客戶辦理的各種業務，目的是為了獲取手續費收入。金融服務類業務主要包括支付結算類業務、銀行卡業務、代理類中間業務、基金託管類業務和諮詢顧問類業務。而表外業務則是指那些未列入資產負債表，但同表內資產業務和負債業務關係密切，並在一定條件下會轉為表內資產業務和負債業務的經營活動。表外業務主要包括擔保或類似的或有負債、承諾類業務和金融衍生業務三大類。

　　要正確區分表外業務和中間業務，關鍵是要理解表外業務有廣義和狹義兩種分類。

廣義的表外業務也就是中間業務，包含商業銀行提供的所有有風險和無風險的金融仲介服務。但狹義的表外業務僅指商業銀行提供的在一定條件下會轉化為表內資產業務或負債業務的有風險的經營活動，這個角度也是本書介紹商業銀行表外業務立足點所在。因此，狹義的表外業務是中間業務中一種特殊的有一定風險的業務，這一點在後面的章節裡仍會提到。

（二）商業銀行中間業務的性質

資產負債業務的基本性質是商業銀行多以債權人或債務人身分參與交易。中間業務作為一種有別於資產負債業務的新型業務，具有和前者不一樣的業務性質：商業銀行在辦理中間業務時不直接作為信用活動的一方出現；不直接以債權人或債務人的身分參與。這一基本性質是同負債業務或資產業務的最本質區別，決定了中間業務的各種外在特徵，也決定了對中間業務經營管理的不同要求。

二、商業銀行中間業務發展的原因

商業銀行中間業務是商品經濟和信用關係發展到一定階段的產物。20世紀80年代後，西方發達國家的商業銀行中間業務獲得空前發展，以中間業務為代表的非利息收入占銀行收入的比重逐年上升，一些大型商業銀行中間業務收入幾乎占其總收入的一半以上。這種快速發展不僅體現在規模的擴張方面，同時體現在提供服務種類的與日俱增上。中間業務從其產生到蓬勃發展原因主要有以下幾方面：

（一）世界經濟高速發展促成了公眾多樣化的金融需求

早期社會經濟活動較為簡單，與此相適應的信用關係也很單一，公眾對信用仲介需求只局限於與銀行形成以存貸款為主的債權債務關係。但隨著經濟活動趨於複雜，尤其是二戰后世界經濟迅猛發展，經濟主體產生了多樣化的金融需求。商業銀行在該種需求的促進和刺激下適時推出了大量以信用仲介為基礎的中間業務。這是商業銀行中間業務產生並迅速發展最直接的外部因素。

（二）商業銀行經營風險增大

20世紀70年代布雷頓森林體系崩潰，隨之而來是各國普遍實行浮動匯率制度，這使得銀行經營過程中匯率風險顯著增加，同時金融競爭的加劇也導致銀行更多地涉足高風險業務。在經營風險增大的情況下，商業銀行必須尋求新的經營方式和經營策略以轉移和分散經營風險。由此出現的中間業務具有明顯的避險性質，如不會給銀行帶來風險的服務型中間業務；以避險為目的，運用衍生金融工具交易的仲介業務。

（三）銀行資本比率監管加強

為了維護銀行體系的安全，西方許多發達國家早在20世紀70年代就開始對商業銀行資本規模提出了更高要求。尤其是1988年7月《巴塞爾協議》的簽署更是標誌著監管當局對商業銀行資本監管進入了一個新階段。在監管加強的背景下，商業銀行表內業務開展受到制約，因此限制了其盈利能力。商業銀行為了維持盈利水平紛紛設法規避這些資本管制，把業務重心更多地向對資本沒有要求或要求很低的中間業務轉移。

（四）科技進步的推動

計算機技術的迅速發展對銀行開展中間業務起了極大的推動作用。信息技術的廣

泛運用大大加快了銀行辦理業務的速度。同時，銀行借助信息網路與信息處理技術所推出的新型金融工具大大提高了銀行預測風險的能力，銀行因此能夠在更廣闊的市場上大力開展各種服務性業務，科技進步為銀行向客戶提供更有效的投資諮詢、財務管理等金融服務提供了可能。

（五）同業競爭的加劇

隨著全球金融管制的逐步放鬆，越來越多的銀行已不僅僅滿足於在本土市場開展業務。同時，為了適應經濟全球化浪潮，一國向外國金融機構開放本國市場已是必然選擇。由此而產生的結果是本國和外國金融機構的同業競爭進一步加劇。銀行存貸利差縮小，存貸業務不再如以前獲利豐厚。在日益嚴峻的競爭形勢下，商業銀行為了提高自己的盈利能力，不得不擴大業務經營範圍，不斷推出以收取手續費為主的各類中間業務，希望通過風險低的中間業務為其贏取競爭優勢。

三、商業銀行中間業務經營目標與指導思想

中間業務作為商業銀行業務重要組成部分，大力發展中間業務能夠達到的經營目標有：第一，增加和擴大資金來源、降低存款成本；第二，改善收入結構、增加非利息收入、提高盈利水平；第三，鞏固同客戶關係、擴大銀行社會影響力與知名度。

商業銀行中間業務經營的指導思想是：以提高中間業務佔有率為前提，以增加中間業務收入為目標，以滿足客戶對金融產品和金融服務的市場需求為中心，以發展與資產負債業務相匹配的中間業務為重點，以業務處理電子化為支持，充分利用商業銀行的各種資源優勢，建立健全商業銀行的金融服務體系。

第 2 節　商業銀行中間業務的特點、種類與介紹

一、商業銀行中間業務的特點

商業銀行在開展中間業務過程中不直接作為信用活動一方出現，只是以「中間人」身分出現充當委託人和代理人。由此得知商業銀行中間業務最基本的特徵是不運用或不直接運用自己或客戶的資金辦理業務，更多情況下以接受客戶委託方式開展業務。除此之外，商業銀行中間業務還有一些較為具體、典型的特點，主要體現在以下幾個方面：

（一）金融服務與提供資金支持相分離，經營成本較低

中間業務是銀行提供的非資金服務，或者替客戶辦理某些業務、給予承諾、提供保證，在開展業務時並不帶來自身資金的轉移，從而大大降低了商業銀行經營業務的成本。為客戶提供承諾時只給銀行帶來潛在義務。這種潛在義務能否成為現實義務有賴於以后情況的發展，即只有在一定條件下才會有貸款的發放和資金的支付。

（二）業務性質的表外性

中間業務因為不動用自身資金，所以不涉及資產負債總額的變動，不用在銀行資

產負債表內反應。與此有區別的是商業銀行在開展貸款業務或投資業務時都要使用負債業務所吸收的資金，因此這些業務都必須在表內得到具體反應。

（三）業務產品的多樣性

為滿足多樣化的金融需求，商業銀行提供中間業務產品具有明顯的多樣性。具體而言，從其提供產品的功能看，有結算性、擔保性、融資性及其他類中間業務。從其扮演角色來看，有代理性業務、委託性業務和自營性業務。隨著商業銀行業務創新的深入，將會有更多的中間業務品種向市場提供。

（四）辦理業務的低風險性

商業銀行開展資產負債業務需要承擔與存貸款及證券有關的多種風險，包括流動性風險、信用風險、利率風險和操作風險等。但是商業銀行在辦理中間業務時由於不是以信用關係當事人身分出現，只以中間人身分為客戶辦理收付或其他委託事項，通常不存在存貸業務中的信用風險和流動性風險等。即便有些業務會存在潛在風險（如信用證、承兌等擔保性業務），但這種潛在風險需要在一定條件下才會轉化為現實風險。因此，在風險上相對表內業務明顯較低。

（五）透明度不高、不易被監管

中間業務通常不在資產負債表內進行反應，只有一部分會在財務報告的腳註中得到體現。因此，股東、監管人員對這些業務的規模和質量均不能通過閱讀財務報告來進行瞭解和評價，這也就降低了經營業務的透明性，給日常監管帶來了更大的困難。

二、商業銀行中間業務的種類

現代商業銀行中間業務種類繁多，新的中間業務層出不窮。各國商業銀行中間業務分類標準各不相同。

（一）巴塞爾委員會的分類

根據巴塞爾委員會的分類方法（即國際通行分類方法），中間業務可以分為以下四類：

第一類是銀行提供的各種擔保。銀行提供的各種擔保主要包括傳統的償還貸款擔保、跟單信用證擔保、票據承兌擔保及附屬機構的融資支持等。擔保業務是由合同雙方以外第三者應合同一方要求，向合同另一方出具的書面保證，保障對委託人的債務或應履行的合同義務承擔損失賠償責任。

第二類是貸款或投資的承諾業務。貸款或投資的承諾業務可細分為可撤銷和不可撤銷兩種，可撤銷主要包括貸款限額和透支限額；不可撤銷則包括循環貸款承諾、銷售與回購協議、發行商業票據等。

第三類是創新性金融工具。創新性金融工具主要包括外匯期貨業務、貨幣及利率互換、金融期貨與期權合約、辛迪加貸款等。這些業務隨著外匯市場的發展而日趨普遍。

第四類是利用銀行人力和技術設備等資源為客戶提供的仲介服務。其主要有代客進行現金管理、金融投資諮詢業務、信託業務、代理收付業務等。

(二) 美國的分類

美國對中間業務的分類是基於收入來源角度，依照這種方法中間業務可以劃分為以下五大類：

(1) 信託業務收入。

(2) 投資銀行和交易收入，主要是指通過從事金融交易活動產生收入的業務。

(3) 存款帳戶服務費收入。

(4) 手續費收入，包括信用卡收費、自動取款機（ATM）提款收費。

(5) 其他非手續費收入，包括數據處理服務費、各種資產出售收益。

(三) 中國的分類

為更好參與金融全球化進程，參照巴塞爾委員會的分類並結合中國商業銀行的具體實踐，中國人民銀行在《商業銀行中間業務暫行規定》中，根據商業銀行開辦中間業務的風險和複雜程度，分別實施審批制和備案制。適用審批制的業務主要為形成或有資產、或有負債的中間業務以及與證券、保險業務相關的部分中間業務；適用備案制的業務主要為不形成或有資產、或有負債的中間業務。

適用審批制的中間業務品種包括：

(1) 票據承兌。

(2) 開出信用證。

(3) 擔保類業務，包括備用信用證業務。

(4) 貸款承諾。

(5) 金融衍生業務。

(6) 各類投資基金託管。

(7) 各類基金的註冊登記、認購、申購和贖回業務。

(8) 代理證券業務。

(9) 代理保險業務。

(10) 中國人民銀行確定的適用審批制的其他業務品種。

適用備案制的中間業務品種包括：

(1) 各類匯兌業務。

(2) 出口托收及進口代收。

(3) 代理發行、承銷、兌付政府債券。

(4) 代收代付業務，包括代發工資、代理社會保障基金發放、代理各項公用事業收費（如代收水電費）。

(5) 委託貸款業務。

(6) 代理政策性銀行、外國政府和國際金融機構貸款業務。

(7) 代理資金清算。

(8) 代理其他銀行銀行卡的收單業務，包括代理外卡業務。

(9) 各類代理銷售業務，包括代售旅行支票業務。

(10) 各類見證業務，包括存款證明業務。

(11) 信息諮詢業務，主要包括資信調查、企業信用等級評估、資產評估業務、金

融信息諮詢。

（12）企業、個人財務顧問業務。

（13）企業投融資顧問業務，包括融資顧問、國際銀團貸款安排。

（14）保管箱業務。

（15）中國人民銀行確定的適用備案制的其他業務品種。

（四）業務功能的分類

基於開展業務功能和形式的角度對中間業務分類，可將中間業務細分為以下九大主要類型：

（1）支付結算類中間業務。

（2）銀行卡業務。

（3）代理類中間業務。

（4）擔保類中間業務。

（5）承諾類中間業務。

（6）交易類中間業務。

（7）基金託管業務。

（8）諮詢顧問類業務。

（9）其他類中間業務。

三、中間業務的介紹

下面以業務功能的分類為基礎，逐一介紹各種中間業務。

（一）支付結算類中間業務

支付結算業務是指由商業銀行為客戶辦理因債權債務關係引起的與貨幣支付、資金劃撥有關的收費業務。銀行辦理支付結算業務充分體現了商業銀行的仲介作用，其顯著特點是風險低、收益高。銀行開辦該類業務的作用往往體現在加速資金週轉，提高資金效益；節約現金，降低社會流通費用；提升結算效率，反應民經濟活動等方面。另外，銀行開展支付結算業務需要遵守三個基本原則，即恪守信用，履約付款；誰的錢進誰的帳，由誰支配；銀行不墊款。

1. 商業銀行支付結算工具

銀行辦理支付結算類中間業務時經常會涉及結算工具的使用。商業銀行往往是借助匯票、本票和支票等結算工具完成結算類中間業務。

（1）匯票。

①匯票的涵義。匯票是一種由出票人簽發，委託付款人於指定日期，無條件支付一定金額給受款人或持票人的票據。因此，匯票的基本當事人有三個，即出票人、付款人、收款人。一張完整有效的匯票必須記載以下事項：表明「匯票」的字樣、金額、付款人名稱、收款人名稱、無條件支付的委託、出票日期等。

②匯票的分類。根據出票人的不同，匯票可以分為商業匯票和銀行匯票。商業匯票是個人或公司簽發，委託付款人在指定日期無條件支付確定的金額給收款人或持票人的票據。銀行匯票是指由出票銀行簽發的，由其在見票時按照實際結算金額無條件

付給收款人或者持票人的票據。根據匯票付款期限不同，匯票可以分為即期匯票和遠期匯票。即期匯票的付款人在見票時必須支付。遠期匯票一般在票據上載明一定期限到期才進行支付。根據承兌人的不同，匯票可以分為商業承兌匯票和銀行承兌匯票。兩種承兌匯票提示付款期限都為自出票日起 10 日內，最長付款期限都不超過 6 個月。

（2）本票。

①本票的涵義。根據《中華人民共和國票據法》第七十三條的規定，本票是出票人簽發的，承諾自己在見票時無條件支付確定金額給收款人或持票人的票據。本票必須記載的事項有表明「本票」字樣的文字、無條件支付的承諾、收款人名稱、付款期限、出票時間、金額、出票人等。

②本票的分類。根據收款人的不同，本票可以分為記名式本票、不記名式本票。記名式本票中載明了收款人的名稱。根據出票人的不同，本票可以劃分為商業本票與銀行本票。商業本票是以經濟主體為付款人簽發的本票。根據付款日期的不同，本票可以分為即期本票和遠期本票。

（3）支票。

①支票的涵義。支票是由出票人簽發，委託辦理支票存款業務的銀行在見票時無條件支付確定金額給收款人的票據。在支票結算工具中付款人只可能是出票人的開戶銀行。

②支票的分類。一般支票可以分為轉帳支票、現金支票和普通支票三種。普通支票既可以用於轉帳、取現，也可以背書轉讓；現金支票則只能用於支取現金；轉帳支票只可用於轉帳，不能取現。另外，在普通支票左上角劃兩條平行線的劃線支票也只能用於轉帳。

③支票的結算特點。支票結算起點是 100 元，使用非常簡便，見票即付，並且只能用於同城結算，持票人應該在支票簽發日起的 10 日內提示銀行辦理結算。

2. 商業銀行支付結算方式

常用的異地結算方式是匯款、信用證和托收。

（1）匯款。匯款是由付款人委託銀行將款項匯給外地某收款人的一種結算業務。匯款一般分為票匯、信匯、電匯三種。

一般的匯款業務流程如圖 6.1 所示。

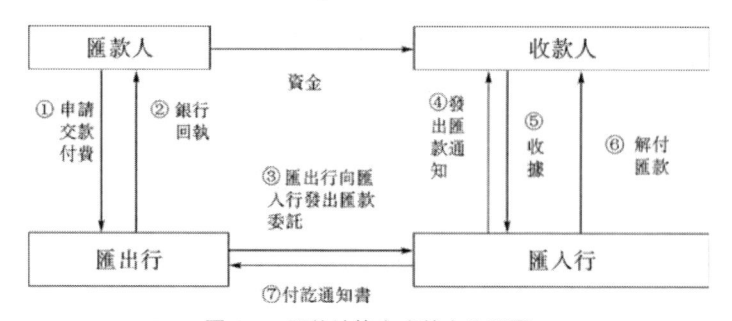

圖 6.1　匯款結算方式基本流程圖

（2）托收。托收是指債權人或售貨人為向外地債務人或購貨人收取款項而向其開出匯票，並委託銀行代為收取的一種結算方式。托收方式涉及四個當事人：委託人（Principal Consignor）或出票人（Drawer），通常是國際貿易中的售貨方；托收銀行（Remitting Bank）即出口地辦理托收業務的銀行；代收銀行（Collection Bank）即受委託銀行委託向付款人（購貨方）收取貨款的進口商所在地銀行；付款人（Drawee Payer）即國際貿易中的購貨方。在中國，托收結算方式包括托收承付和委託收款兩種。托收承付是收款人發貨後委託銀行向異地付款人收取款項，付款人向銀行承認付款；委託收款是收款人委託銀行向付款人收取款項。委託收款在同城、異地均可使用。一般的托收結算流程如圖6.2所示。

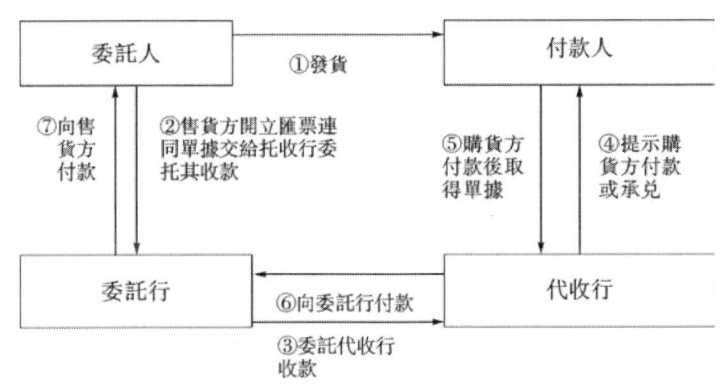

圖6.2　托收結算方式后基本流程

（3）信用證。信用證是指開證行根據申請人（購貨商）的申請和要求，或以自身名義向第三者開立的承諾在一定期限內憑規定的單據支付一定金額的書面文件。信用證是目前最主要的異地結算方式。我們以進出口貿易的中的信用證結算來說明了這一方式。

在信用證結算方式中，最基本的當事人有開證申請人（Applicant for Credit），通常為進口商；開證行（Issuing Bank or Opening Bank）是接受申請開出信用證的銀行；受益人（Beneficary）是有權使用該證並享有權益的人，一般為貿易合同賣方即出口商；通知行（Advising Bank）是將信用證傳遞給受益人的銀行；議付行（Negotiating Bank）是受開證行委託，對受益人提交的單據進行審核並墊付貨款的銀行，可以是出口地的任何一家銀行，也可能是特定的一家銀行；付款行（Paying Bank）即開證行的代理付款人；承兌行（Accepting Bank）是在遠期承兌信用證中負責對匯票進行承兌並到期向受益人付款的銀行；保兌行（Confirming bank）是應開證行邀請負責對信用證予以保證兌付的銀行；償付行（Reimbursing Bank）是信用證中指定的議付行或付款行（清償墊款）的銀行。

完整信用證結算流程，從進口商申請開證開始，到信用證業務結束大體要經歷九個步驟，具體如圖6.3所示。

```
受益人(出口商) ——發貨——> 申請人(進口商)
```

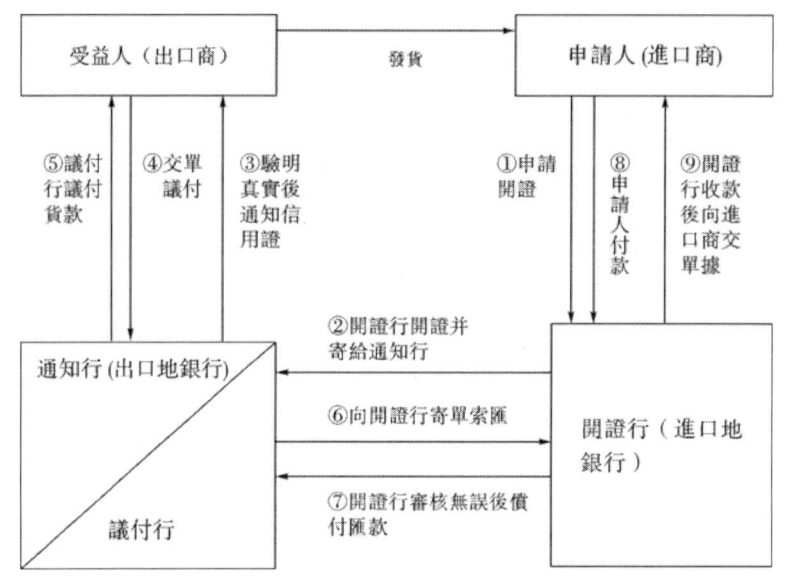

圖6.3　信用證結算方式流程圖

(二) 銀行卡業務

美國加州富蘭克林銀行於1952年首次向社會發行信用卡，標誌著銀行卡業務的開端。經過幾十年的發展，銀行卡以其快捷、安全的特點深入人心，風靡全球。維薩卡（VISA）和萬事達卡（Master Card）兩大銀行卡國際組織也在這一時期產生。

銀行卡是由經授權的金融機構向社會發行的具有消費信用、轉帳結算、存取現金等全部或部分功能的信用支付工具。由於銀行卡具有轉帳結算、儲蓄、匯兌和消費信貸等多種功能，因此在現代生活中扮演著重要的角色。

1. 商業銀行經營銀行卡業務的主要原則

經營銀行卡業務，需要遵循一些基本規則，以中國銀行為例，應遵循以下主要原則：

（1）辦理銀行卡業務必須遵守《銀行卡業務管理辦法》。
（2）辦理銀行卡業務應按適當標準向客戶收取手續費。
（3）發卡銀行必須認真審查信用卡申請人的資信情況以降低業務風險。

2. 銀行卡業務的主要分類

銀行卡業務根據發卡對象的不同可分為單位卡業務和個人卡業務。銀行卡根據是否能夠透支可分為信用卡業務和借記卡業務。信用卡具有消費信貸功能，能夠在一定額度內透支。信用卡如果按是否向商業銀行交存準備金可細分為貸記卡和準貸記卡，貸記卡一般准許持卡人在信用額度內先消費后付款；準貸記卡要求持卡人在開戶后只有備用金帳戶金額不足時才可以在規定限額內透支。借記卡按功能不同可分為轉帳卡（含儲蓄卡）、專用卡、儲值卡。借記卡不具備透支功能，只能「先存款后消費」。轉帳卡是即時扣帳的借記卡，具有轉帳計算、存取現金和消費功能。專用卡是具有專門用途、在特定區域使用的借記卡，具有轉帳計算、存取現金功能。儲值卡是發卡銀行根據持卡人要求將其資金轉至卡內儲存，交易時直接從卡內扣款的預付錢包式借記卡。

銀行卡根據載體材料的不同可分為磁卡和智能卡（IC 卡）。磁卡是在塑料卡的背面附有一磁條用來存儲有關銀行卡業務的必要數據信息。智能卡是在銀行卡中嵌入智能芯片，用更安全的芯片替代磁條來存儲數據信息。

3. 銀行卡業務的主要流程

商業銀行開展銀行卡業務主要程序有：先由客戶提出申請，同時提交有效證件並填寫銀行卡領取申請表，之後由發卡行對上述資料進行審核；審核通過後通知申請人到發卡行營業網點辦理開卡手續，正式領取銀行卡使用，不通過的銀行退回有關資料並及時通知申請人。

（三）代理類中間業務

1. 代理類中間業務的涵義

代理類中間業務（簡稱代理業務）是指商業銀行接受客戶委託，代為辦理客戶指定的經濟事務，提供金融服務並收取一定費用的業務。代理業務是商業銀行最典型的中間業務，商業銀行開展代理業務時一般不動用自己的資金，不為客戶墊款，不參與收益分配，只收取手續費，主要是發揮財務管理和信用服務職能。因此，代理業務風險極低，也正因為這樣代理業務已成為中國各商業銀行競爭的焦點。

2. 代理對象及代理業務的內容

代理政策性銀行業務是指商業銀行接受政策性銀行委託，代為辦理政策性銀行因服務功能和網點設置等方面的限制而無法辦理的業務，包括代理貸款項目管理等。

代理中國人民銀行業務是指根據政策、法規要求應由中央銀行承擔，但由於機構設置、專業優勢等方面的原因，中央銀行指定或委託商業銀行承擔的業務，主要包括財政性存款代理業務、國庫代理業務、發行庫代理業務、金銀代理業務。

代理商業銀行業務是指商業銀行之間相互代理的業務，如為委託行辦理支票托收等業務。

代收代付業務是商業銀行利用自身的結算便利，接受客戶的委託代為辦理指定款項的收付事宜的業務，如代理各項公用事業收費、代理行政事業性收費和財政性收費、代發工資、代扣住房按揭消費貸款的還款等。

代理證券業務是指銀行接受委託辦理的代理發行、兌付、買賣各類有價證券的業務，還包括接受委託代辦債券還本付息、代發股票紅利、代理證券資金清算等業務。此處有價證券主要包括國債、公司債券、金融債券、股票等。

代理保險業務是指商業銀行接受保險公司委託代其辦理保險業務的業務。商業銀行代理保險業務，既可以受託代個人或法人投保各險種的保險事宜，也可以作為保險公司的代表，與保險公司簽訂代理協議，代保險公司承接有關的保險業務。代理保險業務一般包括代售保單業務和代付保險金業務。

其他代理業務包括代理催收欠款、代理保管、代理財政委託業務、代理會計事務、代客理財業務等。

（四）擔保類中間業務

1. 擔保類中間業務的涵義

擔保類中間業務是指商業銀行為客戶債務清償能力提供擔保，承擔客戶違約風險

的業務。擔保類中間業務主要包括銀行承兌匯票、備用信用證、各類保函等。

2. 擔保類中間業務的種類

（1）銀行承兌匯票。銀行承兌匯票是由收款人或付款人（或承兌申請人）簽發，並由承兌申請人向開戶銀行申請，經銀行審查同意承兌的商業匯票。

（2）備用信用證。備用信用證是開證行應借款人要求，以收款人作為信用證的受益人而開具的一種特殊信用證，以保證在借款人破產或不能及時履行義務的情況下，由開證行向受益人及時支付本利。

（3）各類保函業務。保函業務是指銀行應客戶申請開立的有擔保性質的書面承諾文件，當申請人未履行約定義務或償還債務時由銀行履行擔保責任。該類業務主要包括投標保函、承包保函、還款擔保函、借款保函等。

（五）承諾類中間業務

承諾類中間業務是指商業銀行在未來某一日期按照事前約定的條件向客戶提供約定的信用業務，主要是指貸款承諾。貸款承諾是典型的具有期權性質的中間業務。因為客戶擁有一個選擇權，在市場利率高於承諾協議利率條件下有權要求銀行履行承諾；反之，則可以選擇銀行不履行承諾。貸款承諾一般分為可撤銷承諾和不可撤銷承諾兩種。可撤銷承諾附有客戶在取得貸款前必須履行的特定條款，在銀行承諾期內，客戶如沒有履行條款，則銀行可撤銷該項承諾，如可撤銷的透支額度。不可撤銷承諾是銀行不經客戶允許不得隨意取消的貸款承諾，具有法律約束力，包括貸款承諾、回購協議、票據發行便利等。

（六）交易類中間業務

交易類中間業務是指商業銀行為滿足客戶保值或自身風險管理等方面的需要，利用各種金融工具進行的資金交易活動，主要包括遠期合約、金融期貨、金融互換、金融期權等金融衍生品交易業務。

1. 遠期合約

遠期合約是指交易雙方約定在未來某個特定時間以約定價格買賣約定數量的資產的協議，包括遠期利率合約和遠期外匯合約等。

（1）遠期利率合約。這是一種買賣雙方同意在將來某個特定時期按協議利率借貸一筆數額確定的資金的合約。雙方訂立遠期利率合約的目的是規避利率可能發生不利變動的風險。買賣雙方在遠期利率合約到期交割時只根據協議利率和參考率之間差額乘以名義本金得出的額度由一方付給另一方。

（2）遠期外匯合約。這是指雙方約定在未來某一時間按約定的遠期匯率買賣一定金額的外匯的合約。同樣在交割時，雙方交割的僅是合同中規定的遠期匯率和到期日即期匯率之間的差額部分。

2. 金融期貨

金融期貨是指以金融工具或金融指標為標的的期貨合約，即約定在未來某一特定時間以事先達成的價格買進或賣出某種金融品種的契約。金融期貨合約都是標準化的，也就是說金融品種、數量、交割方式都是統一規定，只有價格未事先設定。金融期貨按交易品種的不同可分為外匯期貨、利率期貨和股價指數期貨三種。

3. 金融互換

所謂互換，是指交易雙方基於自己的比較利益，將雙方的現金流量進行交換，一般分為利率互換和貨幣互換。互換的好處是商業銀行在不改變其資產負債的前提下可以帶來利潤增加或籌資成本的降低。

（1）利率互換。利率互換是雙方約定將來根據簽訂的合同在一筆名義本金基礎上互換具有不同性質的利率（固定利率和浮動利率）計算出的利息款項。

（2）貨幣互換。貨幣互換是一種雙方按規定固定匯率在期初交換兩種不同貨幣的資產或負債的本金，然后按預先規定的日期進行利息和本金的分期互換。

4. 金融期權

金融期權是指期權的買方支付給賣方一筆權利金，獲得一種權利，可於期權的存續期內或到期日當天，以執行價格與期權賣方進行約定數量的特定標的的交易。

金融期權按交易標的可以分為股票指數期權、外匯期權、利率期權、期貨期權、債券期權等。金融期權按合約規定的對標的物的權利可以分為買進期權和賣出期權。買進期權賦予期權合約購買者按約定價格，在約定日期購買一定數量金融資產的權利。相反，賣出期權則賦予合約購買者按約定價格，在約定日期賣出一定數量金融資產的權利。期權買方擁有買（賣）的權利，期權賣方必須承擔相應的買（賣）義務。

（七）基金託管業務

基金託管業務是指有託管資格的商業銀行接受基金管理公司委託，安全保管所託管的基金的全部資產，為所託管的基金辦理基金資金清算、款項劃撥、會計核算、基金估值、監督管理人投資運作。基金託管業務主要包括封閉式證券投資基金託管業務、開放式證券投資基金託管業務和其他基金的託管業務。

（八）諮詢顧問類業務

諮詢顧問類業務主要是指商業銀行依靠自身在信息、人才、信譽等方面的優勢，收集和整理有關信息，並通過對這些信息以及銀行和客戶資金運動的記錄和分析，形成系統的資料和方案，提供給客戶，以滿足其業務經營管理或發展的需要的服務活動。

企業信息諮詢是最典型的諮詢類業務，包括項目評估、企業信用等級評估、驗證企業註冊資金、資信證明、企業管理諮詢等。

資產管理顧問和財務顧問是最重要的顧問類業務，前者主要包括為機構投資者和個人投資者提供的全面資產管理服務，如投資組合建議、稅務服務、風險控制等；后者主要包括大型建設項目財務顧問（即為大型建設項目的融資結構、融資安排提出專業性方案）與企業併購財務顧問（銀行直接參與企業兼併與收購，同時作為企業的持續發展顧問，參與公司結構調整、資本充實和破產與困境公司的重組等策劃和操作的過程）。

（九）其他中間業務

一切不能被歸入以上八類業務分類的中間業務可被確認為其他中間業務。其中又以代保管業務和保理業務（Factoring）最為常見。代保管業務是商業銀行利用自身安全設施齊全、管理手段先進等有利條件設置保管箱庫，接受單位和個人的委託，代理保管各種貴重物品和單證的一種業務活動。商業銀行開展代保管業務時，雙方必須事先

簽訂代保管協議、明確操作程序、代保管期限、收費標準等有關事項。保理業務則是一項集貿易融資、商業資信調查、應收帳款管理及信用風險擔保於一體的新興綜合性金融服務。

第 3 節　商業銀行表外業務

一、表外業務的定義

商業銀行表外業務（Off-balance Sheet Activities）是相對商業銀行表內業務而言的，是指商業銀行從事的、不列入銀行資產負債表內、不涉及資產負債金額變動，銀行僅對客戶作出某種承諾，即當約定的或有事件發生時，銀行要承擔提供貸款或支付款項的法律責任，為此銀行收取一定手續費的業務。也就是說，商業銀行表外業務的開展不會構成商業銀行的現實資產或負債，只構成商業銀行的或有資產和或有負債。狹義的表外業務其實就是第 2 節所提到的擔保類業務、承諾類業務和金融衍生品交易類業務，這與中國人民銀行在《商業銀行表外業務風險管理指引》中的界定一致。廣義的表外業務和前面所介紹的中間業務等同。本節基於狹義角度介紹表外業務。

二、商業銀行發展表外業務的意義

表外業務對於銀行經營來說越來越重要，主要在於其具有以下幾個方面的意義：

（一）規避資本限制，增加盈利來源

商業銀行為了增加盈利，必須擴充資產規模。但是，商業銀行資產規模越大，發生損失的可能性也就越大，甚至破產。為此，《巴塞爾協議》提出了資本充足率的要求，起到了促進銀行經營穩健的作用，同時也使銀行追求資產規模擴張的衝動受到制約。因此，商業銀行有必要發展對資本要求很低的表外業務。

（二）為客戶提供多樣化的服務

客戶對銀行的需求不僅僅局限於借款和存款，他們往往對銀行的服務有著更多、更高的要求，這體現在客戶要求銀行能為他們提供防範和轉嫁風險的方法，使他們能避免或減少因利率、匯率波動造成的損失。因此，商業銀行必須不斷增加服務品種、改進服務手段、提高服務質量，以此滿足客戶的各種需求。發展表外業務能為客戶提供多元化的服務，也能使銀行業務範圍得以拓寬。

（三）增強資產流動性

表外業務中的許多金融工具具有流通性和可轉讓性，從而增強了金融資產的流動性。例如，商業銀行通過資產證券化手段，可將流動性較差的貸款打包出售，從而獲得新的資金來源，這樣不僅加速了銀行資金的週轉，而且使得整個社會經濟的資金流動性也提高了，銀行獲得新的資金後，可再用於拓展有關資產業務，擴大業務規模。

（四）提高金融市場的效率

表外業務的發展，尤其是衍生工具的出現，使金融市場變得更具有活力，更迅速

地反饋各種信息，資金因此能流向更有效率的領域。衍生投資等表外業務在精密的風險管理下能夠增加投資效率，也有助於全球資金市場的完善。

三、商業銀行表外業務的類型

由於表外業務是一種特殊的中間業務，其相關概念在前面已有介紹。為讓讀者更深入地認識商業銀行表外業務，本部分主要介紹幾種具有代表性的典型業務。

（一）擔保類表外業務

在擔保類業務中，我們主要介紹銀行承兌匯票和備用信用證的業務流程。

1. 銀行承兌匯票

銀行承兌匯票是最為常見的擔保類表外業務，銀行在對匯票進行承兌時為防範風險，通常要求出票人資信良好且具有支付匯票金額的可靠資金來源。業務辦理需要遵循一定程序，基本流程如圖6.4所示。

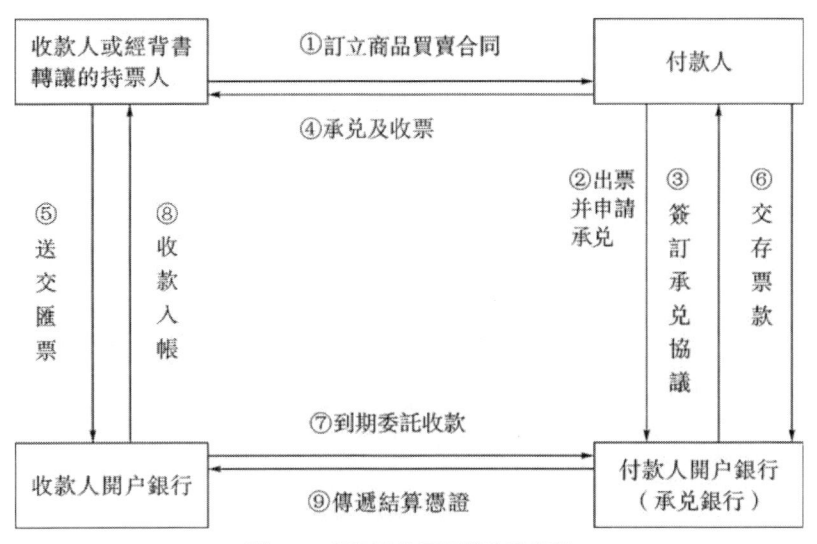

圖6.4 銀行承兌匯票業務流程圖

2. 備用信用證

由於開證行保證在開證申請人不履行其義務時即由開證行付款，因此從嚴格意義上說備用信用證屬於銀行信用。如果開證申請人履行了約定的義務，該信用證則不必使用。正因為這樣，備用信用證對於受益人而言是備用於開證申請人發生違約時取得補償的一種方式，具有明顯的擔保性質。備用信用證對於開證行的好處在於其業務成本較低但能給銀行帶來較高的利潤。備用信用證交易程序主要包括以下幾個環節：借貸雙方訂立信貸合同並明確規定以備用信用證方式提供擔保；申請人向開證行遞交開證申請書，開證行經過信用評估接受開證申請，並將信用證傳遞給受益人；受益人認真審核收到的信用證所列條款是否與信貸合同一致，受益人審核信用證無誤后向借款人提供借貸資金；開證行支付和求償。

123

(二) 承諾類表外業務

在承諾類業務中，我們主要介紹貸款承諾、票據發行便利和回購協議的業務流程。

1. 貸款承諾

貸款承諾是指銀行承諾客戶在未來一定時間內，按照雙方事先約定的條件，應客戶的要求，隨時提供不超過一定限額的貸款。商業銀行在辦理貸款承諾業務時一般的業務流程如圖 6.5 所示。

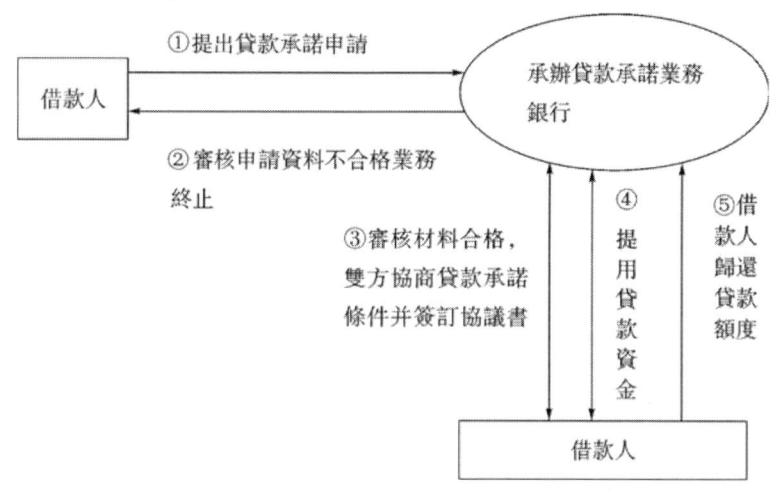

圖 6.5　貸款承諾業務流程圖

另外，商業銀行在辦理承諾類業務時一般是參照佣金費率確定承諾佣金，佣金費率以年度未使用的承諾額度的 0.25%～0.75% 計算，最高不超過 1%。

2. 票據發行便利

票據發行便利實質上是銀行運用自己豐富的票據發行網路，幫助特定客戶出售短期票據以實現籌集資金目的，即客戶在協議期限內發行短期票據籌資時，銀行會承諾購買客戶未能在市場上出售的票據或向客戶提供等額銀行貸款。票據發行便利屬於短期信用形式，多為 3~6 個月以內。商業銀行開展票據發行便利業務時涉及的當事人有借款申請人、組織銀行、便利代理人、包銷銀團及投標小組成員。商業銀行在辦理票據發行便利業務一般的業務流程如圖 6.6 所示。

3. 回購協議

回購協議是指交易一方出售某種資產並承諾在未來特定日期按約定價格向另一方購回的一種交易形式。銀行參與回購協議交易可以兩種身分出現：一是銀行以解決頭寸不足而暫時售出持有的證券並在以後購回（即以券融資）。二是銀行購入其他機構持有的證券並在以後回售給該機構，即相當於對該機構發放了一筆以證券為抵押的短期貸款。回購業務中涉及的當事人有證券公司、證券登記結算公司、證券交易所、回購方（以資融券或以券融資方）。我們以第一種身分來說明商業銀行開展證券回購業務的基本流程，如圖 6.7 所示。

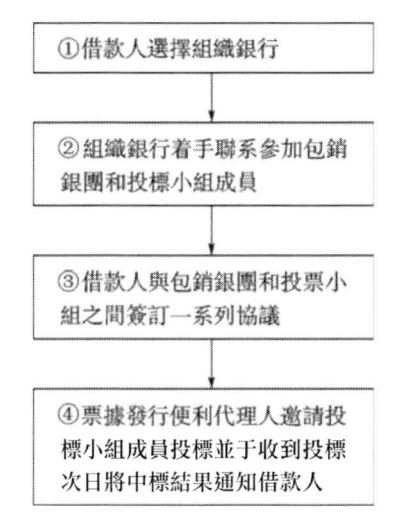

圖 6.6　票據發行便利業務流程圖

註：發行人和投標小組成員簽訂一系列文件包括便利協議、票據發行與付款代理協議與投標小組協議等。

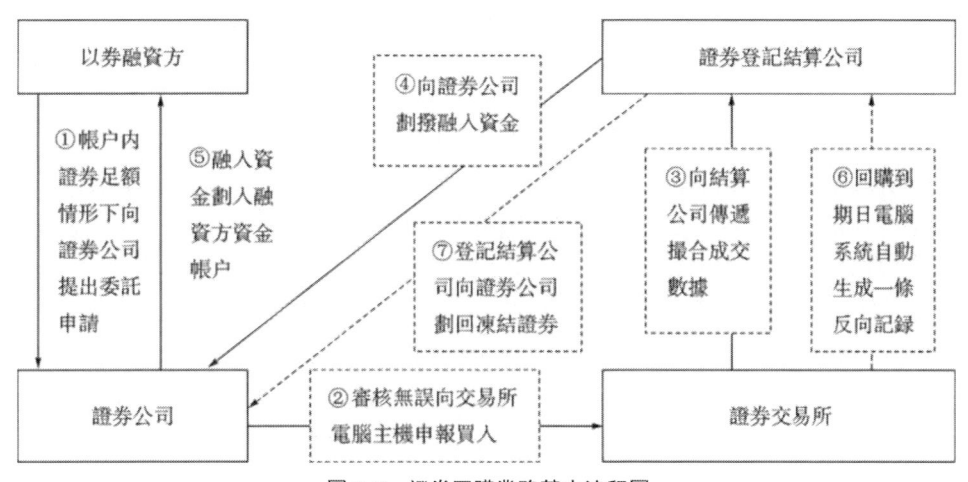

圖 6.7　證券回購業務基本流程圖

(三) 交易類表外業務

交易類表外業務主要包括金融遠期、期貨、期權和互換交易。參與這些交易的目的有套期保值、投機和套利三種。商業銀行從事這些業務，常常是作為交易的仲介或做市商，有時也運用這些交易來管理自己的風險，極少數的情況下也參與投機或套利。

1. 開展交易類表外業務的市場

交易類的表外業務，其實主要是金融衍生產品的交易。交易金融衍生產品的市場主要有兩類：一類是以交易所為平臺的交易市場，稱為場內市場，主要交易的是標準化的衍生金融工具。場內市場的特徵包括有固定交易場所和交易時間、通過公開競價

方式決定交易價格、交易採取經紀制等。另一類是以銀行為主體的櫃臺市場（Over-The-Counter Market，OTC），又稱為場外交易市場或店頭交易市場，是指在銀行櫃臺由衍生金融工具交易者與銀行議價成交的市場。場外交易市場是一個分散的無形市場，沒有固定交易場所，通過議價方式達成交易，參與者不需通過經紀人，而是直接和銀行進行交易，交易的品種繁多，特色各異。

2. 國際衍生金融工具交易中心和交易產品

目前國際金融市場已經形成了一些重要的衍生金融產品交易中心，包括芝加哥商業交易所（Chicago Mercantile Exchange，CME）、芝加哥期貨交易所（Chicago Board of Trade，CBOT）、芝加哥國際貨幣市場（International Money Market，IMM）、倫敦國際金融期貨交易所（London International Finance & Future Exchange，LIFFE）、瑞士期權與金融期貨交易所（Swiss Option and Finance & Future Exchange，SOFFEX）、東京國際金融期貨交易所（Tokyo International Finance & Future Exchange，TIFFE）、新加坡國際貨幣交易所（Singapore International Money Exchange，SIMEX）、悉尼期貨交易所（Sydney Future Exchange，SFE）等。

在這些交易中心交易的衍生金融工具主要包括金融遠期、金融期貨、金融期權和金融互換四大類型。

金融遠期是最基礎的金融衍生工具，是交易雙方在場外市場上通過協商，按約定價格在約定的時間買賣某種標的金融資產的交易合約。

金融期貨是交易雙方在集中的交易所市場以公開競價方式進行的期貨合約交易，金融期貨合約的基礎金融工具是各種金融工具（或金融變量），如外匯、債券、股票、股價指數等。金融期貨交易的典型特徵是交易合約標準化、保證金制度、每日無負債結算制度。1972年，外匯期貨交易在芝加哥商業交易所（CME）率先推出，之後倫敦國際金融期權期貨交易所和泛歐交易所（Euronext）交易品種的發展也達到一定規模。1975年，利率期貨誕生於美國芝加哥期貨交易所（CBOT）。短期債券期貨於1976年在芝加哥商業交易所（IMM）率先推出。1982年，美國堪薩斯期貨交易所首先推出價值線指數期貨后，全球股指期貨品種不斷湧現，其中比較重要的有芝加哥商業交易所的標準普爾股指期貨系列、芝加哥期貨交易所的道·瓊斯指數期貨系列、新加坡期貨交易所的日經225指數期貨、中國香港交易所的恒生指數期貨等。

金融期權是指買賣金融工具或金融變量的金融合約。按交易標的的不同，金融期權可以分為股票指數期權、外匯期權、利率期權和期貨期權、債券期權等。金融期權的核心是對按約定價格買賣標的資產的權利進行的交易。

金融互換是指兩個或兩個以上的當事人按共同商定的條件，在約定時間內定期交換現金流的金融交易。金融互換的主要用途是改變交易者資產或負債的風險結構，從而規避相應的風險。典型的金融互換有貨幣互換和利率互換。自1981年美國所羅門兄弟公司為國際商業機器公司（IBM）和世界銀行辦理首筆美元、馬克、瑞士法郎之間貨幣互換業務以來，金融互換市場發展非常迅猛。目前，按名義金額計算的金融互換交易已成為最大的衍生交易品種。

3. 中國衍生金融工具交易品種

中國有四家期貨交易所，其中大連商品交易所、鄭州商品交易所、上海期貨交易所是交易商品期貨的；有一家金融期貨交易所，即中國金融期貨交易所，該交易所在2010年4月16日推出了滬深300指數期貨，之後又推出了5年期國債期貨、上證50指數期貨、中證500指數期貨、10年期國債期貨。

中國銀行業開展的衍生產品交易也發展迅速，自1997年4月由中國銀行率先推出人民幣遠期結售匯后，就正式掀開了中國人民幣衍生品交易的序幕。2005年，外匯交易中心推出了人民幣遠期交易及人民幣與外幣掉期業務。中國銀行上海分行從2005年12月起正式推出1年期以上人民幣超遠期結售匯業務，為企業鎖定1年以上甚至更長時間的人民幣遠期匯率。2007年8月20日，中國人民銀行發布《關於在銀行間外匯市場開辦人民幣外匯貨幣掉期業務有關問題的通知》（以下簡稱《通知》），決定在銀行間外匯市場推出人民幣外匯貨幣掉期交易。《通知》規定具備銀行間遠期外匯市場會員資格的境內機構在國家外匯管理局備案后，可以在銀行間外匯市場按照規定開展人民幣外匯貨幣掉期業務。現階段，具備銀行間遠期外匯市場會員資格的境內機構可以在銀行間外匯市場開展人民幣兌美元、歐元、日元、港幣、英鎊五種貨幣的貨幣掉期交易。2011年，國家外匯管理局又推出了人民幣外匯期權交易。2011年，國家外匯管理局又推出了人民幣外匯期權交易。

同時，利率衍生產品也呈現大幅增長。人民幣債券遠期、人民幣利率互換、以上海銀行間拆放利率（SHIBOR）為基準的人民幣利率互換業務也得到穩步開展。2005年6月，銀行間債券市場推出首個人民幣衍生產品——債券遠期交易業務。2006年1月24日，中國人民銀行發布《中國人民銀行關於開展人民幣利率互換交易試點有關事宜的通知》。2006年2月9日，國家開發銀行與中國光大銀行完成了首筆人民幣利率互換交易。2008年1月25日，中國人民銀行發布《中國人民銀行關於開展人民幣利率互換業務有關事宜的通知》，將參與利率互換業務的市場成員擴大至所有銀行間市場成員，這標誌著人民幣利率互換業務門檻降低，人民幣利率互換業務正式推出。

2010年，銀行間交易商協會發布信用衍生產品——CRM（信用風險緩釋工具）。商業銀行可以參與的衍生產品種類漸次增多，市場廣度和深度不斷得到拓展。

2011年，中國銀監會修改了2004年出拾的《金融機構衍生產品交易業務管理暫行辦法》，從制度上放寬了衍生產品業務的進入門檻，將衍生產品業務分為兩類：一類是套期保值類，另一類是非套期保值類。只能從事套期保值類衍生產品交易的銀行具有基礎類資格，其准入條件、系統、人員要求均較2004年暫行辦法大幅降低。2009年3月，中國銀行間市場交易商協會公布《中國銀行間市場金融衍生產品交易主協議（2009年版）》（簡稱NAFMII主協議），這是中國境內第一份真正意義上的金融衍生產品交易主協議，由此中國商業銀行衍生產品業務步入快速發展軌道。

四、商業銀行表外業務與中間業務的比較

商業銀行表外業務與中間業務都是獨立於資產負債業務之外的業務，兩者既有聯繫又有區別。

(一) 表外業務與中間業務的聯繫

(1) 表外業務與中間業務都是向客戶提供各種服務收取手續費的業務。這與銀行通過信用活動獲取的存貸利差收入明顯不同。

(2) 廣義的表外業務是中間業務，但中間業務不一定是表外業務。

(3) 兩者都是以接受委託的方式開展的業務活動。商業銀行在從事各類表外業務和中間業務時的共同特點是不直接作為信用活動的一方出現，一般情況下不動用或較少動用自己可使用的資金，不以債權人或債務人的身分進行資金的融通，只是以中間人的身分提供各類金融服務或替客戶辦理收付和其他委託事項。

(二) 表外業務與中間業務的區別

由於前文已指出本文介紹的表外業務是狹義的表外業務，因此在尋找表外業務和中間業務的不同之處時，我們同樣是基於這樣的一個角度。

1. 中間人身分不同

在中間業務中，如支付結算、信託、代理等業務，銀行都是以交易雙方當事人之外的第三者身分接受委託，扮演中間人的角色；而表外業務卻在業務發展中可能發生銀行中間人角色的移位，成為交易雙方的一方，即成為交易的直接當事人。例如，貸款承諾是由銀行和客戶簽訂的信貸承諾協議，並在協議簽定時無信貸行為發生，也不在資產負債表上做出反應，因此是典型的表外業務。但是，一旦貸款發生，銀行便成了信貸活動中的債權人，其貸款也將反應到資產負債表內。又如，目前國際商業銀行所從事的各種金融工具交易，除接受客戶委託以中間人身分進行的代客交易外，還常常出於防範、轉移風險的需要以及實現增加收入的目的，作為直接交易的一方出現。

2. 業務風險不同

如前所述，商業銀行在中間業務中是不直接作為信用活動的一方出現的，不動用或較少動用自己的資金，雖然業務經營中也要承擔一定的風險，但其風險程度要明顯低於信用業務。

隨著金融創新的發展及業務領域的不斷拓寬，大量與信用業務密切相關的高風險業務也隨之發展。例如，銀行在提供服務的同時，還以某種形式墊付資金，從而形成了銀行和客戶之間的另一種債權債務關係，其風險度可能因此而加大。又如，商業銀行對商業票據的擔保，商業票據的發行人在無力償還負債時，銀行必然要承擔連帶責任，因此對商業票據的承兌擔保成為銀行的一種或有負債；同時，商業銀行為獲取收益而從事的新興的表外業務，如外匯及股票指數等期權、期貨交易，其風險度有時要超過一般的信用業務，因此說在業務風險上表外業務明顯高於中間業務。

3. 發展的時間長短不同

表外業務是近 20 年才發展起來的，與國際業務的發展、國際金融市場及現代通信技術的發展緊密聯繫；而在中國通常被稱為銀行中間業務的金融服務類業務，大部分與銀行的資產負債業務相伴而生、長期存在。

4. 受監管的程度不同

如前所述，表外業務的風險有時要高於一般的信用業務，因此為了降低金融風險可能帶來的不利影響，各國金融監管當局對表外業務的管理越來越嚴格，這點在《巴

塞爾協議》中得到明顯體現。該協議要求管理部門對表外業務的管理在資本充足率上必須達標，因此比服務類業務嚴格了許多。服務類業務由於風險較小，因此金融監管部門對其的監管相對寬鬆，通常不對其進行過多的干預或管制。

第4節　商業銀行投資銀行業務

一、商業銀行投資銀行業務概述

商業銀行投資銀行業務作為一項新興並不斷創新的業務，不同學者對於其範圍的界定不完全相同。最狹義的投資銀行業務僅僅是指證券發行承銷和證券交易業務。較狹義的投資銀行業務還包括企業兼併收購及企業融資相關的業務，這些是投資銀行的傳統業務。較廣義的投資銀行業務是指與資本市場服務相關的所有業務，包括證券發行承銷、證券交易、兼併收購、企業融資、基金、資產管理、研究與諮詢顧問、風險資本運作管理以及金融衍生產品開發與創新等。下面主要介紹證券承銷業務、證券交易、財務顧問及諮詢業務、資產證券化業務、企業兼併與收購業務、項目融資業務、風險投資業務、基金管理業務、資產管理這幾類比較主要又普遍的業務。

（一）證券承銷業務

證券承銷業務（Securities Underwriting）是指銀行在一級市場上為企業或政府公開發售債券或股權證券。這是投資銀行最基礎的業務活動，也是主要的利潤來源。承銷的範圍很廣，不僅包括本國中央政府、地方政府和政府機構發行的債券，各類企業發行的股票和債券，還包括外國政府和企業發行的債券，甚至國際金融機構發行的債券等。承銷通常採用代銷或包銷的方式。代銷是指銀行按照約定的方式推銷，在發行結束時將未售出的債券退還給發行人，發行風險由發行者承擔。包銷是指銀行按照協議購入發行人的全部債券，在發行期將這些債券對外出售，或者在承銷期結束時將未售出的債券自行購入，這種方式發行人不承擔發行風險，風險由銀行承擔。

（二）證券交易

證券交易（Securities Trading）是指銀行在二級市場上扮演證券經紀商和證券自營商的雙重角色。證券經紀業務（Securities Exchange）和證券自營業務（Dealer）是投資銀行最傳統的業務領域。作為證券經濟商，銀行通過證券營業部或證券服務部等各種渠道接受投資人的委託，按照投資人提出的價格在證券交易市場上代理買賣證券，以收取佣金作為自身利潤的來源，不得墊付資金和賺取差價。作為證券自營商，銀行利用自有資金，通過二級市場直接參加證券交易，承擔證券價格變動帶來的風險，從中獲得買賣價差。

（三）財務顧問及諮詢業務

財務顧問及諮詢業務（Consultation）是指銀行憑藉自身擁有的資本市場運作知識和經驗、專業人才以及金融資源，向客戶在出售資產、籌資和融資等重大交易活動時提供證券市場業務策劃和諮詢並從中獲取利潤。這些諮詢顧問服務也可以同其他產品

搭配，共同為客戶提供解決問題的方案。通過這種諮詢服務來連接一級市場和二級市場，加強證券市場上投資者和發行者之間的溝通。財務顧問及諮詢主要向客戶提供各種投資信息，並同資產管理業務形成交叉，滲透於其他業務中。財務顧問諮詢可根據對象的不同分為政府財務顧問、企業財務顧問和個人財務顧問等，也可根據服務方式的不同分為專項財務顧問和常年財務顧問，還可根據服務內容的不同分為資產管理顧問、企業重組顧問等。不同的銀行有不同的分類方式。

（四）資產證券化業務

資產證券化業務（Asset Securitization）一般是指銀行將某公司缺乏流動性或流動性比較低但可以產生未來現金流量的資產通過結構性重組，出售給投資銀行，投資銀行將這些資產作為證券發行的擔保，發行資產證券，從而實現將流動性差的資產轉變成流動性強的證券的過程。資產證券化的主要形式有中期債券、優先股、信託憑證、商業票據等形式。證券償付金來自於擔保的資產所產生的現金流量，如果違約，資產證券的清償僅限於被證券化的資產的數額，購買人或發起人不承擔超過證券化資產限額的清償義務。

（五）企業兼併與收購業務

企業兼併與收購業務（Merger & Acquisition）簡稱為企業併購，是一項高技術內涵的業務，要面對複雜的財務和法律等風險，涉及面廣，對企業影響巨大，銀行憑藉自身在併購信息、財務管理以及融資能力方面的優勢，作為企業併購的顧問，以客戶的經濟目標為目標，協助客戶進行併購業務。

兼併（Merger）是指將兩家或兩家以上的獨立企業兼併成一家企業，被兼併方喪失其法人資格或改變法人實體。兼併的形式有新設兼併和吸收兼併。兼併的方法有以下三種：

（1）用現金購買被兼併公司的資產。
（2）購買被兼併公司的股份或股票。
（3）向被兼併公司的股東發行新股票來換取被兼併公司股權。

收購（Acquisition）是指收購方用現金、債券或股票等資產購買被收購方的股票或資產，從而獲得被收購方的控制權，被收購方仍然保留其法人地位。收購有兩種形式：資產收購和股權收購。併購業務已成為投資銀行現代業務的核心，是除證券承銷與交易業務外最重要的組成部分。投資銀行主要通過幫助企業制訂併購方案、幫助企業針對惡意收購制訂反收購計劃和防禦措施、提供有關併購價格的諮詢以及安排融資和過橋貸款等途徑界入併購活動。

（六）項目融資業務

項目融資業務（Project Finance）是一種無追索權的融資貸款（現代的項目融資有的具有有限追索權），銀行作為融資顧問，綜合運用發行債券、股票、抵押貸款、拆借等多種融資方式，針對項目規模、風險等特徵，針對特定的客戶設計一攬子融資計劃，盡量提高收益，降低成本，防範風險，以項目資產為擔保的融資方式。投資銀行將與項目發起人、投資者和有關的政府、金融機構等聯繫在一起，從事項目評估、設計融資方案、信用評級等活動。

（七）風險投資業務

風險投資業務（Venture Capital）也稱創業投資業務，是指銀行對於在創業期和拓展期的新興公司進行股權投資，向其提供資金，待該公司進入穩定發展期後將股權變現，從而獲得收益的一種收益高風險大的業務。新興公司一般指具有強大市場潛力、獲利水平高於平均，同時又充滿風險的運用新技術或發明新產品的公司。投資銀行從事風險投資業務分為三個不同層次：第一層次是運用私募方式募集資金；第二層次是設立專門投資於高新技術行業和新興行業的風險基金；第三層次是向潛力巨大的公司直接投資。投資銀行不僅可以向這些新興企業提供資金，還可以提供企業經營策略以及組織管理的方案和技能。

（八）基金管理業務

基金管理業務（Fund Management）是指投資銀行建立基金管理公司，通過參與基金的發售、運作和管理來收取管理費的一項業務。基金作為一種重要的投資工具，可以吸收投資者的大量零散資金，通過專業人士進行投資並取得收益。投資銀行不僅可以發起、管理基金，還可以作為基金的承銷人，幫助發行人向投資者發售收益憑證。

（九）資產管理

資產管理（Asset Management）是一項在傳統業務上發展起來的新興業務，是指投資銀行接受客戶委託，根據客戶的投資意願，利用自身在資本市場上的優勢，對客戶的資產進行有價證券的投資組合，以此來實現客戶資產收益最大化的目的的行為。管理資產的範圍相當廣，其中的重點是基金管理。

二、商業銀行開展投資銀行業務的意義

隨著金融體系的進一步發展以及範圍經濟效應、規模效應和競爭的需要，投資銀行業務在商業銀行中的地位日趨重要，投資銀行業務給商業銀行帶來的優越性也越發明顯。

（一）投資銀行業務的發展有利於商業銀行提升對客戶的服務水平

全球化的快速發展使得客戶對商業銀行的服務水平提出了更高的要求，只有跟緊發達國家商業銀行的發展步伐，國內的商業銀行才能提升自身的競爭力，使得客戶在自主選擇時青睞國內商業銀行。金融市場的發展帶來了更多的融資渠道和更低的融資成本，提升了客戶對於金融產品的要求，金融產品的創新成為必然的趨勢。因此，發展投資銀行業務會給商業銀行帶來更多的客戶資源和收入來源，更好地滿足客戶的需要。

（二）投資銀行業務的發展有利於拓展業務

面對日益激烈的競爭環境，擁有核心競爭力和品牌業務將十分有利於商業銀行的自身發展，通過對投資銀行業務的提升不僅可以提升商業銀行核心競爭力，還能夠拓展業務，有助於商業銀行優化收入結構，降低業務風險，增加非利息收入占總收入的比重，壯大中間業務，增強盈利能力。

（三）投資銀行業務的發展有利於市場份額的占領

金融市場的開放帶來了商業銀行的國際化經營，使得市場份額的爭取更加激烈。隨著新的資本模式的不斷出現，商業銀行如果固守傳統的經營模式和業務範圍，就會

喪失發展機遇和市場份額。與此同時，非銀行金融機構的不斷壯大，傳統銀行業務以外的其他金融業務需求的不斷上升，資本市場已逐步取代了商業銀行在金融系統中的核心地位，各類非銀行金融機構也在搶奪著商業銀行傳統業務的市場份額。投資銀行業務的開展可以增加商業銀行業務收入的同時提升對客戶的服務水平，增強業務能力，對於市場份額的占領有重要作用。

（四）投資銀行業務的發展有利於提高商業銀行市場競爭力

伴隨著資本市場競爭的日益加劇，如何在激烈的競爭中謀求發展已成為商業銀行亟須解決的問題。目前中國商業銀行傳統業務競爭逐漸同質化，有陷入低水平規模擴張的危險。與此同時，客戶對於金融服務的要求也越發全面，要求商業銀行提供全方位的綜合服務。因此，商業銀行只有發展高質量的投資銀行業務，全面滿足客戶需求，才能避免低水平同質化的競爭，提升自身的市場競爭力。

三、中國商業銀行投資銀行業務的現狀

與西方發達國家擁有 200 多年的投資銀行業務的歷史相比，中國的投資銀行業務相對年輕。1995 年，中國建設銀行在香港設立了中國第一家中外合資投資銀行——中國國家金融有限公司。1998 年，工商銀行設立了第一家真正意義上的合資投行——工商東亞金融控股有限公司。2002 年，中國銀行在香港設立了全資附屬公司——中銀國際證券公司。隨后，其他商業銀行紛紛設立了自己專門從事投資銀行業務的部門。

中國的投資銀行業務雖然起步較晚，但經過這十幾年的迅猛發展，其為商業銀行帶來的收入逐年增長，已經成為提升商業銀行收益的重要途徑。中國銀行家協會與普華永道會計師事務所共同發布的《中國銀行家調查報告（2013）》顯示，商業銀行中間業務收入的來源構成發生變化，投資銀行業務已超越傳統結算類業務成為商業銀行中間業務收入的最重要來源。在對不同類型中間業務收入的重要性調查中，銀行家對投資銀行業務收入的重視程度最高，占比達到 52.2%，位列首位，已超過傳統的結算類業務。在收入構成上，重心開始向中間業務傾斜，商業銀行對息差收入的依賴開始減少。通過表 6.1 不難看出，各個銀行近年來在投資銀行業務上的收入增長呈迅猛之勢。

表 6.1　　　　部分上市銀行 2008—2012 年投行業務收入情況表　　單位：人民幣百萬元

	2008 年	2009 年	2010 年	2011 年	2012 年	5 年增幅
工商銀行	8,028	12,539	15,506	22,592	26,117	225.32%
農業銀行	–	–	11,112	19,489	16,017	—
建設銀行	6,998	10,962	12,816	17,488	19,722	181.82%
中國銀行	2,548	4,396	4,385	6,507	5,690	123.31%
交通銀行	1,081	1,920	4,105	6,276	5,884	444.31%
民生銀行	1,702	1,577	2,389	3,614	1,734	1.88%
興業銀行	1,108	1,767	2,520	3,467	6,046	445.67%

註：數據來源於各個銀行歷年年報。

第5節　商業銀行資產證券化

一、商業銀行資產證券化的定義

商業銀行資產證券化（Assets-Backed Securities，ABS）指的是商業銀行將自身持有的同質、流動性較差，但具有未來現金收入的貸款等資產集中起來，形成一個資產池，通過結構性安排，對資產中的風險和收益要素進行分割和重組，再配以相應信用擔保，將其轉變為具有投資特徵的可銷售證券，以此回收資金的過程。其核心在於將流動性差的銀行貸款資產在資本市場上轉換為流動資金。ABS實質上是資產證券發行者將被證券化的金融資產未來現金流收益權轉讓給投資者。資產證券化現已成為國際資本市場上發展最快、最具活力的一種金融產品，在世界許多國家得到了廣泛的實施和應用。目前能夠證券化的商業銀行資產主要有不良資產、住房抵押貸款、汽車消費貸款、信用卡應收款、中長期信貸資產等。

二、商業銀行開展資產證券化業務的意義

資產證券化業務對商業銀行而言具有重要的意義，主要體現在以下方面：

（一）降低銀行不良資產率，提高不良資產變現能力

不良資產證券化是提高不良資產變現能力的有效途徑，在國際上已被廣泛應用，美國的資產重組託管公司和韓國的資產管理公司就是成功的範例。在中國，儘管商業銀行對不良資產控制措施，如嚴格貸前審批和完善貸後管理也取得一定成效，但仍無法從根本上提高不良資產的變現能力，為此開展的資產證券化，將不良資產變現或將銀行資產潛在的風險部分轉移、分散，形成一整套完善的不良資產處置體系就是一種行之有效的降低不良資產率的方式。

（二）防範、分散和轉移銀行風險

首先，資產證券化能將期限較長的銀行貸款打包出售，而收回的資金可用於發放更多的貸款，進而提高資金的流動性和利用率，防範因「短存長貸」而造成的資金流動性風險。其次，證券化後，商業銀行在讓社會公眾有機會投資銀行資產的同時，也將本來應由銀行承受的信用風險、利率風險、提前還款風險，通過結構性安排，部分轉移、分散給資本市場上不同風險偏好的投資者，實現銀行資產風險的社會化。

（三）拓寬融資渠道，降低銀行融資成本

發行資產支持債券在資本市場上直接融資為銀行提供了長期穩定的資金來源。同時，通過信用增級措施，資產證券化發起機構還可以發行比自身債務信用等級更高的債券，其融資成本因此得到顯著降低。

（四）提高商業銀行的經營管理水平

第一，資產證券化為資產負債管理提供了現代化的管理方法和技術手段，使銀行在調整資產負債結構方面具有更大的靈活性和應變力，從而增強銀行抵禦風險的能力。

第二，證券化需要對基礎資產現金流進行定量分析和預測，對資產及其相配套管理服務進行信息披露，使得銀行的貸款管理，包括經營模式、操作流程、規章制度、產品服務、信息系統等更加標準化、規範化、透明化，從而提高銀行貸款管理水平。第三，資產證券化運用金融工程技術，在定量財務分析模型和風險預警模型的基礎上開發產品，有利於科學決策和產品的高效管理。

三、商業銀行資產證券化的操作流程

（一）涉及的主要當事人

資產證券化涉及的當事人如圖6.8所示。

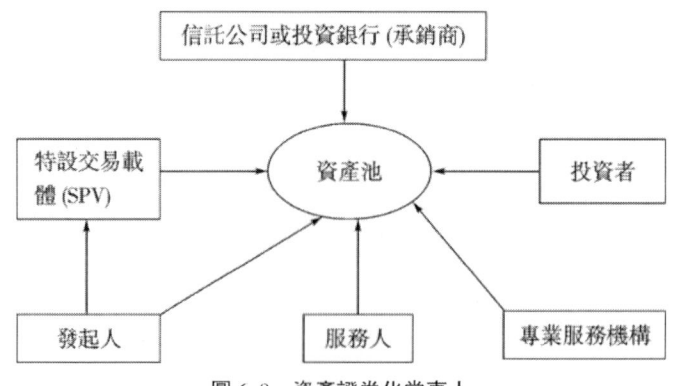

圖6.8 資產證券化當事人

（1）發起人：證券化資產的原資產持有人或債權人。

（2）特設交易載體（Special Purpose Vehicle，SPV）：也稱為資產證券化經營公司，由發起人或獨立第三方為資產證券化目的而專門組建的實體，具有法人地位。SPV是資產證券化中的關鍵環節，也是投資者和發起人的連接環節。在資產證券化過程中，其證券化資產是通過「真實出售」方式從銀行轉移到SPV的。這種「真實出售」使證券化的資產與原始債權人的其他資產完全剝離，資產所有權已經發生轉移。這樣在投資者與發起人之間建立起一道風險的「防火牆」。

（3）承銷商（信託公司、投資銀行、證券公司等）：受SPV委託，以特定資產池未來現金流為基礎在二級市場上發行資產支持證券的機構，通常是由售托機構、投資銀行、證券公司承擔。

（4）服務人：通常由發起人兼任，負責對資產池的個別資產進行后續管理、定期向原始債務人收款，然后將源自證券化資產所產生的現金轉交給特設交易載體，使特設交易載體能定期償付投資者。

（5）投資者：在證券市場上投資購買資產支持證券，並從資產證券化經營公司處取得相應的投資回報的人。

（6）專業服務機構（會計師事務所、律師事務所、評估機構等）：參與並負責資產證券化過程中某個環節的專業性工作。

(二) 資產證券化的一般操作流程

商業銀行資產證券化運作程序是由一系列負債環節構成，為突出重點，本節只介紹在這個運作程序中的幾個主要環節，如圖 6.9 所示。

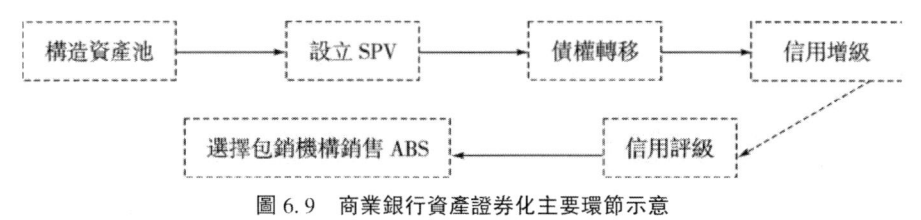

構造資產池 → 設立 SPV → 債權轉移 → 信用增級

選擇包銷機構銷售 ABS ← 信用評級

圖 6.9　商業銀行資產證券化主要環節示意

為有助於讀者理解商業銀行資產證券化的過程，本節以住房抵押貸款證券化為例說明其基本操作流程，具體如圖 6.10 所示。

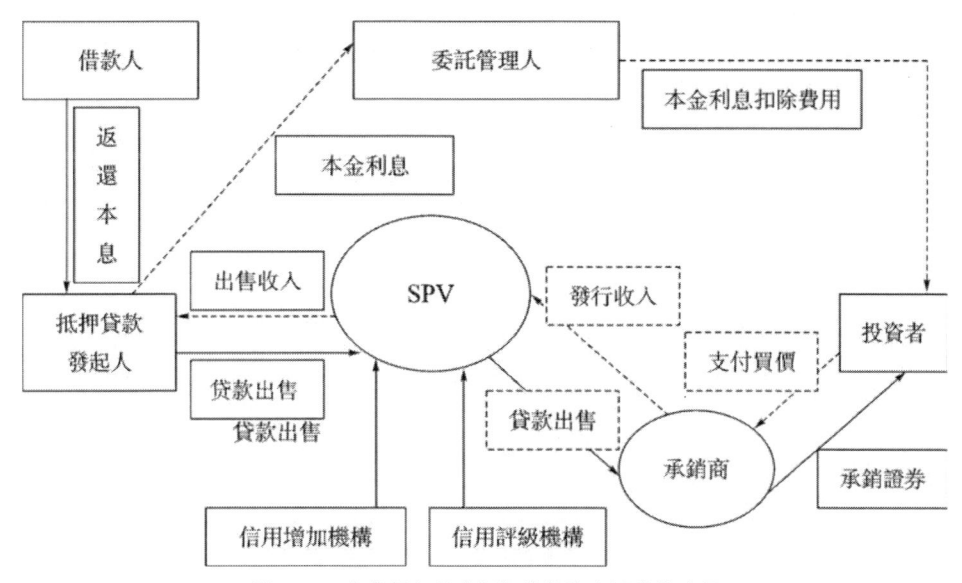

圖 6.10　商業銀行住房抵押貸款資產證券化流程

值得注意的是，從該運作機制來看，商業銀行資產證券化基本交易結構由原始權益人、SPV 和投資者三類主體構成。原始權益人將自己擁有的特定資產以「真實出售」方式過戶給 SPV，SPV 獲得該資產所有權，發行以該資產預期現金收入流為基礎的資產支持證券，並確保未來現金收入流首先用於對證券投資者還本付息。然而，要保證這一基本交易結構有效，需要幾個基本條件加以保障。第一，被證券化的資產能產生固定或者循環的現金收入流；第二，原始權益人對資產要擁有完整的所有權；第三，資產所有權要以真實出售方式轉讓給 SPV；第四，投資者具備對資產支持證券相關知識且具有較強的投資意願。這幾個條件任何一個不具備都會使商業銀行資產證券化面臨很大的交易風險。

四、中國商業銀行資產證券化的現狀

資產證券化在中國的發展開始於 2005 年，並以國家開發銀行和中國建設銀行為試點單位，分別發行了信貸資產支持證券和住房抵押資產支持證券。之後，試點工作不斷擴大，工商銀行、浦發銀行、中信銀行等分別發行了資產證券化產品，資產證券化的業務領域也不斷擴展。受 2008 年國際金融危機爆發的影響，試點工作一度暫停。截至暫停前，總計發行了 668 億元的資產證券化產品，2005—2008 年間的發行規模分別為 72 億元、116 億元、178 億元、302 億元，發行規模不斷增長。2012 年，中國人民銀行、銀監會、財政部發布資產證券化試點重啟通知，並且公布了 500 億元的試點額度。緊接著，國家開發銀行發行了「2012-1 開元資產支持證券」，規模為 101 億元，標誌著資產證券化的實質性重啟。2012 年、2013 年分別發行了 5 單共 192.62 億元和 6 單共 157 億元資產證券化產品。2013 年 8 月，國務院常務會議提出，進一步擴大信貸資產證券化試點規模。2014 年 11 月，銀監會下發《關於信貸資產證券化備案登記工作流程的通知》，將信貸資產證券化業務由審批制改為業務備案制。多重利好之下，資產證券化產品發行在 2014 年集中爆發。2014 年全年，銀行間市場共發行 65 單資產證券化產品，發行金額達 2,770 億元。2015 年上半年已發行的資產證券化項目總計達到 62 個，總規模近 1,408.30 億元，其中銀監會主管的信貸資產證券化項目達 32 個，總規模達 1,129.82 億元，占總發行規模的約 80%，其中 23 筆為傳統的企業貸款類型，規模占比約為 73.45%。

中國的資產證券化產品可以分為三大類：銀行信貸資產證券化、資產支持票據、企業資產支持證券化。中國人民銀行和銀監會主導信貸資產支持證券，資產支持票據主要由銀行間協會進行推廣，企業資產證券則由證監會負責核准。銀行信貸資產證券化和企業資產證券化都選擇了表外模式，將資產從資產負債表中剝離，實現了破產隔離和真實出售，資產支持證券則選擇了表內模式。銀行信貸資產支持證券以銀行間債務市場作為交易場所，企業資產證券化則以交易所大宗交易平臺進行交易，資產支持票據在這兩個交易平臺都可以進行交易。

第 6 節　商業銀行表外業務風險管理

銀行業是高風險的行業，國家宏觀經濟政策變化、市場利率和匯率的波動、國際金融市場的金融創新等因素，均會對銀行經營構成影響，這種影響存在於商業銀行的所有業務，表外業務也不例外。

一、商業銀行表外業務的主要風險

表外業務槓桿率高、自由度大、透明度差的特點注定了其隱含著很多風險，根據巴塞爾委員會的定義，表外業務的風險主要有以下幾種類型：

（一）信用風險

雖然表外業務不直接涉及債權債務關係，但由於該類業務多是或有債權和或有債務，因此當潛在的債務人由於各種原因而不能償付債務時，銀行就有可能變成債務人。例如，在信用證業務和票據發行便利業務中，一旦開證人或票據發行人不能按期償付時，銀行就要承擔償付責任。

（二）市場風險

商業銀行表外頭寸可能由於金融工具市場價格波動而遭受損失。例如，在金融衍生產品互換、期貨、期權等交易中，當市場利率和匯率等市場價格突然變化時，會使商業銀行參與交易的結果和動機有所違背，此時銀行可能因此蒙受巨大損失。

（三）流動性風險

在表外業務活動中，尤其是在進行金融衍生工具交易過程中，當交易一方要想進行對沖，軋平其交易標的的頭寸款項時，卻找不到合適的對手，無法以合適的價格在短時間內完成拋補而出現資金短缺時，商業銀行流動性風險因此產生。這種風險經常發生在銀行提供過多的貸款承諾和備用信用證時，一旦出現大量資金需求時，交易者往往都會急於平倉並收回資金。其結果是在最需要流動性資金時，銀行面臨了很大的流動性風險。

（四）經營風險

經營風險是指由於銀行經營決策失誤，或由於銀行內部控制不力的情況下操作人員的越權經營，導致表外業務品種搭配不當，使銀行在交易中處於不利地位。由於表外業務透明度差，其運作中存在的問題不易被及時發現，而且一旦發生運作風險，銀行已損失慘重。利森的違規操作致使擁有近300年歷史的老牌商業銀行巴林銀行倒閉，就是一個生動的例子。

（五）定價風險

定價風險是指由於表外業務內在風險尚未被人們完全掌握，無法對其作出正確的定價而缺乏彌補風險損失的能力所帶來的損失。表外業務能否正確定價，關係到銀行能否從各種交易的收入中累積足以保護銀行交易利益的儲備金，從而決定是否有能力在風險剛萌發時及時抑制可能對銀行產生的不利影響，或使銀行能夠在事發後彌補部分損失。但是表外業務自由度大、交易靈活，以致人們至今還無法準確識別此類業務的內在風險，定價風險還較為常見。

（六）法律風險

法律風險是指政府監管部門缺乏與商業銀行開展表外業務相對應的政策指導和法律規定，導致業務產品在服務範圍、業務流程、收費標準等方面在法律上有漏洞甚至無法履行約定義務的風險。這種風險在跨國銀行業務中更為常見。

二、管理表外業務的風險

表外業務的發展在給商業銀行帶來收益的同時，也給商業銀行經營帶來了一定風險，這種風險處理不好，小則使銀行經營陷入困境，大則危及一國金融體系的安全。因此，商業銀行加強對表外業務的管理實屬必要。現在，表外業務管理確實也成了商

業銀行經營管理的重要內容，同時也作為金融當局實行宏觀金融監控的一個重要方面，對表外業務的管理應該做好宏觀管理和微觀管理兩方面的工作。

（一）表外業務的宏觀管理

1. 規範信息披露

現在很多國家對表外業務都沒有報表制度，也沒有核算辦法，透明度極差。以致監管者、投資者和債權人都難以全面客觀估計銀行財務狀況，沒有統一公認的方法能對銀行的風險給予合乎實際的評價。為了能有效地監管商業銀行表外業務，必須首先獲得商業銀行足夠的信息，因此旨在揭示表外業務狀況的會計和報告制度是規範信息披露，有效揭示風險的基礎。

2. 建立國際衍生品信息監管制度

巴塞爾委員會和國際證券組織技術委員會曾發布了有關銀行及證券公司參與衍生品交易的信息披露監管制度。該監管制度主要包括公布有關衍生品的資料分類目錄和有關交易商資料的分類目錄。通過這一信息監管制度，監管當局能夠獲得有關衍生品交易的基本信息從而有助於其做出正確的監管決策。

3. 資本充足規定

中央銀行應在《巴塞爾協議》確定的框架原則基礎上，建立統一的表外業務風險衡量和風險監測體系。任何一項表外業務一經辦理，都應當被動態地反應出來，同時其風險程度通過信息轉換系數、風險權重等進行量化計算後作為加權風險資產的一部分予以反應。也就是說，監管當局在對資產規定風險系數及資本充足率外，也應將表外業務規定相應風險系數，納入風險資產範疇，兼併計算資本和風險資產的比率，從而將有關表外業務納入資本管制框架。

（二）表外業務的微觀管理

表外業務的微觀管理是指商業銀行自身應加強對表外業務的內部管理，建立和完善表外業務的風險管理系統。開展表外業務較成功的國際大銀行，在表外業務的內部管理方面主要有以下經驗。

1. 管理層應重視表外業務的風險管理

對表外業務要有一個正確的認識，不能只重視收益的一面，而忽視了風險的一面。正如為加強資產負債管理，不少商業銀行都成立了資產負債管理委員會一樣，商業銀行要發展表外業務，控制表外業務的風險，亦應成立表外業務管理委員會。在每一項表外業務的開拓、發展和管理過程中，銀行的高級管理層應該瞭解、決定、控制和監測所從事的表外業務的交易活動，尤其是投機性、自營性的衍生金融工具交易。

2. 完善表外業務規章制度和操作規程

商業銀行對於每項業務的重要風險點都應該制定詳細的規章制度進行約束和限制，對容易出現風險的環節設防堵截。這些制度體現在信用評估制度、業務風險評估制度、前臺交易員和后臺管理員雙重審核制度等方面。另外，在操作規程上各經辦部門必須依據其上級行的授權，嚴格按照操作手冊所規定的程序辦理各類表外業務，稽核審計部門和上級主管部門根據操作手冊對其進行檢查、監督。

3. 運用表外業務進行風險管理的技術

（1）建立風險的電腦控制系統。該系統可幫助高級管理層瞭解市場的最新變化、最新技術和產品，並進行科學決策。整個系統包括日常監測系統、電腦信息與決策系統，通過數學模型向高級管理層提供市場和銀行信息，幫助其分析市場趨勢，並指導交易。數學模型可計算銀行的資產組合、各種資產的價格、波動幅度、貨幣風險和市場風險，分析出現最壞情況的概率和對策。

（2）資產組合管理。資產組合管理，即通過資產組合多樣化來管理表外業務的風險，以通過某種資產的盈利來抵補另一種資產的虧損而取得整體盈利。一般擁有的組合資產越多風險越小。

4. 引入有效的風險管理方法和手段

國外商業銀行為了控制表外業務風險，開發了一系列測算和衡量風險的方法和手段，比如對交易類業務的風險採用風險價值（Value at Risk，VaR）進行測度。風險價值代表銀行對於損失風險的最大準備，用來描述可以消化潛在損失的最低資本要求。如果實際承擔的市場風險比風險價值小，說明該銀行風險控制情況良好。由於該種方法能夠將相關市場風險進行量化，因此很適宜商業銀行用來管理表外業務。

5. 建立完善的表外業務內部控制制度

內部控制就是旨在提高效率，保證政策執行和確定資產安全的方法、程序或制度，用以督促分支機構、職能部門和廣大員工按照計劃目標或制度的要求進行工作。商業銀行為了防止出現威脅安全經營的因素，必須建立有效的銀行內部控制體系。該內部控制準則主要包括明確的責任、正當授權、程序嚴格執行、財產保護、復核、事後檢查、獨立審核等多方面。

6. 改進成本收益管理，提高業務利潤獲取的可靠性

商業銀行在能夠承受每種表外業務既定風險系數的前提下，可以測算盈虧平衡業務成交量規模和成本收益率，使銀行能夠根據自身實力，在彌補成本開支後盡可能獲得較多的淨收益。此外，商業銀行還可以根據自身的財務狀況，表外業務工具市場價格波動情況及每筆業務的風險程度，選取適當有別於傳統業務財務槓桿率以防止預測失誤，確保資本安全及提高利潤獲取的可靠性。

第7節　中國商業銀行中間業務和表外業務的發展

一、中國商業銀行中間業務的發展

總體來講，中國商業銀行中間業務發展經歷了兩個階段，1995—2000年為存款導向階段，發展中間業務的目的主要是為了維護客戶關係、穩定和增加存款。主要是匯兌、結算、代理、信託、保管、諮詢等傳統的中間業務。2000年後逐步過渡到收入導向階段，以防範風險、增加收入為主要目的，以代理保險、資產託管等高收益業務為重點。商業銀行中間業務得以迅速擴張。這種擴張主要體現在業務品種拓展加快和業

務收入增加明顯兩方面。

（一）中間業務品種現狀

如前所述，中國中間業務劃分為九大類。目前，中國商業銀行開辦的中間業務品種已初步形成了 9 大門類，420 多個品種，涵蓋支付結算、銀行卡、代理、保理、擔保、承諾、基金託管、交易、諮詢顧問及其他中間業務類別；橫跨產品市場、資本市場、貨幣市場、保險市場、期貨市場；廣泛介入企業經營、居民生活、社會管理等諸多領域；基本形成了品種較為豐富、體系較為完備、服務功能綜合；融一般性勞務服務和專業性理財服務、櫃面服務與資助服務於一體的中間業務品種體系。以工商銀行為例，該行已開辦了人民幣結算、外匯中間業務、銀行卡、代理收付款、信息諮詢、擔保、投資基金託管等 7 個類別，260 多種中間業務。除此之外，部分業務產品已經享有較高的市場聲譽，如工商銀行的現金管理、本幣結算清算、資產託管等業務；農業銀行的代理保險、保管箱業務；中國銀行的信用卡、國際保理業務；建設銀行的委託貸款和工程造價諮詢；交通銀行的太平洋卡「全國通」和「外匯寶」；中信銀行的出國留學金融服務業務；招商銀行的「一卡通」和網上支付；光大銀行的「一櫃通」等業務。

（二）中間業務收入現狀

為較準確反應國內商業銀行中間業務發展狀況，我們以工商銀行、中國銀行、民生銀行、交通銀行、招商銀行、中信銀行、農業銀行、華夏銀行、浦東發展銀行、興業銀行共 10 家商業銀行在 2000 年和 2014 年兩年數據作為對比的樣本進行介紹。對時間段做這樣的選擇是因為 2000 年正是中國商業銀行在市場競爭驅動下，中間業務發展觀念逐步確定、發展速度逐步加快的時期，2014 年數據則對反應最新進展狀況最具有說服力。在對比口徑選擇上則統一採用交通銀行的「中間業務收入占營業收入比值」口徑，因為該口徑能夠瞭解到相對利息收入而言，中間業務收入對營業收入的貢獻程度。該統計口徑中的中間業務收入主要包括手續費收入、匯兌收益、其他營業收入、租賃收益等。營業收入包括中間業務收入、利息收入和金融企業往來收入等。下面以具體數據（如表 6.2 所示）說明中國商業銀行中間業務收入現狀。

表 6.2　　　　　　　　　10 家商業銀行中間業務收入情況　　　　　　　　　單位：萬元

銀行	項目	手續費收入	匯兌損益	其他營業收入	合計	營業收入	中間業務收入占營業收入比
工商銀行	2000 年	260,800	41,500	22,500	324,800	15,994,800	2.03%
	2014 年	14,667,800	367,300	2,360,000	17,395,100	65,889,200	26.40%
中國銀行	2000 年	390,800	214,200	100,000	1,005,000	12,751,800	7.88%
	2014 年	9,853,800	985,300	2,779,400	13,618,500	45,633,100	29.84%
民生銀行	2000 年	4,884	1,983	991	7,858	220,850	3.56%
	2014 年	4,229,300	68,500	141,400	4,439,200	13,546,900	32.77%

表6.2(續)

銀行	項目	中間業務收入				營業收入	中間業務收入占營業收入比
		手續費收入	匯兌損益	其他營業收入	合計		
交通銀行	2000年	69,023	30,748	8,097	107,868	2,461,115	4.38%
	2014年	3,291,400	448,000	385,800	4,125,200	17,740,100	23.25%
招商銀行	2000年	36,468	10,954	2,468	50,070	749,569	6.68%
	2014年	4,854,300	246,700	63,000	5,164,000	16,586,300	31.13%
農業銀行	2000年	119,800		47,000	166,800	8,820,500	1.89%
	2014年	5,016,000	-500	456,100	5,471,600	27,414,700	19.96%
中信銀行	2000年	17,100	22,400	4,300	43,800	672,800	6.51%
	2014年	2,697,200	82,700	18,900	2,798,800	12,471,600	22.44%
華夏銀行	2000年	8,360	23,474	3,489	14,196	334,668	4.24%
	2014年	868,100	20,800	2,200	891,100	5,488,500	16.24%
浦發銀行	2000年	10,405	5,279	1,673	17,357	457,413	3.79%
	2014年	2,232,100	-5,300	170,500	2,397,300	12,318,100	19.46%
興業銀行	2000年	5,872	2,073	749	8,694	249,870	3.48%
	2014年	2,841,200	69,200	7,000	2,917,400	12,489,800	23.36%

數據來源：根據各商業銀行相關年度財務報告相關財務數據整理而來。

表6.2的數據表明，自2000年開始商業銀行中間業務得到了迅猛發展，截至2014年各家商業銀行不管是在業務量還是業務增長速度上都實現了跨越式發展。2014年所列舉的10家商業銀行中，其中有7家中間業務收入占比超過20%，民生銀行和工商銀行更是超過30%。

二、中國商業銀行表外業務的發展

改革開放前，中國銀行的業務僅局限於存、貸、匯，表外業務幾乎沒有開展。改革開放后，自1979年10月中國銀行首次開發信託、租賃類表外業務以來，國內各商業銀行努力轉換經營機制，不斷吸收國外商業銀行的先進經驗，先後開發了許多表外業務品種，從而在20世紀80年代以後的20多年中將商業銀行表外業務發展推向了一個新階段，如表6.3所示。

表6.3　　　　　中國商業銀行部分表外業務創新列表

中間業務產品	發行時間	發行機構
信託、租賃	1979	中國銀行
保函	1980	中國建設銀行

表6.3(續)

中間業務產品	發行時間	發行機構
商業票據承兌、貼現	1981	中國人民銀行
代理外匯買賣	1982	中國銀行
代理發行債券	1985	中國建設銀行
遠期外匯買賣	1985	中國銀行
信用卡	1985	中國銀行珠海分行
投資諮詢	1987	中國建設銀行
貨幣期權、債券期貨、期權	1987	中信銀行
利率和貨幣互換	1988	中信銀行
循環包銷便利	1988	中國銀行
票據發行便利	1988	中國銀行
遠期利率協議	1988	中國銀行
自動取款機	1988	中國銀行廣州分行
代客管理資金	1989	中信銀行
代收費	1989	中國工商銀行深圳分行
證券回購協議	1992	中國工商銀行等
電話銀行服務	1992	中國銀行
國際代理融通業務	1992	中國銀行
商人銀行業務	1994	招商銀行
智能卡（IC卡）業務	1995	交通銀行海南分行
銀企聯名信用卡	1995	中國工商銀行上海分行
圖文電話終端服務系統	1995	交通銀行北京分行
轉帳卡、代收費業務	1995	中國建設銀行
網上銀行	1998	招商銀行
手機銀行	2000	中國銀行
個人委託貸款	2002	民生銀行
信貸資產轉讓	2002	民生銀行
代理銀保業務	2003	中國工商銀行
遠期結售匯業務	2003	四大國有商業銀行
外匯「兩得寶」	2003	中國銀行上海分行
支票直通車	2003	中國工商銀行

進入21世紀以來，由於世界範圍內的金融創新和金融全球化的影響以及加入世界

貿易組織后中國金融改革開放的程度進一步加深，中國商業銀行業務創新出現了新高潮，表外業務方面的創新尤其突出，這時的表外業務創新以電子和通信技術的推廣運用為主要特點。2012 年年末，中國銀行業金融機構表外業務（含委託貸款和委託投資）余額為 48.65 萬億元，比年初增加 8 萬億元，增長 19.68%。表外資產相當於表內總資產的 36.41%，比年初提高 0.54%。從當年中國上市的 16 家銀行表外業務的發展現狀來看，具有承兌匯票占比大、表外業務收入增長較快、與傳統利息收入相比占比仍然較低等特點。

從業務類型來看，中國商業銀行承兌匯票占比較大。2012 年年末，中國 16 家上市銀行的信用證、保函、承兌匯票、貸款承諾等表外項目余額為 15.08 萬億元，其中工商銀行、建設銀行、中國銀行均超過 2 萬億元。北京銀行表外項目余額為 1,625.62 億元，同比增長 58.91%，民生銀行、光大銀行、交通銀行的增速也超過 20%。16 家上市銀行承兌匯票余額為 5.66 萬億元，在表外業務中占比 37.53%。儘管中國商業銀行表外業務增長較快，但與傳統存貸款業務所得的利息收入相比，占比仍然偏低。歐美等發達國家的商業銀行表外業務收入一般與傳統利息收入相當，甚至超過利息收入。2012 年第四季度，中國商業銀行非利息收入占營業收入的比重為 19.83%，仍然遠低於利息收入。從中國上市銀行的利息收入與非利息收入的占比來看，來源於表外業務的非利息收入僅占總收入的 20% 左右，具有很大的發展空間。

三、表外業務發展過程中存在的問題

在傳統的資產負債表內業務走向衰落的趨勢下，大力發展表外業務已成為各家商業銀行共同的選擇。表外業務已經成為當今，乃至未來銀行業爭奪客戶、爭奪市場的競爭領域，也是新產品創新的基地。但由於中國表外業務起步時間晚、國內金融市場開放程度低、商業銀行自身管理體制等條件限制，現階段表外業務發展過程中存在以下一些不足：

（一）對表外業務思想認識不到位

目前商業銀行開始重視表外業務的發展，但中國銀行長期受傳統經營理念影響較深，普遍存在「重表內，輕表外」的現象，還沒有充分認識到表外業務發展對銀行生存和發展的作用，更多是把表外業務當作「派生業務」，作為吸收和穩定存款的附帶服務，還沒有將其作為一種獨立的金融商品來開發和推廣。

（二）表外業務收入占比仍然比較低

中國商業銀行收入中 80% 仍是由傳統的信貸業務產生的利息收入，非利息收入占比較低，而純粹的表外業務收入占比更低，一般在 20% 左右。表外業務收入占比低一方面是由於表外業務規模較小，另一方面則是由於表外業務收費標準過低。當前，表外業務收費主要依據中國人民銀行、國家發改委等有關部門制定的法規。例如，銀行承兌匯票的手續費標準為票面金額的萬分之五，如此低的收費標準往往不能激發商業銀行開拓業務的積極性，與此同時，表外業務產生的收益與其相承擔的風險不匹配，削弱了商業銀行開展表外業務的積極性。

(三) 表外業務品種單一，創新能力低

目前，中國商業銀行表外業務品種大都集中在傳統的擔保類業務，如銀行承兌匯票和信用證等，兩類業務幾乎占據了表外業務90%的比重。對於附加值較高、創新能力要求高的資產證券化類產品，地市級以下分支行基本沒有涉及。與此同時，中國實行「分業經營、分業監管」的金融環境，也限制了商業銀行表外業務發展的空間，相當一部分資本市場上的表外業務，商業銀行無法涉及。

(四) 表外業務規章制度不健全

對於表外業務的規定只散見於一些法律法規之中，如《企業會計準則》《商業銀行中間業務暫行規定》等，並未形成法律體系，這使得商業銀行在開展表外業務時往往缺乏法律支持。金融監管機構雖然近幾年出抬了一些有關表外業務的指引，如2011年3月銀監會發布的《商業銀行表外業務風險管理指引》等，但都是一些框架性規定，實際操作性不強。與此同時，各家金融機構對於表外業務的重視程度普遍偏低，制定的操作流程往往流於形式。

(五) 表外業務風險防控措施不到位

表外業務由於其高槓桿性和不透明性往往存在很多風險點，如表外業務的會計核算不規範、信息披露不完善、內部控制不健全等。但無論是監管部門還是銀行自身，對於表外業務風險的重視程度往往不夠。在中國，分業經營、分業管理的監管模式下，「一行三會」都對商業銀行負有一定的監管職責，由於表外業務種類較多，不同種類的表外產品涉及不同的監管機構，還有可能一種業務涉及多家機構監管，各監管機構之間往往責任難以劃分清楚，針對表外業務的監管力度往往不足。

【本章小結】

(1) 商業銀行中間業務是指商業銀行不直接運用自身資金，也不佔有或直接佔有客戶資金，僅以中間人身分為客戶辦理收付與其他委託事項，提供金融服務並收取手續費的業務。在中國，中間業務主要包括支付結算類、銀行卡、代理類、擔保類、承諾類、交易類、基金託管業務、諮詢顧問類九大類別。中間業務具有金融服務與提供資金支持相分離、業務性質的表外性、業務產品的多樣性、辦理業務的低風險性、透明度不高不易被監管等多方面的特點。

(2) 本章所介紹表外業務是狹義角度的表外業務。商業銀行開展表外業務能夠獲得有效規避資本限制，增加盈利來源、向客戶提供更加多樣化的服務及增強資產流動性等多方面的好處。狹義角度的表外業務主要包括擔保類、承諾類和交易類三大類別。商業銀行經營表外業務具有業務透明度低和隱含風險較大的特點。

(3) 中間業務和表外業務既有聯繫又有區別。聯繫體現在都是向客戶提供各種服務收取手續費、都以接受委託的方式開展業務活動；區別則體現在中間人身分不同、業務風險有差異、發展的時間長短不一樣、受監管程度不同四個方面。

(4) 商業銀行資產證券化 (ABS) 是指商業銀行將自身持有的同質、流動性較差

但具有未來現金收入的貸款等資產集中起來,形成一個資產池,通過結構性安排,對資產中的風險和收益要素進行分割和重組,再配以相應信用擔保,將其轉變為具有投資特徵的可銷售證券,以此回收資金的過程。ABS 對商業銀行而言具有降低銀行不良資產率,提高不良資產變現能力;防範、分散和轉移銀行風險;拓寬融資渠道,降低銀行融資成本等多方面的意義。典型的商業銀行資產證券化交易結構至少應由原始權益人、SPV 和投資者三類主體共同組成。

(5) 商業銀行在經營表外業務時,面臨著比中間業務更突出的風險,主要涵蓋信用風險、市場風險、流動性風險、經營風險、定價風險、法律風險等多方面。商業銀行在管理這些風險時應該注意做好完善表外業務規章制度和操作規程、更多運用表外業務風險管理新技術、建立完善的表外業務內部控制制度、改進成本收益管理等多方面的工作。

(6) 中國商業銀行在發展中間業務或表外業務上雖然取得了一定的成績,但這些成績還不足以為我們贏取充分的競爭優勢。面對強大的外來競爭對手,本土商業銀行應該有憂患意識。畢竟和國外同行相比,在同類業務上,中國大部分商業銀行還差距甚遠,而且在業務發展過程中仍存在諸多問題,這些都應該一一解決。只有這樣,才能逐步縮小與競爭對手的差距。

思考練習題

1. 商業銀行發展中間業務有何意義?
2. 比較商業銀行表外業務和中間業務。
3. 簡述商業銀行資產證券化業務主要當事人及注意事項。
4. 簡述商業銀行表外業務面臨的主要風險。
5. 試述如何加強對商業銀行表外業務風險的管理。
6. 簡述中國商業銀行中間業務種類及基本特徵。
7. 簡述商業銀行資產證券化的意義。

第7章 商業銀行零售業務

內容提要：零售業務是現代商業銀行業務發展的戰略重點。本章主要介紹了商業銀行零售業務的概念及其分類、商業銀行零售業務的地位和作用、銀行客戶價值分析與客戶關係管理、銀行零售產品、銀行個人理財業務及重要的個人理財產品、銀行零售業務收益和風險、中國商業銀行零售業務發展的現狀。

銀行零售業務是商業銀行以客戶為中心戰略的集中體現，已成為商業銀行提供差異化零距離服務的主要途徑，成為打造知名品牌的主要平臺，成為創造核心競爭力的主要手段，是商業銀行利潤來源的重要組成部分和可持續發展的基礎及動力。

第1節 商業銀行零售業務的定義和種類

商業銀行零售業務是指商業銀行向社會公眾提供的零售金融業務，可以分為零售負債業務、零售資產業務、零售中間業務及零售表外業務。

一、商業銀行零售業務的定義

「零售業務」一詞最早起源於商業領域，行銷學大師菲利普‧科特勒教授將零售業務的性質定義為：零售包括將商品或服務直接銷售給最終消費者供其個人非商業性使用的過程中所涉及的一切活動。因此，銀行零售業務（Retail Banking Business）是指商業銀行向社會公眾提供的零售金融服務，也稱零售銀行業務，有狹義和廣義之分。廣義的商業銀行零售業務是與銀行批發業務相對應的一個概念，是指銀行對個人和家庭、個體生產經營者、小型自然人企業以及小型法人企業提供的小額金融服務。其中，個人和家庭是指居民個人；個體生產經營者是指農牧民、小商販、小手工業者、個體經商戶等；小型自然人企業主要是指不具有法人資格的個人獨資企業；小型法人企業是指具有法人資格但資本或資產規模較小的企業。狹義的商業銀行零售業務是一個與銀行公司業務相對應的概念，是指商業銀行對居民個人和家庭、小生產經營者以及小型自然人企業提供的各種小型金融服務。

商業銀行零售業務還有一個更狹義的概念，即僅指銀行對個人和家庭為主要對象所提供的金融服務，不包括銀行對小生產經營者和自然人所有的小型企業提供的金融服務。這種銀行零售業務的概念在中國較為流行，因此本書中採用的是這一更狹義的概念。商業銀行零售業務不同概念的區別如表 7.1 所示。

表 7.1　　　　　　　　　　　銀行零售業務的定義

	個人和家庭	個體生產經營者	小型自然人企業	小型法人企業
廣義的銀行零售業務	√	√	√	√
狹義的銀行零售業務	√	√	√	
更狹義的銀行零售業務	√	√		

二、商業銀行零售業務的種類

　　銀行零售業務從不同的角度和不同的標準可以分為不同的種類，劃分方法與銀行業務的一般劃分方法相同。零售業務按照業務期限可分為短期零售業務、中長期零售業務；按照業務範圍可分為國內零售業務和國際零售業務；按照業務保障可分為信用、抵押、擔保零售業務；按照業務性質可分為消費性、生產性、投資性零售業務；等等。我們在此採取最常用的方法，即依據銀行資產負債結構將其分為零售負債業務、零售資產業務、零售中間業務以及零售表外業務。在習慣上也相應稱之為個人存款業務、個人或消費者貸款業務、個人中間業務以及個人表外業務。

　　(一) 零售負債業務

　　零售負債業務由於主要是銀行對個人出售存款的服務，因此也稱之為個人存款業務。在中國，這部分存款稱為銀行儲蓄存款，是銀行零售業務中開展時間最長、佔比最大的業務。同樣其依據期限可分為短期存款、中長期存款；依據存款形式可分為個人活期存款、個人儲蓄存款、個人定期存款；依據利率可分為固定利率存款和浮動利率存款；依據特定用途可分為住房存款、基金存款、投資性存款及信用卡存款；等等。

　　(二) 零售資產業務

　　零售資產業務主要是指銀行對個人和家庭進行融資所形成的銀行資產，對於個人和家庭而言則為負債，因此又稱為個人和家庭貸款業務。個人貸款和信用卡透支是其主要組成部分。

　　同樣，個人和家庭貸款也可按不同標準分類，按用途可分為居民住宅抵押貸款和非住宅貸款；按還款方式可分為分期還款的貸款和一次還貸的貸款；按期限可分為短期貸款和中長期貸款；按利率可分為固定利率貸款和浮動利率貸款或可調整利率的貸款；按有無保障可分為信用貸款、抵押貸款和擔保貸款；等等。個人貸款隨著金融創新活動的發展也在不斷推出許多新的品種，個人和家庭貸款除了傳統的住房抵押貸款、汽車貸款、家具貸款、家用電器貸款、小額生產性貸款外，適應個人和家庭需要的教育貸款、醫療貸款以及旅遊貸款等得到了廣泛發展。

　　(三) 零售中間業務

　　零售中間業務是指銀行不運用或不直接運用自身的資產、負債，以仲介人的身分為個人和家庭提供各種金融服務並收取手續費的業務，亦稱零售仲介業務。其一般不直接反應在銀行的資產負債表上，但其與資產負債業務有著內在的聯繫。在當代西方商業銀行經營中，中間業務的地位越來越重要，其在它們利潤收入中的比重上升到

40%左右，有的大銀行甚至達到60%或更高。其中，零售中間業務在整個中間業務中也占絕大比重，主要是銀行向個人和家庭提供的服務性金融業務，20世紀80年代以來發展極為迅速並且有著極大的拓展空間。

零售中間業務的種類繁多，一般按業務的功能和形式可分為結算性中間業務（如個人匯兌、個人結算、信用卡等），擔保性中間業務（如個人信用證、票據承兌、個人信用擔保等），融資性中間業務（如個人租賃、承諾貸款、個人信託等），投資理財性中間業務（如代發工資、代保管、代理個人收付、個人財產信託、家庭證券經紀投資服務、家庭理財、共同基金和年金服務等），其他中間業務（如代理個人保險、家庭金融諮詢、家庭財務顧問等）。

這裡需要說明的是，從目前來看，銀行對個人的表外業務範圍並不大，其主要服務於高收入的富裕階層，廣義的中間業務可以包括表外業務，因為它們都具有業務不直接反應在資產負債表上和以銀行獲取手續費為主要收入來源的共同點，所以我們可以將個人表外業務並入個人中間業務中。但表外業務與中間業務仍有著不同的性質，它主要包括承諾、擔保及衍生金融工具等業務，業務發生時屬於不確定性的或有債權與或有債務，當特定條件發生時銀行履行協議，或有債權與或有債務就轉為現實的債權與債務，並反應在資產負債表中，表外業務具有較高的風險。

第2節 商業銀行零售業務的地位和作用

零售業務不但是商業銀行業務中不可或缺的組成部分，而且與其他業務形成交叉和支撐，構成相互聯繫的一個整體。

一、商業銀行零售業務與其他業務的關係

首先，零售業務為商業銀行的貸款（包括對個人和企業的貸款）和為其他資產業務提供資金。在一個經濟體中，家庭往往是資金的盈餘者，企業往往是資金的需求者，家庭資金供給用以滿足企業的資金需求。體現在商業銀行業務中，就是銀行吸收儲蓄存款，用來發放貸款或進行投資。

其次，零售業務是商業銀行中間業務的重要組成部分，其大量代理業務是對個人客戶提供的，如代發工資、代理支付水電費、電話費、代理證券公司、基金公司、保險公司等非銀行金融機構向個人客戶出賣金融產品以及匯兌、代保管、諮詢、出具證明等。

最後，商業銀行零售業務需要公司業務和中間業務的支撐。例如，客戶存入的資金運用之后才能獲取回報，以支付儲戶的利息；零售業務中的長期資產主要是住房貸款，商業銀行可能會出於流動性管理、風險管理和監管等方面的考慮，出售貸款或者對其進行證券化處理；對於客戶委託的資金，商業銀行需要進行投資；商業銀行在貨幣市場、資本市場進行投融資以解決零售業務資金的投資和支付回報。

二、商業銀行零售業務發展的因素

影響零售業務發展的宏觀、微觀因素有多種，如經濟發展速度、人口統計特徵、社會分配方式、宏觀政策調控、法規和管制、金融市場的發展、技術等。

經濟規模和發展速度可以簡單、直觀地以國內生產總值（GDP）的增長來衡量，該指標直接影響到個人收入水平。根據凱恩斯儲蓄理論 $C=a+bY$ 可知，個人收入對銀行儲蓄起決定性作用。除經濟發展水平以外，經濟週期變動，個人、企業、國家的分配比例，貨幣化程度，社會制度變革，市場的物價水平等也直接影響個人對金融產品的消費。

人口統計特徵對零售業務的發展至關重要。人口的增長情況、地理分佈、年齡、性別、婚姻狀況、受教育程度等影響到個人所處的生命階段和生活方式，對金融資產的分佈和對金融產品的需求具有直接的影響。

從銀行產品供給方面看其影響因素更加廣泛。銀行自身原因、法規、監管等要素也會影響到銀行零售業務的發展。銀行如果沒有盈利的動機，那麼就沒有動力開發銷售各種產品來滿足客戶需求；如果沒有合適的投資渠道，銀行開發新產品的努力往往會付諸東流；如果管制相當嚴格，銀行可能在開發產品方面成本和收益不對等，或往往沒有創新產品的足夠權限和能力。

法規和監管等因素的影響主要體現在金融機構方面：第一，規定了銀行的經營範圍，即銀行可以從事的業務，可以研發、經營的產品；第二，通過設定存款準備金率、資產負債率、不良資產率、資本充足率等指標對銀行的經營規模進行限制；第三，可以通過對銀行經營範圍的限制，對銀行成本施加重要影響，如對銀行融資方式的限定，直接決定銀行資金成本；第四，通過對銀行定價權限、稅收等方面的政策，直接影響銀行的收入和收益；第五，對銀行的資產管理、處置方式等政策，也從多方面制約或促進了銀行零售業務的發展。

金融市場的發展對銀行零售業務的影響是通過銀行可提供的產品以及金融同業競爭來實現的。技術進步對零售銀行業務也影響較大。籠統地說，一方面，它有利於零售業務的發展；另一方面，過高的資本密度擠壓了銀行利潤，不利於增加銀行價值。然而，在競爭激烈的環境中，對高新技術的採用已經不是銀行的選擇，而是銀行的義務。

政府的宏觀調控政策如貨幣政策、財政政策、產業政策已成為銀行業務發展的重要影響因素，它通過作用需求和供給雙方影響零售銀行業務。

第 3 節　客戶價值分析與管理

銀行作為一個企業，其經營的最終目的是追求利潤最大化。銀行開展零售業務的目的也是為了獲得利潤，客戶價值則是銀行零售客戶給銀行帶來的經濟回報總和。

一、客戶價值的概念及計算

(一) 客戶價值的概念

商業銀行零售客戶價值是指商業銀行的零售客戶（即其服務的對象）為了享受和使用該銀行提供的產品和服務而付出給該銀行的經濟回報總和，即該客戶給銀行帶來的未來現金流量淨值的折現值之和就是客戶價值。從長期來看，客戶價值單期創造的利潤對銀行形成正的現金流，從而具有正的價值。

(二) 客戶價值和銀行價值的關係

客戶價值是銀行價值的構成來源之一，但客戶價值並不是銀行價值的唯一來源，也不直接成為銀行價值，需要正確的行銷手段促成客戶價值向銀行價值轉換。銀行價值的另一個來源是員工價值。從資金來源看，銀行價值由股權價值和債權價值組成，員工價值是股權價值和債權價值得以實現的根本原因，激勵制度要求把股權價值和員工價值密切聯繫起來。外部客戶價值是銀行價值的表面反應，需要通過員工將其轉換為銀行價值，即客戶的價值並不是客戶創造的，而是銀行資金創造的，是通過銀行員工實現的（如圖7.1所示）。銀行員工通過行銷手段吸引客戶，提供給客戶滿意的產品，獲得客戶支付的手續費，或者運用客戶資金支付客戶利息后的收入，從客戶處取得正的現金流從而使基於客戶需求的價值成為現實，這在服務行業，尤其是在對勞動力素質要求較高的金融業體現較為明顯。

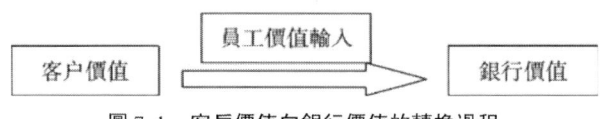

圖7.1　客戶價值向銀行價值的轉換過程

(三) 客戶價值的計算

從理論上看，客戶價值為留存期內淨現金流現值之和。銀行在開發一個客戶時，要先行付出一定的成本，如必要的廣告宣傳費用和差旅費用等，這時客戶對銀行當期的利潤貢獻為負值。當客戶與銀行持續地發生業務聯繫時，銀行每期會獲得一定的收入，同時也需要支付一定的成本。該期該客戶的利潤貢獻為：

$$L_t = R_t - C_t \qquad t = 0, 1, 2, 3, 4 \cdots\cdots \tag{7.1}$$

其中：L_t 為該期該客戶的利潤貢獻；t 為計算客戶價值的期限；R_t 為銀行在第 t 期從某個客戶獲得的收入；C_t 為銀行在第 t 期為某個客戶付出的成本。

運用現金流貼現方法，得到該客戶在 $t=0$ 時對銀行的價值：

$$V = \sum_{t=0}^{T} \frac{L_t}{(1+k)^t} \tag{7.2}$$

其中：V 為客戶在 $t=0$ 時對銀行的價值；T 為客戶的留存週期；k 為銀行的資本成本且保持不變。

注意此處的留存期 T 並不是客戶的生命週期長度，是指客戶被開發后到客戶退休前的一段時間。在客戶價值為正的情況下，加強客戶對銀行的忠誠度，延長客戶在銀

行的留存期，客戶對銀行的價值才會增加。如果客戶在未來時期不能夠給企業帶來利潤，客戶的留存期越長對銀行價值損失越大。

由於客戶留存的影響，銀行還要關注客戶留存率 r_t。

$$r_t = \frac{Q'_{t-1}}{Q_{t-1}} \tag{7.3}$$

其中：r_t 為本期的客戶留存率；Q_{t-1} 為上期期末客戶數；Q'_{t-1} 為客戶留存的本期期末的數量。

上式只是一個簡單的客戶留存率，而每個客戶對銀行產品的消費量和利潤貢獻不同，可以根據客戶的重要性和對銀行的價值進行加權，依此計算出的留存率更具有指導意義。客戶價值是長期的概念，而價值分析為多期分析。對客戶價值的關注使銀行可以用更加科學、長遠和戰略的眼光來看待客戶，培養客戶忠誠度，進行留存率管理，有選擇地進行新客戶開發和老客戶維護，加強對客戶收益和成本的核算管理，增強行銷的科學性。

需要注意的是，決定客戶價值的因素在於客戶和銀行兩個方面：一方面在於客戶為銀行帶來的現金流及其持續時間，另一方面在於銀行提供服務的成本。客戶方面的直接影響因素有交易量、交易金額、客戶留存期、客戶信用狀況等。其他的諸如整體經濟狀況、稅收、技術、監管、客戶家庭生命週期等因素通過影響上述直接因素間接作用於客戶價值。銀行方面的直接影響因素又取決於其管理水平，客戶開發和管理成本、產品定價、產品組合、產品構成、銷售渠道和成本、貸款管理水平等都直接影響客戶成本，從而影響客戶淨現金流，改變客戶價值。

儘管客戶價值公式的形式和原理十分簡單，並且似乎很合乎經濟學原理，但實際上，這一公式的使用需要大量的基礎工作。即使在忽略客戶的非貨幣價值的情況下，這一共識的建立仍然基於銀行可以計算自身各個時期的綜合資金成本，可以預計客戶留存期及留存期內的現金流。如果銀行不能正確估計客戶的現金流從而計算出價值，就意識不到一個價值為正的客戶的流失對銀行造成的損失有多大，更意識不到辛辛苦苦維護的價值為負的客戶，不但不會給銀行帶來價值，反而白白浪費了銀行的很多資源。在客戶來到銀行之前，這些數據的取得難度是不難想像的，只能依靠類似客戶的統計資料進行預測，獲得大致的盈利分析。

其實，客戶現金流的難以預測和客戶價值的動態性就是銀行保留低端客戶的原因之一。

二、客戶關係管理

（一）客戶關係管理的概念

客戶關係管理（Customer Relationship Management，CRM）起源於20世紀80年代初，到20世紀90年代初則演變為包括電話服務中心與支援資料分析的客戶服務（Customer Care）。客戶關係管理（CRM）是一種以客戶為中心的經營策略，以信息技術為手段，並對工作流程進行重組，以賦予銀行更完善的客戶交流能力，最大化客戶的收益率；客戶關係管理包括商業銀行判斷、選擇、爭取、發展和保持其客戶所要實施的

全部過程。客戶關係管理體現了「以客戶為中心」的經營理念，其核心是一對一行銷、徹底的個性化服務。

(二) 客戶關係管理的內涵

首先，從商業銀行的角度來看，CRM是這樣一個商業過程：商業銀行以培養長期的客戶關係為重點，通過再造商業銀行組織體系和優化業務流程，開展系統的客戶研究，提高客戶滿意度和忠誠度，提高營運效率和收入、盈利的工作實踐，是商業銀行為最終實現電子化、自動化營運目標所創造和使用的技術、軟硬件系統以及集成的管理方法、解決方案的總和。其次，從經營角度來看，CRM是一種以客戶為中心的經營策略，是一種新型的管理模式，既是一種先進的發展戰略和經營理念的體現，又是一種新型的商業模式和管理實踐活動，同時還直接表現為以現代信息技術為手段，對業務功能進行重新設計，並對業務流程（包括行銷、客戶服務和支持等）進行重組。再次，從商業的角度來看，CRM是一種把客戶置於決策出發點的商業理念，認為商業銀行經營活動的實質是真正「滿足客戶需要」，以加強與客戶的長期互動關係，在此基礎上，獲得商業銀行和客戶的雙贏。最後，從技術角度來看，CRM就是圍繞客戶需要，以數據倉庫和數據挖掘技術為基礎的CRM應用軟件系統，是以業務操作、客戶信息和數據分析為主要內容的軟、硬件系統集成，是商業銀行經營活動在高度數據化、信息化、電子化和自動化條件下與客戶全面接觸、全程服務的統一技術平臺和智能服務系統。

金融機構已經認識到培養客戶關係的重要性，長期的客戶關係是降低客戶流失率、降低成本和增加收益的重要方式。銀行為客戶提供全面的服務，可以獲得有關客戶財務需求的大量信息，進一步可以利用這些信息與客戶建立一種密切的關係，這種關係可以為銀行和客戶雙方帶來效益。隨之而來的是對客戶關係的管理。買方市場是客戶關係管理的外部環境，若買方願意持續地購買銀行的產品和服務，銀行就會獲得持久的生存力量，建立、保持與客戶的關係就成為銀行的行銷重點。相對於以交易為目的的行銷，關係行銷更加強調客戶服務，注重提供給客戶的產品質量，密切與客戶的聯繫，追求客戶忠誠度以尋求客戶的保留率和留存期，最大化客戶對銀行價值的貢獻。

(三) 客戶關係管理的意義

零售銀行競爭的基礎是便利程度、產品價格、服務質量和建立值得信賴的客戶關係。當銀行在某一區域甚至全國建立起廣泛的服務網路之後，試圖通過便利獲得持久的競爭優勢變得越來越困難。價格也同樣如此，除非銀行具有巨大的規模經濟和價格領導地位，否則很難長期擁有價格優勢。這樣，提高服務質量和建立客戶關係就成為差異化經營的主要手段。

獲得一位新客戶的成本是保持老客戶的5倍（Clutterback，1989）。銀行為贏得客戶，必須使客戶離開現在使用的銀行，而客戶離開其原有銀行的動力來自以下兩個方面：一是銀行自身的原因，銀行提供的產品和服務的回報較差；二是競爭對手可以提供更具吸引力的服務。因此，銀行加強客戶關係管理的意義有以下幾個方面：

1. 有助於提高客戶滿意度

CRM的出現實現了商業銀行經營從「以產品為中心」模式向「以客戶為中心」模

式的轉移；實現了從「Saving Bank」向「Servce Bank」的轉移。借助於 CRM 系統，可實現銀行與客戶之間「一對一」的個性化服務關係，滿足客戶個性化需求，提高客戶的滿意度。

2. 有助於商業銀行管理能力的提升

CRM 能使商業銀行跨越系統功能和不同的業務範圍，把行銷與服務活動的執行、評估、調整等與客戶滿意度、忠誠度、客戶收益等密切聯繫起來，在增強商業銀行整體的行銷、銷售和服務活動有效性的同時，也提高了銀行業務活動的管理水平。

3. 有助於商業銀行對其客戶行為進行預測

CRM 系統使銀行可以按照客戶為銀行創造盈利的多少和盈利潛在可能性的大小將客戶進行分類，進而根據不同客戶消費習慣，預測其未來的消費傾向。可以使商業銀行在理解客戶行為基礎上更好地把握客戶和市場需求，找出最有利可圖的目標市場，提供符合該目標市場需求的金融產品。

4. 有助於降低行銷成本，增加利潤

CRM 可通過數據庫、網路技術平臺及前端應用程序建設面向全球的交易系統，實現客戶數據的收集、處理、挖掘並實現及時更新，還可讓全體員工共享統一的、即時的客戶信息。利用先進網路技術使各部門間的技能和知識充分交流，讓業務流程銜接更加緊密，從而能大幅削減傳統組織中為分工協作所付出的計劃、指揮、協調及監控等成本費用。

第 4 節　商業銀行零售產品

商業銀行零售產品是商業銀行提供零售業務的基礎，是滿足零售客戶金融需求的商品和服務。

一、零售產品的定義和功能

金融機構實質上不提供實物產品，所謂的產品和服務本質上都是服務。如果必須進行區分的話，我們可以認為，服務是一個概括的術語，指一種行為或功能；產品是這種行為或功能的特定表現形式。服務是長期存在的，而產品只存在於短時間內。任何服務都可以通過不斷升級的產品組合，以相關的方式提供給客戶。這種定義方式對於理解如何開發、行銷、運行銀行業務十分關鍵。

金融產品是金融業務的組成部分，在某種程度上就是金融業務本身。零售產品的運用構成零售業務，銀行零售業務是對銀行零售產品的開發、組合、升級、創新、淘汰等行為。

銀行產品還具有轉換風險、期限從而為客戶提供投資渠道的作用。例如，銀行可以通過自身的准入優勢幫助客戶進入銀行間債券市場、同業拆借市場、外匯市場、銀行貸款市場等；可以通過證券轉換，使小投資者參與規模巨大的投資；可以使短期資金得以購買長期產品等。

二、產品和客戶需求

一般來說，人們使用銀行產品的目的有三個——支付、為未來儲蓄和應對生活中的變化，從而實現自身的生活方式。社會改變著人們運用資金的方式，相應地促進銀行服務的不斷演變。銀行零售產品也隨著人們生活方式（代表這部分客戶的經濟狀況）和社會態度的變化而變化，凱瑟琳·史密斯（Catherine Smith）在銀行產品定位方面描述了兩個關鍵概念：生命階段分析和生活方式分析（分析人們的行為）。

生命階段分析是把人們生命中事件發生的時間有計劃地組織起來，依此為客戶提供相應產品。該分析認為，人們在不同生命階段會發生不同的事件，如上大學、結婚等，從而引致不同的金融需求，需要銀行提供不同的金融產品來滿足。人們在不同生命階段發生的時間，不論是否可以預測，都大致遵循一個相對固定的模式。因此，這些產品幾乎是必不可少的，除非社會做了不同的制度安排。由於銀行提供產品與客戶的特定經歷相聯繫，這種行銷方法很容易加強與客戶的關係。

生活方式分析通過評估客戶的消費和儲蓄方式來確定為客戶提供的零售產品，以此便利客戶選擇的生活方式。其優點是可以有效地安排客戶的金融需求，不足是客戶在生活方式變化時不能相應地改變其需求，從而會導致客戶支付其已經不再需要的產品的費用，由此損害銀行與客戶的關係。

這兩種方法提供了理解客戶行為和開發特定產品的方法。在任何階段，只要已經對客戶進行了準確分類，就可能預測到客戶的需求。應當注意，客戶需求不是靜態的，其生活和生命階段在不斷變化之中。

三、零售產品介紹

銀行零售產品種類繁多，金融創新層出不窮，在此我們對商業銀行的一些零售產品做一簡單介紹。

（一）個人存款類零售產品

商業銀行的存款設計日益呈現出多樣化和便利化的特徵，逐漸形成了目前複雜的存款結構體系。基本的個人存款類產品包括交易（支付）存款帳戶和非交易（儲蓄）存款帳戶。

1. 交易（支付）存款帳戶

交易（支付）存款（Transaction Deposit）帳戶是指商業銀行在客戶存款的基礎上為其提供一系列交易支付的一種存款服務和結算帳戶。它保證在客戶或客戶指定的第三者提出付款請求時立即支付，是一種存款客戶可就此帳戶開出支票，辦理轉帳支付的活期存款（Demand Deposits），即存款客戶不需要事先通知銀行，就可隨時簽發支票用於支付和提款。由於這種存款主要用於交易和支付，並且支用時需使用銀行規定的支票，因此又有支票存款之稱。該種存款不僅能滿足存款客戶存取方便、運用靈活的需要，同時也常常是客戶從銀行獲得貸款和服務的重要條件。

2. 非交易（儲蓄）存款帳戶

非交易（儲蓄）存款帳戶（Thrift Deposits）是相對於交易（支付）存款帳戶而言

的另一類個人存款帳戶。居民家庭和個人閒置資金轉化為非交易性的儲蓄存款的目的在於應付未來的支付以及防備意外情況的發生。由於這類存款具有相對的穩定性，因此銀行會對其支付較高的利息。從傳統意義上講，該帳戶是不能開出支票、辦理轉帳支付業務的。但值得一提的是，伴隨著金融創新和政府管制的放鬆，該帳戶可以隨時轉入交易（支付）帳戶間接開出支票辦理轉帳結算。

（二）個人貸款類零售產品

銀行的個人貸款有著許多不同的類型，用以滿足個人和家庭的各種需要，隨著許多國家金融管制的放鬆、電子信息技術和金融創新的發展，一些新的消費貸款又在不斷出現。個人貸款從不同角度或按不同標準劃分，有許多種類或品種：

（1）按照貸款的用途可分為消費者貸款和個人投資貸款。消費者貸款是以個人消費為目的而發放的貸款，其又可以分為住宅貸款和非住宅貸款兩種。前者主要用於消費者購買住房和更新、修繕住房；后者用於消費品或服務。非住宅貸款具體又可分為汽車貸款、家用電器貸款、家具貸款、醫藥和醫療貸款、教育貸款、度假旅遊貸款及小額生活貸款等。個人投資貸款是指對以盈利或經營為目的的個人投資發放的貸款，如對個人的有價證券投資貸款、外匯投資貸款以及房地產投資貸款等，銀行現在一般只限於對高收入階層或富裕人士提供此類服務。

（2）按照貸款的期限可分為短期貸款和中長期貸款。

（3）按照貸款的利率可分為固定利率貸款和浮動利率貸款。

（4）按照還款方式可分為分期還款的貸款和一次還清的貸款。

（5）按照有無抵押可分為抵押貸款、保證貸款和信用貸款。

（6）按貸款人與消費者的關係可分為直接貸款和間接貸款。直接貸款是貸款人直接對消費者發放的貸款。間接貸款是銀行支持消費者用分期付款方式購買汽車和耐用消費品，對出售這些商品的零售商所承擔的應收款發放的貸款。

（7）按照貸款的使用限制可分為封閉貸款和開放貸款。封閉貸款是指貸款的使用限定為合約規定用途的貸款，個人貸款大部分都是封閉式的；相反，貸款的用途不受嚴格的限定，就是開放式貸款。

（8）綜合的分類方法也是最常用的劃分方法。以美國為例，從綜合分類角度的主要貸款種類如圖 7.2 所示。

```
           ┌                ┌ 住宅抵押貸款 ┌ 首次抵押貸款
           │                │            └ 住宅股權貸款
           │ 消費者貸款     │            ┌ 分期還款貸款
個         │                └ 非住宅貸款 ├ 非分期還款貸款
人         │                             └ 信用額度貸款
貸  ───────┤                ┌ 有價證券投資貸款
款         │ 個人投資貸款   ├ 房地產投資貸款
           │                └ 外匯投資貸款
           │
           └ 現金管理方案（量身打造貸款）
```

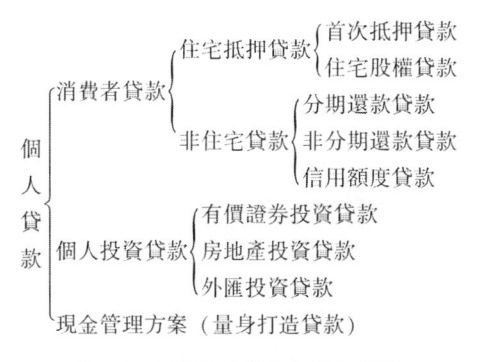

圖 7.2　美國個人貸款的主要種類

(三) 零售中間業務產品

中間業務與資產、負債業務，共同構成了現代商業銀行業務的「三大支柱」。在西方發達國家和地區，這種以低風險、高收益為特徵的「黃金業務」，按其功能和形式可以分為如下幾大類型：

(1) 個人結算性業務。這是由商業銀行為個人客戶辦理由債權債務關係引起的、與貨幣收付有關的業務，如個人匯兌業務、個人支票、個人匯票、個人信用卡業務等。這是商業銀行一項傳統的中間業務。隨著現代化步伐的加快，客戶對結算手段、方式、服務水平提出了更高要求。現代銀行在結算中充分利用高科技手段，使異地匯款、異地托收、異地結算大大提高了效率和客戶的資金週轉速度。

(2) 個人代理業務。近年來，代理業務成為各家商業銀行競相參與、發展較快的一項中間業務，比較集中的是代收、代付、代保管等。在代理時，由銀行運用其豐富的知識與技能以及良好的信譽，行使監督管理權，提供金融服務，銀行並不使用自己的資產，不為客戶墊款，不參與收益的分配，只收取手續費。

(3) 個人融資性業務。這是由商業銀行向客戶提供傳統信貸以外的其他融資服務而產生的有關業務，如租賃、信託投資、委託轉帳、遠期外匯買賣、銀行證券之間轉托業務。

(4) 擔保性業務。這是由商業銀行向客戶出售信用或為客戶承擔風險引起的有關業務，如擔保、承諾、承兌業務等。

(5) 金融工具創新業務。這是由商業銀行從事與金融創新工具有關的各種交易引起的有關業務，包括貨幣利率互換、期匯業務、遠期利率協議等。

(6) 其他中間業務，如諮詢、評估、財務顧問、計算機服務等業務。

第 5 節　商業銀行的個人理財業務

個人理財業務作為一種重要的商業銀行零售業務，在國外的發展時間較長。中國的商業銀行的個人理財業務雖然起步較晚，但是隨著商業銀行競爭加劇、國民經濟增長和個人財富的增加，個人理財業務也發展迅速。

一、商業銀行個人理財業務的涵義和分類

根據中國銀監會《商業銀行個人理財業務管理暫行辦法》（以下簡稱《辦法》）第二條的規定，個人理財業務是指商業銀行為個人客戶提供的財務分析、財務規劃、投資顧問、資產管理等專業化服務活動。

商業銀行個人理財業務按照管理運作方式不同，分為理財顧問服務、綜合理財服務、財富管理三大類（如圖 7.3 所示）。根據《辦法》第八條的規定，理財顧問服務是指商業銀行向客戶提供的財務分析與規劃、投資建議、個人投資產品推介等專業化服務。因此，商業銀行為銷售儲蓄存款產品、信貸產品等進行的產品介紹、宣傳和推介等一般性業務諮詢活動並不是針對個人客戶的專業化服務，即不屬於理財顧問服務。

在理財顧問服務活動中，客戶根據商業銀行提供的理財顧問服務管理和運用資金，並享有由此產生的收益和承擔相應的風險。

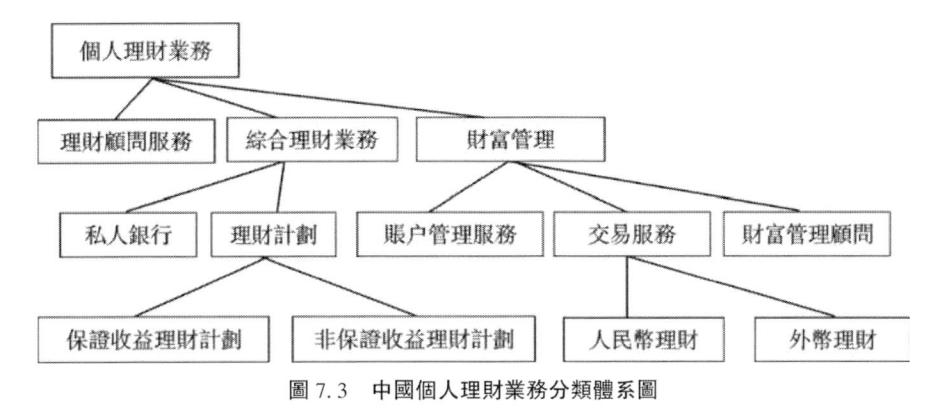

圖7.3　中國個人理財業務分類體系圖

綜合理財服務是指商業銀行在向客戶提供理財顧問服務的基礎上，接受客戶的委託和授權，按照與客戶事先約定的投資計劃和方式進行投資和資產管理的業務活動。客戶授權銀行代表客戶按照合同約定的投資方向和方式，進行投資和資產管理，投資收益與風險由客戶承擔或者客戶與銀行按照約定方式承擔。

與理財顧問服務相比，綜合理財服務更加強調個性化服務。因此，綜合理財服務可進一步劃分為私人銀行業務和理財計劃兩類。其中，私人銀行業務涉及的業務範圍非常廣泛，服務對象主要是富裕人士及其家庭；而理財計劃則是商業銀行針對特定目標客戶群體進行的個人理財服務，與私人銀行業務相比，個性化服務的特色相對弱一些。

（一）私人銀行業務

私人銀行是一種向富裕人士和其家庭提供的系統理財服務，並不限於為客戶提供投資理財產品，還包括替客戶進行個人理財，利用信託、保險、基金等一切金融工具維護客戶資產在收益和流動性之間的精準平衡，同時也包括與個人理財相關的一系列法律、財務、稅務、財產繼承、子女教育等專業顧問服務。值得注意的是，私人銀行不是零售銀行。在服務對象方面，零售銀行面對的是普通儲戶，私人銀行面對的是可投資資產超過600萬元的高淨值人士。在服務內容方面，零售銀行提供基本的儲蓄、貸款及個人理財等服務，私人銀行提供包括私人定制的一攬子財務計劃、財富傳承以及許多非金融服務。私人銀行服務也不等同於個人金融理財服務和財富管理服務。個人理財一般是從不同的理財產品中挑選符合客戶需求的產品，通常是短期的，而私人銀行是根據客戶個人及家庭的需求，立足於完整的生命週期來定制長期的財富規劃。私人銀行是商業銀行業務金字塔的塔尖，其目的是通過全球性的財務諮詢及投資顧問，達到保存財富、創造財富的目標。私人銀行業務的核心是個人理財，業務具有秘密性、產品的全面性、非金融增值產品等特點，已經超越了簡單的銀行資產、負債業務，實際屬於混業業務，涵蓋的領域不僅包括傳統零售銀行的個人信用、按揭等業務，更提供包括衍生理財產品、離岸基金、保險規劃、稅務籌劃、財產信託，甚至包括客戶的

醫療以及子女教育等諸多產品和服務。如果說一般理財業務產品和服務的比例為7：3的話，那麼私人銀行業務中產品和服務的比例大至為3：7。

(二) 理財計劃

理財計劃是指商業銀行在對潛在目標客戶群體分析研究的基礎上，針對特定目標客戶群開發、設計並銷售的資金投資和管理計劃。

按照客戶獲取收益的方式不同，理財計劃可分為保證收益理財計劃和非保證收益理財計劃。

1. 保證收益理財計劃

保證收益理財計劃是指商業銀行按照約定條件向客戶承諾支付固定收益，銀行承擔由此產生的投資風險，或銀行按照約定條件向客戶承諾最低收益並承擔相關風險，其他投資收益由銀行和客戶按照合同約定分配，並共同承擔相關投資風險。

2. 非保證收益理財計劃

非保證收益理財計劃又可以分為保本浮動收益理財計劃和非保本浮動收益理財計劃。保本浮動收益理財計劃是指商業銀行按照約定條件向客戶保證本金支付，本金以外的投資風險由客戶承擔，並依據實際投資收益情況確定客戶實際收益的理財計劃。該種理財計劃的特點就是保證客戶的本金安全，但不保證客戶一定獲得收益，因此仍然屬於非保證收益理財計劃。非保本浮動收益理財計劃是指商業銀行根據約定條件和實際投資收益情況向客戶支付收益，並不保證本金安全的理財計劃。由於該種理財計劃對客戶本金的安全性都不予以保證，因此投資者承擔的風險相對更大。

(三) 財富管理

財富管理是指以客戶為中心，設計出一套全面的財務規劃，通過向客戶提供現金、信用、保險、投資組合等一系列的金融服務，將客戶的資產、負債、流動性進行管理，以滿足客戶不同階段的財務需求，幫助客戶達到降低風險、實現財富增值的目的。財富管理範圍包括現金儲蓄及管理、債務管理、個人風險管理、保險計劃、投資組合管理、退休計劃及遺產安排。當前各商業銀行的財富管理業務內容十分豐富，主要包含以下幾方面的內容：

1. 帳戶日常結算和管理服務

利用銀行便利的短期融資條件和先進的清算系統，為客戶提供存取款、投資、貸款、結算、智能轉帳等服務。這是財富管理服務中最基本、最簡單的內容。對於銀行的財富管理客戶，這些服務基本上免收服務費用。

2. 交易類服務

這是銀行用來吸引客戶的主要財富管理業務，也是銀行財富管理業務中的強項，包括人民幣理財業務和外匯理財業務。

（1）人民幣理財是指商業銀行以銀行間債券市場上流通的國債、金融債、央行票據以及企業短期融資債等收益保證類標的為投資對象，面向財富管理客戶發行的，到期向客戶支付本金和收益。

（2）外匯理財業務實質上是銀行利用衍生產品交易幫助客戶提高資產的收益率。對於商業銀行來說，外匯理財業務一方面有利於在激烈的同業競爭中留住外匯存款客

戶；另一方面銀行可以充分利用已有技術、人力、客戶資源，通過開發外匯理財業務潛力，拓展新的盈利空間。

3. 財富管理顧問服務

銀行依靠自身在資訊和人才方面的優勢以及和證券、保險、基金等金融機構的廣泛合作，為客戶提供理財規劃、投資建議、金融諮詢等一系列的理財顧問服務。財富管理顧問服務是財富管理的高級階段。其實施載體是一對一、一站式的客戶經理服務。其提供的是針對客戶的預期收益率和自身的風險承受能力，所量身定做的、獨一無二的財富管理計劃。財富管理計劃中為客戶設計的投資產品多為銀行特有的金融產品，如儲蓄、外匯買賣以及銀行代理的各種國債、基金、保險產品。

4. 各種優先優惠措施

這是銀行為穩定財富管理客戶資源、爭取更多的客戶而設計的附帶服務，可以視為餐前小食、餐後甜點。這些服務均是免費提供的。作為銀行的財富管理客戶，一般可以享受到優先辦理各項業務，優先提供各種緊俏投資理財產品（如預留國債額度），享受多項業務費用減免等服務。銀行的財富管理客戶多屬於社會中高級收入階層，這些彰顯身分的優惠服務和貴賓待遇對他們來說還是具有相當吸引力的。

5. 企業資產管理業務

目前中國商業銀行的企業資產管理業務還處於起步階段，主要集中在為企業提供日常財務監理、資金調撥等帳戶管理服務以及為企業兼併收購、債券及票據發行、基金託管、工程造價諮詢等提供顧問服務。

一般意義上的理財業務屬於早期的理財概念，其行銷模式是以產品為中心，金融機構（主要指商業銀行）通過客戶分層、差別化服務培養優質客戶的忠誠度，從而更好地銷售自己的產品；而財富管理業務則是以客戶為中心，金融機構（商業銀行、基金公司、保險公司、證券公司、信託公司等）根據客戶不同人生階段的財務需求，設計相應的產品與服務，以滿足客戶財富管理需要，這些金融機構成為客戶長期的財富管理顧問。財富管理業務屬於成熟的理財業務。

財富管理與一般意義上的理財業務的區別主要有以下三點：

其一，從本質上看，財富管理業務是以客戶為中心，目的是為客戶設計一套全面的財務規劃，以滿足客戶的財務需求；而一般意義上的理財業務是以產品為中心，目的是更好地銷售自己的理財產品。

其二，從提供服務的主體來看，財富管理業務屬於成熟意義上的理財業務，其主體眾多，不僅限於銀行業，各類非銀行金融機構都在推出財富管理業務。一般意義上的理財業務多局限於商業銀行所提供的傳統業務和中間業務。

其三，從服務對象上說，財富管理業務不僅限於對個人的財富管理，還包括對企業、機構的資產管理，服務對象較廣；而一般意義上的理財業務處於理財業務發展的較早階段，作為中國商業銀行的一類金融產品推出，主要指的是銀行個人理財業務產品的打包，服務對象多為私人。財富管理的三個鮮明特徵「以客戶為中心」「服務主體眾多」「服務對象較廣」，使其區別於一般意義上的理財業務，成為理財服務的成熟階段。

二、理財產品介紹

(一) 理財產品的分類

國內銀行個人理財產品品種繁多，按照不同的分類標準可以分為不同的種類。銀行理財產品根據幣種的不同可以分為人民幣理財產品和外匯理財產品兩類。人民幣理財產品又可以分為保證收益和非保證收益的。保證收益的產品再分為固定收益和浮動收益兩種類型（如表7.2所示）。

表7.2　　　　　　　　　　理財產品按幣種分類

理財產品幣種	分類	收益情況
人民幣	保證收益	浮動收益
		固定收益
	非保證收益	保本，但收益不確定
		不保本
外幣	兩種外幣組合的期權投資產品	不保本，但一般受益較高
	與金融衍生工具掛勾的結構性理財產品	絕大部分保本
	優惠利率的固定收益類理財產品	固定收益

根據本金與收益是否保證，我們可以將銀行理財產品分為保本固定收益產品、保本浮動收益產品與非保本浮動收益產品三類。從理財產品的投資領域來看可以將理財產品分為債券型、信託型、新股申購型、掛勾型和QDII型等。

(二) 主要的理財產品介紹

1. 外匯結構性理財產品

外匯結構性理財產品是將固定收益產品和選擇權產品進行組合的產品。這類產品將固定收益產品與外匯期權相結合，賦予交易雙方以一定的選擇權，將產品本金及報酬與信用、匯率、利率甚至商品價格等相聯繫，以達到保值和獲得較高投資收益的目的。由於可以根據投資者的不同風險偏好量身設計，因此成為投資者的重要投資理財工具之一。國內銀行的個人外匯理財產品也大都採取了結構性產品的形式。

2. 信託型本幣理財產品

信託型本幣理財產品主要是投資於商業銀行或其他信用等級較高的金融機構擔保或回購的信託產品，也有投資於商業銀行優良信貸資產受益權信託的產品。這類信託貸款類理財產品一般在募集前就已經確定了投資目的，同時銀行會加入資金監管，必要時還會引入連帶責任擔保，因此信用等級較高，收益率也比只投向貨幣市場的人民幣理財產品高。

3. 掛勾型本幣理財產品

掛勾型本幣理財產品也稱為結構性產品，其本金用於傳統債券投資，而產品最終收益率與相關市場或產品的表現掛勾。有的產品與利率區間掛勾，有的與美元或者其他自由兌換貨幣匯率掛勾，有的與商品價格主要是國際商品價格掛勾，還有的與股

票指數掛勾。為了滿足投資者的需要，這類產品大多同時運用一定的掉期期權，設計成保本產品，特別適合風險承受能力強、對金融市場判斷力比較強的投資者。

4. 新股申購型人民幣理財產品

新股申購型人民幣理財產品是指商業銀行將募集資金專門用於滬深 A 股新股申購投資的一種非保本浮動收益理財產品。

5. QDII 型本幣理財產品

QDII 型本幣理財產品，即是客戶將手中的人民幣資金委託給被監管部門認證的商業銀行，由銀行將人民幣資金兌換成美元，直接在境外投資，到期後將美元收益及本金結匯成人民幣后分配給客戶的理財產品。

三、中國個人理財業務的發展

與經濟發達國家相比，中國銀行個人理財業務剛剛起步，但發展非常迅速。1995 年，招商銀行推出集本外幣、定活期存款集中管理及代理收付功能為一體的「一卡通」，國內首度出現以客戶為中心的個人理財產品。1997 年，中信實業銀行廣州分行成為首家成立私人銀行部的國內銀行，並推出了國內首例個人理財業務，客戶只要在該行保持最低 10 萬元的存款，就可以享受到該行提供的個人財產保值升值方面的諮詢服務。隨後各家銀行競相推出自己的特色產品。個人理財業務受到各家商業銀行的推崇，各金融機構都把個人理財業務的開展作為競爭優質客戶的重要手段和新的經濟效益增長點。

各銀行紛紛打造理財品牌，如工商銀行的工行財富、「理財金帳戶」，招商銀行的「金葵花理財」，光大銀行的「陽光理財」，中國銀行的「中銀理財」，民生銀行的「非凡理財」，交通銀行的「得利寶」、沃德財富等，都已成為眾人熟知的理財品牌；各銀行都將優勢服務聚集於一體，提供設計完善的產品、標準的貴賓化服務，還有覆蓋廣泛的服務網路，突破了通常的「理財產品」概念，升級為「服務」模式，促進了理財市場的發展，提升了銀行形象。

2008 年上半年，伴隨著資本市場的深幅回調，基金、券商集合理財產品遭遇重創。儘管商業銀行理財業務在當年 4 月份經歷了較為嚴厲的「監管風暴」，但憑藉其穩健、多樣化等優勢，受到投資者的追捧，成為資本市場弱勢下的資金避風港。銀行理財產品在 2008 年上半年取得快速發展，共有 53 家商業銀行發行了 2,185 款理財產品，其中 40 家中資銀行發行了 1,780 款產品，10 家外資銀行發行了 385 款產品。

2009 年以來，中國銀行個人理財產品的發行規模迅速增長，從 1.7 萬億元發展為 2014 年年底的 15.02 萬億元。中國銀行業協會數據顯示，銀行理財產品在 2010—2014 年間增速最快，年均複合增長率超過 40%。截至 2014 年年底，銀行理財產品發行主體從 2004 年的 14 家商業銀行發展到國內經營的 100 多家銀行，其中包括四大國有銀行、股份制商業銀行、城市商業銀行、農商行以及農村信用合作社。根據《中國財富管理報告 2014》的預測，到 2020 年年底，中國私人財富管理市場規模量將達到 97 萬億元人民幣，市場規模總量將達到 227 萬億元人民幣。

第 6 節　銀行零售業務的收益和風險

銀行零售業務一方面為銀行帶來收益，其收益主要有利息收入、手續費收入和匯差收入；另一方面銀行也面臨著各種各樣的風險，比如信用風險、市場風險和操作風險。因此，商業銀行需要做好銀行零售業務收益和風險間的平衡。

一、銀行零售業務的成本與收益

銀行零售業務的成本除直接的利息支出、稅收支出、手續費支出外，還包括員工工資、固定資產支出、技術支出等。此外，由業務本身引致的存款保險成本支出、上存存款保證金的機會成本、支出的監管費用、因風險導致的損失等也在廣義的零售業務成本之內。

零售業務的收益項目主要包括利息收入、手續費收入和匯差收入三種。利息收入來自銀行為客戶發放的住房貸款、消費貸款和助學貸款等融資項目。隨著收入和生活水平的提高，人們有更多的財富需要銀行等金融機構代為管理，金融產品的複雜性和快速的生活節奏催生了銀行的理財業務，銀行在為客戶節約時間和精力、提高收益或達到特定目的的同時，可以從中賺取豐厚的手續費。另外，國際交往和個人外匯持有量的大量增加，使銀行在辦理個人業務時可以收取匯差收入。

銀行可以通過優化管理提高業務收益。例如，銀行具有的規模經濟和範圍經濟可以降低產品成本和價格，從而擴大銷售量和增加利潤。零售業務是金融產品豐富、創新迅速的領域，這種創新包括純粹新產品的開發、產品的重新組合和定位等，是銀行拓展業務範圍的重要方面，產品線的擴展可能會為銀行帶來範圍經濟。又如，零售業務領域非常注重市場細分，通過細分市場，銀行可以創造差異化產品，從而制定不同的價格，獲取不同的收益。

二、銀行零售業務的風險

銀行零售業務面臨著多種風險，可以分為三個層級，其種類和相互關係如圖 7.4 所示。

(一) 第一層風險

這一層的風險與銀行零售業務的生存和發展有最直接關係。

1. 信用風險

根據《巴塞爾新資本協議》的規定，銀行零售貸款分為三個子類：住宅抵押貸款、合格的零售貸款和所有其他的零售貸款。在零售貸款中，信用風險表現為銀行客戶未按合同程序履行還本付息的義務，或者信用評級下降給銀行帶來貸款損失可能性的增大。信用風險是零售業務中的基礎風險之一，不僅可能引發其他風險甚至可能引發系統性風險。現代商業銀行對個人信貸產品的證券化延長了風險鏈條、擴散了信用風險，也增加了風險管理的難度。

圖 7.4　零售業務風險的種類

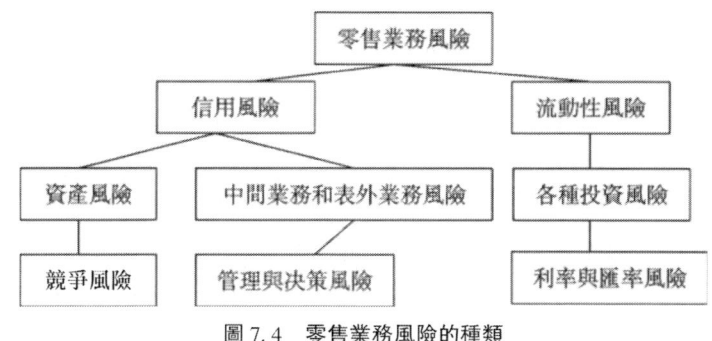

2. 流動性風險

在零售業務中，銀行的流動性供給主要有客戶存款、中間業務收入、客戶償還貸款等；流動性需求主要有客戶提款、客戶融資需求、客戶資金委託業務的撤回、銀行代理金融產品的贖回（如基金和其他委託代銷產品的中止等）。除非特殊情況，零售業務的流動性需求一般不會很集中，並且由於其金額較小，銀行也可根據自身的流動性狀況進行調節，不易對銀行的流動性造成壓力。

（二）第二層風險

第二層風險包括資產風險、中間業務和表外業務風險及各種投資風險。這一層與零售業務的發展不具有最直接的相關關係，但是它們都是銀行在經營零售業務過程中可能產生的風險。

（三）第三層風險

第三層風險包括競爭風險、管理風險以及利率、匯率風險。它們對銀行零售業務發展的影響是緩慢而不明顯的，通過它們的作用，零售業務的其他風險會表現出與此相關的反應。

在這三個風險層次中，第三層風險多屬銀行經營以外的風險，它們要以第二層風險作為媒介來體現。第二層風險是發生在銀行經營領域的風險，其風險是伴隨著銀行的經營活動而產生的，並且在整個風險體系中起到承上啓下的連接作用。第一層風險則是三層風險控制的總體效果的反應。

第 7 節　中國商業銀行零售業務現狀

與西方發達國家相比，中國商業銀行零售業務發展明顯滯后。在中國，由於社會經濟發展水平不高，加之銀行對零售業務在認識上和觀念上的滯后，長期以來，國內商業銀行往往只注重對大企業、大客戶的金融服務，而忽視了對零售客戶的重視和對個人金融需求變化的關注，這導致了在很長一段時間裡，中國商業銀行零售業務幾乎是空白，市場需求處於極大的壓抑狀態。在相當長的時間內，中國商業銀行的零售業務就是指單一的居民儲蓄業務。在市場經濟條件下，中國的金融改革步伐不斷加快，

各類銀行、金融機構應運而生,同時帶來了金融服務的超常規發展,其中最為突出是個人零售業務。

中國銀行的零售業務的啟動是以 20 世紀 90 年代中期銀行儲蓄卡的推廣為標誌的。伴隨著中國經濟的高速增長,中國銀行的零售業務也獲得了快速的發展。2006 年,中國各大銀行開始將大力發展銀行零售業務作為其戰略轉型的重點內容。目前,中國的零售銀行業務已經涉及儲蓄、銀行卡、消費信貸、投資理財等業務領域,主要包括信用卡業務、私人銀行業務、消費信貸業務、貴賓理財業務和傳統零售銀行業務五大類,並且服務渠道也由原來的單一的櫃臺交易擴展為網上銀行、電話銀行、ATM 自助銀行等交易。中國的零售銀行規模不斷擴大,尤其是消費信貸的發展值得關注。國家統計局和中國人民銀行的相關統計數據顯示,中國消費信貸餘額增速不斷加快,從 1997 年到 2014 年 12 月末,中國個人消費信貸餘額從 172 億元增加到 13 萬億元,增長 700 多倍。尤其是 2002 年之前,消費信貸一直處於快速發展階段,個人消費信貸以平均每年 160%的速度增長。

一、零售資產業務現狀

零售業務中的資產業務主要包括各項消費信貸以及信用卡業務。自 1998 年來,中國的消費信貸有了快速的發展,在業務規模上表現良好,業務量持續上升,但在品種方面卻發展不均衡;信用卡授信方面,截至 2014 年年底,中國信用卡授信總額為 4.57 萬億元,信用卡平均授信額度已經達到了 1.17 萬元。

（一）消費信貸規模增長迅速

消費信貸品種呈多元化,消費領域發展到住房、助學、汽車等多個領域;信貸工具發展到信用卡、存單質押、國庫券質押等多種方式;開辦消費信貸業務的機構由國有控股商業銀行發展到幾乎所有商業銀行。

（二）消費信貸的比重仍然很低

雖然消費信貸高速增長,但是中國的消費信貸還處於起步階段,消費信貸的發展不僅遠遠落後於西方發展國家,而且與一些發展中國家也存在著較大的差距。2014 年年底,社會融資規模為122.86 萬億元,但消費信貸僅為13 萬億元,占比不到10.66%。

（三）住房消費信貸快速增長,潛力巨大

雖然中國消費信貸種類日益繁多,但住房貸款仍是中國消費信貸的主體。據不完全統計,2014 年個人房屋貸款餘額達到了 10 萬億元左右。從目前情況看,在未來幾年內,住房貸款比重可能會下降,但其主體地位不會改變。

（四）汽車消費信貸迅速,獨立經營將是大勢所趨

據民生銀行和德勤會計師事務所聯合發布的《2012 中國汽車金融報告》稱,截至 2011 年年底,中國汽車消費信貸餘額已達 3,000 億元,其中銀行消費貸款餘額為 1,367 億元,占比 41%,信用卡汽車貸款分期餘額占比為 26%,汽車金融公司消費貸款占比 28%,其他占 5%,在中國的車貸市場份額中,零售銀行占據了 80%的份額。目前的中國汽車消費中,汽車消費貸款滲透率最多只有 10%~15%,相比那些信貸消費達到 50%~70%以上的發達國家市場,中國的市場潛力還相當大。由於有關汽車貸款的零售

銀行業務具有專業化傾向，公司化經營在成本核算上的優勢比較明顯。因此，把汽車消費貸款業務獨立出來將是大勢所趨。

二、零售負債業務現狀

零售銀行在吸收家庭儲蓄、支持經濟增長發面發揮了巨大作用。30多年來，中國國民儲蓄率一直居世界之冠。長期以來，零售銀行作為銀行重要的利潤增長點的地位正日益凸顯。目前，中國大多數的銀行仍舊把零售銀行中吸收存款放在首要的地位，存款等零售負債業務是各家金融機構競爭相對激烈的業務領域，同時零售銀行推出的業務創新和工具創新在個人存款領域也十分豐富。不論是產品開發還是服務水平的提高都圍繞著增加存款這一中心，出現了有獎儲蓄、愛心儲蓄、通知存款、代收代付等許多新的產品和服務項目。在零售業務的考核標準中，存款指標的完成情況幾乎成為業務考核的唯一標準。可以說，個人儲蓄業務是中國零售銀行業務中發展最完善，比重最大的零售業務品種。在國內商業銀行中，國有控股商業銀行在零售負債業務中佔有絕對優勢。

三、零售中間業務現狀

中國零售中間業務起步比較晚，但發展迅速。主要的零售中間業務包括個人理財業務、銀行卡業務和其他零售中間業務，如代銷基金、外匯買賣等。隨著卡類業務的產品創新和應用領域的拓展，目前借記卡已經與個人現金帳戶相聯繫，用於購買證券、理財、保險、基金等業務的資金劃撥在借記卡中占比有所上升，並廣泛用於水電、手機通信、天然氣及其他公用事業的繳納。

（一）中國零售中間業務起步較晚，潛力巨大

近年來，零售業務發展較快。隨著居民個人財富的增多，個人金融消費激增，人們對金融工具的要求越來越高，零售中間業務極具開發潛力。

由於競爭的加劇，各家商業銀行逐漸把產品創新的重點放在風險小、成本低、收益高的中間業務和表外業務上，相繼開展了租賃、諮詢、個人支票以及保管箱等業務。但具體考察這些產品，卻不難發現，具有各行自身特色的產品開發較少，許多產品開發相互模仿，產品內容難以形成競爭優勢。在已經開展的零售中間業務品種中，以代理類中間業務占據主要內容。

（二）零售中間業務比重還很低

西方國家商業銀行的主要利潤來源是資產負債管理、外匯交易現金管理服務、手續費收入和金融諮詢。中間業務已成為西方國家商業銀行業務的重要支柱，並逐漸主導業務發展方向。在發達國家，商業銀行利潤的30%~70%來自中間業務，相比之下，中國四大國有控股商業銀行中間業務的發展水平很低。銀行收入的60%以上來自貸款利息收入。從中間業務的收入看，中國商業銀行中間業務收入占總收入的比重一般在10%以內，平均為7%~8%，有的僅為1%~2%。比例最高的中國銀行，雖然具有國際結算的優勢，這一比例也只有17%。而西方商業銀行的中間業務收入占比一般為40%~50%，個別如花旗銀行則達到了80%，差距顯而易見。

（三）零售中間業務品種少，以代理業務為主

西方國家零售銀行中間業務範圍廣泛、種類繁多，大部分是金融創新產品。特別是各國為滿足客戶的各種需求，實行混業經營以來，商業銀行的金融產品更是日新月異，層出不窮。

中國商業銀行對中間業務的發展認識不足，沒有把其作為一項主業和新的利潤增長點來經營。加之中國目前對銀行業實行嚴格的分業管理極大地限制了其發展。中國零售中間業務構成簡單，只有手續費收入、匯兌收入和其他營業收入，而且基本處於自發、盲目、單項開發和分散管理的發展狀況，產品創新不足，同質化嚴重，缺乏核心產品，無法形成良好的品牌效應，諮詢、代客理財等高附加值的中間業務較少。

（四）零售中間業務的盈利能力較差

西方國家市場經濟發育較早，零售銀行一開始就將盈利最大化作為其業務管理應遵循的最高原則。因此，零售業務在發展初期就是作為金融產品進入市場的，這不但為商業銀行賺取了巨額利潤，並且還促進了零售業務的迅速發展。

目前中國的零售銀行中間業務已經發展到數百個品種，但其發展的一個明顯特點就是業務的非商品化。項目開發時的初衷，不是以利潤最大化為目標，而是作為吸收存款、吸引客戶的一種手段，變成了免費的「附加服務」。由於行銷乏力，使零售業務尚未全面地滲透到社會公眾生活中去，造成一方面銀行推出的部分零售中間業務客戶不瞭解，另一方面客戶需要的產品銀行又不能提供。銀行收入不高，影響了商業銀行發展零售中間業務的積極性，反過來又進一步加劇零售中間業務收益對銀行利潤貢獻率低的局面。隨著金融脫媒的出現，給銀行業帶來了深刻的反思，信息化、網路化發展滯后，特別是技術支持不能有效支撐業務發展，是銀行業發展的絆腳石。同時，渠道相互分離形成的數據分裂、衝突提升了業務成本，並成為客戶關係管理的障礙，降低了零售銀行業務競爭力。

【本章小結】

（1）商業銀行零售業務是指商業銀行向社會公眾提供的零售金融業務，可以分為零售負債業務、零售資產業務、零售中間業務及零售表外業務。商業銀行零售業務是商業銀行業務中不可或缺的組成部分，而且與其他業務形成交叉和支撐，構成相互聯繫的整體。

（2）銀行客戶價值是銀行價值的重要來源，銀行客戶價值是客戶給銀行帶來的未來淨現金流的折現值之和。客戶關係管理是一個商業過程、經營策略和管理模式，加強客戶關係管理對商業銀行有重要的意義。

（3）商業銀行零售產品種類繁多，主要有個人存款類零售產品、個人貸款類零售產品和零售中間業務產品。

（4）個人理財業務是一種重要的商業銀行零售業務，是指商業銀行為個人客戶提供的財務分析、財務規劃、投資顧問、資產管理等專業的服務，可以分為理財顧問服務和

綜合理財服務。

（5）商業銀行零售業務的利潤是零售業務的收益減去成本。商業銀行零售業務面臨三個層級的風險。中國零售業務發展迅速，中國各大銀行已經將大力發展銀行零售業務作為其戰略轉型的重點內容。

思考練習題

1. 簡述商業銀行零售業務在商業銀行發展戰略中的地位和作用。
2. 簡述商業銀行零售業務與其他業務的關係。
3. 簡述客戶關係管理對銀行的意義。
4. 簡述個人理財業務的分類。
5. 簡述中國零售業務的發展現狀。
6. 簡述財富管理業務的主要類型。
7. 簡述銀行開展財富管理業務的原因。

第 8 章　商業銀行國際業務

內容提要：國際業務在商業銀行業務體系中的地位越來越重要，為讓讀者更全面地認識商業銀行國際業務，本章主要介紹商業銀行國際業務歷史發展、種類、內容和中國商業銀行國際業務開展狀況。其中，本章重點介紹的國際業務種類是國際結算業務、國際貿易融資業務、外匯資金業務。

世界經濟一體化的迅速發展，把貨幣和銀行的國際作用提到一個新的高度，必然要求銀行提供國際化的服務。同時，商業銀行在日益激烈的競爭中，也要不斷拓展自己的業務領域和業務範圍，致力於開拓國際市場，以便在競爭中取得優勢。在這種情況下，國際業務在商業銀行業務活動中的地位日益重要，業務量逐年增加，來自國際業務的利潤也不斷增長。

第 1 節　商業銀行國際業務概述

廣義的商業銀行國際業務是指一切涉及外幣或外國客戶的業務。其蘊含兩層意思：一是指跨國銀行在國外的業務活動；二是本國銀行在國內所從事的有關國際業務的活動。目前，商業銀行國際業務主要有三類：國際結算業務、國際融資業務與外匯資金買賣業務。相對國內業務而言，商業銀行開展國際業務在組織形式和經營目標上都有其特殊性。

一、商業銀行國際業務的發展歷史

總體而言，商業銀行國際業務是隨著國際貿易、國際技術交流及國際投資等國際經濟往來的發展而逐漸發展起來的，經營範圍也是隨著國際貿易結算形式的演變及國際投資工具的創新而不斷擴大的。

在工業革命時期，資本主義生產力的快速發展導致了國際關係的深刻變化。一方面，工業化國家為擴大產品銷路不斷到世界各地占領市場；另一方面，工業化國家為獲取廉價原料，國際分工迅速向國際領域擴張，國際借貸行為開始變得頻繁，承擔信用仲介和支付仲介的商業銀行，通過設立海外分支機構或建立代理關係滿足國際結算和國際借貸需求，原始的商業銀行國際業務開始出現。

19 世紀末 20 世紀初，資本主義生產力有了進一步發展。國際分工在這一時期呈逐年擴大趨勢，國際貿易量同樣呈逐年上升態勢。商業銀行網點與國際代理關係網路普遍形成，商業銀行國際業務規模在不斷擴大。另外，商業銀行通過充實資本金，開展票據承

兌、貼現等貿易融資業務直接促進了國際貿易的順利進行和自身利潤的顯著增加。

20世紀50年代，西方國家經歷兩次世界大戰后開始進入經濟恢復時期，在布雷頓森林國際貨幣體系下，匯率穩定，世界貿易總額增加迅速，商業銀行國際業務也得到突飛猛進的發展。

進入20世紀90年代，隨著西方國家加大對發展中國家資本輸出，國際信貸規模穩步增長。同時，很多國家相繼放鬆了對銀行業的管制，各國銀行開始在海外建立更多的分支機構。而國際金融市場（歐洲金融市場、國際銀行間市場）的發展和高效支付系統（國際銀行間電子支付系統）的建立更加促進了商業銀行業務國際化，開闢了商業銀行業務的新領域，極大豐富了國際銀行的業務內容，提高了商業銀行經營利潤。同時，國際金融市場上利率和匯率波動頻繁，利率風險和匯率風險的存在使得金融衍生工具層出不窮，為滿足風險規避者風險管理的需求，商業銀行的國際業務向金融衍生品擴展。這標志著商業銀行國際業務進入了一個新的發展時期。

二、商業銀行開展國際業務的原則及意義

商業銀行經營國際業務仍以安全性、流動性和盈利性的協調統一為基本原則。但鑒於國際業務的特殊性，同國內業務經營相比其表現形式略有不同。就安全性與流動性而言，國際業務經營環境的不可預見性遠高於國內業務，銀行因此經營國際業務時面臨更大的風險，其中以信用風險、外匯風險表現最為明顯，如何借助多種有效方法降低經營國際業務風險或分散風險是商業銀行必須考慮的問題。

商業銀行通過開展國際業務可以起到清償國際債權債務關係的作用，而國際債權債務的順利清償反過來又會進一步促進國際貿易及其他各種經濟活動的順利進行，是實現國際資金在全球金融市場流轉、保障全世界再生產得以順利進行的前提。具體而言，商業銀行開展國際業務的意義有以下幾方面：

（一）推動金融市場全球化

近30多年來，西方主要商業銀行為實現規模經濟和滿足多元化發展的需要，紛紛採取了國際化的發展戰略。這表現在兩方面：一是積極推出國際業務新品種，提高國際業務的經營利潤。二是許多商業銀行選擇在海外經濟發達地區設立分支機構或跨國收購國外銀行，其中以跨國併購表現最為突出，如德意志銀行收購摩根格林費爾銀行、荷蘭國際銀行收購巴林銀行等。這些大商業銀行跨國收購海外銀行就是要達到國際化擴張的目的。由於國際商業銀行海外分支機構的設立和跨國併購促使金融市場上國際交易更加頻繁，因此推動了金融市場全球化的步伐。

（二）提高商業銀行經營管理水平

首先，商業銀行開展國際業務可以實現業務多元化或地區分散化。進而安全、有效地調整各項業務規模和增減業務品種，降低經營風險。其次，商業銀行要在日趨激烈的國際競爭中占據優勢，就要加大技術資源、人力資源的投入力度，以適應全球金融一體化的發展潮流。最后，商業銀行在開展國際業務過程中能夠充分瞭解國際經濟發展動態，獲取大量國外金融信息。這些信息的獲得能夠為自身經營決策提供堅實依據，也為客戶提供信息參考。

（三）提高商業銀行經營效益

首先，商業銀行通過開展國際業務可以充分提高資金使用效率，增加經營利潤。其次，商業銀行在海外設立分支機構，其經營規模得以擴張，進而取得規模經濟效應。降低經營成本，達到提高利潤的目的。最後，商業銀行海外分支機構的設立擴大了商業銀行資金來源，尤其是選擇在離岸金融中心設立分支機構，還可以有效規避國內一些法律對業務經營的限制，降低資金融通成本。

（四）應對國際同業競爭的重要手段

全球金融一體化步伐的加速，對一國商業銀行來說既是機遇又是挑戰。一國商業銀行要充分利用機遇和應對挑戰，就必須具有相對國外同行更明顯的競爭優勢。這一點可以通過以市場為導向，加大業務創新力度的競爭策略去實現。另外，一國商業銀行在海外設立了分支機構或建立了代理關係，既可拓展國際市場又能壯大自身實力。因此，快速發展國際業務已成為一國商業銀行應對越發激烈的國際同業競爭的重要手段。

三、國際業務的組織形式

商業銀行國際業務的開展離不開建立有關機構或相關關係，最主要的是依賴於商業銀行在海外設立的各種分支機構。由於各國對外開放程度及管制不一樣，各家銀行實力、戰略不同，各國文化、經濟、法律環境差異較大。因此，銀行在國際組織機構的設計上也存在較大差異，下面以常見的幾種組織形式進行相關介紹。

（一）代表處

代表處（Representative Office）往往是商業銀行在國外設立機構、經營國際業務的第一步。代表處是非營業性機構，不辦理銀行業務，其主要作用是開展公共關係活動。

（二）代理行（Correspondent Sub-branch）

代理行是一種能轉移資金與提供貸款但不能從國外吸收存款的海外機構，常常是為總行顧客提供貿易融資，也是其總行經營外匯交易的代理人。例如，中國某銀行代理機構在美國市場上為本國政府、總行或為本國客戶買賣美國政府債券。

（三）海外分支行（Foreign Branch）

海外分支行是商業銀行在海外設立的營業性機構，其業務範圍與總行保持一致，其中以存貸款業務、證券買賣業務及收費諮詢服務為核心業務。總行對其活動負有完全責任，其從法律上講是總行的一個組成部分，因此在財務上也並入總行資產負債表和損益表。分支行由於並非建立在境內，因此其經營要受東道國法律限制。由於是設立海外分支行，因此在地點選擇上一般以能帶來更大盈利機會的地方居多，而這些地方普遍具有業務量較大或能夠享受政策優惠的特點。

（四）子公司或附屬機構（Foreign Subsidiary）

當一國法律不允許外國銀行在本地建立分行，這時的跨國銀行可以通過入股控制當地銀行或非銀行機構，從而間接達到在該國開展國際業務的目的。正因為如此，其在法律上獨立於總行，但直接或間接受總行控制。子公司有兩種形式：一是全資子公司，即附屬機構的資本金全由總行投入，總行對其控制性非常強；二是合資公司，其總行只佔有附屬機構部分股份。通過控股方式參與國際競爭，能夠讓非本土銀行迅速進入當地金

融市場。中國內地一些商業銀行過去在中國香港地區常採用這種方式。

(五) 聯營銀行 (Affiliated Bank)

這種組織形式的特點是其法律地位、性質同附屬銀行類似。只是在聯營銀行中，任何一家外國投資者擁有的股權都在50%以下，其余股份可以為東道國所有也可以由外國投資者共有。聯營銀行是一種歷史悠久的海外分支形式，始於20世紀的歐洲，當時一些無力單獨經營國際業務的中小銀行只能借助這種方式共擔風險來開展海外業務。

四、商業銀行國際業務的主要類型

(一) 國際結算業務

商業銀行國際結算業務通常分為匯兌、托收和跟單信用證業務。其中，匯兌業務根據使用信用工具的不同分為電匯、信匯和票匯三種；托收業務據托收時是否附有票據分為跟單托收和光票托收；跟單信用證業務是商業銀行信用證業務中業務量最大的業務，也是商業國際結算中規模最大的業務。

(二) 國際貿易融資業務

國際上商業銀行開展的國際貿易融資業務主要有票據買入、進出口押匯、打包放款、進出口信貸等。實際上國際貿易融資業務是商業銀行國際信貸業務的另一種形態，商業銀行在辦理這些業務時實質上是向要求辦理的進出口企業發放了一筆貸款，在資產負債表上屬於資產業務。

(三) 外匯買賣業務

目前多數商業銀行開展的外匯買賣業務有即期外匯買賣、遠期外匯買賣、套期、套利、套匯交易等。其中，商業銀行在銀行間市場買賣外匯便是即期外匯買賣業務的一種，主要用於滿足自身平衡外匯頭寸、規避外匯風險的需要。此外，隨著金融自由化程度的加深，商業銀行不斷開發新的外匯交易品種，如外匯遠期交易、外匯期權交易等。

(四) 離岸金融市場業務

離岸金融市場業務又稱歐洲貨幣市場業務，是商業銀行或其在國外的分支機構在離岸金融市場上向非居民辦理的各種資金融通業務。離岸金融市場業務根據期限長短，分為離岸資金業務與離岸資本業務。隨著國際金融市場全球化程度不斷加深，離岸金融市場已成為整個金融市場的核心，商業銀行離岸金融市場業務的規模也日趨擴大。

(五) 發行國際債券

發行國際債券是商業銀行在國際金融市場上籌集長期資金的重要方式，通過發行國際債券，商業銀行能夠籌集到較長期的可使用資金，使其資金來源多元化。

(六) 國際投資業務

國際投資業務是指商業銀行在國際範圍內購買外國有價證券的活動。商業銀行從事國際投資目的是在保持資產流動性前提下獲取投資收益。一般而言，國際債券是商業銀行開展國際投資業務的主要投資對象，因為國際債券普遍信譽較高，同時常常還有政府擔保，投資風險相對較小，有時候還可獲得債券利息收入不用徵稅的好處。

五、國際業務的運行規則

當前，世界範圍內已建立起全球銀行業運行的統一規則，這些規則極大地推動了金

融市場和金融服務的全球化。其中，最有意義的三個規則是《國際銀行業法案》《單一歐洲法案》和《巴塞爾協議》。以上規則對商業行開展國際業務做出了原則性規定，並在一定程度上消除了各國銀行業的管制，促進了世界銀行的國際化趨勢。

商業銀行除以上國際業務外，還包括保險業務、諮詢、國際借貸等方面的業務。在本章的后面幾節中，我們將重點介紹商業銀行三種主要的國際業務。

第2節　商業銀行國際結算業務

國際上因貿易或非貿易往來發生的債權債務，要用貨幣收付，以一定形式進行結算，這就產生了國際結算業務。國際結算分為貿易結算和非貿易結算。貿易結算是由於國際貿易引起的國際貨幣支付行為；非貿易結算是指由無形貿易活動引起的貨幣收付活動，非貿易結算的主要目是用於清償債權債務關係或轉移資金。與貿易結算相比，非貿易結算由於不涉及商品和貨幣的相對給付，因此結算手段較為簡單。按資金運送方式不同國際結算可劃分為現金結算和非現金結算。非現金結算是指不直接轉移現金，而是通過使用各種支付工具和信用憑證傳遞國際資金支付或收取指示，通過各國銀行劃帳來沖抵結算國際債權債務關係。除此之外，國際結算還包括國際贈與、援助或個人、團體等非經營性質的資金收付活動。本節僅對國際貿易結算業務進行簡要闡述。

商業銀行開展國際結算業務的基本原則是：同一銀行的支票內部轉帳；不同銀行的支票交換轉帳；按時合理的付匯；安全迅速的收匯。國際結算按研究對象又分為三個基本內容，即國際結算工具、國際結算方式和國際結算單據。

一、國際結算工具

國際結算普遍使用票據這種支付工具，通過相互抵帳的辦法來結算國內外債權債務關係。票據（Bills）具有一定格式，由出票人簽發，無條件約定自己或要求他人支付一定金額。票據有廣義與狹義之分，廣義的票據是指一般的商業憑證，如提單、存單、保險單等都屬於票據；而狹義的票據僅指以支付一定金額為目的，用於債權債務的清償和結算的憑證。通常所說的票據是指狹義的票據，即匯票、本票和支票，在國內結算中一般以支票為主；而在國際結算中，則以匯票為主，本票和支票相對使用不多。

（一）匯票

匯票（Bill of Exchange）是國際結算中使用最為廣泛的票據。《英國票據法》將匯票定義為一個人向另一個人簽發的，要求即期、定期或在可以確定的將來向指定人或根據指令向來人無條件支付一定金額的書面命令。《中華人民共和國票據法》第十九條定義匯票是出票人簽發的，委託付款人在見票時或在指定日期無條件支付確定的金額給收款人或持票人的票據。從定義可看出，匯票的實質是出票人的書面命令而且不附加任何條件。匯票的流通使用要經過出票、背書、提示、承兌、付款等法定程序。按出票人的不同，匯票分為銀行匯票（Banker's Draft）和商業匯票（Commercial's Draft）。其中，銀行匯票的出票人和付款人都為銀行，商業匯票的出票人是工商企業或個人，付款人可以是工商

企業也可以是銀行。按承兌人的不同，匯票又分為商業承兌匯票（Trader's Acceptance Draft）和銀行承兌匯票（Banker's Acceptance Draft）。前者建立在商業信用基礎之上，后者建立在銀行信用基礎上，因此易於在市場上貼現轉讓流通。按支付期限的不同，匯票還有即期匯票（Sight Draft or Demand Draft）和遠期匯票（Usance Draft or Time Draft）之分，即期匯票見票即付，遠期匯票一般是在將來一個可確定的日期進行支付。

（二）本票

本票（Promissory Note）在《英國票據法》中的定義是：本票是出票人向收款人簽發的，保證於見票時或於一定時期向收款人或持票人支付一定金額的無條件書面承諾。《中華人民共和國票據法》第七十三條規定：「本票是出票人簽發的，承諾自己在見票時無條件支付確定的金額給收款人或持票人的票據。本法所稱本票，是指銀行本票。」較匯票而言，本票無須承兌，因此其當事人只有收款人和出票人兩個，且出票人即為付款人。本票按出票人的不同可以劃分為一般本票與銀行本票，一般本票的出票人是企業和個人，銀行本票是由銀行擔任出票人角色，見票即付且具有信譽高、支付能力強的特點。本票付款期限一般為2個月，對超過付款期限提示付款的，代理付款人可不予受理。

（三）支票（Cheque）

在現代經濟生活中，支票被大量地、廣泛地使用，已經與現金一起構成兩種最基本的支付工具。簡單而言，支票是以銀行為付款人的即期匯票（《英國票據法》的定義）。具體而言，支票是出票人簽發的，委託辦理支票存款業務的銀行或者其他金融機構在見票時無條件支付確定金額給收款人或持票人的票據（《中華人民共和國票據法》的定義）。支票根據支付方式的不同可分為現金支票與轉帳支票兩種；根據支票抬頭不同又可分為記名支票（Cheque Payable to Order）與無記名支票（Cheque Payable to Bearer）。支票的實質是銀行存款戶根據協議向銀行簽發的無條件支付命令。需要注意的是，支票主要使用於國內結算，而在國際結算中使用不多。

本票、支票、匯票的區別在於支票只可以充當支付工具，一般不能充當信用工具（透支情形除外），而本票、匯票既可以充當支付工具也可以充當信用工具。

在對相關票據做過介紹后有必要再簡要闡述下票據行為，常見的票據行為有出票、背書、承兌、提示、付款等。背書是指持票人在票據背面簽名表明轉讓票據權利意圖並交付給受讓人的行為。其目的是為了轉讓票據權利。承兌是指遠期匯票的付款人在匯票上簽名，同意按出票人指示到期付款的行為。提示是持票人向付款人出示票據要求承兌或要求付款的行為。

二、國際結算基本方式

國際結算方式又稱國際支付方式，是指收付貨幣的手段和渠道。這是國際結算的主要內容，其主要包括三種基本形式：匯款、托收、信用證。

（一）匯款

1. 匯款的涵義與當事人

匯款（Remittance）又稱匯付，是銀行（匯出行）應付款人要求，以一定方式將款項，通過國外代理行（匯入行）交付給收款人的結算方式。也就是說，付款人將款項繳

付當地銀行，委託其將款項付給收款人，當地銀行接受委託后再委託收款人所在地的代理行，請其將款項付給收款人。匯款過程同郵局匯款無異，遵循的流程如圖 8.1 所示。

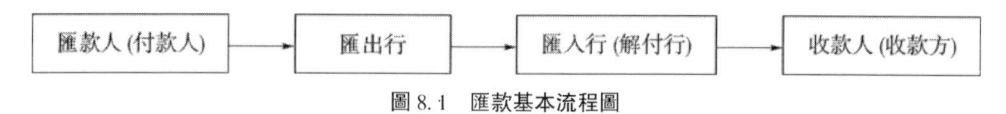

```
匯款人(付款人) → 匯出行 → 匯入行(解付行) → 收款人(收款方)
```

圖 8.1　匯款基本流程圖

如圖 8.1 所示，匯款方式一般會涉及四個當事人：匯款人（Remitter），實務中以債務人或進口商或委託人為匯款人居多；收款人或受益人（Payee or Beneficiary），通常是指出口方或債權人；匯出行（Remitting Bank），即受匯款人委託匯出款項的銀行，其職責是按匯款人要求將款匯給收款人；匯入行（Paying Bank），即受匯出行委託解付匯入款給收款人的銀行，其職責是證實匯出行委託付款提示的真實性，通知收款人取款並付款。

（二）匯款的種類

根據匯出行通知匯入行付款的方式或匯款委託書的傳遞方式不同，匯款可以分為電匯、信匯和票匯三種。

1. 電匯（Telegraphic Transfer，T/T）

電匯是指匯出行應匯款人的申請，通過加押電報或電傳或 SWIFT，指示或授權匯入行解付一定金額給收款人的匯款方式。電匯的特點是安全、高速，適用於金額大的匯款。其業務結算流程如圖 8.2 所示。

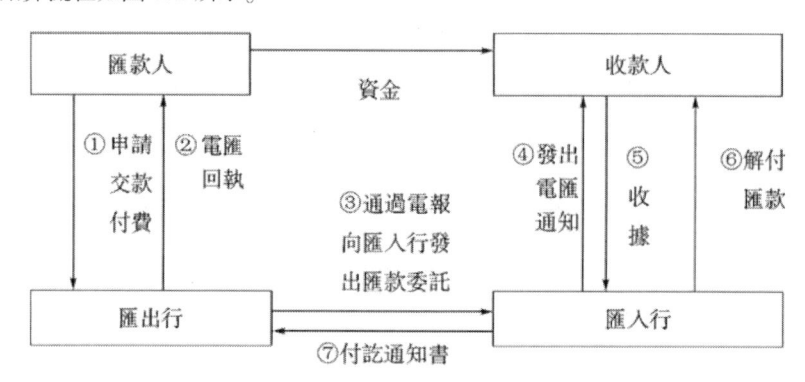

圖 8.2　電匯結算方式流程圖

2. 信匯（Mail Transfer，M/T）

信匯是一種匯出行應匯款人申請，用航空信函指示匯入行解付一定金額給收款人的匯款方式。其業務流程與電匯方式基本相同，差別僅在於匯出行將信匯委託書郵寄給匯入行，而不是採用電信方式授權。信匯的優點是收費低廉，但缺點是由於通過航郵方式傳遞結算工具，因此速度比電匯慢很多，而且信匯傳遞途中易被耽擱，只適用於一些金額不大的匯款。

3. 票匯（Banker's Demand Draft，D/D）

票匯是匯出行應匯款人申請，開出銀行即期匯票交匯款人，由其自行攜帶出國或寄送給收款人，憑票據收款的匯款方式。票匯的特點是具有很大的靈活性，持票人取款並

不固定某一人，持票人取得票據后還可以背書轉讓給他人。同時，匯票遺失和被竊的可能性也較大，因此票匯對金額小的匯款較為適用。票匯業務流程與電匯、信匯稍有不同，如圖 8.3 所示。

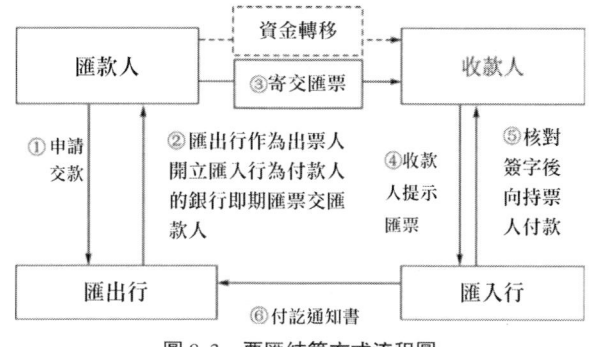

圖 8.3 票匯結算方式流程圖

4. 三種匯款方式比較

電匯、信匯、票匯三種匯款方式各有利弊，我們從結算工具、成本費用、安全性、結算速度四個角度對其進行簡要比較。

電匯使用電報、電傳或 SWIFT，用密押證實；信匯使用信匯委託書或支付委託書，用印鑒或簽字證實；票匯方式使用銀行即期匯票，通過印鑒或簽字證實。電匯方式由於使用現代化通信，因此業務成本較高，收費也較高；信匯與票匯費用較電匯低。

在安全性上，電匯使用銀行間直接通信，減少了中間環節，安全性高；信匯則必須通過銀行和郵政系統實現，因此信匯委託書有可能在郵寄途中遺失，導致收款人不能及時收到匯款，其安全性比不上電匯方式。票匯雖然靈活適用，但卻有損毀風險，背書轉讓產生的一系列債權債務關係容易使當事人陷入匯票糾紛。

在結算速度上，電匯是一種最快捷的匯款方式，一般當天處理，匯款能短時迅速到達對方，儘管費用較大，但可用縮短資金在途時間的利息彌補；信匯方式因為資金在途時間長，操作手續繁多，所以該方式已顯得有些落后；票匯是由匯款人郵寄給收款人，或者自己攜帶至付款行所在地提示付款，比較靈活簡便，適合支付各種費用，其使用量僅次於電匯。

（二）托收（Collection）

1. 托收的涵義

托收是出口商出具匯票，委託其所在地銀行通過進口地銀行向進口商收取貨款的方式。銀行辦理托收業務時，一般是作為出口商的代理商。出口商將代表貨權的商業單據與匯票一起通過銀行向進口商提示，進口商一般只有付款之后才能取得貨權憑證，這樣可以有效避免國際貿易中錢貨兩空的風險。

2. 托收的基本流程

國際結算中的托收業務流程與第 6 章第 2 節中間業務章節托收結算流程完全一致，為避免重複，這裡不再贅述。

3. 托收的種類

托收按照有無附屬貨運單據分為光票托收和跟單托收。光票托收是匯票的托收沒有附帶貨運單據。跟單托收是指收款人將匯票連同所付的貨運單據交本地托收行委託收款。根據代收行交付貨運單據給付款人的不同條件，托收又可以分為付款交單和承兌交單兩種付款條件。付款交單（Documents Against Payment，D/P）指被委託的代收行必須在付款人付清票款后才將貨運單據交給付款人。承兌交單（Documents Against Acceptance，D/A）是代收行於付款人承兌后即將貨運單據交給付款人，付款人在承兌匯票到期日才履行付款義務的一種方式。

（三）信用證（Letter of Credit，L/C）

在托收方式下，出口商能控制單據，但其最終能否收回貨款還取決於進口商信用；進口商即便掌握了付款主動權，但其能否收到與合同規定相符的貨物則又取決於出口商的信用。國際貿易中的雙方往往難以瞭解對方資信情況，因此都存在風險。這也就為進出口雙方需要第三者充當中間人和擔保人創造了條件，信用證中的銀行便扮演了這樣一個角色。

1. 信用證結算方式及作用

信用證結算簡而言之，就是銀行開立的一種有條件承諾付款的書面文件；這個條件就是提供符合信用證規定的各種單據。信用證結算方式具有三個顯著特點：開證行負有第一付款責任；信用證是一種獨立文件，不受交易合同的約束；信用證業務是純粹的單據業務，其處理的對象是單據而非貨物。

信用證參照不同分類標準可以分為許多種類。常見的分類有根據是否附有貨運單據分為跟單信用證和光票信用證；根據開證行對信用證所承擔的責任可分為保兌信用證和不保兌信用證；根據收益人使用信用證的權利是否可轉讓可分為可轉讓信用證與不可轉讓信用證。

國際商會《跟單信用證業務指南》將信用證的用途描述為為購買外國貨物和外國設備融通資金；有助於開證行向進口商融通資金；為商業和有關方面在交易中提供信息和安全因素。歸納起來，信用證的主要作用體現在兩個方面：一方面是保證出口商安全收款，進口商安全收貨；另一方面是銀行為進出口商提供資金便利，使相隔較遠、互不信任的商人能夠進行貿易。

2. 信用證國際結算流程及商業銀行信用證結算注意事項

信用證在國際結算中涉及的業務流程與第6章商業銀行信用證支付結算方式（如圖6.3所示）完全一致。為避免重複，本章節不再贅述。本節僅對商業銀行信用證結算中應該注意的問題進行詳細闡述。

在信用證結算中商業銀行扮演角色的不同其注意問題也略有不同，當商業銀行以開證行角色出現在信用證結算中時，其工作重心是審查申請人開證申請，調查資信情況，即便申請人資信狀況良好，商業銀行為降低銀行本身承擔的風險起見，仍應該要求申請人提供一定金額的押金或出具質抵押書。當收到單據與信用證相符時，商業銀行應該立即付款而且應該償付議付行、付款行、保兌行或償付行墊付的資金；當發現單據與信用證條款不符時，商業銀行應該拒付。

如果信用證結算中商業銀行作為通知行，那麼其開展業務時應該注意做好兩個方面工作：一方面是驗明信用證真實性，謹防運用假信用證的詐騙行為，保護收益人的利益；另一方面是對收到的信用證進行仔細審查，發現有不完整地方應及時通知受益人。

作為付款行時，其主要職責是認真核對單證后再行付款。作為償付行時，商業銀行應該仔細審查開證行發來的償付授權書，只要索償金額不超過授權金額，償付行就可以向議付行或付款行付款。作為保兌行時，由於其對開證行的償付責任不可撤銷，因此商業銀行應重點考查開證行的信用，只有在對開證行的資信情況和信用證條款做深入研究后方可確定是否給予保兌。

第3節 商業銀行國際融資業務

商業銀行國際融資業務的重點是為進出口商提供方便貿易的金融服務，在不同階段，商業銀行根據貿易雙方業務特點與實際需要會提供以資金融通為核心的各種配套金融服務。商業銀行國際融資業務按服務主體的不同可細分為國內融資與國際融資。當一國商業銀行在國際金融市場上向另一個國際銀行、其他金融機構、政府、公司企業及國際機構提供融資服務時即為商業銀行的國際融資業務。國際融資業務根據期限長短不同又可分為短期貿易融資和中長期出口信貸。國際信貸雖然不在這一範疇內但也是國際融資業務的重要部分。商業銀行開展國際融資業務與國際結算業務，極大地方便了國際貿易與經濟往來，促進了世界經濟的發展。國際貿易融資、國際銀團貸款、項目融資是三種比較典型的國際融資方式，由於貿易融資與國際銀團貸款經實踐證明是能給商業銀行帶來高額回報的業務，在現代商業銀行國際融資業務中也處於核心地位。因此，本節將重點介紹國際貿易融資、國際銀團貸款這兩種典型的國際融資業務。

一、國際貿易融資

國際貿易融資又稱進出口融資，是商業銀行基本的信貸業務。所有銀行都把貿易融資放在重要地位，有些國際上知名大銀行的貿易融資甚至占其營業額的一半以上。貿易融資業務之所以具有如此重要的地位，是因為它是一項特殊的銀行業務，其發展不僅要影響到銀行的收益，還影響到其他業務的發展。

國際貿易融資按進出口雙方融資形式與渠道可進行多重劃分，根據融資對象不同可以分為進口貿易與出口貿易融資；根據融資表現形式不同可以分為資金融通和信用融通；根據融資期限不同可以分為短期貿易融資和中長期貿易融資。短期貿易融資包括打包放款、出口押匯、進口押匯；中長期貿易融資主要包括進出口信貸、福費廷等。下面分別加以介紹。

(一) 打包放款

打包放款是指出口地銀行以出口商提供的國外銀行開立的不可撤銷信用證為抵押物，向出口商發放的一種有使用限制的特殊貸款。打包放款實際上是進口地銀行向出口商提供的一種短期貿易融資，在形式上與抵押貸款類似。

打包放款業務操作流程大致是：首先，出口商向出口地商業銀行提出打包放款申請，銀行經過對申請人的信譽和資產狀況審核后，決定是否接受申請。其次，銀行接受申請的情況下讓國外銀行開立符合商品買賣合同的信用證，之后到銀行辦理放款手續。再次，出口商取得貸款后即刻組織出口商品的原料購買、生產和運輸。最后，出口商用發貨后取得的貨運單據向銀行議付所得款項歸還貸款。打包放款業務中，一般的放款期限是180天以內，金額不能超過抵押信用證的80%，利率參照流動資金貸款利率確定。

(二) 進出口押匯

1. 出口押匯

出口押匯是指出口地商業銀行在接受出口商提交的全套出口單據為抵押的前提下，出口商根據商品買賣合同規定的發貨時間發出貨物然后用各種單據和自己開立的匯票從出口地商業銀行提前取得部分或全部貨款的國際貿易結算過程。在出口押匯業務中，進口商提交的各種單據必須符合辦理押匯銀行的要求，如果出口商開立的匯票被拒付，銀行可以對該出口商行使追索權。出口押匯包括信用證項下的出口押匯和托收項下的出口押匯，兩者不同之處在於前者押匯行的索匯對象為對應信用證的開證行，收匯安全性有保障；而后者索匯對象為進口商，是否能收匯要依賴於進口商的資信程度，有一定風險。

出口押匯的特點是客戶能在國外收匯款項到達之前提前從銀行得到墊款，從而資金週轉得以加快。銀行在辦理出口押匯時仍保留了對出口商的追索權。

2. 進口押匯

進口押匯是由開立信用證的銀行對作為開證申請人的進口商提供的一種資金融通，其實質是銀行對進口商的短期放款。在進口押匯業務中，進口商必須在規定時間內付款贖單提貨，出售后以所得貨款歸還銀行為其墊付資金及利息。

進口押匯的特點是由於銀行只有在進口商簽發信託收據時才向其提交提貨單，因此這是一種有物權做抵押的放款業務。進口押匯的時間較短，一般在1~3個月，因此這類資金融通適用於進口商從事的流動速度較快的進口貿易。

(三) 進出口信貸

1. 出口信貸

出口信貸是出口銀行在本國政府支持下，為促進本國產品出口而向進出口貿易的賣方或買方提供的資金融通活動。大多用於大型成套設備的出口，因此時間一般較長，通常為2~7年，也有長達10年的，屬於中長期國際貿易融資。出口信貸的特點表現為它是與本國出口密切聯繫的貸款、具有官方資助性質、貸款利率低於市場利率、利差由政府補貼。根據貸款發放對象的不同，出口信貸分為買方信貸和賣方信貸。

買方信貸（Buyer's Credit），即出口國商業銀行向進口商或進口國商業銀行提供的專門用於進口商採購本國技術設備或產品的中長期貸款。在買方信貸情形下，出口商大多會要求進口商事先支付相當於商品價值15%左右的定金，因此該貸款額度會控制在貿易總額的85%以內。買方信貸的償還是在進口設備投產后分批償還。

賣方信貸（Seller's Credit），即當出口商出口技術設備或產品時出現資金短缺，出口國商業銀行向其提供的中長期貸款支持，以緩解其生產資金不足的問題。與買方信貸類似，出口商大多會要求進口商提供約為商品價值總額15%的定金，賣方信貸額度被控制

在貿易總額的 85% 以內。

2. 進口信貸

進口信貸是指本國銀行向進口商發放的由出口國商業銀行提供的、專用於進口出口國技術設備或產品的中長期貸款。進口信貸實際上是出口信貸中的買方信貸形式。只不過辦理該業務時，出口國商業銀行對買方提供的貸款不直接向其發放，而是通過進口國的商業銀行間接發放。因此，進口信貸向進口商提供的資金融通，實質上是由出口國商業銀行向其進口商提供的資金融通。

（四）福費廷（Forfeiting）

福費廷是一項包購業務，是出口商將經過進口商承兌的中長期商業票據無追索權地售予銀行，從而提前取得現款。福費廷的機制是出口資本貨物的出口商先開出一張以進口商為付款人的遠期匯票。由於是遠期匯票，因此須經作為付款人的進口商承兌，經過承兌後再攜帶至信譽卓著的國際性商業銀行讓其擔保，擔保後的遠期匯票由承做福費廷業務的銀行（包買銀行）買下，包買銀行一旦買下就把全部風險，包括政治風險和外匯風險全都轉移到自己身上。正因為如此，商業銀行辦理該業務時不但會對購買設備的進口商的資信、償還能力進行嚴格審查，而且還會重點對擔保行的資信和擔保能力進行審查。福費廷融資方式對進出口雙方均有好處：出口商把遠期匯票賣給了包買銀行就立即收到現款，把一筆遠期買賣變成了現匯交易；進口商則能以延期付款方式進口貨物。

二、國際銀團貸款

20 世紀 60 年代后期，國際債務危機的出現使得商業銀行不敢貿然加大對深陷危機國家的信貸力度，但國際資金需求隨著資本密集型行業的興起又趨於強烈。在這樣一個背景下，歐洲貨幣市場上出現了一種聯合貸款的融資方式。這種聯合貸款實質上就是國際銀團貸款。國際銀團貸款又稱辛迪加貸款（Syndicated Loan），是由一家銀行牽頭，多家跨國銀行參加，共同向一個企業、政府或項目提供貸款的融資方式。在這種融資方式下，銀行間彼此合作，共同承擔貸款風險，提高了借貸雙方安全性。目前，銀團貸款方式已成為國際銀行開展巨額貸款業務的首選。

（一）國際銀團貸款的種類與業務優勢

銀團貸款按不同的分類標準可以劃分為不同的種類，按貸款期限可以分為定期貸款與循環貸款；按借款人同貸款人關係又可以分為直接銀團貸款和間接銀團貸款。其中，定期貸款是在確定時期內由貸款人提供一筆特定數量資金的貸款，同時約定貸款有效期內，借款人有權利一次或分批提取貸款，但已償還部分不再提用。循環貸款則不同，其借款人可以按自己意願靈活使用、償付及反覆支用貸款，待到到期日一次還清余額。直接銀團貸款則是由銀團內各家貸款銀行直接向借款人放款，但必須在貸款協議中約定由代理人辦理貸款事宜。間接銀團貸款是由牽頭行先向借款人放款，然后該銀行將貸款權售給參與行，放貸管理工作由牽頭行負責。

開展國際銀團貸款業務對於商業銀行而言，有著單一貸款所不具有的好處。首先，通過組織、參與銀團貸款，商業銀行可以分散貸款風險，增加對借款人的控制實力。其次，國際銀團貸款使得一些本來無力參與國際貸款的中小商業銀行得以提供國際貸款，

提供了走向國際信貸市場的機會。最后，商業銀行參與國際銀團貸款可以很快樹立國際形象，加強與國際同業的聯繫合作，進而有利於拓展國際經營規模。

（二）國際銀團貸款的參與者

國際銀團貸款參與者包括借款人、擔保人與貸款銀行。貸款銀行又分別以牽頭行（Lead Bank）、管理行（Management Bank）、代理行（Agent Bank）、參與行（Participating Bank）的形式出現。所謂牽頭行，其實是銀團的組織者，可以是一家銀行也可以是由多家銀行組成的管理小組。牽頭行主要負責有關貸款協議和法律文件的訂立工作。管理行則是由若干牽頭行組成的管理小組，主要負責管理借貸中的一切事務，協助好牽頭行做好全部貸款工作。同時，在貸款中出現貸款總額低於借款需求時管理行負有補足餘額的責任。代理行是牽頭行中的一家銀行，其職責是負責發放、回收和貸款管理工作，更多情況下牽頭行便是代理行。參與行是受牽頭行邀請以本行資金參加貸款的銀行，參與行參加銀團並按一定比例認購貸款額度。

（三）國際銀團貸款的運作

國際銀團貸款在具體操作時大體上需要歷經以下六個步驟：一是由借款人選擇牽頭行，選擇的標準是信譽卓著。二是在牽頭行同借款人談判確定貸款的各項條件後，由借款人向牽頭行提交授權籌資書，之后牽頭行便開始組織銀團。三是牽頭行向其選擇的銀行發出參與銀團貸款的邀請信，尋找到參與行。四是確定國際銀團貸款的代理行集中管理有關貸款的各項事務。五是代理行負責向各參與行籌資，發放貸款並按協議規定計息。六是由代理行負責收回本金和利息，同時按各銀行出資比例匯送參與行。

第4節　商業銀行國際外匯資金業務

外匯資金業務也是商業銀行基本的國際業務，是將一種貨幣按既定匯率兌換成另一種貨幣的活動。開展外匯買賣業務的目的主要是為了滿足進出口企業支付貨款及旅遊者支付勞務費用、投資者輸入輸出資本等對外匯的需求。從其目的可以推斷，銀行開展外匯資金業務的對象主要有銀行同業及有外幣兌換需求的貿易企業、跨國公司與個人。銀行同業之間的外匯買賣由於規模巨大因此稱為批發性業務，而銀行與一般客戶之間的外匯資金業務則屬於零售業務。一般而言，銀行在金融市場上的外匯買賣是從兩個層次展開，一是滿足客戶兌換貨幣的需要，二是降低自身外匯頭寸和外匯債權或債務因匯率變化導致的外匯頭寸風險而在同業市場上進行軋差買賣的需要。從業務性質上進行界定，銀行外匯業務可分為即期外匯資金業務、遠期外匯資金業務、外匯衍生工具業務三大類，這些也是本節重點介紹的內容。在實踐中，商業銀行一般都設有專門的部門來經營上述的外匯資金業務。由於商業銀行開展國際外匯資金業務必須在外匯市場中進行，因此有必要先對外匯市場做簡要介紹。

一、外匯市場

外匯市場是指由外匯需求和外匯供給雙方以及外匯交易仲介機構所構成的外匯買賣

場所和網路。① 其分類標準有多種，這裡只介紹常見的兩種。根據市場參與者的不同，外匯市場可分為外匯櫃臺市場和銀行間外匯市場。外匯櫃臺市場也稱為零售市場，一般是在銀行網點的櫃臺完成的外匯交易，市場參與者是企業和個人。銀行間外匯市場則是經營外匯業務的銀行之間進行外匯交易的場所和網路。另外，根據交易辦法的不同，外匯市場又可分為有形市場和無形市場。西歐大陸國家外匯市場多為有形市場，比如巴黎、法蘭克福、布魯塞爾等外匯市場。無形市場沒有固定的交易場所，外匯交易完全通過通信網路完成，交易從詢價到交割完成這個過程，交易員並不見面。無形外匯市場已成為當今國際外匯市場發展的主流。

（一）匯率標價

一切以外國貨幣表示的可用於國際結算的支付手段都可以稱之為外匯。外匯的範圍根據2008年8月《中華人民共和國外匯管理條例》的相關規定，主要為外幣現鈔，包括紙幣、鑄幣；外幣支付憑證或者支付工具，包括票據、銀行存款憑證、銀行卡等；外幣有價證券，包括債券、股票等；特別提款權；其他外匯資產。外匯買賣或外匯交易是國際金融市場上外匯供給者和需求者在不同貨幣之間按照一定匯率進行相互交換的活動。在這裡，匯率以一個核心參量的形式出現在外匯交易過程中。

匯率是外匯的標價，就是一種貨幣相對於另一種貨幣的價格之比。根據匯率表示中兩種貨幣所起作用不同，可以將其分為基準貨幣（Base Currency，作為報價基礎的貨幣）和報價貨幣（Quotation Currency，變動反應匯率高低的貨幣）。例如，2009年6月2日人民幣與美元之間匯率是USD100＝RMB682.88，這一等式表明美元是基準貨幣，人民幣是報價貨幣，兌換1美元需要6.828,8元人民幣，或者兌換1元人民幣需要1/6.828,8美元。

根據本幣在匯率表示中的作用不同，匯率報價又有兩種方式，即直接報價和間接報價。直接報價又稱應付標價法，是以外幣為基準貨幣，本幣作為報價貨幣，一定單位外國貨幣為標準，用一定量本國貨幣來表示外國貨幣的價格。間接報價（應收標價法）恰恰相反，是以外幣作為報價貨幣，本幣作為基準貨幣。直接標價法和間接標價法間存在倒數關係。就上例的匯率站在中國的銀行的角度是直接報價，但如果由美國的銀行報出那便是間接報價。中國採用直接報價法，英國、加拿大及美國常採用間接報價法。

（二）匯率種類

匯率種類很多，下面選擇其中典型的幾種匯率進行簡單介紹。

1. 按外幣掛牌的檔數分為單檔匯率和雙檔匯率

單檔匯率指銀行對每一種貨幣只有一個牌價。銀行向客戶買入或賣出外匯均按此匯率辦理，這種匯率極少使用。一般來說，商業銀行採用的是雙檔匯率，也就是說，報價時同時報出其願意購買與賣出同一貨幣的價格，即買入價和賣出價。在直接標價法下，較小的是外幣買入價，較大的是外幣賣出價；間接標價法下恰恰相反。買賣價之間的差額是銀行的收入。

2. 按制定匯率的方法分為基本匯率和套算匯率

基本匯率是指本國貨幣與基準貨幣的匯率，是套算本幣對其他貨幣匯率的基礎。從

---

① 陳彪如. 國際金融市場［M］. 上海：復旦大學出版社，1998：130.

兩對已知匯率中套算出的第三對匯率，即交叉匯率或套算匯率，如 1 美元 = 7.5 元人民幣，同時 1 美元 = 3.5 瑞士法郎，則 1 瑞士法郎 = 2.14 元人民幣。這個人民幣兌換瑞士法郎的匯率即為套算匯率。

3. 按外匯交割期限分為即期匯率和遠期匯率

即期匯率（Spot Rate）是指外匯買賣雙方成交之后，在兩個交易日內進行資金交割的匯率。遠期匯率（Forward Rate）是買賣雙方約定在未來某一日期辦理交割的匯率，比如 3 個月后的匯率。兩個匯率往往不一樣，以某種外匯匯率為例，遠期匯率高於即期匯率稱該種外匯的遠期匯率為升水（Premium）；反之，稱該種外匯遠期匯率為貼水（Discount）。

4. 按買賣對象的不同分為現匯匯率和現鈔匯率

現匯匯率是指銀行買賣現匯時使用的匯率。現匯匯率又分為買入匯率（匯買價）和賣出匯率（匯賣價）。匯買價是銀行向客戶買入即期外匯時使用的匯率。例如，6 月 2 日市場報出的歐元（EUR）與人民幣的外匯牌價為 EUR100 = 962.14/931.71，其中匯買價為 962.14，匯賣價為 931.71。現鈔匯率是銀行買賣外幣現鈔時使用的匯率，由於外幣現鈔匯率要扣除將其運送至國際金融中心發生的運保費等費用，因此各國現鈔匯率均低於現匯匯率。

二、商業銀行外匯買賣業務的種類

目前國際金融市場上外匯買賣方式多種多樣，隨著金融衍生產品的發展，使得外匯交易手段日新月異，但是歸納起來，商業銀行從事外匯交易的方式一般有以下幾種類型：即期交易、遠期交易、套匯與套利交易以及外匯期貨、外匯期權與互換交易。

（一）即期交易（Spot Transaction）

即期交易是指外匯買賣雙方以外匯市場上的即期匯率成交，並於第二個交易日進行交割的交易活動。例如，A、B 兩家商業銀行通過電話按英鎊（£）1 = 人民幣（￥）10.553 的匯率達成了一筆即期外匯交易，金額是 200 萬英鎊。第二天，A 銀行將 200 萬英鎊劃入 B 銀行帳戶，而 B 銀行將 2,110.6 萬元人民幣劃入 A 銀行帳戶便完成了交易。即期交易運用極廣，商業銀行在調撥資金、接受客戶委託辦理匯出匯款、匯入匯款、出口收匯等業務時常採用即期交易方法。

（二）遠期交易（Forward Transaction）

遠期交易又稱期匯交易，是交易雙方事先約定好外匯交割時間、價格，到期后按照合同規定辦理交割的一種外匯買賣。期限一般為 1 個月至 6 個月，通常為 3 個月。商業銀行遠期外匯業務主要是為了平衡自身持有的外匯頭寸從而避免因匯率變動造成損失。除此之外，開展遠期外匯業務還能帶來三方面的作用。一是有效滿足進出口企業在支付貨款過程中防範匯率變動的需求，幫助進口商鎖定進口成本、出口商實現套期保值目的。二是讓投資者和借貸者可以找到一個便利的規避遠期匯率風險的手段。三是滿足投資者利用外匯遠期進行投機獲利的需求。

以遠期交易鎖定進口付匯成本實例如下：

2009 年 6 月 2 日美元兌人民幣匯率為 USD100 = RMB682.8，根據貿易合同，進口商 A

公司將在 7 月 15 日支付 1,500 萬元人民幣的進口貨款。由於 A 公司的外匯資金只有美元，因此需要通過外匯買賣，賣出美元買入相應人民幣來支付貨款。A 公司擔心美元對人民幣匯率下跌將增加換匯成本，於是同中國銀行做一筆遠期外匯買賣，按遠期匯率 681.4 買入 1,500 萬元人民幣，同時賣出美元的數量為 1,500÷681.4=2.201 萬美元。現金交割日為 7 月 15 日，在這天 A 公司向中國銀行支付 2.201 萬美元，同時中國銀行向 A 公司支付 1,500 萬元人民幣。由此美元兌人民幣的成本被固定下來。無論外匯市場的匯率水平如何變化，A 公司都將按 681.4 的匯率水平從中國銀行換取人民幣。假如 A 公司未進行外匯交易，當 7 月 15 日的即期匯率下跌，比如跌至 674.8 時，A 公司必須按該匯率買入 1,500 萬元人民幣，同時賣出美元 2.223 萬美元。同做遠期外匯相比 A 公司將多支出美元 2.223-2.201=0.022 萬美元。

需要指出的是，遠期外匯交易雖然能鎖定進口商進口付匯的成本，規避付匯成本上升的風險，但同時也轉讓出了付匯成本下降的可能收益。

(三) 套匯 (Space Arbitrage) 與套利交易 (Interest Arbitrage)

套匯是指交易者利用同一時間不同外匯市場上匯率存在一定的差異，通過低價買入高價賣出策略賺取一定收益的外匯買賣活動。根據交易複雜程度的不同，套匯交易分為直接套匯和間接套匯。直接套匯又稱雙邊套匯，是指交易者利用同一時間兩個外匯市場上存在差異，採用低買高賣獲取收益的行為。比如某外匯交易者在某一時刻得知瑞士和巴黎外匯市場上美元與歐元的匯率如下：

瑞士　1 美元 (USD) = 0.706,9/79 歐元 (€)

巴黎　1 美元 (USD) = 0.708,7/97 歐元 (€)

這表明此刻美元在瑞士市場上的價格低於在巴黎市場上的價格，該交易者可以在瑞士市場上以 0.707,9 價格買入美元，賣出歐元。同時，通知在巴黎市場上的代理行以 0.708,7 的價格賣出美元，買入歐元。在不考慮交易費用的情況下，通過該筆交易，套匯獲得 0.708,7-0.707,9=0.000,9 美元的盈利。

間接套匯又稱三邊 (角) 套匯，是交易者利用同一時間三個外匯市場上匯率存在差異，同樣採用低買高賣策略獲取收益的外匯買賣行為。

例如，某一時刻倫敦、紐約、香港三個市場有如下報價：

倫敦　1 美元=7.751,5 港幣

紐約　1 美元=0.609,2 英鎊

香港　1 英鎊=12.722,9 港幣

這說明存在套匯機會，具體套匯過程可以這樣進行：假設投資者先在香港外匯市場上買入 100 萬英鎊，同時賣出 1,272.29 萬港幣；然后投資者可以將買入的 100 萬英鎊拿到紐約外匯市場上賣出，換入 100÷0.609,2=164.15 萬美元；最后投資者拿換入的 164.15 萬美元到倫敦市場上全部賣出，可換入 1,272.40 萬港幣。對比其在香港市場上的港幣換出額度，可以獲取收益 1,272.40-1,272.29=0.11 萬港幣。

套利交易是指利用不同國家或地區短期投資利率的差異，將資金從利率低國家或地區轉移到較高利率國家或地區進行投資，從而賺取利率差額的外匯交易。例如，在法國年利率水平是 7%，而美國為 4%；那麼，美國投資者將會在外匯市場上買入即期法郎賣

出即期美元，以獲得較高的法郎利率收益。同時，為抵補外匯風險，美國投資者會在外匯市場上賣出遠期法郎的同時買入遠期美元，大量這種交易的結果是在即期市場上法郎升值、美元貶值，在遠期市場上則法郎貶值、美元升值，即美元的遠期匯率相對於即期匯率為升水。當升水額完全反應了法美兩國之間的利率差時，美國投資者將美元兌換成法郎而獲得的利率收益會被升值了的美元（貶值了的法郎）所抵消，於是在外匯市場上達到平衡，套利交易不復存在。

（四）外匯衍生品交易

1. 外匯期貨交易（Foreign Exchange Future）

這是指在期貨交易所內通過公開競價方式成交后，承諾在未來某一特定日期以約定價格交割某種特定標準量貨幣的外匯交易。其主要特點有：交易對象為標準化的期貨合約；交易採用保證金形式，具有槓桿作用。期貨交易的載體是期貨合約，在期貨合約中，交易商品的數量、等級、交割時間和地點等條款都是標準化的，只有期貨價格是唯一的變量。一張完整的期貨合約構成要素主要有交易單位、最小變動單位、交割時間、保證金比率等條款。

2. 外匯期權交易（Foreign Exchange Options）

這是指買賣雙方達成一項外匯買賣的權利合同，在向賣方支付一定的費用（Premium）后買方有權在到期日（Expiration Date）或到期日前要求賣方按照協定匯率（Strike Price or Exercise Price，期權合約買方購買或出售外匯的價格）買進或賣出約定數量貨幣，由於買方有權放棄或不履行所商定的外匯交易合同，因此外匯期權交易實質上是一種權利的買賣，出售者為權利的賣方。期權交易特點是：買方購買的是一種權利，而不是義務；賣方由於收取期權費因而必須承擔事先約定的期權到期時買或賣的義務；期權買方風險有限，即為期權費，但賣方風險卻很大。外匯期權交易基本要素包括期權有效期、期權權利金、敲定（履約）價格。

按交易方式的不同期權交易分為看漲期權（Call Option）和看跌期權（Put Option）。看漲期權也稱買入期權，是指期權的買方在規定的期限內，有權按合同規定的價格購買某種特定金融工具；看跌期權則恰恰相反。例如，某英國銀行持有100萬美元現金，為規避美元貶值風險該銀行可以購買倫敦國際金融期貨交易所的看跌期權，通過購買合約，英國銀行能夠將兌換匯率固定在執行價格，規避了匯率下跌風險。當然，如果外匯的市價等於或高於執行價格時，期權的買方可以放棄其擁有的權利，僅僅損失期權費而已。

3. 外匯掉期交易（Swap Transaction）

這是指買入某日交割的甲種貨幣，賣出乙種貨幣的同時，賣出金額相等的於另一日交割的甲種貨幣，買入乙種貨幣。也就是說，掉期交易是兩筆方向相反、金額相等、期限不同的外匯交易。掉期交易主要用於套期保值，規避外匯風險獲取更可觀的利潤。

例如，日本J公司有一項對外投資計劃，投資金額為500萬美元，預期在6個月后收回。J公司預測6個月后美元相對於日元會貶值，為了保證投資收回，同時又要能避免匯率變動的風險，便做買入即期500萬美元對賣出6個月500萬美元的掉期交易。假設當時即期匯率為1美元(USD)＝96.327,2/96日元，6個月遠期匯率為96.326,0/86.328,6，投資收益率為10%，6個月后現匯市場匯率為1美元＝95.648,6/94日元。該投資者買入即

期 500 萬美元支付日元額為 500×96.329,6＝48,164.8 萬日元，在不做掉期情況下投資利潤為 500×(1+10%)×95.648,6-48,164.8＝4,441.93 萬日元。做掉期交易情況下，6 個月後將收回本金 500×96.326,0＝48,163 萬日元，收到投資收益為 500×10%×95.648,6＝4,782.43 萬日元，對應的投資利潤為 48,163+4,782.43-48,164.8＝4,780.63 萬日元。因此，做掉期比不做掉期能多獲利 338.7 萬日元（4,780.63-4,441.93）。

三、商業銀行外匯資金業務的管理

國際金融市場上的各國貨幣之間匯率因布雷頓森林體系的瓦解而顯現出劇烈波動特徵，匯率風險因此更是變幻莫測，商業銀行開展外匯資金業務因匯率的瞬間變動便有可能帶來巨大損失或收益。因此，商業銀行出於謹慎經營原則，理應加強對外匯資金業務的管理。

（一）選擇最合適的交易對手

一般而言，選擇資信良好的交易對方是外匯交易安全、順暢進行的前提。選擇交易對手時商業銀行應重點考慮交易方的資信度、報價速度和報價水平（報價要能基本反應市場匯率的動向，從而具有競爭性）。

（二）熟悉交易規則，靈活運用交易策略

由於外匯交易的典型特徵是高風險性，因此在進行外匯交易前，商業銀行應該詳細瞭解交易的程序與規則。特別是在進入一個新的外匯市場或選擇一種新的金融工具時，更應該以謹慎態度，同時對客觀情況有了清楚把握后，再通過靈活的交易策略參與市場交易。

（三）選擇和培養高素質的交易員

外匯交易中，交易員的地位至關重要。因為好的交易員能給商業銀行帶來豐厚的利潤，而素質不過硬的交易員則恰恰相反，其可能讓商業銀行面臨巨大災難。因此，選擇心理素質高、專業能力強的人才作為交易員並給予嚴格的交易培訓是商業銀行的理性選擇。

（四）切實做好匯率分析預測工作

由於匯率波動要受各種經濟或非經濟因素的牽制影響，因此商業銀行在外匯交易中預測匯率走勢時應該採用基本分析法和技術分析法，通過這兩種分析方法考察匯率中長期趨勢，從而為是否參與市場交易提供決策參考。

（五）加強內部控制與業務創新

在加強內部控制方面，商業銀行開展外匯資金業務要有專職管理部門，從上到下做到信息通暢、快捷、安全有效。開展風險業務應執行嚴格授權制度，明令禁止任何越權行為發生。對外匯交易記錄進行定期稽查和嚴格監督。在業務創新方面，商業銀行要以市場導向為基礎開發新產品，並給予開發人員合理獎勵以激發整個工作部門的創新活力。

第 5 節　中國商業銀行國際業務的開展

　　國際業務作為銀行非利息收入的主要業務之一，是中國銀行業未來盈利增長的主要動力，能夠有效推動中國銀行業的國際化進程。同時，國際業務也是現代商業銀行向國外拓展，從而獲取更大生存空間的重要手段。由於國際業務對銀行而言具有收益高、見效快的特點，因此已成為各家商業銀行的必爭之地。特別是中國加入世界貿易組織以後，各商業銀行迫於競爭壓力，在狠抓本幣業務的同時，也都紛紛將眼光瞄準了國際金融業務。國際業務的開展給部分商業銀行帶來的直接效益已占到總收入的 10% 左右。具體的業務開展情況可以通過以下幾個方面加以描述：

一、中國境內開展國際業務的商業銀行狀況

　　1986 年以前，中國的國際業務基本上是由中國銀行獨家經營，其市場佔有率始終在 95% 以上。隨著中國金融體制改革的深化和經濟的發展，單一銀行辦理國際業務已難以滿足國民經濟發展的需求。1984 年 10 月，中國商業銀行國際業務的獨家壟斷的局面開始發生改變。中國工商銀行深圳分行首先獲準開辦了國際業務。1986 年，中國人民銀行決定允許專業銀行沿海開放城市、經濟特區的分支行開辦國際業務。1988 年，國家外匯管理局下放對專業銀行分支機構經營國際業務的審批權限，工、農、中、建四大國有商業銀行辦理國際業務開始在全國鋪開。與此同時，交通銀行、廣東發展銀行和福建興業銀行等也獲準辦理國際業務。自 20 世紀 80 年代后建立起來的全國性中小股份制商業銀行，如上海浦東發展銀行、深圳發展銀行（現在的平安銀行）等均在開業伊始就瞄準了風險小、成本低、利潤高的國際貿易業務，國際業務經過了從無到有的過程，並取得了突飛猛進的發展。截至 2014 年年末，中國有四大國有控股商業銀行，12 家（民生銀行、浦發銀行、平安銀行、興業銀行、恒豐銀行、光大銀行、浙商銀行、招商銀行、華夏銀行、交通銀行、中信銀行）全國股份制商業銀行，幾十家外資銀行和 100 多家城市商業銀行都經辦了國際業務。

二、中國商業銀行國際結算業務發展狀況

　　總體而言，中國商業銀行國際結算業務發展正處於逐年穩步攀升態勢中，20 世紀 80 年代后期開始建立的數家股份制銀行，雖然成立后的一段時間內還是以區域性經營為主，但區域經營狀況在 2000 年以後出現了轉機，紛紛通過增資擴股、引進戰略投資者等方式，逐步走上國際化發展的道路。如果從 2014 年市場佔有份額數據來看，可以明顯發現，國有商業銀行的市場佔有量要遠遠高於中小股份制商業銀行，尤其是中國銀行仍遠遠領跑於國內其他商業銀行，如圖 8.4 所示。

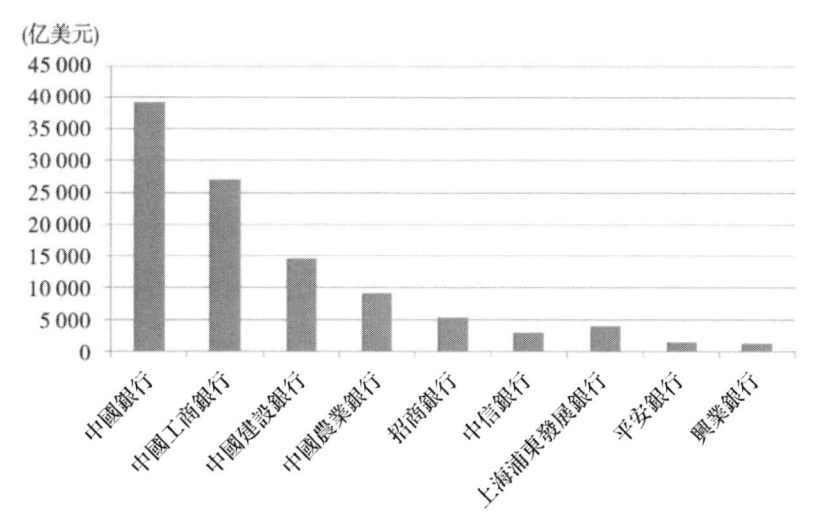

图 8.4 2014 年中國主要商業銀行國際結算業務量簡圖

儘管如此，中小股份制商業銀行由於起點低、基數小等緣故，其開展國際結算業務取得了比國有商業銀行更快的增長速度。也就是說，通過國際結算量年增幅指標所體現出來的國際業務競爭實力，股份制銀行要高於國有商業銀行，具體數據如表 8.1 所示。

表 8.1　　　　　　　　主要商業銀行國際結算業務量對比表　　　　　　單位：億美元

銀行名稱	2008 年	2014 年	年增幅(%)①
中國銀行	17,000	39,200	14.9
中國工商銀行	7,500	27,000	23.8
中國建設銀行	3,088	14,600	29.6
中國農業銀行	4,813	9,021.4	11.1
招商銀行	1,662	5,384.46	21.6
中信銀行	1,309	3,012	14.9
上海浦東發展銀行	881	3,978.19	88.7
平安銀行	398	1,465	24.3
興業銀行	565	1,170.24	12.9

三、國內商業銀行國際融資業務狀況

伴隨中國經濟融入世界經濟體步伐的加快，中國經濟發展對外依賴的程度在加深。這種對外依賴體現在作為推動國民經濟快速發展「三駕馬車」之一的出口，相比於消費和投資越來越占據主導地位。基於這樣一個背景，出口貿易在最近幾年得到了前所未有

① 年增幅計算公式 $=\sqrt[6]{\dfrac{2014\ 年數據}{2008\ 年數據}}-1$。

的迅速發展。根據世界貿易組織（WTO）公布的數據，2014年中國出口占全球出口比重由11.7%提高到12.2%，中國連續兩年位居世界第一出口大國。國際貿易的持續快速增長為中國商業銀行國際結算和貿易融資業務帶來了巨大的發展空間。這也給商業銀行發展國際融資業務創造了條件。有寬鬆的外部條件作為保障，國內商業銀行出口貿易融資業務現在已進入了良性發展時期，不管是在總量上還是在增量上都有所體現。儘管如此，國內銀行同業之間還是明顯存在一些差距，具體如圖8.5所示。

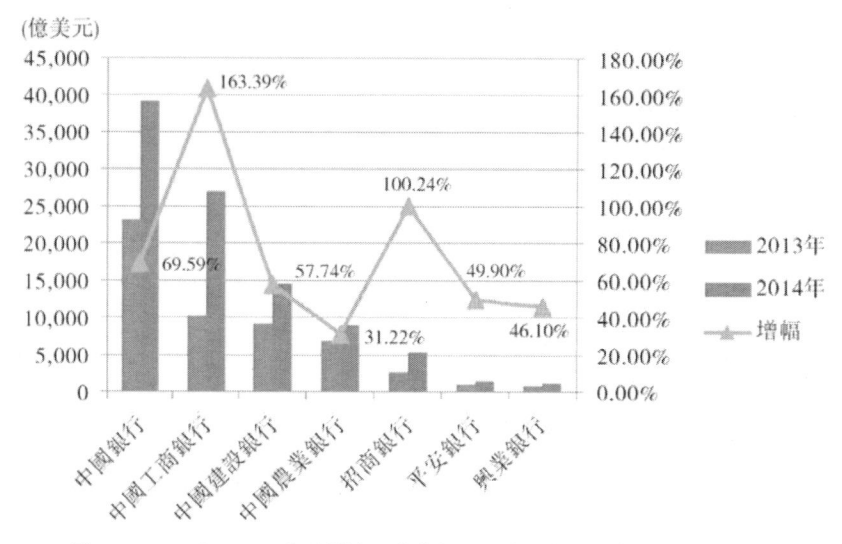

圖8.5 2013年、2014年中國主要商業銀行進出口貿易融資量增長比較圖

四、國內商業銀行外匯資金業務現狀

近兩年來，國際匯市上歐元、日元相對美元波動較頻繁，然而很多企業，尤其是大型企業，存在著大量的外匯資產和負債。外幣每一價位的變化，都會對企業財務狀況產生巨大影響，中國商業銀行針對這種情況，紛紛推出各種金融衍生產品，如遠期結售匯、遠期外匯買賣等都頗受客戶青睞，銀行通過這種業務不僅增加了外匯收益，同時也擴大外匯資金業務結算量。中國人民銀行2014年金融統計報告顯示，截至2014年12月末，中國境內金融機構外匯各項存款余額達到5,735億美元，同比增長30.8%，外匯貸款余額為8,351億美元，同比增長7.5%。由於全球經濟復甦比較緩慢，2014年增幅比2013年低6.2個百分點。但總體而言，中國商業銀行外匯資金業務整體發展速度還是比較快的。

另外，中國銀行作為中國國際化程度最高的商業銀行，在辦理外匯資金業務方面仍然具有獨特的優勢。目前，中國銀行擁有遍布全球37個國家和地區的機構網路，其中境內機構超過10,000家，境外機構600多家。1994年和1995年，中國銀行先後成為香港、澳門的發鈔銀行。在全國各大城市涉外飯店、商店、旅遊景點，基本上都是由中國銀行設立外幣兌換點，裝備接受國際卡的POS機和先進的EDC機（國際信用卡授權及電子清算系統），其他銀行較少進入也較難進入，而這些都與其發達的國際業務不無關係。

儘管中國銀行外匯資金業務在國內長期占據主導地位，但是伴隨國內其他商業銀行

外匯資金業務的迅速發展，這種差距正逐漸趨於縮小。例如，招商銀行通過專業化設計，創立國內首個24小時連續報價的個人自助交易的外匯期權產品，使外匯期權成為國內普通投資者人人都能夠參與的交易品種。

【本章小結】

（1）商業銀行國際業務是指業務經營範圍在由國內延伸到國外，即業務的國際化。其一般包括了兩方面內容：一是跨國銀行在國外的業務活動；二是本國銀行在國內從事的有關國際業務。商業銀行開展國際業務主要是通過代表處、代理行、海外分支行、子公司、聯營行等組織機構來完成。商業銀行開展國際業務提高了銀行經營效益與經營管理水平、推動了金融市場的全球化，更是應對愈發激烈的國際同業競爭的重要手段。

（2）國際結算業務從業務性質上定位，應該歸類於商業銀行傳統的中間業務，主要包括匯款、托收、信用證。匯款是最為簡單的國際貿易結算方式。托收是一種賣方據發票金額開立匯票，委託出口地銀行通過其在進口地的銀行向買方收取貨款的結算方式。信用證是現在國際貿易結算中運用最多的一種支付方式，其付款責任由銀行承擔，因此能夠保證出口商安全收到貨款。

（3）國際貿易融資是商業銀行國際融資業務最核心的業務，主要包括打包放款、出口押匯、進口押匯、進出口信貸、福費廷等。其中，前三種歸類於短期貿易融資，后兩種是長期貿易融資。進出口信貸劃分依據是貸款的對象。而福費廷則是一項包購業務，即出口商將經過進口商承兌的中長期商業票據無追索權地售予銀行，從而提前取得現款。

（4）外匯資金業務是商業銀行重要和基本的國際業務，從形式上可以分為兩類：一是按照銀行客戶要求進行貨幣兌換；二是商業銀行為了本身頭寸調撥經營國外業務或從國外業務中獲取以本幣表示的收益。金融衍生工具的誕生標志著現代金融技術進入了一個新的發展時期，在這樣一個背景下外匯交易的方式也不斷推陳出新，目前，最主要的外匯交易方式有即期（現貨）外匯交易、遠期外匯交易、套匯與套利交易和包括外匯期貨、外匯期權、外匯掉期在內的衍生品交易。由於銀行在進行外匯資金交易時面臨著風險，因此銀行應在經濟理性原則下經營外匯業務，注重制定合適的經營策略。

（5）中國商業銀行國際業務正處於蓬勃發展時期。特別是加入WTO后，面對外來金融機構的激烈競爭，中國商業銀行在拓寬業務範圍、走出國門上做出了很大努力，同時也取得驕人的業績。但不可忽視的是，由於各個商業銀行發展起點不同，又存在競爭實力上的差距，因此在國際業務開展上明顯表現出一定的差距。

思考練習題

1. 簡述商業銀行開展國際業務常見的組織形式。
2. 簡述商業銀行國際業務的主要類型。

3. 何謂銀團貸款？參與者有哪些？其業務操作程序是怎樣的？
4. 試比較說明國際結算中不同的匯款結算方式。
5. 簡述商業銀行如何管理外匯資金業務。
6. 簡述商業銀行開展國際業務的意義。
7. 主要的銀行外匯買賣業務有哪些？

第 9 章　電子銀行業務

內容提要：本章主要敘述電子銀行業務的基本概念、特點以及相對傳統銀行業務的優勢。本章簡要概括了電子銀行業務產生的背景以及電子銀行對傳統商業銀行經營的衝擊和影響，對電子銀行業務的經營成本收益進行了分析，著重介紹了電子銀行業務的主要功能、電子銀行業務的風險管理、中國商業銀行電子銀行業務的發展現狀，並闡述了互聯網金融興起對電子銀行業務的衝擊和影響。

20 世紀 90 年代以來，隨著計算機網路技術和電子信息技術的高速發展，家用計算機的廣泛使用，電話、手機的普及，電子商務的興起，特別是以互聯網技術為核心的現代計算機網路技術在銀行業的應用和推廣，銀行業開始進入了一個新的歷史發展階段——電子銀行發展階段。

第 1 節　電子銀行業務產生的背景以及對商業銀行的影響

一、電子銀行業務產生的背景

20 世紀 80 年代以來，高速發展的現代信息技術展現出前所未有的發展空間和應用領域，信息技術浪潮也給銀行業帶來了巨大的影響。隨著現代信息技術不斷運用於銀行業，銀行業利用現代信息技術的廣度和深度也在不斷提高，電子貨幣、數字貨幣的出現，尤其網上銀行的產生等，使傳統貨幣的形式、內涵、結構、支付方式以及銀行的定義、銀行的物理形態等都發生了深刻的變化。這種變化對傳統銀行業既帶來重大的衝擊，又對銀行業的發展起著巨大的、積極的推動作用。在此歷史背景下，電子銀行業務應運而生。

電子銀行業務的產生有其客觀必然性，具體來講包括以下三個方面：

（一）高速發展的現代信息技術為電子銀行業務的產生和發展奠定了堅實的物質和技術基礎

信息技術的進步為銀行服務的創新奠定了基礎，不僅給銀行帶來了成本的降低、交易效率的提高和服務內容手段的創新，更重要的是，借助信息技術，現代商業銀行徹底改變了傳統的思維模式、經營模式和管理模式。現在，信息技術已經成為銀行各項活動的重要工具。

（二）客戶對銀行服務的多樣性和個性化需求促進了電子銀行業務的產生和發展

隨著社會信息化程度的不斷提高，客戶對金融服務的要求越來越多樣化。許多客戶越來越多地接受新鮮事物，他們希望得到更新、更好、更便捷、更富效率的銀行服務，願意通過使用更先進的技術來提高他們的生活質量、經營能力或管理水平。電子銀行與傳統銀行服務相結合，形成了營業網點、網上銀行、電話銀行、手機銀行、自助銀行等多渠道的綜合服務界面和服務體系，順應了多元化、多渠道的市場需求。

（三）銀行間日益激烈的競爭成為電子銀行業務產生的重要原因

銀行發展到今天，市場競爭的焦點不再是推銷現有的金融產品，而是如何有效分析客戶的金融需求，及時提供滿足客戶個性化需要的金融服務。從表面上，電子銀行只是增加了服務渠道而已，但實際上，通過搭建多渠道、一體化的電子金融服務平臺，使銀行實現了與客戶隨時隨地的互動。通過收集客戶信息，挖掘客戶需求，設計高附加值、多元化、個性化的金融產品，大大提高了銀行客戶關係管理能力，徹底改變了銀行與客戶的關係，促使銀行經營模式實現了由「從產品為中心」向「以客戶為中心」的革命性轉變。

另外，發展電子銀行業務可以減輕一線員工應付一般性結算服務的工作量，將精力投入到能夠帶來更多效益的項目中去，同時利用電子銀行產品可以簡化各項銀行產品的審辦流程，加強銀企管理，加快信息交流。

二、電子銀行的產生對商業銀行的影響

電子銀行的發展對傳統銀行業產生了巨大的影響，主要表現在：

（一）商業銀行和非銀行金融機構之間的界限越來越模糊

由於電子銀行的交易成本低廉，電子銀行的發展使銀行和其他金融機構能夠迅速地處理和傳遞大量的信息，打破了商業銀行和非銀行金融機構之間的專業分工，各種金融機構提供的服務日趨相似，商業銀行向保險公司、投資銀行等非銀行金融機構進行業務滲透。商業銀行將逐步轉變為理財型、諮詢型的金融機構，不同金融機構的差別分工日趨淡化的「大金融」格局將逐步顯現。

（二）銀行業將從「分業經營」逐步轉向「混業經營」

電子銀行的發展使銀行業務的內涵和外延發生了重要的變化，銀行開始涉足資本市場或金融衍生品市場，大量非銀行金融產品及其衍生品已成為當今銀行的重要產品，傳統業務給銀行帶來的收益逐漸退居其次。銀行服務的綜合化、全能化已成為現代銀行的發展趨勢。

（三）加劇了金融「脫媒」趨勢，證券市場作用有所加強

由於市場主體能夠通過網路方式方便、快速地獲取各種市場信息，這將吸引更多的金融交易從傳統的金融機構轉向金融市場，特別是證券市場，結果是加劇了金融「脫媒」趨勢，直接融資的數量大大增長，證券市場作用得到加強，而傳統銀行和金融機構的作用卻受到削弱。

（四）金融服務業將出現「兩級發展、協同共存」的格局

隨著電子銀行業務的發展，銀行服務將出現兩個趨勢：標準化和個性化。一是以

更低的價格大批量提供標準化的傳統銀行服務；二是在深入分析客戶信息的基礎上為客戶提供個性化的銀行服務，重點在理財和諮詢業務、由客戶參與業務設計等方面。銀行將充分利用不斷發展的大量信息技術深入分析客戶，更好地滿足客戶個性化的需求。

（五）電子銀行業務改變了銀行傳統的運作模式

隨著高科技的迅猛發展，電子銀行業務的運作模式趨向虛擬化、智能化。銀行不再需要在各地區大規模設置分支行來擴展業務，只要利用互聯網這個平臺便可將銀行業務伸向世界的任何一個角落。傳統銀行業務借助資本、人力、物力等資源爭奪客戶的經營模式將轉變為借助技術、管理等智能資本的電子化經營模式。在傳統業務中，銀行以存款貸款利差為主要收入來源。伴隨電子銀行業務的高速發展，中間業務的收入、代理業務的收入將大量增加。從某種意義上說，電子銀行業務的高速發展改變了銀行傳統的運作模式，進而改變了銀行的收入結構。

（六）電子銀行業務將會使傳統的銀行行銷方式發生改變

電子銀行能夠充分利用網路與客戶進行交互式溝通，從而使傳統銀行的行銷活動以產品為導向轉變為以客戶為導向，能根據客戶的具體要求去創新具有鮮明個性的金融產品，最大限度地滿足客戶日益多樣化的金融需要。

（七）對管理水平提出更高要求

首先，電子銀行產品的出現，對於傳統的櫃面業務產生了較大的衝擊，如何協調二者共同的發展是值得管理者關注的問題。其次，電子銀行對於交易的安全性和銀行內部風險防範提出了更多、更高的要求。最後，電子銀行業務的發展還面臨一定的法律風險。

第2節　電子銀行的概念及特點

一、電子銀行的概念

電子銀行（Electronic Banking）的範疇非常寬泛，銀行界對它的定義也不盡相同，如「電子銀行是為客戶提供的非接觸式銀行服務」「電子銀行是指以網路為媒介、以客戶自助服務為特徵，為客戶提供全方位金融服務的離櫃業務」。

2001年5月，巴塞爾銀行監管委員會發布的《電子銀行的風險管理原則》將電子銀行定義為：持續的技術革新和現有的銀行機構與新進入市場的機構之間的競爭，使得從事零售和批發業務和客戶可以通過電子的銷售渠道來獲得更為廣泛的銀行產品和服務，這統稱為電子銀行業務。國際清算銀行認為，電子銀行業務泛指利用電子化網路通信技術從事與銀行業相關的活動，提供產品和服務的方式包括商業銷售終端（POS機終端）、自動取款機（ATM）、智能卡等設施。中國銀監會於2006年3月1日施行的《電子銀行管理辦法》將電子銀行業務定義為：商業銀行等銀行業金融機構利用面向社會公眾開放的通信通道或開放型公眾網路以及銀行為特定自助服務設施或客戶建立的

專用網路，向客戶提供的銀行服務。

本書將電子銀行定義為：以計算機、通信技術為媒介，客戶使用各類接入設備自助辦理銀行業務的新型銀行服務手段。

二、電子銀行的特點

電子銀行是社會信息化高度發展的產物，其產品和服務有以下特點：

（一）客戶自助服務

客戶自助服務是電子銀行有別於傳統商業銀行的最大特點。通過各種電子渠道，客戶可以自行操作完成各類交易和銀行服務，從而可以有效緩解櫃臺的壓力，降低成本。

（二）提供多方位、全天候服務

電子銀行提供超越時空的「AAA」式服務（Anytime，Anywhere，Anyhow），客戶可以通過電話、互聯網、手機等多種形式得到一年365天，每天24小時的全天候金融服務，而且使用方便、快捷。

（三）業務多樣，綜合性強

電子銀行業務覆蓋了個人、企業金融服務的多個方面，利用一體化的電子網路平臺將各種業務進行重新組合，不僅簡化了銀行業務流程，還可以擴大銷售範圍，改進目標市場產品，進行電子銀行產品的創新。電子銀行業務還可以提供很多櫃臺上無法辦理的人性化服務，這對於吸引和留住那些要求越來越高的優質客戶無疑起到決定性作用。

（四）科技含量高

電子銀行產品主要依賴於當今世界信息技術的發展，廣泛採用了計算機技術、通信技術、自動化技術等。技術是否先進、交易平臺的結構設計是否科學合理，都將直接影響到電子銀行業務的發展以及營運成本的高低。隨著科技的發展，銀行系統更趨於電子化、科學化、網路化。

（五）邊際成本低

電子銀行成本較高，但是建成后客戶的增長與提供的服務成本之間沒有明顯的遞增關係。因此，電子銀行提供的功能越多，客戶使用次數越多，單筆服務的成本也就越低。

（六）需要複合型人才

電子銀行業務的全面綜合和高科技的特性，要求電子銀行客戶服務人員必須既熟悉傳統櫃臺業務又精通電子銀行業務，同時對金融業和計算機發展有一定瞭解的人才。美國安全第一網路銀行（Security First Network Bank，SFNB）創立之初，員工只有10多人，一個辦公地址，幾乎所有業務都在網上進行。這就要求員工不但要有熟悉的業務技能，還必須具備很高的計算機水平以及靈敏的應變能力。

第3節　電子銀行業務產品及功能

一、電子銀行業務產品及功能綜述

電子銀行是指以計算機、通信技術為媒介，客戶使用各類接入設備自助辦理銀行業務的新型銀行服務手段。在此基礎上，按產品使用方式和渠道的不同，可以分為網上銀行、電話銀行、手機銀行、自助銀行、ATM、POS 以及多媒體自助設備等。電子銀行業務的產品功能基本包括了除現金交易外的資產、負債和中間業務等全部銀行服務功能。概括起來，電子銀行產品的功能如表 9.1 所示。

表 9.1　　　　目前中國電子銀行業務可提供的主要金融產品和服務

第一類服務： 個人業務	第二類服務： 公司業務	第三類服務： 信息服務	第四類服務： 客戶服務
1. 個人轉帳業務 2. 匯款業務 3. 代收代付 4. 證券買賣 5. 外匯買賣 6. 消費貸款 7. 信用卡服務	1. 內部轉帳 2. 帳戶現金管理 3. 代收代付 4. 工資管理 5. 信用管理 6. 集團財務管理 7. 其他公司業務	1. 公共信息發布 2. 銀行業務介紹 3. 利率信息 4. 投資理財諮詢 5. 銀行機構介紹 6. 市場信息	1. 客戶資料管理 2. 客戶信息查詢 3. 業務申請 4. 其他

二、網上銀行

網上銀行又稱網路銀行或虛擬銀行，是以因特網（Internet）技術為基礎，通過互聯網這一公共資源實現銀行與客戶之間的連結，來提供各種金融服務，實現各種金融交易。通俗地說，網上銀行就是在因特網上建立的一個虛擬的銀行櫃臺，為客戶開展各項金融服務。客戶只需坐在家中或辦公室裡輕點鼠標，就可以享受以往必須到銀行網點才能得到的金融服務。

網上銀行主要有兩種模式：一種是無任何分支機構、完全依託互聯網開展銀行業務的純粹的虛擬銀行，興起於歐洲的「第一自助（First Direct）」「艾格（Egg）」銀行以及中國前海微眾銀行也屬於這種形式；另一種則是在現有銀行基礎上，以互聯網為服務平臺拓展傳統銀行業務的「水泥加鼠標」銀行，如花旗銀行、大通曼哈頓、美洲銀行等開設的網上銀行，中國網上銀行絕大多數採取這一模式。

從中國各商業銀行開展的網上銀行業務情況來看，網上銀行幾乎提供了所有傳統櫃面業務的服務，甚至還有更多銀行櫃面沒有的服務。目前，在國內開辦網上銀行業務的主要中外銀行網址如表 9.2 所示。

表 9.2　在中國開辦交易類網上銀行業務的主要中外銀行及其網址

名稱	網址
中國工商銀行	www.icbc.com
中國銀行	www.bank-of-china.com
中國建設銀行	www.ccb.com.cn
中國農業銀行	www.abchina.com
交通銀行	www.bankcomm.com
民生銀行	www.cmbc.com
招商銀行	www.cmbchina.com
平安銀行	www.bank.pingan.com
香港東亞銀行	http://www.hkbea.com.cn/
香港上海匯豐銀行	www.hsbc.com.cn
恒生銀行	www.hangseng.com.cn
渣打銀行	www.standardchartered.com.cn
花旗銀行	www.citibank.com.cn

商業銀行一般根據服務對象的不同，將網上銀行分為個人網上銀行和企業網上銀行。以下主要就個人網上銀行、企業網上銀行的產品功能進行具體介紹。

（一）個人網上銀行產品的功能

個人網上銀行為客戶提供了豐富的產品，包括帳戶信息查詢、繳納各種費用、網上購物在線支付、投資理財等各個方面，幾乎涵蓋了除現金存取外的全部個人金融業務。

（1）帳戶信息管理。帳戶信息管理是個人網上銀行最基本和最常用的產品，該產品主要為個人客戶提供基本信息查詢、餘額查詢、交易明細查詢、帳戶掛失等帳戶查詢服務。此外，各家銀行還分別開發了一些特色服務。例如，中國工商銀行提供電子工資單查詢，客戶可以查詢個人工資單明細，瞭解本人每月工資收入的具體細項內容。又如，民生銀行的跨行資金歸集 3.0 業務為個人客戶尤其是小微客戶打造了強大、便捷、高效的跨行帳戶管理和資金歸集服務。

（2）轉帳匯款業務。轉帳是指個人客戶通過網上銀行從本人註冊帳戶向同城同行的其他帳戶進行資金劃轉的金融服務；匯款是指個人客戶通過網上銀行從本人註冊帳戶向同城他行或異地的其他帳戶進行資金劃轉的金融服務。目前國內各商業銀行都提供個人帳戶間轉帳匯款、任意帳號間轉帳匯款、跨行匯款等業務功能。

（3）繳費支付。繳費支付是向個人客戶推出的，在線查詢和繳納各種日常費用的一項綜合服務功能。通常各商業銀行都提供如下業務功能：在線自助繳納手機費、電話費、上網費、學費、水費、電費、養路費、車船使用稅等。在繳納方式上，大多數商業銀行都推出了「委託代扣」的方式，即客戶在線與銀行簽署費用扣繳協議，銀行

根據協議內容定期從客戶帳戶中扣取一定金額的費用。這種方式進一步簡化了客戶操作。

（4）投資理財服務。投資理財是銀行通過提供基金、證券、外匯等系列投資、理財產品，滿足不同客戶進行各種投資的需要，實現個人資金保值增值的金融服務。通常各商業銀行都提供網上證券買賣、網上黃金買賣、網上外匯買賣等業務功能，很多銀行還提供了包括網上實現通知存款和定期存款的存款類理財服務。

（5）通知提醒。通知提醒是商業銀行為個人提供的個性化的增值信息服務，包括通過短信或電子郵件（E-mail）方式發送帳戶餘額變動提醒、財經證券信息、外匯信息、重要信息提示等業務功能。

（6）B to C 網上支付。B to C 網上支付是指企業（賣方）與個人（買方）通過因特網進行電子商務交易時，銀行為其提供網上資金結算服務的一種功能。B to C 網上支付對網上購物協助服務，大大方便了客戶網上購物，為客戶在相同的服務品種上提供了優質的金融服務或相關的信息服務，加強了商業銀行在傳統競爭領域的競爭優勢。

（7）客戶服務。該服務主要為客戶提供修改登錄密碼、個人客戶資料、積分查詢以及個性化頁面設置等功能。

（8）個人財務分析。該服務為個人提供財務分析圖，提供個性化的財務分析，包括支付分配圖、支出明細報表、收入分配圖、收入明細報表、現金流量圖、收支對比圖等。

目前，各商業銀行正在繼續為客戶開發更加個性化的產品，更加注重開發各種信貸產品、投資理財產品，尤其是國際理財產品。

（二）企業網上銀行產品的功能

企業銀行服務是網上銀行服務中最重要的部分之一。其服務品種比個人客戶的服務品種更多，也更為複雜，對相關技術的要求也更高，因此能夠為企業提供網上銀行服務是商業銀行實力的象徵之一。目前，國內外商業銀行的企業網上銀行都為企業提供了豐富的產品功能，幫助企業實現對資金的高效管理。通常商業銀行的企業網上銀行主要包括以下功能：

（1）帳戶管理。帳戶管理主要為企業提供各類銀行帳戶的基本信息查詢、餘額查詢、企業資金營運明細查詢、電子回單查詢等服務功能。

（2）代收業務。代收業務是指銀行為收費企業提供的向其他企業或個人客戶收取各類應繳費用的功能，通常需要事先簽訂收費企業、繳費企業或個人、銀行三方協議後銀行才能提供此項功能。

（3）付款業務。付款業務是企業客戶通過網上銀行將其款項支付給收款人的一種網路結算方式，一般包括集團帳戶間轉帳匯款、任意帳號間轉帳匯款、跨行匯款等。

（4）B to B 在線支付。B to B 在線支付是專門為電子商務活動中的賣方和買方提供的安全、快捷、方便的在線支付結算服務。

（5）投資理財。投資理財是銀行通過提供基金、證券、外匯等系列投資理財產品，滿足不同企業客戶的各種投資需要，實現企業資金保值增值的金融服務。

（6）代理行業務。代理行業務是商業銀行專為銀行同業客戶提供的網上代理簽發

銀行匯票和網上代理匯兌業務。其中，網上代理匯兌是指商業銀行通過網上銀行接受其他商業銀行（被代理行）的委託，為其辦理款項匯出和匯入的服務；網上代理簽發銀行匯票是指其他商業銀行（被代理行）使用代理行的銀行匯票憑證、匯票專用章和專用機具，通過代理行網上銀行為其開戶單位或個人簽發銀行匯票，並由代理行所有通匯網點兌付的行為。

(7) 網上信用證。網上銀行信用證業務為企業客戶提供了快速辦理信用證業務的渠道，實現了通過網路向銀行提交進口信用證開證申請和修改申請、網上自助打印有關信用證申請材料以及網上查詢等功能。

(8) 票據託管。票據託管實現了集團客戶對總部和分支機構所持票據的信息錄入、查詢以及票據貼現、質押、轉讓、托收等功能。

(9) 企業年金。網上企業年金服務為企業年金客戶全面掌握本單位、下屬單位以及員工的年金相關信息提供了一種簡單方便的渠道。

(10) 集團理財。集團理財是通過網上銀行為集團客戶提供的集團內部資金上收、下撥與平調等業務。集團理財以及由此延伸的網上現金管理，能有效幫助大型企業集團實現由高負債、高費用、高成本的粗放型經營管理模式，向低負債、低費用、低成本的集約型管理模式轉變，特別適合在全國範圍內經營的企業集團，並已經在眾多的集團客戶中得到了廣泛應用。

當前，隨著市場上企業網上銀行產品的高度同質化，眾多商業銀行逐漸把差異化的方向放在高端企業用戶身上，滿足不同需求，積極開展資產管理業務，特別是國際理財產品、全球帳戶管理、全球範圍的支付結算等企業網上的產品創新，以進一步增強高端客戶對銀行的忠誠度。

三、電話銀行

電話銀行（Phone Bank）使用計算機電話集成（CTI）技術，採用電話自動語音和人工坐席等服務方式，為客戶提供豐富、快捷、方便的金融服務，集個人理財和企業理財於一身，是現代通信技術與銀行金融理財服務的完美結合。電話銀行具有使用簡單，操作便利；覆蓋廣泛，靈活方便；手續簡便，功能強大；成本低廉，安全可靠；服務號碼統一的特點。中國商業銀行的電話銀行分個人電話銀行業務和企業電話銀行業務兩種，個人電話銀行業務基本包括帳戶查詢、對外轉帳、外匯買賣、基金買賣、銀證轉帳等服務，企業電話銀行一般只能開展查詢類業務。

個人電話銀行的主要功能如下：

(1) 帳戶查詢：客戶可查詢在開戶銀行開立的活期存折、零存整取、定期一本通、信用卡、借記卡、貸記卡等帳戶余額及未登折、當日、歷史明細。

(2) 轉帳服務：實現自己的註冊卡下所有帳戶之間的資金劃轉，可以進行活期轉活期、活期轉信用卡、活期轉零存整取、活期轉定期一本通、信用卡轉活期等。

(3) 自助繳費：可自助查詢和繳納在銀行櫃面登記的繳費項目，如電話費、手機費、水電氣費等。

(4) 銀證轉帳：能實現客戶銀行帳戶與證券保證金帳戶之間的資金劃轉及兩端帳

戶余額的查詢。

（5）銀證通：可以直接使用自己的銀行活期帳戶進行股票交易，包括股票的買入、賣出、撤單以及股票查詢、資金查詢、行情查詢、委託查詢、成交查詢、申購配號查詢等。

（6）基金業務：可以利用電話銀行進行基金交易，包括基金的認購、申購、贖回、自動再投資以及資金余額查詢、基金余額查詢、當日明細查詢、歷史明細查詢、基金代碼查詢、基金淨值查詢等。

（7）外匯買賣：可使用個人外匯買賣專用存折帳戶進行外匯交易，包括外匯的即時買賣、貨幣代碼查詢、匯率查詢、帳戶余額查詢、買賣明細查詢等。

（8）公共信息：可以查詢開戶銀行發布的各種信息，如存款利率、外匯牌價、基金淨值、貨幣代碼、公告信息等。

（9）業務申請：客戶在電話銀行中可以自助下掛帳戶、自助申請基金業務、自助申請外匯買賣業務。

（10）帳戶掛失：客戶可通過此項業務辦理自己信用卡、存折等帳戶的緊急臨時掛失。

在傳統的電話銀行功能業務的基礎上，不少銀行對於電話銀行的功能、業務辦理形式進行了拓展，開發出不少很實用的功能。使用以上這些功能，可以讓客戶在使用電話銀行的時候獲得更加愉悅的體驗。

電話銀行的一種重要的形式是呼叫中心（Call Center），以網路（Web）為平臺的呼叫中心，可以充分利用互聯網設施和技術，允許客戶以任意方式，如語音、數據、傳真、電子郵件和視頻等開展業務，如查詢余額、最新的支票付款和存款，支付電話費和電費，更改 ATM 帳號和其他類型帳號的個人識別代碼（PIN）等，完成語音與客戶數據資料的即時轉接和協同運行，為客戶提供快捷方便的個性化服務。

四、手機銀行

手機銀行（Mobile Bank）也稱移動銀行，是利用移動網路（GSM/CDMA）和計算機系統的無線連接，實現客戶與銀行信息、數據的交換。手機銀行目前在國內已形成相當的規模，幾乎所有銀行都提供此項服務，已經成為中國電子銀行的主要業務模式之一。

目前國內手機銀行按實現方式主要分為兩種模式，即短信手機銀行（Short Message Service，SMS）和 WAP（Wireless Application Protocol，即無線上網協議）手機銀行模式。短信手機銀行的工作原理是客戶通過移動電話網的短消息系統送到銀行，銀行接到信息並進行處理后，將結果返回手機，完成各項金融理財業務，如帳戶管理、多功能資金轉帳、自助繳費、證券服務、外匯買賣等；WAP 手機銀行模式的工作原理是銀行為客戶提供基於 WAP 協議的網上銀行產品和服務，客戶通過手機的 WAP 瀏覽器，訪問銀行網站並完成所需的自助業務。

與網上銀行和電話銀行相比，手機銀行功能相對比較簡單，而且也以小額支付為主，這主要受目前有關技術環境和條件的影響。雖然目前從整體上看，手機銀行業務

量所占的比重並不大，服務的功能也僅局限於基本的轉帳和查詢功能，但隨著互聯網與無線通信技術的發展，國內手機銀行的客戶群體迅速擴大。截至 2014 年年底，中國手機銀行客戶規模達到 5.46 億戶，僅中國工商銀行的手機銀行客戶總數就超過了 3.6 億戶。①

目前，國內商業銀行推出的手機銀行的用戶界面和操作方式不盡相同，但其提供的服務功能基本一致，主要包括以下幾大類：查詢服務、轉帳匯款、繳費支付、投資理財等。

（1）查詢服務，使自己的帳戶情況一目了然。除了查詢餘額和明細以外，手機銀行還有來帳查詢、積分查詢、日誌查詢、公積金查詢等功能。

（2）轉帳匯款，比到網點更省時省力。如果收付款雙方都是手機銀行客戶，利用手機到手機轉帳功能，付款方在不知道收款方銀行帳號的情況下，只要知道其手機號碼就能完成轉帳匯款操作。

（3）繳費支付功能。讓客戶足不出戶就能完成繳納手機費、水電煤氣費等多種費用，既快捷又方便。

（4）為客戶投資理財提供最大的方便。客戶可以通過手機銀行辦理買賣基金、買賣國債、銀證業務等理財業務，安全快捷，還能查詢即時的股市行情。

（5）個人帳戶管理，方便客戶按時還款，不至於產生拖欠。個人帳戶管理包括以下兩個方面：一是個人貸款帳戶管理。客戶通過個人貸款查詢服務，可以快速瞭解當前貸款帳戶情況，在第一時間知悉貸款到期情況，以便及時還款。二是信用卡帳戶管理。與信用卡有關的帳戶信息都可以通過手機銀行查詢，如餘額查詢、帳單查詢、積分查詢，還可以及時給信用卡還款，以免產生拖欠。

五、自助銀行

自助銀行是指商業銀行在營業場所以外設立的自動取款機（ATM）、自動存款機（CDM）等，通過計算機和通信等電子化手段，提供存款、貸款、取款、轉帳、貨幣兌換和查詢等金融服務的自助設施，包括具有獨立營業場所提供上述金融業務的自助銀行和不具有獨立營業場所僅提供取款、轉帳、查詢服務的自動取款機（ATM）兩類。

自動取款機分在行式和離行式兩種模式，銀行客戶使用持有的銀行卡，可以通過 ATM 進行取款、餘額查詢、轉帳交易等銀行業務。

銀行客戶在特約商戶消費時，可以使用持有的銀行卡，通過銀行安裝在商場的 POS 機終端進行轉帳支付。

自助銀行綜合網點一般包括自動取款機、自動存款機、自助終端等。客戶可以辦理自助存取款、帳務查詢、綜合信息查詢、繳納公用事業費、轉帳、補登存折等業務。

自助銀行由於具有運行成本低、效率高的特點，在國內大中城市的發展速度很快，已成為金融機構設立新網點和改造舊網點的主要方式。以中國工商銀行為例，截至

---

① 數據來源：中國電子銀行網（http://www.cebnet.com.cn）。

2014年6月底，該行擁有自助銀行21,000多家，較2008年7,085家增加了2倍。[①] 同時，招商銀行、光大銀行等更將自助銀行視為重要的發展手段，在營業網點中佔有很高的比重。

從中國發展趨勢分析，小型銀行將更多地採用全功能自助銀行作為業務拓展的主要手段，而大型銀行則會依託現有傳統網點發展ATM機作為銀行櫃臺的補充，未來自助銀行將向更高級的無人銀行發展。

六、多渠道電子商務在線支付

多渠道的電子商務在線支付是指從事電子商務的當事人（包括消費者、廠商和金融機構）以網路、電話、手機等方式，在線完成貨幣支付或資金轉移的過程。網上支付、電話支付、移動支付是電子商務支付的三種主渠道。

隨著網路經濟的高速發展以及中國網民的增多，信用系統、物流配送體系等外部條件的逐漸完善，電子商務市場經歷了一個高速發展時期。電子商務的發展要求信息流、資金流和物流三流的暢通，其中資金流主要是指資金的轉移過程，包括付款、轉帳、兌換等過程。在因特網上開展電子商務，支付方式可以使用在線的電子支付（如「一網通」「支付寶」），也可以採用離線的傳統支付方式，如利用郵政、電傳等方式，即所謂的「網上貿易、網下結算」。傳統支付方式缺點是效率低下，失去了電子商務本來應具備的快捷特點。因此，電子商務的資金轉移主要通過在線支付來實現。

目前，電子支付業務已經進入快速發展階段，國內推出支付產品的企業眾多，如支付寶、Chinapay、匯付天下、快錢、好易聯、騰訊等數十家。據艾瑞諮詢調查統計，2013年中國商業銀行電子銀行交易筆數超過1,000億筆，電子銀行交易筆數替代率達到79.0%，網上銀行交易規模超過900萬億元。值得一提的是，截至2014年年底，以支付寶為首的第三方互聯網支付交易規模達到80,767億元，同比增速達到50.3%。[②]

（一）網上支付

目前，主要的網上支付工具有信用卡、電子現金、電子支票系統。

（1）信用卡支付方式。電子商務中先進的方式是在因特網環境下，通過一定的安全協議（SET安全電子交易協議、SSL安全保護協議等）控制，進行網上直接支付，具體方式是用戶、商家、銀行等網上企業通過第三方認證機構進行信用認證。認證機構保證電子貨幣的使用安全可靠，通過有關加密信息到銀行，進行在線方式驗證信用卡號和密碼，最后進行貨幣支付。

（2）電子現金方式。電子現金是以數字化方式存在的現金貨幣，其發行方式包括存儲性質的預付卡（電子錢包）和純電子形式的用戶數字、數據文件等形式。電子貨幣可匿名使用，不受銀行帳戶的限制，不需要在線驗證，電子錢包還可以隨時添加現金數額，方便攜帶和使用，特別適合於小額度的支付。

（3）電子支票系統。電子支票的英文為「E-Cheek」，也稱數字支票，是將傳統支

---

① 數據來源：中國電子銀行網（http://www.cebnet.com.cn）。
② 數據來源：艾瑞諮詢（http://report.iresearch.cn/）。

票的全部內容電子化和數字化，然后借助於計算機網路（因特網和金融專網）完成支票在客戶之間、銀行與客戶之間以及銀行與銀行之間的傳遞，實現銀行客戶間的資金支付結算。或者簡單地說，電子支票就是紙質支票的電子版。典型的電子支票系統有 E-Cheek、NetBill、NetCheque 等。

目前，基於因特網的電子支票系統在國際上仍然是新事物，處於發展之中。雖然金融專網上運行的電子資金轉帳 EFT 和 SWIFT 系統與電子支票的應用原理類似，但距離移植到因特網上進行實際應用還有一個過程。

（二）電話支付

電話支付業務是基於中國電信固定電話網路及合作金融機構清算系統，通過電話支付終端向用戶提供自助支付、自助金融等電子支付服務的電信增值業務。電話支付終端是一臺集刷卡槽、交易快捷鍵和顯示屏於一體的電話機，用戶只需一條固定電話線，安裝終端並開通業務后，即可足不出戶進行刷卡繳費、商品訂購、自助金融等。

（三）移動支付

移動支付（手機支付）是指利用移動電話採取編發短信息或撥打某個號碼的方式實現支付。移動支付系統主要涉及三方：消費者、商家及無線營運商。因此，移動支付系統大致可以分為三個部分，即消費者前端系統、商家管理系統和無線營運商綜合管理系統。

第4節　電子銀行業務經營成本和效益

一、電子銀行成本的核算

電子銀行服務具有初始成本高昂的特徵。商業銀行投資電子銀行業務將會導致銀行總成本的增加，這個過程表現為圖 9.1（A）中的總成本曲線是不斷上升的。

電子銀行提供虛擬金融服務的生產成本與消費者分享虛擬金融服務的規模之間呈弱相關性或近似無關，因此就提供一次服務來講，電子銀行又具有邊際成本低廉的規模經濟特徵，電子銀行業務的平均成本也會隨著客戶的不斷增加和產品的不斷增多而降低，如圖 9.1（B）所示。

電子銀行業務的成本包括機器設備折舊費、郵電通信費、新產品研發及其維護費用、電子銀行交易費用、各級電子銀行業務行銷推廣費用、各級行電子銀行業務宣傳費、各行專職人員的工資費用、管理費用。

二、電子銀行效益的核算

電子銀行從其服務的對象和內容來看，是為客戶提供支付結算、代理業務和信息服務為主的中間業務，其收入應納入中間業務核算範疇。商業銀行按照資產、負債、中間業務並舉的原則，大力發展電子銀行業務，增加電子銀行的效益顯得尤其重要。電子銀行業務在加快業務創新、穩定與吸引優質客戶、分流櫃面業務、提高銀行經營

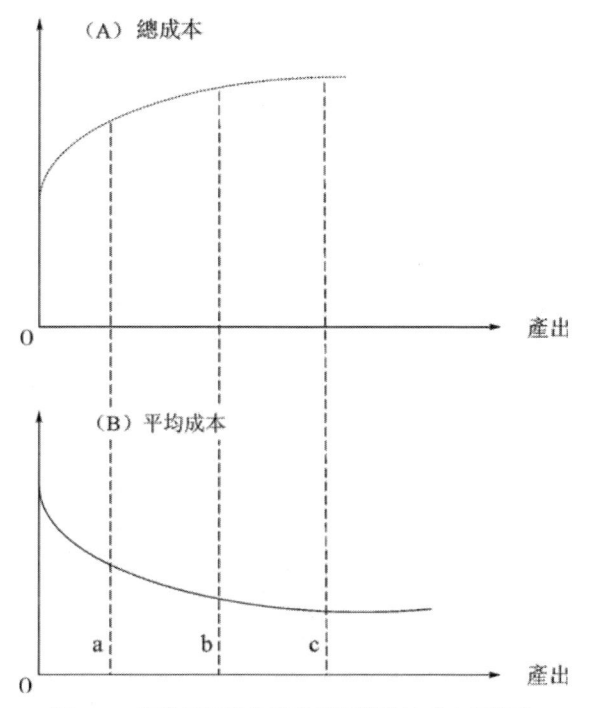

圖 9.1 商業銀行提供電子銀行服務的成本與產出

效益、提升銀行綜合競爭力方面的作用日益突出。電子銀行的主要產品為網上銀行、電話銀行、ATM 和自助銀行，在此暫且把電子銀行業務的效益劃分為直接效益和間接效益兩大類。

(一) 電子銀行業務直接效益的構成和核算

電子銀行業務的直接效益從來源上可分為電子銀行業務收入、年服務費收入、代理類業務收入、代理基金業務收入、代理國債業務收入等方面。

(1) 電子銀行業務收入。其具體內容包括：核算電子銀行客戶證書、讀卡器售價與工本費的差額，網上收費站業務的收入，辦理網上 B to B、B to C 等在線支付業務向特約網站收取的手續費收入。

(2) 年服務費收入。其具體內容包括：核算網上銀行和電話銀行年服務費收入，即對企業客戶收取的電子銀行客戶證書的年費收入、對個人客戶收取的網上銀行年服務費收入、對個人客戶收取的電話銀行年費收入。

(3) 電子銀行代理類業務收入、代理基金業務收入、代理國債業務收入。由於目前代理業務品種有限，市場尚未做大，效益不明顯，但今後可能是發展重點之一。

(二) 電子銀行業務間接效益的構成和核算

電子銀行間接效益包括穩定優質客戶帶來的效益，競爭他行客戶所帶來的資產、負債和中間業務等綜合效益，在減少網點、人員方面節約的費用，維護客戶關係方面的效益，提高銀行整體競爭能力等方面的效益。

(1) 分流櫃面壓力，減少員工節約的費用。通過將電子銀行方式實現的交易量，按照每位櫃臺營業人員的平均業務量折算成所需人數，按照該行平均的人員費用標準，換算成相應的金額。而相應的經營性費用由於難以測算而不統計在內。

　　(2) 競爭他行客戶帶來的資產、負債業務效益。電子銀行可滿足企業加強資金監控、加快資金流動、提高資金安全和效益的需求，因此不僅鞏固和拓寬了與銀行現有客戶的銀企合作，而且對於他行的優質客戶也具有強大的吸引力。

　　(3) 電話服務中心（Call Center）人工坐席服務折算價值。電話銀行人工坐席接聽客戶諮詢、投訴的電話數量，按照網點專職諮詢人員每日接待客戶諮詢人次的標準，折算成相應的效益。

（三）效益分析

　　電子銀行業務的盈利途徑較為單一，能夠帶來較大效益的產品有限，因此應加強產品創新能力，開發出更多高效益的產品，才能進一步提高電子銀行的直接盈利能力。

　　(1) 電子銀行業務與傳統業務方式相比具有成本優勢。電子銀行業務單筆業務成本比櫃面業務低，具有較為明顯的成本優勢。與此相比，國外電子銀行的成本優勢顯得更為突出。據國外銀行統計，處理一筆資金清算業務，傳統銀行分支機構的處理成本是 1.07 美元，網上銀行為 0.1 美元。

　　由於電子銀行業務具有高投入的特點，在業務發展初期，由於業務量較少，因此單筆交易成本較高，但隨著交易量的攀升，電子銀行的單筆成本將呈現快速下降的趨勢。

　　(2) 電子銀行逐漸成為銀行中間業務利潤的主要來源。核心業務具備三個標準：一是成為收入的主要組成部分；二是滿足客戶的主要需要；三是代表未來的發展方向。目前中國商業銀行電子銀行業務收入占全部中間業務收入的比重接近 20%，向客戶提供了包括信息服務、資金交易、理財服務等在內的較為全面的金融服務。同時，電子銀行作為一個創新能力極強的平臺，能夠帶動資產、負債、中間業務等各項產品進一步發展，進而帶動相關的產品創新，使過去很多在櫃臺無法實現的業務在電子銀行渠道實現。依託電子銀行，可以為更多高價值客戶設計更多高效的理財方案，提供更多差異化、個性化的服務，形成新型的合作關係，實現雙贏，並且實現商業銀行增長方式和盈利結構的優化。

第 5 節　電子銀行業務的風險分類與風險管理

一、電子銀行業務的風險分類

　　由於電子銀行具有網路化和虛擬化的特點，其潛在風險已日益凸顯，並已引起全球金融界高度重視。如何有效地防範電子銀行的風險，已成為當今金融界最重要的課題之一。2001 年，巴塞爾委員會發表了《電子銀行風險管理原則》（Risk Management Principle for Electronic Banking），將電子銀行中與技術相關的風險歸結為：操作風險、

聲譽風險、法律風險和其他風險。中國銀監會認為，電子銀行業務主要存在兩類風險：一類是系統安全風險，主要是數據傳輸風險、應用系統設計的缺陷、計算機病毒攻擊等；另一類是傳統銀行業務所固有的風險，如信用風險、利率和匯率風險、操作風險等，但這些風險又具有新的內涵。

本書將電子銀行業務風險定義為商業銀行因開辦電子銀行業務或已開辦的電子銀行業務，在經營和營運過程中由於主觀或客觀因素誘發的，可能給銀行帶來資金、業務、聲譽和法律損害的事件，並將其大體劃分為操作風險、聲譽風險、法律風險和其他風險等。[1]

二、電子銀行業務的風險管理

電子銀行業務風險管理是指開辦電子銀行的商業銀行通過風險識別、風險評估、風險應對，對電子銀行業務的各類風險實施有效控制和妥善處理，期望達到以最小的成本獲得最大安全保障的管理活動。一般來說，電子銀行業務風險管理活動包括風險管理目標與政策、安全體系和技術、內部控制機制、風險監測與識別、風險信息處理與報告、信息披露和客戶教育、應急處置、事後評價與持續改進等內容和流程。

（一）風險管理目標與政策

銀行的管理層要根據銀行的發展戰略、風險偏好和市場因素，決策和制定電子銀行業務風險管理的目標和政策，確定電子銀行業務風險指導方針。決策層制定的風險管理政策和目標要自上而下地層層傳遞和分解，直到基層單元。

（二）安全體系和技術

商業銀行要依據電子銀行風險管理目標與政策，組建電子銀行業務的管理部門，構建電子銀行業務的安全體系，選擇和運用合適的安全技術和產品。電子銀行系統是一個計算機網路系統，因此選用適當的安全技術產品是構建電子銀行業務安全體系的基本條件。電子銀行的安全技術包括「防火牆」技術、客戶身分認證技術、數字加密和數字簽名技術、防攻擊技術和網路安全技術等。

（三）內部控制機制

內部控制機制是指為實現電子銀行業務的風險管理目標，通過制定和實施一系列制度、程序和方法，對風險進行事前防範、事中控制、事後監督與糾正的動態過程與機制。

（四）風險監測與識別

風險監測與識別是指通過對電子銀行業務的運行情況和運行環境的監控和分析，識別、評估和監控各類電子銀行業務風險的機制。風險監測和識別體現了主動防範和積極應對的現代商業銀行風險管理思想和策略，是有效防範、應對和化解風險的基礎。

（五）風險信息處理與報告

風險信息處理與報告是指對各級電子銀行業務營運單元的風險報告按照規定的路徑和要求進行傳遞、歸集、報告和處置的工作機制和流程。

---

[1] 各類風險的定義參見本書第 11 章商業銀行經營風險管理。

（六）信息披露和客戶教育

信息披露是指商業銀行根據監管要求、客戶服務和市場需要，在適當的時間，通過適當的方式和渠道對客戶進行電子銀行業務的信息發布、風險提示、事項告知的工作機制和流程。電子銀行業務在方便客戶的同時，也在一定程度上增加了客戶遭遇風險的可能性。使客戶瞭解、接受和適應電子銀行業務帶來的變化，是電子銀行業務抵禦風險的社會基礎。

（七）應急處置

應急處置是指在電子銀行發生重大突發事件時的處置機制和流程。應急處置的機制和流程一般應包括事件的甄別、應急預案的制定和啟用、媒體和社會的公關維護、法律的支撐和善后的處理等環節和內容。

（八）事后評價與持續改進

事后評價與持續改進是指對電子銀行業務風險管理的整體能力和績效、風險事件的識別及處理流程和結果、應急處置的措施和效果，進行的定期或不定期的事后評價和改進的工作機制和流程。引入和有效發揮事后評價和持續改進機制的作用，可以促進電子銀行業務風險管理體系的自我優化和自我完善。

第6節　中國電子銀行業務發展現狀

中國電子銀行經過十幾年的發展，已經進入快速發展的新階段。隨著信息科技的快速發展、應用環境的日益成熟、客戶對電子銀行認識的加深和接受程度的提高，銀行業競爭的日趨激烈，中國銀行加快了電子銀行建設。目前已形成集自助銀行、電話銀行、客戶服務中心、網上銀行、手機銀行等在內的多層面的電子銀行產品體系。

一、中國電子銀行發展歷程簡述

世界範圍內電子銀行的發展主要經歷了四個階段。第一階段是計算機輔助銀行管理階段，這個階段始於20世紀50年代，直到20世紀80年代中后期；第二階段是銀行電子化或金融信息化階段，這個階段是從20世紀80年代后期至20世紀90年代中期；第三階段是網路銀行階段，時間是從20世紀90年代中期至21世紀初。第四階段是網路銀行成熟及個性化發展要求日益突出階段，時間從21世紀初至今。

中國電子銀行是在現有商業銀行基礎上發展起來的，把銀行傳統業務捆綁到自助終端、電話、因特網等渠道上，向客戶提供電子服務窗口。

20世紀80年代末，國內銀行開辦了銀行卡業務。隨著銀行卡業務的快速發展，進入20世紀90年代后，銀行開始推出自動櫃員機（ATM）和銷售點終端機（POS）服務。它們的出現標志著中國電子銀行的萌芽，但當時大多數人並沒有把對它們的認識上升到電子銀行的層面上，甚至對什麼是「電子銀行」都不能解釋清楚。隨著互聯網的崛起及計算機、數據庫、通信技術的迅猛發展，電子商務活動引起了銀行業的高度關注，中國銀行業開始從戰略高度來統籌考慮電子類業務問題。

1992 年，中國開通了第一個電話銀行系統，客戶通過撥打電話，可以進行查詢、指定帳戶轉帳、繳費業務等，這也是中國銀行客戶服務中心的早期形式。隨後，國內銀行經歷了普通語音電話銀行、語音傳真電話銀行、微機圖文電話終端企業銀行和銀行電話服務中心（Call Center）幾個階段。1999 年，中國工商銀行上海分行、中國建設銀行北京分行、中國建設銀行廣州分行等在國內建立了第一批單點集中的銀行客戶服務中心。

　　1995 年 10 月 18 日，美國亞特蘭大成立了全球第一家純網上銀行——美國安全第一網上銀行（SNFB），網上銀行開始在全球範圍內快速發展。在國內，中國銀行於 1996 年率先推出自己的門戶網站。1997 年 7 月，中國銀行網上銀行系統正式投產，首次將傳統銀行業務延伸到互聯網上。1998 年 3 月 6 日，中國第一筆互聯網網上電子交易成功。1999 年以來，基於國內網民數量的幾何增長和應用環境的日益成熟，網上銀行在中國獲得了迅猛發展，招商銀行、建設銀行、工商銀行、農業銀行、交通銀行、光大銀行、民生銀行、華夏銀行等眾多商業銀行以及國家開發銀行、中國進出口銀行等政策性銀行相繼推出了自己的網站和網上銀行，業務覆蓋了全國所有地區，業務品種從信息類、查詢類服務發展到交易類銀行業務，網上銀行交易額近幾年都保持在 20% 以上的增長率。

　　2000 年 2 月 14 日，中國銀行與中國移動通信集團公司簽署了聯合開發手機銀行服務合作協議，並於當年 5 月 17 日正式在全國範圍內先期開通北京、上海、深圳等 26 個地區手機銀行服務。幾乎與中國銀行同時，中國工商銀行也於 2000 年 5 月 17 日開通了手機銀行系統，並首先在北京、天津等 12 個省市分行開通。

　　2000 年 3 月 24 日，招商銀行發布信息，宣布已與廣東移動深圳公司合作，聯合在深圳推出手機銀行服務，隨後在重慶、武漢等幾個城市推出。2000 年 4 月 26 日，中國光大銀行宣布推出手機銀行服務。2004 年 9 月，中國建設銀行手機銀行項目推出，並於 2005 年年初與中國聯通達成協議，使用碼分多址（CDMA）手機的建設銀行用戶可以用手機繳納水、電、氣、電話、交通等各項費用。交通銀行、民生銀行等銀行也都相繼推出了手機銀行業務。2004 年，在有線電視視訊寬帶網基礎上，以電視機與機頂盒為客戶終端實現聯網，辦理銀行業務的一種新型自助金融服務——家居銀行概念在國內興起，目前中國銀行、建設銀行、招商銀行正在國內部分地區進行試點。電子銀行逐漸成為銀行競爭的主戰場和爭取客戶的重要手段。

　　隨著技術的普及和發展，電子銀行業務逐漸成為各商業銀行招徠客戶、維護客戶關係的重要手段。然而隨著網路銀行業務的成熟，各商業銀行間同質化日益嚴重，各商業銀行不得不開始謀求通過差異化服務來穩固和搶占自身的市場地位。例如，中國建設銀行於 2014 年推出「善融商務」特色服務平臺，該平臺作為同業首創，包括了企業商城（B2B）、個人商城（B2C）、「房 e 通」等服務，充分聚合了「商」和「融」的特點，涵蓋商品批發、商品零售和房屋交易等領域，既能為客戶提供全流程電子商務在線交易服務，又有信貸融資、信用卡分期、金融理財等特色金融服務。[①]

　　通過回顧中國電子銀行發展歷史可以看到，中國電子銀行建設的基本路徑是：自

---

① 數據來源：新華網（http://www.xinhuanet.com/）。

助終端→自助銀行→電話銀行→客戶服務中心→網上銀行→手機銀行。中國電子銀行的發展史同時也是一部創新史，電子銀行就是在不斷的創新中產生和發展起來的。

二、中國電子銀行業務發展現狀介紹

自1998年3月中國首家網上銀行開通至今，短短十幾年的時間，中國的電子銀行業務已經迅速發展起來，初步建立了以電話銀行、手機銀行、網上銀行和自助銀行為主的立體電子銀行體系，形成了以招商銀行、工商銀行等的先行者優勢和其他商業銀行紛紛效仿、追隨的競爭格局，並且正在向著「人有我優，人優我新」的競爭戰略轉變，呈現出「百家爭鳴，百花齊放」的新景象。

（一）國內網上銀行發展現狀

自從1996年中國銀行開國內網上銀行之先河以來，國內各大商業銀行也紛紛跟進，網上銀行業務在中國迅速發展起來。到目前為止，中國商業銀行幾乎都擁有自己的專用網址和主頁，並可以借助網頁開展實質性的網上銀行業務。據艾瑞諮詢的統計數據顯示，截至2014年5月，僅建設銀行個人網上銀行開戶數就達到1.6億戶，這個數字是2008年整個中國網上銀行開戶數的總和。網上銀行的交易額也快速增長，2013年，中國網上銀行交易規模達930.2萬億元，較2012年增長24.6%，連續多年保持20%以上的增長率。[①] 從數據顯示的高增長率可見，同傳統營業網點相比，網路銀行的發展勢頭可謂一日千里（如圖9.2所示）。

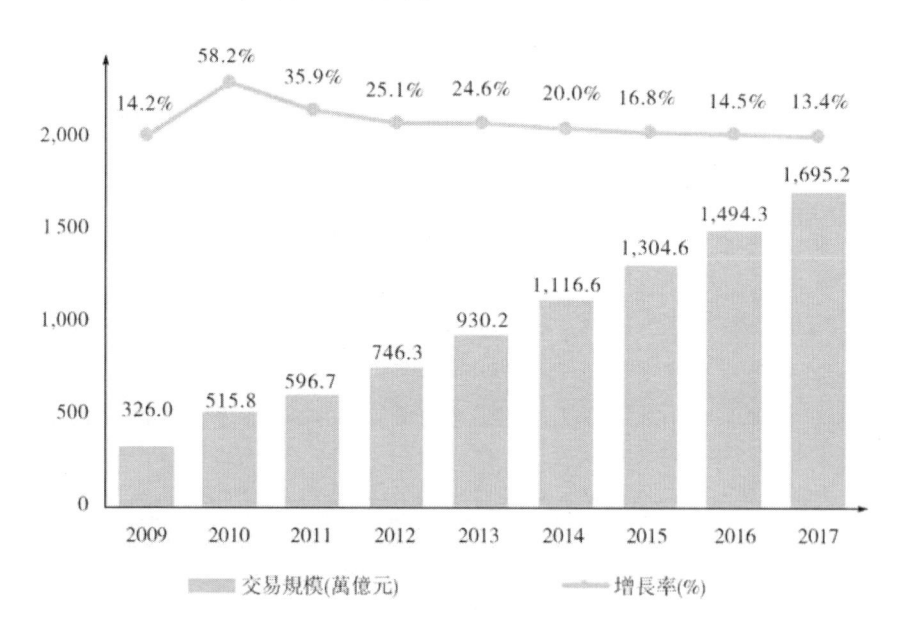

圖9.2 2009—2017年中國網上銀行交易規模及增長率

資料來源：綜合企業公開財務報表及銀監會統計信息，根據艾瑞統計預測模型估算。

---

① 數據來源：艾瑞諮詢（http://report.iresearch.cn/）。

目前中國網上銀行業務開展較好的是中國工商銀行和招商銀行。中國工商銀行於 2000 年推出網上銀行業務，旗幟鮮明地將網上銀行、電話銀行、手機銀行歸為一類，統稱電子銀行；樹立了以「金融 e 通道」為主品牌，以「金融 e 家」「工行財 e 通」「95588」為子品牌的電子銀行品牌體系；形成集資金管理、收費繳費、金融理財、電子商務和行銷服務功能於一體的綜合金融服務平臺。其個人網上銀行品牌「金融 e 家」擁有 12 大類、60 多項功能；企業網上銀行品牌「工行財 e 通」能為企業和同業機構提供 6 大類、36 種自助金融服務。截至 2014 年年底，中國工商銀行個人網上銀行客戶已達 1.8 億戶，手機銀行客戶達 1.4 億戶，電話銀行客戶達 1.1 億戶。中國工商銀行電子銀行交易額超過 400 萬億元人民幣，同比增長近 20%，再創歷史新高，目前中國工商銀行擁有國內最龐大的電子銀行客戶群體。中國工商銀行的網上銀行在國內外多次獲得殊榮；連續多年贏得美國《環球金融》雜誌評選的「中國最佳個人網上銀行」稱號，在 2005 年 12 月中國互聯網產業品牌 50 強的評選活動中，獲得網上銀行類第一名。

招商銀行於 1997 年 4 月推出銀行網站，是國內第一家推出網上銀行業務的銀行，目前已形成了以網上企業銀行、網上個人銀行、網點支付、網上商城、網上業務五大子系統為主的網上銀行服務體系。截至 2014 年年底，招商銀行企業網上銀行用戶突 54 萬戶，網上交易金額突破 48.48 萬億元，個人網上銀行用戶超過 1,863.25 萬戶，交易規模達到 8,000 億元以上。據不完全統計，招商銀行網上銀行約占行業市場份額的 5% 左右。[1]

中國銀行網上銀行業務於 1997 年 7 月啟動，目前主要提供「企業在線理財」「匯劃即時通」和「銀證快車」三大系列服務。其個人網上銀行推出了特色業務「外匯寶」、開放式基金等多種自助投資服務；企業網上銀行中的特色服務「報關即時通」和「期貨 e 支付」可以使用戶輕鬆實現網上支付通關稅費、異地報關以及期貨保證金出入支付等。

中國建設銀行於 2004 年 4 月推出網上銀行系統 3.0 版，統一了電子銀行品牌「e 路通」，先後推出全國龍卡支付、櫃臺簽約、「查得快」、網上雙幣種貸記卡業務等，並逐步向著「客戶足不出戶，全面提供銀行業務」的目標邁進。

中國農業銀行在 2000 年建成網上銀行中心，2005 年 3 月成立了專門的電子銀行部，網上銀行服務新增了貸記卡業務、智能安裝包、漫遊匯款、企業及個人跨中心即時到帳、批量復核等功能。

上海浦東發展銀行是開展網上銀行業務的後起之秀，其「輕鬆理財」「電子客票」「網上二手房」等服務獨具特色。「輕鬆理財」系列產品集網上銀行、電話銀行、手機銀行等強大功能於一身，從支付、投資、理財、融資、資訊等方面為客戶搭建了一個輕鬆高效的理財平臺。2006 年 4 月，浦發銀行推出的「浦發創富——公司網銀離岸查詢服務」，可以使企業客戶及時掌握離岸業務信息，方便客戶開展離岸業務。

（二）國內電話銀行發展現狀

電話銀行早在 1992 年就在中國出現了，但直到 1999 年國內建立第一批銀行客戶服

---

[1] 數據來源：招商銀行 2014 年年報。

務中心，電話銀行才進入快速發展時期。此后，銀行業的客戶服務中心又提出了統一號碼、統一監控、統一路由、統一分配、集中管理的戰略思路，各商業銀行陸續進行了數據大集中，把電話銀行業務集中到總行統一管理，實現了業務處理模式的標準化和管理的集約化。

現在，中國電話銀行的產品種類進一步豐富，功能進一步完善，不僅能提供帳戶查詢、轉帳、代理繳費、銀證轉帳、外匯買賣等業務，各銀行還推出了自己的特色服務。例如，2004年，中國工商銀行實現了電話銀行國內異地以及中國香港與內地的漫遊功能；2005年8月，招商銀行推出以英語作為操作平臺語言的英語版電話銀行，為外國商務人士提供更為便捷的服務。

此外，電話銀行的產品線也進一步拓展，開發出了一系列更適合電話銀行特點的新產品。例如，中國銀行的「黃金寶」業務和中國工商銀行的「買賣紙黃金」業務都可以通過電話銀行進行；工商銀行和建設銀行推出了基於電話銀行平臺的電話彩票投注業務；工商銀行和招商銀行的電話銀行還能為電子商務提供B2C在線支付功能，客戶在網上定購產品后，可以通過電話銀行進行轉帳支付。

（三）國內手機銀行發展現狀

截至2014年年末，中國手機銀行客戶規模達5.46億戶，交易規模超過12萬億元人民幣。由於手機具有便捷及時的特性，客戶可以得到隨時隨地的服務，這樣一種大眾化的便捷通信工具成為支付工具是一種必然趨勢。

中國的手機銀行業務始於1999年。2000年，中國移動聯合多家商業銀行推出了手機銀行業務，提供帳戶查詢、轉帳、繳費和證券信息等服務。2004年開始，各大銀行紛紛推出的新一代手機銀行業務，可以進行現金存取以外的大部分銀行業務。例如，中國建設銀行於2005年年初推出的手機銀行服務採用BREW（Binary Runtime Environment for Wireless，無線應用下載）傳輸技術，實現了全國開通、全網漫遊，使用CDMA手機的建設銀行用戶可以直接用手機繳納水、電、氣、電話、交通等各項費用。

國內的手機銀行業務大多是以SMS制式來服務，即銀行短信服務。2005年年初，交通銀行推出了WAP通信方式的手機銀行服務，可以說是國內第一家「真正」的手機銀行。其業務包括個人理財、外匯寶、基金業務、公共服務、卡號管理五大類，客戶可以通過無線上網或短信方式實現帳戶查詢、帳戶轉帳、外匯買賣、基金代銷等在線金融交易。

（四）國內自助銀行發展現狀

ATM系統和POS系統在中國的發展非常迅速。截至2013年年底，中國ATM裝機量達到52萬臺，並在2014年超越美國成為世界上擁有ATM設備最多的國家。據萬得資訊數據顯示，截至2013年，中國聯網POS機市場保有量達到712萬臺，連續多年呈高速增長趨勢。

2003年，銀聯組織的成立實現了在ATM上跨行交易，大大加快了其推廣應用。現在的ATM自助終端除了能提供修改密碼、查詢余額、取現等傳統功能外，還可提供存款、轉帳、繳費和其他高級功能。

隨著無線技術和網路技術的發展，目前中國還出現了無線ATM、無線POS、智能

刷卡電話等新型的支付終端。無線 POS 可應用於星級賓館、餐飲娛樂、百貨超市、票務配送、交通運輸等服務，如航空票務及商品配送行業，可攜帶 GPRS 移動 POS 機上門刷卡，一手刷卡一手交貨，既方便了客戶，又保證了貨款的安全。2006 年 4 月，一種集成了刷卡支付功能的新型電話面世，支付方式帶來一場新的變革。

（五）互聯網金融興起對電子銀行業務的影響

近年來，隨著京東、阿里巴巴以及蘇寧等電子商務平臺涉足金融領域，探索互聯網金融業務。電子商務+金融的互聯網新模式煥發了極強的生命力。以阿里巴巴為例，阿里巴巴已經實現了包括貸款、擔保、信用卡、保險以及支付結算等業務在內的全方位金融解決方案。截至 2013 年年底，第三方支付市場規模達到人民幣 16 萬億元。當年共處理互聯網支付業務 150.01 億筆，金額達 8.96 萬億元，分別較 2012 年增長 43.47% 和 30.04%。支付機構共處理移動支付業務 37.77 億筆，金額達 1.19 萬億元，分別較 2012 年增長 78.75% 和 556.75%。其中，支付寶市場佔有量超過 50%，成為中國乃至世界最大的第三方支付手段。2012 年，「余額寶」的出現極大地刺激了互聯網金融創新的發展。截至 2014 年年底，「余額寶」規模達 2,500 億元人民幣，客戶超過 4,900 萬戶，發展成為貨幣基金市場不容忽視的強大力量。2013 年，阿里巴巴設立淘寶理財事業部，開始涉足保險等業務。

互聯網金融給傳統商業銀行帶來了強大的衝擊，使得金融巨頭們感到了深深的寒意。某商業銀行董事長上任伊始就表示：「互聯網金融的發展會徹底顛覆傳統商業銀行的經營模式、盈利模式和生存模式，這需要我們做出變革。」[1]

【本章小結】

（1）高速發展的現代信息技術、客戶對銀行服務的多樣性與個性化需求、銀行間日益激烈的競爭是商業銀行電子銀行業務產生的大背景，而電子銀行的蓬勃發展導致了商業銀行和非銀行金融機構之間的界限越來越模糊，銀行業由「分業經營」逐步轉向「混業經營」，金融「脫媒」趨勢加劇，金融服務業出現「兩級發展、協同共存」的格局。

（2）電子銀行是指以計算機、通信技術為媒介，客戶使用各類接入設備自助辦理銀行業務的新型銀行服務手段。其產品和服務包括以下特點：自助服務、多方位全天候服務、邊際成本低、科技含量高、業務多樣、綜合性強等。

（3）電子銀行的產品按使用方式和渠道的不同，可以分為網上銀行、電話銀行、手機銀行、自助銀行、ATM、POS 以及多媒體自助設備等。電子銀行業務的產品功能基本包括了除現金交易外的資產、負債和中間業務等全部銀行服務功能。

（4）電子銀行服務具有初始成本高昂、邊際成本低等特徵。電子銀行的效益可劃分為直接效益和間接效益兩大類，電子銀行業務在加快業務創新、穩定與吸引優質客

---

[1] 《創新發展電子銀行加快傳統業務轉型》，http://www.nmg.cei.gov.cn/gflt/201412/t20141215_100659.htm

戶、分流櫃面業務、提高銀行經營效益、提升銀行綜合競爭力方面的作用日益突出。

（5）電子銀行業務主要存在兩類風險：一類是系統安全風險，主要是數據傳輸風險、應用系統設計的缺陷、計算機病毒攻擊等；另一類是傳統銀行業務所固有的風險，如信用風險、利率和匯率風險、操作風險等，但這些風險又具有新的內涵。

（6）自1998年3月中國首家網上銀行開通至今，短短幾年的時間，中國的電子銀行業務已經迅速發展起來，初步建立了以電話銀行、手機銀行、網上銀行和自助銀行為主的立體電子銀行體系，形成了以招商銀行、工商銀行等的先行者優勢和其他商業銀行紛紛效仿、追隨的競爭格局，並且正在向著「人有我優，人優我新」的競爭戰略轉變，呈現出「百家爭鳴，百花齊放」的新景象。

（7）信息技術的快速發展，實現了互聯網開放、平等、協作、分享的精髓。以互聯化、數字化、智能化為特色的信息技術創新給電子商務、電子支付、網上金融超市在內的互聯網金融創新帶來了活力和契機，傳統的商業銀行經營模式面臨著互聯網創新的有力挑戰。

思考練習題

1. 簡述電子銀行發展給金融行業帶來的影響。
2. 簡述電子銀行的產品和服務的特點。
3. 簡述電子銀行經營成本的特點。
4. 簡述電子銀行服務的風險。
5. 簡述中國電子銀行的發展歷史。
6. 簡述互聯網金融的發展對電子銀行的衝擊。
7. 試比較傳統金融與互聯網金融的區別和聯繫。

第 10 章　商業銀行行銷管理

內容提要：商業銀行行銷是現代商業銀行經營中的一個重要特色，也是商業銀行競爭力的體現。本章介紹了商業銀行行銷的概念、商業銀行行銷管理的演進過程、商業銀行市場行銷的三個戰略步驟、商業銀行實施客戶經理制的必要性、銀行形象識別系統的重要性及其基本的組成部分、中國商業銀行行銷管理的發展歷程和現狀。

銀行行銷是企業市場行銷在金融領域的進一步發展和應用。銀行是經營貨幣這種特殊商品的企業，與一般的工商企業有很大的區別，因此銀行行銷也有別於普通企業的行銷，具有自己的特點。

第 1 節　商業銀行行銷管理概述

商業銀行行銷管理就是要充分利用諸如市場定位、促銷、分銷等一系列行銷方法和技巧，滿足客戶需要，促進銀行產品或服務的銷售，實現銀行盈利。

一、商業銀行行銷的涵義和組成部分

（一）市場行銷的定義

市場行銷最早起源於日本，現代意義上的市場行銷起源於 19 世紀中葉的美國。美國國際收割機公司的創辦人塞勒斯·麥考米克在收割機銷售中創造了市場研究、定價政策、服務推銷、維修服務、分期付款、銷售貸款等多種行銷手段。自此，市場行銷逐漸成為現代市場經濟活動的重要組成部分，並取得了長足的發展。

美國行銷協會（American Marketing Association，AMA）於 2004 年在整合全球行銷理論界和實踐界諸多貢獻的基礎上，對「市場行銷」下了一個比較權威的定義：市場行銷既是一種組織職能，也是為了組織自身及利益相關者的利益而創造、傳播、傳遞客戶價值，管理客戶關係的一系列過程。這一定義強調了行銷活動要滲透到全部組織職能中，要以客戶為中心，重視客戶關係。

（二）銀行行銷的涵義和過程

按照國際貨幣基金組織的分類標準，商業銀行屬於金融服務業。所謂金融服務，是指金融機構運用貨幣交易手段融通有價物品，向金融活動參與者和顧客提供的共同受益、獲得滿足的活動。商業銀行行銷是市場行銷學在銀行業務中的具體應用。然而在經濟全球化不斷深入、金融管制逐漸放鬆的環境下，商業銀行所提供的產品和服務

已經超越傳統的銀行業務範圍。因此，商業銀行行銷應該放在金融服務行銷的範疇中討論。

商業銀行行銷的目標是通過向消費者提供所需求的金融服務，滿足客戶金融需求，為客戶創造並傳遞價值，從而實現自身的收益最大化。銀行行銷過程大致可以分為六個步驟（如圖10.1所示）。從圖10.1中可以看出，銀行行銷是一個循環的過程，它以確定和滿足消費者對銀行服務的需求為出發點和終結點。步驟(2)、(3)、(4)是行銷的具體組合，是商業銀行行銷管理的主要部分。有效的行銷組合是銀行取得成功的關鍵。步驟(5)是商業銀行向客戶傳遞價值、實現自身收益的過程。成熟的銷售管道有利於銀行產品快速推向市場，搶在其他銀行模仿生產類似產品之前占領市場。步驟(6)是研發環節，這是商業銀行保持產品或服務與市場同步的秘訣。行銷過程的各個環節是緊密相連、並行不悖的，這一過程中客戶關係的管理一直貫徹始終。

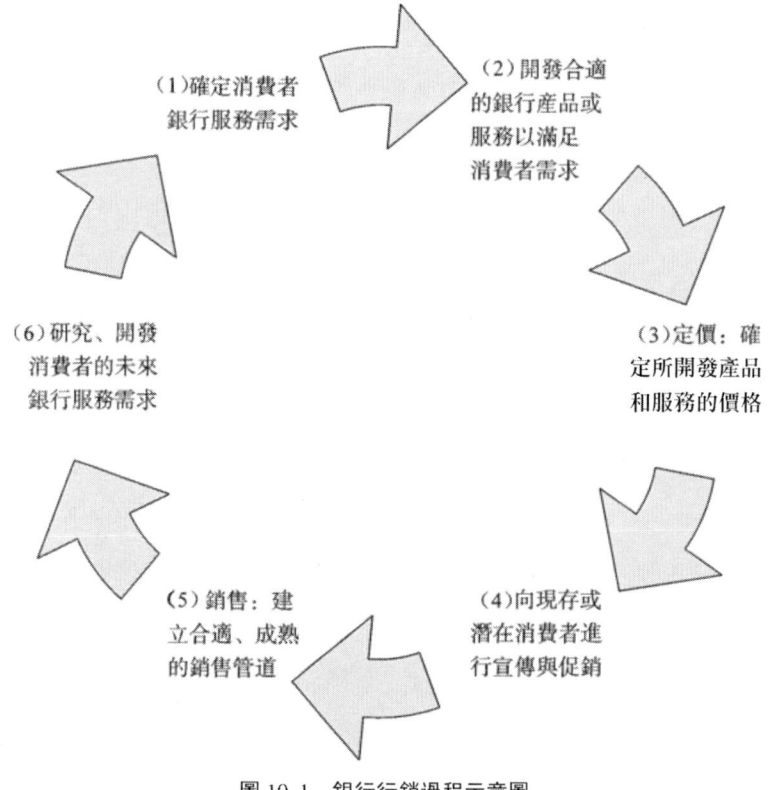

(1) 確定消費者銀行服務需求
(2) 開發合適的銀行產品或服務以滿足消費者需求
(3) 定價：確定所開發產品和服務的價格
(4) 向現存或潛在消費者進行宣傳與促銷
(5) 銷售：建立合適、成熟的銷售管道
(6) 研究、開發消費者的未來銀行服務需求

圖10.1　銀行行銷過程示意圖

資料來源：阿瑟·梅丹. 金融服務行銷學［M］. 王松奇，譯. 北京：中國金融出版社，2000.

(三) 銀行行銷的組成部分

銀行行銷是一項綜合、連續的管理活動。由於銀行產品或服務的易複製性，銀行行銷就顯得尤其重要。行銷效率關係到商業銀行能否在競爭中取得優勢。為了實現高

效行銷，銀行必須建立完善的行銷系統，將各種為實現行銷目標的經營要素整合起來，形成一個體系。一般來說，銀行行銷系統包括環境分析系統、行銷戰略計劃系統、行銷組合系統、行銷組織與控制系統四部分。

銀行行銷環境分析系統包括宏觀環境與微觀環境。宏觀環境主要包括政治環境、經濟環境、技術環境、法律環境、社會文化環境等；微觀環境主要包括銀行自身環境、客戶環境、競爭者環境以及其他機構與組織環境等。

銀行行銷戰略計劃系統是指銀行根據銀行現在和未來的行銷目標，結合自身特點與外部環境來選擇行銷戰略體系的過程。銀行行銷戰略主要包括市場領導者戰略、市場競爭者戰略、防禦型戰略、市場進攻型戰略、市場追隨者戰略、市場夾縫戰略、市場滲透者戰略等。行銷計劃應該根據銀行所處不同階段，運用不同的具體戰略、策略，開展行銷活動，從而實現商業銀行行銷目標。

銀行行銷組合系統主要負責銀行行銷策略的選擇，包括產品策略、定價策略、分銷策略、促銷策略、銀行形象設計策略、人才策略等。

銀行行銷組織與控制系統負責銀行行銷過程的具體執行。組織系統是以行銷經理為中心，領導所有行銷人員，相互配合、協調工作；控制系統是指當行銷計劃出現偏差時，及時對計劃做出反應，評估計劃執行情況，隨時調整行銷計劃。

二、商業銀行行銷的主要特徵

商業銀行行銷對象是金融產品和服務，這與一般商品的行銷有以下的不同特徵：

（一）不可感知性

大多數銀行服務具有不可感知性，這是因為服務本身不具有物理度量尺度。因此，普通消費者很難對銀行產品或服務進行智力理解，產品本身也無法向消費者進行展示、示範，消費者的決策過程也由此顯得更加複雜。

（二）不可分割性

銀行產品除了某些是可分割的，如養老金方案，大多數是綜合性服務，而服務本身也是一種過程化的、被體驗的東西，因此銀行產品一般具有不可分割性。

（三）銀行業務具有相似性和差異性

金融業務大多為無形產品，而且金融業務的可複製性較強，各個銀行提供的金融產品非常相似，可區分性很低。同時，銀行服務在生產和消費的過程中，其服務質量很不穩定。不同產品、不同時間，銀行服務都是有差別的。

（四）雙向信息交流

銀行服務不是一次性買賣，而是一種長時間內的雙向交易。這種信息交互方式使消費者可以對銀行「用腳投票」，也使商業銀行可以收集到消費者的一系列關於帳戶情況、信用情況等有價值的信息。

三、商業銀行行銷的主要任務

銀行行銷作為一項綜合性的管理活動，其根本目的是為了實現自身的收益，達到利潤最大化的目標。除此以外，銀行行銷還必須完成以下幾項任務：

(一) 有效滿足客戶的需求

滿足客戶需求是銀行開展行銷活動的前提和最終目的，離開這一目標，銀行的行銷活動就會失去方向。因此，銀行在行銷中必須把滿足客戶需求作為中心。

(二) 強化全體員工的行銷意識

銀行作為服務業的一種，任何一個員工的態度代表著銀行的整體形象，任何一個部門的所作所為都對行銷效果有影響。銀行內部各個部門甚至每個員工都必須相互合作，這樣才能達到最好的行銷效果。可以說，銀行行銷是全體員工的共同事業。因此，必須強化每個員工的行銷意識。

(三) 自覺維護社會利益

銀行在現代經濟活動中發揮著支付仲介、信用仲介、信用維護、信用創造等一系列功能，對整個社會的資金配置起著關鍵性的作用。因此，銀行的行銷活動必須兼顧到整個社會的發展與社會的長遠利益。銀行行銷的目標應該是自身利益與社會利益的雙贏。

四、商業銀行行銷管理的發展歷程

商業銀行行銷管理經歷了以下幾個階段：

(一) 排斥期

1958年以前銀行處於賣方市場，銀行服務供不應求，銀行掌握著自己產品的供應，完全沒有必要去行銷，也沒有行銷的觀念。

(二) 導入期

1958年舉行的全美銀行協會會議第一次公開提出金融業應該樹立市場行銷觀念。這一時期，各種銀行業和非銀行金融機構大量成立，金融業的競爭日益激烈，銀行的壟斷地位發生動搖，銀行從業人員也改變了以前對行銷觀念的排斥態度，銀行行銷管理時代正式到來。

(三) 傳播期

20世紀60年代，西方銀行零售業務發展迅速，競爭加劇，一些銀行試圖吸取消費品市場的經驗，廣泛應用廣告與促銷手段。當時人們對銀行行銷的認識十分膚淺，認為銀行行銷只不過是廣告和促銷的代名詞，行銷人員的主要任務也僅僅是做好廣告宣傳，以此來吸引顧客。

(四) 創新期

20世紀80年代，銀行業的競爭更加激烈，一些銀行逐漸意識到有必要尋找一種新的方法以區分自己和競爭者，銀行開始意識到金融創新是一項潛力更大的行銷活動。金融管制的放鬆進一步促進這種創新活動的發展，很多新型金融工具應運而生。

(五) 系統化期

20世紀90年後，銀行業的迅速發展，進一步推動了行銷管理的變革。銀行視行銷為分析、計劃、執行、控制等環節構成的系統。這一階段，銀行對行銷有了更深入的理解，將銀行行銷看成一個整體。為了更好地行銷，銀行必須綜合分析各種因素，將銀行行銷系統化，促使銀行各個部門相互合作。

第2節　商業銀行市場細分和定位

商業銀行市場行銷的成功，很大程度上取決於能否正確辨認和分析不同消費者的不同需求，然后設計一套有針對性的行銷組合來滿足這些需求。因此，銀行行銷成功的關鍵在於正確地進行市場細分，做到有的放矢，有針對性地採取行銷策略，有效地展開目標市場的行銷。

一、商業銀行市場細分的益處

市場細分是指把一個異質市場（需求不同的市場）劃分為若干個更小、更勻質的市場的過程。簡單地說就是將一個複雜市場分成一個單純市場的集合。有效的市場細分必須滿足四個條件：細分市場的特徵必須是確定的、可度量的；每個子市場都應當可以通過恰當的行銷策略得到；每個子市場都必須有產生利潤的可能；不同的子市場對應不同的行銷活動。

商業銀行進行市場細分的益處主要體現在：市場細分能更加精密地將銀行資源與市場要求匹配，進而減少損耗；能更加精確地滿足消費者需求，增加消費者滿意度；能夠選擇某一些消費群體，使得銀行能夠將精力集中在範圍更小的目標上，因此能夠深刻瞭解該消費群體的需求和要求；可以通過把已知的消費群體的特徵應用到新的、潛在的消費者身上，來預測新的消費者的需求；可以通過提高消費者滿意程度來保留消費者，通過消費者群的變化來預測消費者的需要。[1]

二、商業銀行市場細分的基礎

市場細分的基礎是指「用於消費者分類的消費者某個特徵或某組特徵」[2]。細分的基礎廣義上可分為兩類：「特定的消費者」基礎和「特定的情況」基礎。這兩組基礎還可以根據它們是否能被客觀測量（可觀測），或者是否必須要經過推斷才能得出（不可觀測）進行分類（如表 10.1 所示）。

表 10.1　　　　　　　　　　市場細分表[3]

特定客戶	特定情境	
可觀測	地理人口統計： 文化、社會經濟、地理、人口因素	行為： 用戶狀態、使用情況、頻度、品牌效應以及贊助和使用情況
無法觀測	心理： 人格特徵和生活方式	心理描述： 利益、態度、感知、偏好和意圖

---

[1] Jeffrey S. Harrison, Caron H. John. Foundations in Strategic Management [M]. 5th edition. 大連：東北財經大學出版社，2005.
[2] Wendell R. Smith. Product Differentiation and Market Segmentation as Alternative Marketing Strategies [J]. Journal of Marketing, 1956, 21 (1).
[3] R. E. Frank, Y. Wind. Market Segmentation [M]. N. J.：Prentice Hall, 1972.

(一) 地理及人口統計細分

地理是最早用於細分市場的變量，銀行可以根據國家、地區、城市規模等因素將整個市場劃分為不同的小市場，開發不同的銀行產品和服務，採取不同的行銷策略和措施。人口統計變量是依據年齡結構、性別結構、家庭規模、家庭生命週期等因素來細分市場。

(二) 社會經濟細分

社會經濟細分主要是指基於社會階層和經濟收入變量所做的市場細分。社會階層是對人們的教育背景、職業和收入的衡量。研究表明，在對資金的儲蓄和投資方面，較低社會階層一般傾向於選擇一個更加有形的業務。相反，較高社會階層則傾向於承擔更多的風險，從有形性更小的儲蓄中尋求更高的回報 (Median, 1984)。按收入細分，個人客戶可以分為高、中、低三個階層。不同收入階層的客戶有不同的銀行服務需求。

(三) 心理細分

心理細分是根據消費者的生活方式和個性，通過心理學分析，判斷消費者的需求類型，對市場進行細分。例如，針對追求時髦的年輕人的行銷策略與針對過普通日子的老年人的行銷策略是不同的。

(四) 行為細分

根據消費者對產品的瞭解程度、態度、使用情況及反應等將他們分成不同的群體，叫做行為細分。主要的行為因素變量包括購買時機、購買方式、購買數量、使用者狀況、品牌忠誠度等。

三、商業銀行目標市場的選擇

目標市場是指商業銀行為滿足現實的或潛在的客戶需求，在市場細分的基礎之上，確定將要進入並重點開展行銷活動的特定的細分市場。市場細分之后，商業銀行應該根據自己的目標和能力，選擇目標市場，可以選一個也可以選幾個，這取決於商業銀行對細分市場結構和自身資源狀況的分析。合理選擇、確定目標市場的方式至關重要，將直接影響到商業銀行經營的成敗。概括來說，商業銀行可以採用的目標市場戰略有以下三種：

(一) 無差異策略

無差異策略是指商業銀行將整個市場視為一個目標市場，用單一的行銷策略開拓市場，即用一種產品、一種市場行銷方式針對市場所有的客戶需求。無差異策略的實質就是不進行市場細分，這樣做的一個好處是節省成本，缺點是忽略了客戶需求的差異性，缺乏針對性。

(二) 差異性策略

與無差異策略恰恰相反，差異性策略是指銀行把整個市場按一定標準分成若干個子市場后，從中選取兩個或多個子市場作為目標市場，並分別為每個目標市場設計一套專門的行銷組合。這一策略的優點是相對風險較小、能充分利用目標市場的各種經營要素，缺點是成本費用較高，適合大中型銀行採用。

（三）集中性策略

集中性策略是指銀行將整個市場按一定標準細分為若干個子市場後，從中選取一個子市場作為目標市場，針對這一個目標市場，設計一種行銷組合，集中人力、物力、財力投入其中。這一策略的特點是目標集中。這一策略的優點是能更仔細、更透澈地分析和熟悉目標客戶的需求，能更好地貼近客戶需求，從而能使銀行在某個子市場獲得壟斷地位。這一策略的缺點是風險較大。這一策略適用於資源不多的中小銀行。

四、商業銀行市場定位

市場定位是指商業銀行選擇細分市場以後，根據其實際的業務範圍、目標市場的競爭狀況、自身的內部條件等，進行自身形象設計，把自己同競爭者區別開來，顯示出自己的特色，以求在這一細分市場中占據較有利的地位。市場定位的目的是為自己的產品創立鮮明的特色和個性。因此，商業銀行在進行市場定位時，既要瞭解客戶對產品各種屬性的重視程度，又要瞭解競爭對手的產品特色，最終實現目標定位。商業銀行市場定位的過程可分為以下五個步驟：

（一）確定定位層次

確定定位層次，即要確定銀行服務所針對的客體，可以是某個行業、某類公司、某種產品組合等。一般來說，確定定位層次有四個層次：

（1）行業定位：銀行業整體的定位。

（2）機構定位：把商業銀行作為一個整體在銀行業中的定位。

（3）產品和服務部門定位：將銀行產品分門別類，確定各類產品的定位。

（4）個別產品和服務定位：某項特殊產品的定位，如對信用卡業務進行定位。

（二）識別重要屬性

識別重要屬性，即識別目標市場客戶群體所具備的屬性或者重要特徵。這是影響目標市場客戶購買決策的重要因素。很多時候，客戶決定購買一項產品主要不是因為這種產品本身的屬性，而是他們感覺到了不同銀行在這種產品間的差別。例如，眾多客戶接受昂貴的白金卡不是因為這種信用卡本身的功能，而是因為這種卡是其身分的證明。

（三）製作定位圖

繪製定位圖就是要在圖上表示出本商業銀行和競爭者所處的位置或本銀行各項業務所處的位置。

（四）定位選擇

定位選擇，即如何設計、培養特色產品使其滿足特定客戶需求和偏好，並努力傳遞這些特色的過程。一般有三種定位方法：

（1）正向定位：針對不同需求和偏好推出不同產品。

（2）反向定位：推出與競爭對手不同特色的產品和服務。

（3）重新定位：針對不受客戶歡迎、市場反應不好的產品進行的二次定位。

（五）執行定位

這是定位的最終目的，需要商業銀行通過各種手段，如廣告、員工服務態度和行

為舉止等傳遞出去，並取得客戶的認可。商業銀行要想讓最終的定位與期望的定位一致，就必須使銀行的各種行銷因素都恰當地反應出這一定位，並能共同傳播這一定位的銀行形象。

第 3 節　商業銀行行銷戰略

銀行行銷戰略是銀行開展具體行銷活動的核心，行銷戰略選擇合適與否直接關係到行銷效果。隨著社會經濟的發展和全球一體化的進一步加深，金融市場的競爭日益激烈，為了占領市場、擴大市場份額，金融機構必須選擇並應用好行銷戰略。

一、行銷戰略及其作用

「戰略」一詞最早是軍事用詞，后來被推廣到其他領域，尤其是企業經營過程中。戰略被認為是影響企業長期發展的一個重要因素。行銷戰略是指在一定時期內面對不斷變化的市場環境，為求得生存與發展，在綜合考慮外部市場機會與內部資源狀況等因素的基礎之上而進行的總體性謀劃，是銀行經營思想的具體體現，也是銀行一切經營活動的指南。行銷戰略涉及三個方面的內容：確定市場目標、選擇市場定位、制定合適的行銷策略。有效的行銷戰略是銀行充分利用自身資源、實現發展目標的基本保證，是關係到行銷效果乃至是經營成敗的關鍵因素。具體來說行銷戰略主要有以下作用：

（一）減少銀行經營盲目性，使銀行行動方向明確

銀行經過對市場環境詳細全面的觀察與分析后制定的行銷戰略，不僅可以使銀行在順境中快速發展，也能考慮到逆境中應該採取的措施，從而使得銀行能更好地把握未來的活動，在複雜的環境中避免重大失誤和損失，同時也能更快地捕捉到機會。

（二）統一規劃，使銀行行銷的各個環節能協調配合

銀行的行銷戰略會影響到銀行各個環節。合理的行銷戰略應該是產品的開發、定價、分銷與促銷策略的合理有效組合，是各個組織單位、人員結構、網點設置等方面的協調統一。

（三）調動銀行員工的積極性，協調各個部門和行銷部門的關係

有效的行銷不僅僅是行銷部門的事情，而是整個銀行各個部門共同的目標。銀行制定行銷戰略有利於在行銷活動中形成一個共同的認識，加強不同部門的協調配合，使得部門間的矛盾和衝突能降低到最低點。同時，一個有效的行銷戰略也能夠調動員工的積極性、主動性、增強凝聚力，提高工作效率。

二、銀行行銷戰略的主要內容

20 世紀 70 年代以來，金融創新日益發展，行銷戰略的內容變得更加豐富，並逐漸趨於體系化。總體來說，市場行銷戰略包括產品策略、價格策略、渠道策略、促銷策略等。以下分別是傳統行銷和現代行銷的具體內容。

（一）傳統行銷戰略的內容

20 世紀 80 年代以前，市場行銷經歷近百年的發展已經變得很成熟，行銷策略組合要素也由最初的產品行銷四要素發展為服務行銷七要素。

（1）產品（Product）。產品，即核心產品—形式產品—附加產品（主要是無形產品）。為了在激烈的競爭中脫穎而出，銀行在制定戰略時必須以滿足客戶不同需求為根本出發點。

（2）價格/定價（Price）。一種金融產品的問世，對它的定價非常重要，合適的價格不僅可以促進金融產品的銷售，也可以較大地提升銀行利潤，因此價格是銀行行銷的一個重要手段。

（3）分銷渠道（Place）。不同的分銷渠道直接影響銀行的經營成本，進而影響銀行的利潤水平和長期發展。銷售渠道的選擇，涉及能否和中間商協調好關係，能否在合適的地點、合適的時間向消費者提供銀行產品和服務。

（4）促銷（Promotion）。促銷是使顧客及時獲得商業銀行產品信息的有效手段，直接影響到行銷活動的效果。銀行可以借助於電視、報紙、現場宣講等各種宣傳活動，增強客戶對產品的瞭解；樹立銀行形象，最終達到增加銷售的目的。

（5）過程（Process）。過程是指銀行對整個行銷活動過程進行組織、協調與控制。整個行銷過程，從始至終必須要有系統的管理，任何一個環節出錯都會影響到整體。

（6）有形展示（Physical Evidence）。銀行利用各種有形展示工具（如 POS、ATM 等終端設備）向客戶生動、形象地傳送各種行銷信息，可以使消費者、員工更容易接受，也可以塑造良好的企業形象，使消費者產生信任感。

（7）人員（People）。在整個銀行行銷過程中，人員的素質是最重要的，只有高素質的人員才能做出高素質的行銷，銀行的行銷目的才能達到。

（二）現代行銷戰略的內容

20 世紀 80 年代以后，銀行業的競爭進一步加劇，市場行銷戰略也取得了進一步發展。理論界和實務界對市場行銷戰略做了更多的研究分析，認為行銷戰略還應該包括以下內容：

（1）行銷主要對象。行銷對象既可以是人也可以是物，既可以是有形的也可以是無形的。當然戰略對象的中心應該是客戶，通過對其特徵進行詳細分析，尋找所需服務，從而為開發新產品提供思路。此外，銀行可以通過美化營業場所、改善服務態度來營造讓客戶滿意的行銷環境。

（2）公共關係（Public Relations）。現代行銷學十分重視人際關係，甚至是將其作為衡量行銷活動效果的一個重要指標。銀行應該通過各種途徑樹立良好的形象，這是銀行重要的無形資產。在各種宣傳活動中，銀行既要讓客戶充分瞭解本行的產品，又要努力向客戶傳達一個良好的公共形象，給顧客留下美好的印象，這樣才能與客戶建立長久穩定的關係，其行銷效果也會事半功倍。

（3）政治力量（Political Power）。根據菲利普·科特勒的最新行銷理論，在當前仍然存在大量貿易保護行為的情況下，行銷機構不應只局限於順從和適應環境，還要學會運用各種手段去影響環境，其中最重要的一項就是政治力量。政治為經濟利益服務，

這是現今國家政治的一個重要方面，外交使團大批量採購就是一個例證。

三、銀行行銷戰略的主要特徵

（一）行銷戰略的內容具有社會性

銀行在制定行銷戰略的時候一定要考慮到對社會利益的影響，必須符合社會利益、國家利益。銀行在現代經濟金融生活中扮演著十分重要的角色，銀行的每一項活動都要受到宏觀經濟政策的影響，因此行銷戰略必須與宏觀經濟政策相符，這樣才能保證銀行發展不會受到政策制約。

（二）效益性與穩定性

效益性是指銀行行銷戰略要以最小的投入獲得最優的效果。穩定性是指行銷戰略已經確定就不能隨意更改。

（三）長期性與針對性

銀行行銷是關係到銀行持續發展的問題，而非一時之舉，因此銀行在制定行銷戰略時必須著眼於未來。針對性是指銀行在制定行銷戰略時要針對客戶需求特徵、周圍環境特徵、未來發展趨勢，做出戰略選擇。

四、銀行行銷戰略的主要類型

（一）市場領導者戰略（Market Leader Strategy）

市場領導者是指那種規模較大、實力較雄厚、在金融市場處於主導地位的銀行。市場領導者可以充分利用「第一位」的指導思想，努力在客戶和公眾心目中留下深刻印象，向公眾努力宣傳自身優勢，維持並提高現有的市場佔有率。

（二）市場競爭者戰略（Market Challenger Strategy）

市場競爭者是指那種實力僅次於市場領導者，同樣位於前列的企業。市場競爭者戰略適合於較有實力的大型銀行，他們可以憑藉自身的優勢與市場領導者展開競爭。市場競爭者相對於市場領導者來說必須要有某一方面的優勢，必須能經得住市場領導者的反擊。

（三）防禦型戰略（Defensive Strategy）

防禦型戰略是指面對強大競爭者所採取的一種防守反擊戰略。銀行可以將服務集中於某些特定的群體，以保持一定的顧客量，維持現有市場佔有率。這是一種比較保守的行銷戰略，但同時也是在競爭壓力巨大的情況下，保持銀行持續發展能力、維持核心業務的必要選擇。

（四）市場進攻型戰略（Offensive Strategy）

市場進攻型戰略是指一種主動出擊的戰略，可以表現為增設分支機構，在地域上不斷擴張；也可以表現為開發新型金融產品，在市場上不斷擴大佔有率。

（五）市場追隨者戰略（Market Followers Strategy）

市場追隨者是指那些規模比較小、實力比較弱的中小銀行。市場追隨者戰略是指銀行接受當前的市場狀況，全部或部分模仿市場領導者的產品和服務，同時努力塑造自身的特色。

第 4 節　商業銀行行銷組合

商業銀行在對個人金融市場進行細分，並確立自己的行銷目標市場之後，接下來便是規劃行銷方案，實施行銷策略組合，使個人客戶自願接受為其提供的金融產品。商業銀行行銷組合策略一般應包括產品策略、定價策略、促銷策略、分銷策略、銀行形象設計策略、人才策略等，本節將就與產品相關的前四種策略進行介紹。

一、商業銀行產品策略

任何企業的經營目的都是在滿足客戶需求的同時獲得企業應有的利益，商業銀行也不例外。這一目的必須通過向客戶提供令其滿意的產品和服務來實現。因此，產品是商業銀行生存的基礎，產品策略是商業銀行經營的前提和支柱，在其發展中佔有重要地位。

（一）商業銀行產品的基本層次

銀行產品是指銀行向市場提供的能滿足人們某種慾望和需求的、與貨幣相關的服務，有狹義和廣義之分。狹義的銀行產品是指由銀行創造的、可供客戶選擇的各種金融工具，即貨幣、票據等各種有形銀行產品。而廣義的銀行產品則是指銀行向市場提供並可由客戶取得、利用或消費的一切服務，它既包括有形的銀行產品，也包括存貸款、租賃、諮詢等各種無形服務。一般來說，銀行產品可分為以下五個層次：

（1）核心產品。客戶所購買的基本服務和利益，本質上體現了金融產品的使用價值。

（2）基礎產品。銀行產品的基本形式，即各種硬軟件的組合，是核心產品賴以實現的形式。

（3）期望產品。客戶購買產品時通常希望和默認的一組屬性和條件，表現為銀行良好和便捷的服務。

（4）延伸產品。由某種產品衍生增加的服務和收益。

（5）潛在產品。延伸產品的進一步延伸，可能發展為未來的最終產品。

（二）商業銀行產品組合策略

所謂產品組合，是指商業銀行向客戶提供的全部產品的有機組合方式，即所有銀行產品的有機構成。

1. 基本概念

（1）產品線。具有高度相關性的一組銀行產品。這些產品具有類似的基本功能，能夠滿足客戶某一類的需求，如存款產品線。

（2）產品類型。產品線中各種可能的產品種類。

（3）產品項目。某個特定的個別銀行產品，是金融產品劃分的最小單位，如 3 年期的定期存款。

（4）產品組合寬度。產品組合中不同產品線的數量，即產品大類的數量或服務

種類。

(5) 產品組合深度。銀行經營的每條產品線內所包含的產品項目的數量。

(6) 產品組合的關聯性。銀行所有的產品線之間的相關程度或密切程度。

一個銀行的產品組合是由多條產品線組成的，每條產品線又由多種產品類型構成，每種產品類型又包含了很多類產品項目。產品組合深度和產品組合寬度就是產品組合的兩個度量化要素，確定產品組合就要有效的選擇其寬度、深度和關聯度。

2. 現有產品組合分析評價

參照波士頓管理諮詢公司提出的產品規劃組合方法，即波士頓矩陣進行分析評價。

該矩陣的縱坐標表示產品的市場增長率，橫坐標表示本企業的相對市場佔有率（市場份額）。根據市場增長率和市場佔有率的不同組合，可以將企業的產品分成四種類型：明星產品、金牛產品、幼童（問號）產品和瘦狗產品（如圖10.2所示）。一個企業的所有產品，都可以歸入這四種類型，並且根據其所處的地位採取不同的戰略。

(1) 明星產品，即相對市場佔有率和增長率都較高的產品。此類產品最有發展前途，很有可能成為現金牛產品，因此銀行可加大對此類產品的投入，繼續擴張市場。

(2) 問號產品，也稱「風險產品」或「幼童產品」，是指市場增長率高但相對市場佔有率低的產品。銀行應根據該類產品的前景分析，採取不同策略，或扶持，或退市。

(3) 金牛產品，即市場佔有率相當高但市場增長率已經很小的產品，是銀行發展其他產品的重要資金支持者。此類產品雖已是厚利產品，但銀行仍需改進其服務質量，以增加盈利。

(4) 瘦狗產品，即市場增長率與相對佔有率均較低的產品。銀行經營此類產品得不償失，應對其進行調整和整頓。

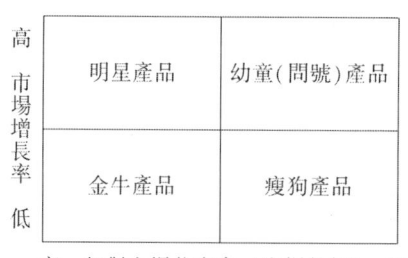

	高 相對市場佔有率（市場份額） 低	
高 市場增長率 低	明星產品	幼童(問號)產品
	金牛產品	瘦狗產品

圖10.2　波士頓矩陣

(三) 商業銀行產品的生命週期策略

所謂銀行產品的生命週期，是指銀行產品從投入市場到被市場淘汰的整個過程，即銀行產品在市場上的存在時間。根據客戶對銀行產品的使用或銀行產品的銷售情況，銀行產品的生命週期可分為四個階段，即導入期、成長期、成熟期和衰退期，如圖10.3所示。不同生命週期的產品其客戶需求程度和銷售情況不同，銀行應根據各階段產品的不同特點和目標，採取不同的產品行銷策略。表10.2以信用卡為例說明了不同生命週期的產品行銷策略。

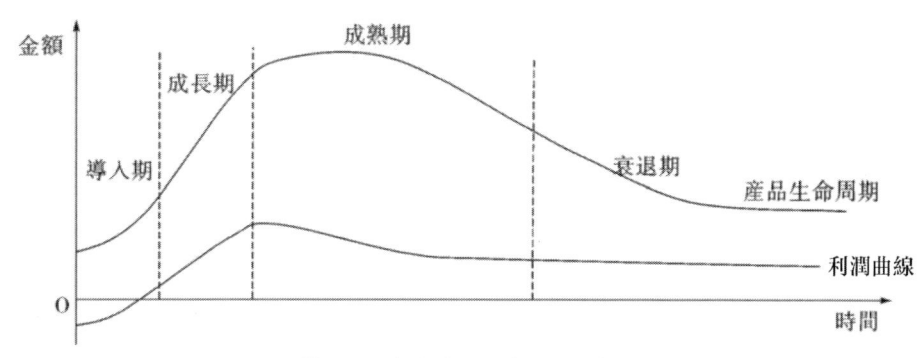

圖 10.3　銀行產品生命週期示意圖

表 10.2　　　　　　　不同生命週期的信用卡的產品行銷策略

	導入期	成長期	成熟期	衰退期
市場條件	少數對手，有限競爭，啓動時銷售緩慢，局限在某些地區	當其他組織發行信用卡時競爭增加，隨著大眾市場接納，銷售加快	競爭激烈，供應過量，大量的廣告和促銷	市場萎縮，需求不足
行銷目標	喚醒和瞭解新產品的概念及試銷	佔有市場和增加銷量以及增加價值	占據市場份額，保留客戶，建立關係	積極轉變，淘汰過時產品或將其轉到成熟市場
產品	基本產品，要素有限	產品增值，增加要素，包括服務、保障、產品差異和市場細分	親密關係聯合，建立信用，聯合品牌	產品單一，面臨淘汰
價格	低價，無費用，利率決定價格	引入一些費用來抑制擁有更多種卡	費用普通化，適當縮短免息期	主要以降低產品價格為主要手段
促銷	針對初步的接納地區有選擇的促銷	大眾廣告，尤其是電視	當客戶對價格更敏感時，促銷變為直接郵寄，以鼓勵基於特惠利率的轉向行為	促銷手段開始失靈

二、商業銀行定價策略

銀行產品的價格將直接影響其銷售量，進而影響銀行的利潤。因此，定價策略是商業銀行行銷組合中的一個重要策略，是銀行策略組合中唯一創造收入的策略。

（一）商業銀行定價策略的影響因素

銀行定價的主要目標包括利潤最大化、最大限度的佔有市場份額、主動應對市場競爭以及樹立良好的銀行形象等。為實現這些目標就必須考慮影響價格決策的各種因素：服務相對於客戶的價值以及與某些特殊客戶的關係；開發服務的成本；服務的吸引力是否廣泛；競爭對手類似產品的價格；銀行所期望的市場範圍；服務成本是否可能被其他成本吸收。

（二）基本的定價方法

（1）成本導向定價法，即以產品成本為基礎，在成本之上設定目標利潤，從而確定價格。具體可細分為：

①成本加成定價法。在單位產品的總成本上加上一定比率的利潤來確定。公式表示如下：

$$產品價格 = 單位產品總成本 \times (1 + 成本加成率) \tag{10.1}$$

②目標利潤定價法。商業銀行根據產品的總成本以及預計銷售量來確定一個合適的目標利潤率，在此基礎確定價格。公式表示如下：

$$單位產品價格 = \frac{產品總成本 + 目標利潤額}{預計銷售量} \tag{10.2}$$

③收支平衡定價法。以盈虧平衡分界點為基礎，引入預期利潤。公式表示如下：

$$實際價格 = \frac{產品總成本 + 目標利潤額}{預計銷售量} + 單位可變成本 \tag{10.3}$$

（2）需求導向定價法，即以客戶對銀行產品的理解、認知程度和需求作為基礎。銀行產品的價格由客戶來定，銀行在某種程度上只是價格的被動接受者。

（3）競爭導向定價法，根據同行業產品的價格定價。

（4）通行導向定價法，主要基於競爭者價格。

（三）商業銀行產品的定價策略

所謂定價策略，是指銀行根據金融市場中不同的變化因素以及各種因素的影響程度制定出適應市場變化又易於被客戶接受的價格，從而更好地實現銀行的行銷戰略目標。下面介紹商業銀行常用的幾種定價策略。

1. 高額定價策略

這是一種先高后低的定價策略，是指在銀行新產品投放市場，市場競爭較少，銷售量不會受到價格的影響時，銀行制定較高的初始價格以獲取高額利潤。該策略必須滿足以下條件：需求價格彈性低；大力宣傳產品的優點和性能，提高產品的市場認知度；市場准入門檻很高，或者競爭者的反應不及時。

2. 滲透定價策略

與高額定價策略相反，該策略是先低后高的策略。採用較低的初始價格，打開市場，樹立形象后，再相應提高產品價格，保持一定的盈利性，又被稱為薄利多銷定價策略。

3. 產品組合定價策略

該策略又稱關係定價策略，是指把一攬子服務打包定價，對很多服務項目給予價格優惠，從而吸引顧客。

4. 創造超值商品策略

超值商品是指超過一般性的物美價廉水平，使客戶總收益價值大於客戶總付出，並接近或超過客戶理想臨界線的產品，形成一種價格震撼。

三、商業銀行促銷策略

促銷是指商業銀行以各種有效的方式向目標市場傳遞有關信息，以啓發、推動或

創造對銀行產品和服務的需求，並引起購買慾望和購買行為的綜合性策略活動。促銷活動一般包括廣告、人員推銷、公共關係和銷售促進等類型，各種活動又涉及促銷客體、促銷主體、促銷的方式和市場的信息反饋等要素。

促銷組合是商業銀行用來實施促銷過程，並直接與目標市場進行溝通的工具組合，主要包括廣告、人員推銷、公共關係和銷售促進等溝通工具。

商業銀行促銷組合計劃的制訂分為四個步驟：確定包括定位、銷售目標和溝通目標在內的促銷目標，為行銷人員提供執行促銷組合的指導；根據邊際成本分析，確定促銷預算；根據地域特徵、銷售情況、市場潛能和目標市場份額，分配促銷預算；評價促銷組合的有效性。

四、商業銀行分銷策略

商業銀行分銷策略也稱商業銀行渠道策略，是指商業銀行的銷售渠道，也就是商業銀行把金融產品和服務推向客戶的手段和途徑。根據不同的標準，商業銀行行銷渠道策略可以劃分為不同種類。

（1）根據銀行銷售產品是否利用中間商，渠道策略可以分為直接行銷渠道策略和間接行銷渠道策略。前者是指銀行將產品直接銷售給最終需求者，主要以分支機構為主；后者是指銀行通過中間商或借助一些中間設備與途徑，把金融產品和服務銷售給客戶的策略，如自動櫃員機等。

（2）根據行銷渠道類型的多少，渠道策略可以劃分為單渠道策略和多渠道策略。如果商業銀行只是簡單通過一個渠道來實現金融產品的銷售，如銀行提供的產品全部由自己來銷售，稱為單渠道策略；如果銀行通過不同的渠道將相同的金融產品銷售給不同的市場或客戶，稱為多渠道策略。

（3）根據金融產品的生命週期理論，在產品不同的階段採取不同的行銷渠道，則稱為結合產品生命週期的渠道策略。

（4）組合分銷渠道策略是指將銀行分銷策略與其他行銷策略相結合的渠道策略。組合分銷渠道策略主要分為分銷渠道與產品生產相結合的策略、分銷渠道與銷售環節相結合的策略以及分銷渠道與促銷相結合的策略。

第5節　商業銀行客戶經理制

傳統的市場行銷以交易為中心，利用行銷來爭取客戶和創造交易，因此又稱交易行銷。但隨著消費文化與心理的改變以及科技的發展，交易行銷逐漸被關係行銷所取代，關係行銷強調與客戶建立長期、牢固、互信的客戶關係的重要性，注重與客戶的交流和溝通，提高客戶對銀行產品和服務的滿意度，以此來增加市場份額，實現銀行的經營目標。

一、商業銀行客戶經理制的基本內涵及其特徵

客戶經理制是對傳統客戶關係的創新，它是一種全新的「以客戶為中心」的服務理念，是指直接由客戶經理調查、掌握客戶的需求，並向客戶提供一攬子的金融服務，為客戶提供解決問題的具體方案，在更好地滿足客戶需求的同時，實現商業銀行的經營目標。客戶經理的價值在於充當銀行和客戶之間的橋樑和紐帶。其角色定位可以概括為以下幾個方面：一是銀行與客戶之間的聯絡協調員。二是銀行與客戶業務的經辦員。三是金融產品的導購員和諮詢員。四是銀行新業務的推銷員。五是客戶與市場信息的搜集員。

客戶經理制是商業銀行適應客戶關係變化做出的客觀、必然的選擇。客戶經理制包括以下內涵：

(1) 充分體現為客戶提供超值服務的理念。
(2) 深入實施整體化行銷。
(3) 提供更具個性化的產品和服務。
(4) 深化金融服務技術的應用。
(5) 金融產品和服務的不斷更新。

商業銀行客戶經理製作為一種全新的行銷理念，區別於傳統銀行與客戶關係，表現在以下四點上：

(1) 商業銀行服務客戶的主動性。
(2) 商業銀行服務客戶的全面性。
(3) 商業銀行服務客戶的高效性。
(4) 對商業銀行客戶經理要求的綜合性。

二、商業銀行客戶經理制產生的背景

銀行客戶經理最早產生於西方經濟發達國家，特別是擁有多家跨國銀行的美國。20世紀80年代中後期，隨著全球性金融創新熱潮的出現，以美洲銀行為代表的大型跨國銀行率先推行了「以專門人員和專項支出，培育和發展長期目標客戶，獲取穩定的資金經營利潤」的客戶經理制度。客戶經理制產生和發展有著深刻的現實及理論背景。

(一) 競爭加劇是客戶經理制產生的經濟背景

20世紀80年代中後期，全球經濟形勢巨變，出現世界金融自由化浪潮，商業銀行面臨著其他銀行及非銀行金融機構的挑戰。商業銀行為了保證原有的盈利水平，維持原有客戶資源，開始主動適應同業競爭需要，向重點客戶派出客戶經理進行重點行銷。

(二) 金融產品的趨同性、多樣性和複雜性

金融產品的趨同性、多樣性和複雜性要求有專業知識經驗的人員為客戶提供高質量、高效率、多層次、全方位、個性化的金融一體化服務，以此穩定和發展銀行與客戶的關係，贏得客戶和市場。

(三) 銀行行銷理論和管理理論二者相結合是客戶經理制產生的理論基礎

隨著商業銀行行銷理論的發展，越來越多的銀行開始認識到銀行的行銷實質是一

種關係行銷，行銷的目標是維持和增強客戶關係，尤其是與老客戶的關係。與此同時，各銀行與非銀行金融機構之間的競爭不斷加劇，這促使商業銀行對銀行與客戶關係進行重新定位，由最初的銀行為中心，到20世紀80年代初期的產品中心，發展到20世紀80年代中后期的以客戶為中心。只有以客戶為中心，瞭解並滿足客戶的需求，增加客戶對銀行產品和服務的滿意度，才能增進客戶和銀行之間的關係，搶占市場先機。

三、商業銀行客戶經理制的優勢

傳統商業銀行（如國有商業銀行）一般實行三級管理（總行、分行、支行）一級經營的運行模式。傳統商業銀行的經營管理主要存在以下缺陷：「以業務為導向」的經營理念形成了科員制組織結構，而這種結構導致了資源配置不當、要素內部流動受阻、要素組合的空間連續性和時間連續性中斷，使自覺性創新不足。自覺性創新不足進而又使要素組合惡化，從而進入惡性循環的怪圈。這種怪圈的直接後果就是商業銀行規模不經濟和範圍不經濟，競爭策略單一，競爭能力弱化。

客戶經理制是商業銀行為貫徹「以市場為導向，以客戶為中心」的方針，為客戶提供全方位金融服務而採取的一項新的組織和機制創新。因此，客戶經理制能使商業銀行贏得以下幾方面競爭優勢：

（一）使銀行內部資源流動得到修補，降低了銀行的組合成本

客戶經理制使得商業銀行內部資源流動通道人為割裂狀態得到修補，各種要素流動更加暢通，大大降低了銀行的組合成本，建立了良性循環，從而使商業銀行的規模經濟和範圍經濟得到帕累托改進，取得了成本優勢。

（二）有利於為客戶提供差異化服務，採用合適的服務行銷組合策略

商業銀行的客戶在各方面都存在差異，因此其對銀行產品和服務的需求也呈現出層次化、個性化、多元化的特點。銀行通過建立客戶經理制，對外以客戶經理為代表，密切聯繫客戶，時刻追蹤客戶的需求變化，並根據不同市場中客戶的不同需求，提供差異化的便利性服務和支持性服務，採用合適的服務行銷組合策略，這樣可以最大限度地滿足顧客（尤其是優質顧客）的需求，培養顧客的忠誠度，獲取競爭優勢。

（三）有利於銀行獲取客戶和市場信息

客戶是銀行關注的焦點，銀行需要根據客戶的價值觀念和需求變化來開發和定位銀行產品。這就要求銀行與客戶之間要有密切的聯繫和溝通，及時把握客戶的興趣和需求。客戶經理制變傳統客戶關係的銀行中心為客戶中心，從被動等待客戶到主動瞭解客戶，使商業銀行占得了信息先機，從而在市場競爭中取得優勢。

（四）有利於銀行培養熟悉多種金融產品的複合型人才

在商業銀行客戶經理制中，客戶經理是銀行與客戶之間的橋樑和紐帶。客戶經理既是客戶的導購員、諮詢員，更是客戶信息的調查員和銀行產品的推銷員，要對不同的客戶提供有針對性的、綜合性的服務。這就要求客戶經理不僅要熟悉多種金融產品的知識，並且要瞭解銀行產品的行銷技巧。客戶經理制的實施有利於銀行培養高素質的複合型人才，在競爭中占據人才優勢。

第6節 商業銀行形象識別系統（CIS）

一、CIS 的涵義及主要組成部分

（一）CIS 的涵義

企業形象是指社會公眾和企業職員對企業的整體印象和評價，是企業的表現與特徵在公眾心目中的反應。CIS（Corporation Identity System），即企業形象識別系統，是指將企業文化和經營理念，統一設計，利用整體視覺體系（尤其是視覺表達系統）傳達給企業內部和公眾，使其產生對企業的一致認同感，以形成良好的企業印象，最終促成企業產品和服務的銷售。

（二）CIS 的組成部分

從 CIS 的涵義我們不難看出，第一，企業形象識別是一種被明確的認知企業理念和企業文化的活動；第二，企業是以標誌和標準字作為溝通企業理念和企業文化的工具。換言之，CIS 由 MI（Mind Identity，理念識別）、BI（Behavior Identity，行為識別）和 VI（Visible Identity，視覺識別）三部分組成。其中，理念識別是 CIS 的根本，是企業的精髓所在，體現企業經營的理念精神，給整個系統奠定了理論基礎和行為準則，並通過行為識別和視覺識別表達出來。成功的行為識別和視覺識別就是將企業的獨特精神準確表達出來。

1. 理念識別

所謂理念識別，就是確定企業自己的經營理念，企業對目前和將來一定時期的經營目標、經營思想、經營方式和經營狀態進行總體規劃和界定。理念識別包括企業精神、企業價值觀、企業文化、企業信條、經營理念、經營方針、市場定位、產業構成、組織體制、管理原則、社會責任和發展規劃等。理念識別對內影響企業的決策、活動、制度、管理等，對外影響企業的公眾形象、廣告宣傳等。

2. 行為識別

置於中間層位的行為識別則直接反應企業理念的個性和特殊性，是企業實踐經營理念與創造企業文化的準則對企業運作方式所進行的統一規劃而形成的動態識別系統。行為識別包括對內的組織管理和教育，對外的公共關係、促銷活動、資助社會性的文化活動等。行為識別通過一系列的實踐活動將企業理念的精神實質推展到企業內部的每一個角落，匯集起員工的巨大精神力量。

行為識別包括以下內容：對內包括組織制度、管理規範、行為規範、幹部教育、職工教育、工作環境、生產設備、福利制度等；對外包括市場調查、公共關係、行銷活動、流通對策、產品研發、公益性和文化性活動等。

3. 視覺識別

視覺識別是以標誌、標準字、標準色為核心展開的完整的、系統的視覺表達體系，將上述企業理念、企業文化、服務內容、企業規範等抽象概念轉換為具體符號，塑

造出獨特的企業形象。在企業形象識別設計中，視覺識別設計最具傳播力和感染力，最容易被公眾接受，具有重要意義。

視覺識別系統包括基本要素系統和應用系統。基本要素系統主要是企業名稱、企業標誌、企業造型、標準字、象徵圖案、宣傳口號、標準色等。應用系統則主要指產品造型、辦公用品、企業環境、交通工具、服裝服飾、廣告媒體、招牌、包裝系統、公務禮品、陳列展示以及印刷出版物等。

二、商業銀行CIS的作用

（一）強化商業銀行的品牌塑造

21世紀的競爭，實質上是品牌的競爭，品牌就意味著市場、意味著效益。例如，就像我們喝可樂就會想到可口可樂公司一樣，消費者的消費心理和行為會越來越多地受到品牌的影響。商業銀行運用CIS的目的就是對商業銀行的經營理念和商業銀行的文化進行面向大眾的視覺表達，從而得到大眾的認可，塑造屬於商業銀行自己的獨特品牌。

（二）樹立整體形象，實現社會與經濟雙重效益

CIS能使商業銀行及其產品在客戶心目中留下深刻而良好的印象，從而提高客戶對商業銀行及其產品的滿意度和忠誠度，進一步擴大市場份額，獲得經濟效益。客戶的認可使商業銀行在新的市場上更有效地確立自己的地位，樹立了商業銀行在社會上的整體形象，又實現了社會效益。

（三）規範員工行為，增強銀行內部凝聚力，提高員工的工作效率

通過CIS戰略，商業銀行可以把商業銀行的經營理念完整地滲透到員工的意識中，讓銀行內部成員更瞭解銀行的隱形文化、組織制度、管理規範，並使其轉變為規範的行為，通過各種形式的組織教育活動，達到增強員工行動的一致性，增強企業凝聚力的目的。另外，CIS還促使商業銀行內部各部門協調工作，從而提高了部門員工的工作效率。

三、CIS在商業銀行中的運用

（一）理念識別的運用

理念識別是CIS的核心，決定了行為識別和視覺識別的設計和實施，代表的是一種企業文化和經營理念。商業銀行可以通過以下兩方面進行自己的理念識別建設：

（1）培養自己個性化的企業文化。企業文化是企業的靈魂，是企業發展的無形推動力，其核心是企業的精神和價值觀。而CIS則是企業文化的體現和外化。商業銀行可以用一些簡短而富有哲理的話語概況其精髓，以便於員工銘記於心。商業銀行應該根據其自身的行業性質、業務特點等，把風險文化、服務文化、團隊文化等作為其企業文化的重點內容，以「信譽至上，服務第一」為經營理念的核心，培養符合自身的個性化銀行文化。

（2）設計具有感召力的形象口號。形象口號是企業文化和經營理念的外化表現，既能規範企業的經營，又能引起消費者的關注，獲得消費者的理解和認同。因此，形

象口號應能簡練精準地概括行業的特色和經營宗旨，如花旗銀行的口號是「代替統一服務的是那種能滿足每一個單獨顧客需要的服務」；匯豐銀行的口號是「環球金融，地方智慧」；招商銀行的口號是「因您而變」；等等。

(二) 行為識別的運用

行為識別是對企業的理念和文化轉化為經營行動的過程。對商業銀行來說，首先，要制定銀行規範，員工必須遵守的行為準則，尤其對業務操作規程、工作制度、崗位責任制度等幾方面做出嚴格詳細的規定，並且將其付諸實施。其次，要加強對員工的教育和培訓，不斷提高員工素質。最後，也是最重要的是注重銀行外在形象的優化，如銀行產品的質量、銀行員工的服務態度和工作效率以及與客戶的交流和溝通。

(三) 視覺識別的運用

視覺識別是將企業的理念和價值觀具體化、表象化、符號化的過程。作為商業銀行，首先，應從視覺效果的基本要素著手，如關於銀行的名稱、標準字、標準色、品牌標誌等幾方面進行設計，突顯出自身的特色。其次，要把這種視覺效果推及到應用項目上，如工作環境、員工制服、辦公用品、企業贈品等。因為這些都是公眾進入銀行能直接映入眼簾的，而第一印象往往會在公眾心中產生很深的烙印，所以必須將不同的視覺點都統一化，形成商業銀行特有的風格。

第7節　中國商業銀行的行銷管理

中國商業銀行行銷的發展經歷了四個階段，面對變化中的環境，國內商業銀行的行銷也在因時、因勢而變。

一、中國商業銀行行銷的發展歷程

相對於全球銀行業行銷的發展，中國商業銀行行銷的發展大致經歷了以下幾個階段：

(1) 1978年以前，計劃經濟體制下，商業銀行屬於國家金融管理機關，所有業務都由國家統一規定，沒有自主選擇的權利，也不存在銀行之間的競爭，導致銀行完全沒有行銷意識。

(2) 改革開放前期，隨著中國的金融體制改革和金融市場的發展，中國銀行的經營管理出現了一定程度的企業化經營傾向，這個時期中國銀行邁出了市場行銷的第一步。但由於這一時期社會資金需求遠大於供給，金融機構處於絕對的壟斷地位，因此這一時期銀行實施行銷戰略的壓力和動力都不足。

(3) 20世紀90年代中期，中國銀行開始重視廣告與傳播對行銷的作用，利用各種渠道進行宣傳。這一時期，中國從法律上進一步完善了對金融業的規範，消費者對金融產品服務也提出了更高的要求。但由於受傳統觀念的影響，各商業銀行所運用的行銷手段相當單一，只處於市場行銷的初級階段。

(4) 20世紀90年代后期，中國商業銀行開始注重產品的開發，意識到客戶需求和

品牌的重要性。但是，由於市場細分粗糙，銀行產品和服務的開發缺乏針對性，各商業銀行相互模仿，銀行產品服務缺乏競爭力、差異化。

二、中國商業銀行行銷管理的現狀

（一）銀行主動從事市場行銷的意識不強

隨著金融改革的深化，各銀行普遍推行了CIS戰略、開發新產品、建立分銷渠道、營業推廣及公關廣告等行銷策略，這對商業銀行的業務拓展起了極大的促進作用，使各家銀行的服務效率、服務態度及服務質量都上了一個新臺階。但是，系統的銀行市場行銷觀念尚未建立，還沒有真正確立「以顧客需求為中心」的行銷理念，沒有充分認識到客戶關係的重要性。

（二）金融產品的開發還遠遠不能滿足市場需求

金融創新的發展使得銀行的行銷工作不再單純著眼於資金，而是立足於服務，即創造形式多樣的金融產品，以滿足不同市場的客戶需要。在這一形勢下，各家銀行紛紛推出了自己的創新品種。例如，大額存單、定活兩便儲蓄、住宅與汽車等消費貸款業務，極大地方便了客戶。但是，目前開發的金融新產品大多還只是各行之間的模仿複製，缺乏適合中國國情、符合顧客需求的新品種。許多在國際金融市場上廣泛使用的新品種還未引入，金融產品創新的規模、層次和深度都遠遠不能滿足市場的需要。

（三）分銷渠道的結構不夠合理

目前，商業銀行的分銷渠道得到較快的發展，許多銀行相繼開通了全國電子匯兌系統，代替了手工操作的傳統聯行結算方式，大大縮短了資金的在途時間。另外，自動櫃員機的建立、通存通兌、電話銀行及信用卡等的運用，為儲戶提供了方便，大大推進了金融產品的分銷。但是，目前各銀行分銷渠道還存在許多不合理現象，盲目競爭，盲目上網點，而對網點成本和佈局的合理性缺乏研究，這種數量型擴張的方式不利於銀行服務效率的提高。

（四）缺乏總體策劃與創意，具有一定的盲目性和隨機性

目前，各商業銀行在不同程度上利用廣告等行銷手段，並改進服務質量。各銀行的廣告投入明顯加大，而且從領導到員工都開始重視與現有或潛在客戶的良好關係，但這與作為行銷戰略核心並指導銀行市場行銷活動的銀行行銷理念還相距甚遠。

三、中國商業銀行行銷管理的發展趨勢

隨著國際化的深入發展，國內商業銀行的市場需求、競爭格局和技術手段也都發生了較大的變化。面對變化著的環境，國內商業銀行的行銷也將因時、因勢而變，具體而言，將出現以下五個方面的趨勢。

（一）清晰的市場定位將成為必然選擇

近年來，國內商業銀行在產品定位、品牌定位、企業定位等方面進行了初步探索，如中國工商銀行定位於「身邊的銀行」，招商銀行定位於「技術領先銀行」等。但大多數銀行的定位尚處於初始階段，比較模糊，缺少特色。差異化的清晰定位將是未來國內銀行搶占市場先機，獲得競爭優勢的必然選擇。

(二) 一對一行銷將成為行銷的主流模式

未來國內商業銀行的行銷將面臨三大挑戰：一是如何更加準確地評估客戶價值，區分出盈利性客戶，並進一步細分；二是如何進一步通過提供差異化、個性化、人性化的服務，維繫現有的盈利性客戶；三是如何進一步從滿足客戶需求，轉向培育客戶需求，挖掘更多的盈利性客戶。一對一行銷為國內商業銀行提供了上述問題的解決方案。一對一行銷強調以客戶佔有率而非市場佔有率為中心，注重通過雙向互動溝通和為客戶提供量身定做的產品，與客戶建立持久、長遠的「雙贏」關係。例如，國內商業銀行推出的個人理財業務，就體現了一對一行銷的思路與做法。預計在不遠的將來，一對一行銷的理論與實踐將推廣到商業銀行的所有業務，貫穿於各個流程。

(三) 品牌行銷將成為大勢所趨

行銷競爭中產品的價格彈性越來越小，而品牌能有效地增加產品的附加值，為企業帶來更高的市場份額和新的利潤來源，因此品牌行銷在國內商業銀行行銷中將佔據越來越重要的位置。

一方面，國內商業銀行已從國外銀行和國內其他行業的成功的品牌行銷實踐中，認識到品牌這一無形資產的價值空間，有的還初步嘗到甜頭。例如，中國銀行的「長城卡」，招商銀行的「一卡通」「一網通」，建設銀行的「樂得家」住房金融服務等，通過品牌推廣開展行銷，取得了較好的成效。另一方面，由於銀行機構越來越多、產品同質化越來越嚴重，商業銀行需要借助品牌來塑造個性、擴大知名度、增強識別性和消費者的認同性。

未來國內商業銀行品牌行銷的著力點在於：一是不遺餘力地塑造和提升各自的核心品牌；二是注重品牌發展的科學規劃；三是大力推進品牌家族化建設；四是重視以品牌為中心的整合行銷傳播運作；五是加強品牌忠誠管理實踐探索。

(四) 網路行銷將成為行銷競爭的焦點

在網路經濟發展的進程中，銀行被推到網路資源整合者的位置。國內銀行對這一角色的爭奪戰逐步拉開序幕，網路行銷將成為新的行銷競爭焦點。

網路經濟曾以出人意料的速度向前發展，但在 21 世紀初卻出人意料地陷入了低潮。網路經濟「退潮」的根本原因在於對信用、安全、資金、物流、信息等資源缺乏有機整合，網路經濟復甦的關鍵也在於對這些資源的有機整合。銀行業的行業特性，使其在信息、支付、信譽、安全、客戶等方面擁有他人無法取代的優勢，非常適合電子商務對安全高效的資金支付服務、強大有力的信譽支持、持久可靠的安全保障以及方便快捷的商情溝通的需求。因此，銀行業有必要也最有可能成為網路經濟中各種資源的整合者。

(五) 行銷管理走向科學化

科學的行銷管理是分析、計劃、實施、領導和控制的整合流程，需要有專業人才、組織體系和管理機制的保證。未來國內商業銀行行銷管理將向科學化邁進，具體體現在以下方面：

(1) 以市場為導向的行銷管理機制加快建立。在行銷體系內，將在完善行銷職能崗位和部門專業化設置與分工的同時，通過設置區域經理等方式加強行銷組織的縱向

溝通與聯繫，加大重點區域市場的開發和差別行銷力度，在行銷終端建立以客戶經理為主的專職行銷隊伍。在行銷體系外，全面強化非行銷部門對行銷的輔助和支持功能，從而提高行銷組織管理的內部效率，確立以行銷為導向的組織體系，使銀行保持敏銳的市場反應能力和強大的市場競爭能力。

（2）行銷管理信息系統建設全面推進。經過多年努力和大量的投入，國內商業銀行普遍建立了相對獨立的電腦網路系統，但尚未具備全面支持行銷管理的信息功能。未來各銀行將全力推進行銷管理的信息化，建立由行銷情報系統、行銷數據分析系統、行銷決策支持系統和行銷評價系統組成的完整的行銷管理信息系統。特別是通過建立客戶資料數據庫，強化對客戶資料的收集、分類和分析評價，使各類行銷活動定位清晰、目標明確、效果量化，全面提高行銷管理與決策的科學化和專業化水平。

（3）行銷隊伍建設不斷加強。近年來，國內商業銀行初步形成了各自的客戶經理隊伍，同時廣泛引進市場研發、行銷策劃、公共關係、廣告傳播等行銷專業人才，使原來單一的人才結構有了轉變。未來幾年，行銷隊伍的素質將成為決定各銀行行銷競爭勝負的關鍵，各銀行將在行銷隊伍建設上進一步加大力度，在繼續引進行銷專業人才、全面推行客戶經理制、品牌經理制的同時，行銷培訓將得到空前重視，培訓投入將大幅度增加，培訓的內容、手段、方式等都將發生巨大變革。

【本章小結】

（1）銀行行銷既是商業銀行的一種組織職能，又是商業銀行為了自身利益而創造、傳播、傳遞客戶價值，管理客戶關係的一系列過程。銀行行銷的目的就是通過滿足消費者的金融需求，為客戶創造、傳遞價值而獲取收益。

（2）銀行服務具有不可感知性、不可分割性、差異性、雙向信息交流等特徵。

（3）影響銀行行銷的環境因素可分為宏觀行銷環境和微觀行銷環境，宏觀環境包括政治法律環境、社會文化環境、經濟環境、人口環境、科學技術環境等；微觀環境是指銀行自身環境、客戶環境、競爭者環境、行銷仲介等。

（4）商業銀行目標市場策略分為三個步驟，即市場細分、目標市場選擇和定位。商業銀行行銷策略組合主要包括產品、價格、促銷和渠道策略。

（5）銀行客戶關係管理貫穿於行銷活動的全過程。其目的在於通過優化面對客戶的工作流程以降低獲取和保留客戶的成本，從而贏得更多的客戶。

（6）客戶經理制是銀行客戶關係管理的新型手段，通過對銀行業務流程的重組能更好地向客戶提供服務，從而實現商業銀行的經營目的。

（7）商業銀行形象識別系統（CIS）主要由理念識別（MI）、行為識別（BI）和視覺識別（VI）組成。CIS的合理應用可以提升商業銀行品牌形象，促進其實現社會與經濟雙重收益。

（8）經過幾十年的發展，中國的商業銀行行銷管理取得了長足的發展，但是也存在著很多問題。商業銀行必須把握住未來行銷管理的發展趨勢，因時、因勢而變，這

樣才能在激烈的競爭中持續發展。

思考練習題

1. 簡要介紹商業銀行行銷流程。
2. 銀行為什麼要進行市場細分？市場細分的基礎是什麼？
3. 銀行如何對現有產品組合進行分析？
4. 影響商業銀行產品定價策略的因素有哪些？
5. 試述銀行市場行銷觀念的基本內容，並結合社會經濟的發展變化特徵，說明市場行銷觀念的形成和發展。
6. 簡述商業銀行戰略的主要類型，並分析其適用條件。
7. 結合生命週期理論，試分析某一款商業銀行產品的生命歷程。

第 11 章　商業銀行經營風險管理

內容提要：風險管理與商業銀行的日常經營密切相關，風險管理水平是現代商業銀行核心競爭力的重要組成部分。本章在《巴塞爾新資本協議》關於商業銀行的全面風險管理框架下，從風險的識別、計量、監測與報告、控制四個方面，分別對商業銀行面臨的四大主要經營風險（信用風險、市場風險、操作風險和流動性風險）進行深入闡述。

1988 年，以《巴塞爾協議》的出抬為標志，管理先進的國際性商業銀行開始進入了以資本為核心的現代風險管理時代。2004 年 6 月和 9 月，《巴塞爾新資本協議》和 COSO《全面風險管理框架》先后出抬，為商業銀行識別自身面臨的各類金融風險，利用有效的風險管理技術和信息系統，建立並逐步完善全面的金融風險管理體系，最大限度地減少各類金融風險可能形成的損失提供了操作指南。金融危機後推出的《巴塞爾協議Ⅲ》進一步加強了對於系統性風險的管理，提高了對銀行資本充足率的要求。隨著中國金融業改革的逐步深化，商業銀行也越來越深刻地認識到：實行有效的風險管理在其穩健經營管理中具有重要意義；具備優於競爭對手的風險管理能力和水平，是一家商業銀行最重要的核心競爭力。

第 1 節　商業銀行風險與全面風險管理體系

一、商業銀行風險的定義與成因

（一）商業銀行風險的定義

「風險」是一個被普遍使用的詞彙，頻繁出現在經濟、政治、社會等領域。基於國內外金融理論界和實務工作者的普遍認識，風險的定義主要有以下三種：第一，風險是未來結果的不確定性（或稱變化）；第二，風險是損失的可能性；第三，風險是未來結果（如投資的實際收益率）對收益率期望值的偏離，即波動性。這幾種風險的定義各有特點，其中第二種定義屬於傳統意義上對風險的理解，也符合目前金融監管當局對商業銀行風險的監管模式和商業銀行對風險的管理邏輯，因此本章在討論「風險」這一概念時採用了第二種定義。

（二）商業銀行風險的成因

商業銀行風險狀況既受到其所處的宏觀經濟環境影響，也與其經營管理活動密切

相關，畢竟商業銀行是靠「經營」風險來獲取利潤的特殊企業。歸納起來，商業銀行風險的成因主要有以下幾方面：

1. 市場的變化莫測造成了商業銀行的經營風險

現代商業銀行的經營活動已經深入到了市場的所有領域，而在市場各參與主體的激烈競爭中，市場的變化難以預測。由於受到自身經營水平的限制以及市場變化的影響，參與市場活動的商業銀行很難保證其經營期望值和實際的情況完全吻合，因此必然會承擔一定的經營風險。

2. 高額剛性的負債經營模式造成了商業銀行的經營風險

商業銀行以貨幣和貨幣資金為經營對象，自有資本在其資產結構中僅占很小的比例，絕大多數資金是商業銀行對社會公眾、國家機關、企事業單位的負債。而負債具有到期還本付息的剛性約束，這種剛性約束對於富有彈性的銀行資產來說，可能會造成負債與資產在數量、期限和利率結構方面的矛盾，如果矛盾激化到一定程度，可能使社會公眾對商業銀行失去信心，形成擠兌風潮，導致經營風險。

3. 市場中的信息不對稱導致風險發生

由於商業銀行在貸款前後都無法完全瞭解客戶，客戶很容易產生機會主義行為，使商業銀行面臨著「逆向選擇」和「道德風險」，而這兩種行為都給處於信息劣勢的商業銀行帶來很大的經營風險。

二、商業銀行經營風險的分類

作為一類「經營」風險的特殊企業，為了有效地識別和管理風險，商業銀行有必要對其所面臨的風險進行明確的分類。結合商業銀行經營的主要特徵，按誘發風險的原因，巴塞爾委員會將商業銀行面臨的風險劃分為信用風險、市場風險、操作風險、流動性風險、國家風險、聲譽風險、法律風險以及戰略風險八大類。[①] 以下簡要介紹前四類風險：

(一) 信用風險

信用風險是指由於債務人或交易對手未能履行合同所規定的義務、信用質量發生變化而影響金融產品價值，給債權人或金融產品持有人造成經濟損失的風險。信用風險既存在於傳統的貸款、債券投資等表內業務中，也存在於信用擔保、貸款承諾等表外業務和金融衍生產品交易中。信用風險通常包括違約風險、結算風險。信用風險具有明顯的非系統性風險特徵，觀察數據較少且不易獲得。

(二) 市場風險

市場風險是指由於市場價格（包括金融資產價格和商品價格）的波動導致商業銀行表內、表外頭寸遭受損失的風險；市場風險可以分為利率風險、匯率風險、股票風險和商品風險四個大類。在利率市場化進程和匯率市場化改革不斷推進的背景下，利率風險和匯率風險是中國商業銀行將面臨的重要市場風險。

---

① 中國銀行業從業人員資格認證辦公室．銀行業從業人員資格認證考試輔導教材——風險管理 [M]．北京：中國金融出版社，2007.

（三）操作風險

操作風險是指由於人為錯誤、技術缺陷或不利的外部事件造成損失的風險。操作風險可以分為由人員、系統、流程和外部事件所引發的四類風險，並由此分為七種表現形式：内部詐欺，外部詐欺，聘用員工做法和工作場所安全性，客戶、產品及業務做法，實物資產損壞，業務中斷和系統失靈，交割及流程管理。

（四）流動性風險

流動性風險是指商業銀行無力為資產的增加或負債的減少提供融資而造成損失或破產的風險。因此，流動性風險包括資產流動性風險和負債流動性風險。當商業銀行流動性不足時，其無法以合理的成本迅速增加負債或變現資產來獲取足夠的資金，從而影響其盈利水平，極端情況下會導致商業銀行資不抵債而破產。

三、商業銀行全面風險管理流程

伴隨著風險管理技術的進步和金融監管的逐漸規範，商業銀行風險管理經過了資產風險管理階段、負債風險管理階段、資產負債風險管理階段、資本管理階段並最終進入全面風險管理階段。尤其是以《巴塞爾新資本協議》的推出為標志，現代商業銀行由以前單純的信貸風險管理模式轉向信用風險、市場風險、操作風險並舉，信貸資產與非信貸資產並舉，組織流程再造與技術手段創新並舉的全面風險管理模式。

商業銀行全面風險管理流程是指商業銀行董事會、高級管理層和商業銀行所有員工各自履行相應職責，有效控制涵蓋全行各個業務層次的全部風險，進而為本行各項經營目標的實現提供合理保證的流程。這一風險管理流程可以概括為風險識別、風險計量、風險監測和報告、風險控制四個主要步驟。其中，風險管理部門承擔了風險識別、風險計量、風險檢測的重要職責，而各級風險管理委員會承擔風險控制、管理決策的最終責任。

（一）風險識別

適時、準確地識別風險是風險管理的最基本要求。風險識別包括感知風險和分析風險兩個環節。感知風險是通過系統化的方法發現商業銀行所面臨的風險種類、性質；分析風險是深入理解各種風險內在的風險因素。由於業務日益多樣化以及各類風險的相關性日益複雜化，商業銀行識別風險的難度也在逐漸增大，而延誤或錯誤判斷風險，都將直接導致風險管理信息流動和決策的失效，甚至造成更為嚴重的風險損失。因此，識別風險必須採用科學的方法，避免簡單化與主觀臆斷。

製作風險清單是商業銀行識別風險的最基本、最常用的方法。此外，常用的風險識別方法還有專家調查列表法、資產財務狀況分析法、情景分析法、分解分析法、失誤樹分析方法。

（二）風險計量

風險計量是實現全面風險管理、有效實施資本監管和經濟資本配置的基礎，而風險模型是風險計量不可缺少的工具。計量信用風險的模型有 RiskMetrics、Creditmetrics、KMV 等，計量市場風險的模型有 VaR、CVaR 等，計量操作風險的模型有操作風險高級計量法等。《巴塞爾新資本協議》通過降低監管資本要求等手段，鼓勵商業銀行採用

各種高級的風險量化技術。但值得警惕的是，高級風險量化技術通常伴隨著計量方法的複雜化，進而可能形成新的風險——模型風險。因此，商業銀行應當根據不同的業務性質、規模和複雜程度，對不同類別的風險選擇適當的計量方法，基於合理的假設前提和參數，盡可能準確地計量面臨的所有風險。

（三）風險監測和報告

風險監測包含兩個層面的具體內容：一是監測各種可量化的關鍵風險指標以及不可量化的風險因素的發展趨勢，確保風險在進一步惡化之前將情況提交相關部門，以便其密切關注並採取適當的控制措施；二是報告商業銀行所有風險的定性、定量評估結果，並隨時關注所採取控制措施的實施效果。

風險報告是將風險信息傳遞到商業銀行內外部門和金融監管機構，幫助其瞭解商業銀行風險管理狀況的工具。國際先進銀行均已紛紛建立起了功能強大、動態或交互式的風險監測和報告系統，以提高商業銀行整體的風險監測效率和質量。

（四）風險控制

風險控制可以採取風險分散、風險對沖、風險轉移、風險規避和風險補償等措施，對經過識別和計量的風險，進行有效管理和控制。

（1）風險分散是指通過多樣化的投資來分散和降低非系統風險的方法。例如，通過多樣化的授信，商業銀行的信貸業務可以被視為是相互獨立的，因此大大降低商業銀行整體信貸資產面臨的風險。

（2）風險對沖是指通過投資或是購買與標的資產收益波動負相關的某種資產或衍生產品，來衝銷標的資產潛在損失的一種風險管理策略。風險對沖可以管理系統性風險和非系統性風險。

（3）風險轉移是指通過購買某種金融產品或採取其他合法的經濟措施將風險轉移給其他經濟主體的一種風險管理方法。風險轉移可分為保險轉移和非保險轉移。

（4）風險規避是指商業銀行退出某一業務或市場，以避免承擔該業務或市場具有的風險。在現代商業銀行風險管理實踐中，風險規避主要是通過經濟資本配置來實現的。對於不擅長因而不願承擔的風險，商業銀行可以設定非常有限的風險容忍度，對該類風險配置非常有限的經濟資本，迫使業務部門降低對該業務的風險暴露，甚至完全退出該業務領域。

（5）風險補償是指事先（損失發生以前）對所承擔的風險進行價格補償。對於那些無法通過風險分散、對沖或轉移進行管理，而且又無法規避、不得不承擔的風險，商業銀行可以採取在交易價格上附加風險溢價的方式，獲得承擔風險的價格補償。

第2節　商業銀行信用風險管理

就中國商業銀行的發展現狀而言，信用風險仍然是其面臨的最大的、最主要的風險種類，因此信用風險也就成了商業銀行風險管理最重要的內容。所謂信用風險管理，是指商業銀行在對面臨的信用風險進行識別、計量的基礎上，採取相應的措施控制風

險。在商業銀行信用風險管理的流程中，信用風險的識別和計量是基礎，信用風險的監測與報告是手段，信用風險的控制是目的。

一、信用風險的識別

信用風險識別是指商業銀行在信用風險發生之前，對業務經營中可能發生的信用風險種類、生成原因進行分析、判斷。信用風險的識別可以從客戶和業務兩個維度進行分析。從客戶類型角度入手，分別對單一法人客戶、集團法人客戶、個人客戶的信用風險進行分析；從業務類型角度入手，分別對單一貸款業務、貸款組合業務、非貸款業務的信用風險進行分析。本節從客戶類型角度分類介紹信用風險識別的基本步驟。

(一) 單一法人客戶

商業銀行在對單一法人客戶進行信用風險識別和分析的時候，首先必須要求客戶提交基本資料，以對客戶的基本情況和與商業銀行業務相關的信息進行全面的瞭解。其次，商業銀行應對客戶的經營成果、財務狀況以及現金流量情況進行分析。再次，對客戶的非財務因素進行分析，並與財務分析進行相互印證。非財務因素分析主要是對管理層風險、行業風險、生產與經營風險、宏觀經濟及自然環境等方面的分析和判斷。最后，商業銀行還應對客戶進行擔保分析，擔保方式主要有保證、抵押、質押、留置和定金。

(二) 集團法人客戶

商業銀行在對集團法人客戶進行信用風險識別和分析的時候，可以參考前述的單一法人客戶分析步驟，但集團法人客戶的狀況通常更為複雜。與單一法人客戶相比，集團法人客戶的信用風險具有以下明顯特徵：內部關聯交易頻繁；連環擔保十分普遍；財務真實性差；系統性風險較高。因此，商業銀行對集團客戶的信用風險進行識別時，要密切注意是否存在商業銀行對集團法人客戶多頭授信、過度授信、不適當分配授信額度的問題，是否存在集團法人客戶通過關聯交易、資產重組等手段在關聯方之間不按公允價格原則轉移資產或利潤等問題。

(三) 個人客戶

商業銀行在對個人客戶進行信用風險識別和分析的時候，要考慮到自然人業務資金規模小但業務複雜而且數量巨大的特點。商業銀行應重點關注個人客戶的資信情況（內外部徵信系統記錄和第一還款來源）、資產和負債情況（確認借款者平均月或年收入與穩定性、其他可變現資產情況、其他負債或擔保情況）、貸款用途、還款來源及擔保（是否以價值穩定、易變現的財產提供抵押，是否辦理財產保險或貸款信用保險）等信息。目前，大部分中資銀行要求客戶經理在完成以上調查後，隨即填寫「貸前調查報告」並將客戶資料一起呈送個人貸款審批部門；而國外先進銀行已經廣泛使用自動受理系統，只要把客戶相關信息輸入個人信用評分系統，系統即可輸出評分結果和是否貸款的決定。採用自動受理系統開展個人信貸業務，將有助於節約調查成本，提高辦理個人信貸業務的營運效率。隨著中國個人徵信系統的逐步完善和商業銀行經營管理的現代化，中國商業銀行也將會積極開發和使用自動受理系統開展個人信貸業務。

二、信用風險的計量

信用風險的計量方法先後經歷了從專家判斷法、信用評分模型到違約概率模型的發展歷程。自從巴塞爾委員會鼓勵有條件的商業銀行使用基於內部評級體系的方法來計量違約概率、違約損失，並據此計算信用風險對應的資本要求後，違約概率模型便成了現代商業銀行計量信用風險的主要工具，並隨之推動了商業銀行信用風險內部評級體系的發展。

《巴塞爾新資本協議》明確要求，有條件的商業銀行採用內部評級法計量信用風險時，應基於二維的內部評級體系：一維是客戶信用評級，另一維是債項評級。通過客戶評級、債項評級計量單一客戶或債項的違約概率和違約損失率之後，商業銀行還必須構建組合計量模型，用以計量組合內各資產的相關性和組合的預期損失。

（一）客戶信用評級

客戶信用評級是商業銀行對客戶償債能力和償債意願的計量和評價，反應客戶違約風險的大小。客戶評級的評價主體是商業銀行，評價目標是客戶違約風險，評價結果是信用等級和違約概率（PD）。符合《巴塞爾新資本協議》要求的客戶評級必須具有兩大功能：一是能夠有效區分違約客戶，一般來講，不同信用等級的客戶違約風險隨著信用等級的下降而呈加速上升的趨勢；二是能夠準確量化客戶違約風險，即能夠估計各信用等級的違約概率，並能控制估計誤差。

違約概率的估計包括兩個層面：一是單一借款人的違約概率；二是某一信用等級所有借款人的違約概率。常用的估計方法是歷史違約經驗、統計模型和外部評級映射三種方法。作為一種數量方法，違約概率模型對數據要求較高。

（二）債項評級

債項評級是對交易本身的特定風險因素進行計量和評價，反應客戶違約後的債項損失大小。特定風險因素包括抵押、優先性、產品類別、地區、行業等。與客戶評級注重交易主體的信用水平不同，債項評級是在假設交易主體已經違約的情況下，針對每筆債項本身的特點預測其可能的損失率。因此，一個債務人只有一個客戶評級，而同一個債務人的不同交易可能會有不同的債項評級。

對貸款的債項評級主要是通過計量借款人的違約損失率來實現。違約損失率是指給定借款人違約後貸款損失金額占違約風險暴露的比例。[①] 計量違約損失率的方法主要有市場價值法和回收現金法。但由於預測債務違約時的價值或現金流非常困難，加之金融機構在這方面累積的數據不夠充分，導致商業銀行在估計違約損失率時面臨極大的挑戰。

需要指出的是，債項評級和我們平時所說的信貸資產風險分類存在一定區別。信貸資產風險分類是在綜合考慮了客戶信用風險因素和債項交易損失因素后，根據預期

---

① 貸款損失金額包括兩個層面：一是經濟損失，考慮所有相關因素，包括折現率、貸款清收過程中較大的直接成本和間接成本；二是會計損失，只考慮商業銀行帳面損失，包括違約貸款未收回的貸款本金和利息兩個部分。違約風險暴露是指債務人違約時的預期表內表外項目暴露總和。

損失大小把信貸資產分為正常、關注、次級、可疑、損失五個類別,並將后三種統稱為不良貸款,主要用於貸後管理;而債項評級只考慮債項交易損失的特定風險因素,可同時用於貸前審批、貸後管理,體現的是對債項風險的預先判斷。

(三) 組合信用風險的計量

由於存在風險組合的分散化效應,投資組合的整體風險小於其所包含的單一資產風險的簡單加總。但由於信用風險的收益分佈難以計量,信用風險組合模型開發的進展緩慢。信用風險組合模型可以分為解析模型和仿真模型。目前使用得比較廣泛的模型包括 CreditMetrics 模型、Credit Portfolio View 模型、Credit Risk+模型。

三、信用風險的監測和報告

信用風險的監測是指信用風險管理者通過各種監控技術,動態捕捉信用風險指標的異常變動,判斷其是否已達到引起關注的水平或已經超過限值。監測的對象可分為客戶和貸款組合兩個層面。信用風險指標包括潛在指標和顯現指標兩類。按照中國銀監會對原國有商業銀行和股份制銀行進行信用風險評估的標準,信用風險指標包括了經營績效類指標、資產質量類指標和審慎經營類指標三類。經營績效指標包括總資產淨回收率、股本淨回收率、成本收入比;資產質量類指標是指不良貸款比例;審慎經營類指標包括資本充足率、大額風險集中度、不良貸款撥備覆蓋率。

按照巴塞爾委員會的商業銀行信息透明度要求,信用風險報告應覆蓋以下內容:經營戰略、風險管理程序以及針對產生信用風險活動進行的內部控制;目前貸款質量和其他重要交易方的風險暴露;貸款集中情況;貸款損失準備和這些準備在各期之間的變化情況;總體頭寸(貸款、投資、交易和表外風險暴露);衍生品合約的潛在信用風險暴露的信息;抵押和擔保的使用情況;信用評級和資產組合風險計量模型的使用情況;關於貸款限額和內部評級的使用。

四、信用風險的控制

(一) 限額管理

限額是指對某一客戶(單一法人或集團法人)所確定的、在一定時期內商業銀行能夠接受的最大信用風險暴露。其與金融產品和其他維度信用風險暴露的具體狀況、商業銀行的風險偏好、經濟資本配置等因素有關。限額管理對控制商業銀行各種業務的風險是很有必要的,其目的是確保所發生的損失總能被事先設定的風險資本覆蓋。當限額被超越時,商業銀行必須採取各種措施來降低風險,如降低風險暴露水平、使用衍生品、證券化等金融工具轉移風險。限額管理可以分為單一客戶限額管理、集團客戶限額管理、資產組合限額管理、國家與區域限額管理四類。

(二) 授信審批

授信審批是在信用分析的基礎上,由獲得信用授權的審批人在規定的限額內,結合交易對方或貸款申請人的風險評級,對其信用風險暴露進行詳細的評估之後作出信貸決策的過程。信用風險暴露是指由於交易對方不能履行合約或償還債務而可能出現損失的交易金額,在計算時不考慮抵押、其他信用升級或信用保護工具。在評估過程

中，既要考慮交易對方的信用等級，又要考慮具體債項的風險。信用評估過程不僅直接影響了信貸決策結果，而且考驗著決策層的信用管理水平。授信審批一般應遵循下列原則：第一，審貸分離原則，授信審批應當完全獨立於貸款的行銷和貸款的發放；第二，統一考慮原則，應對可能引發信用風險的借款人的所有風險暴露和債項做統一考慮和計量；第三，展期重審原則，原有貸款和其他信用風險暴露的任何展期都應作為一個新的信用決策，需要經過正常的審批程序。

（三）貸款定價[1]

貸款定價的出發點是風險管理中的補償原則。貸款定價的形成機制比較複雜，市場、銀行和監管機構三方面是形成均衡定價的主要力量。一般認為，貸款定價需要考慮資金成本、經營成本、風險成本、資本成本等方面的因素。因此，美國銀行家信託公司最先提出計算風險調整后資本收益率（RAROC）來為貸款定價，一般公式為：

RAROC=（某項貸款的一年收入−各項費用−預期損失）/經濟資本　　　　　　（11.1）

貸款定價不僅受單個借款者風險的影響，還應考慮商業銀行當前資產組合結構的影響。重點考慮一項貸款進入資產組合后將會改變組合的整體風險，這種風險的變化可通過計算邊際風險價值（CVaR）得到。

（四）經濟資本計量與配置

信用風險經濟資本是指商業銀行在一定置信水平下，為了應對未來一定期限內信用風險資產的非預期損失而應該持有的資本金，數值上等於信用風險資產可能帶來的非預期損失。在銀行業務實踐中，經濟資本的計量取決於以下幾個方面：一是置信水平，反應了經濟資本對損失的覆蓋程度，置信水平越高，經濟資本對損失的覆蓋程度越高，其數額也越大；二是銀行風險計量水平，體現為銀行是基於單筆資產還是整個組合計量非預期損失，計量時是否考慮資產組合間的相關性。在實現了對信用風險經濟資本進行計量的基礎上，商業銀行可根據各地區、各行業、各信貸產品非預期損失占比或邊際非預期損失占比情況，將銀行總體資本配置到各個維度。

（五）信用衍生產品

近年來，隨著金融創新，銀行在信用風險的管理中越來越多地使用信用衍生產品。信用衍生產品不僅允許商業銀行在無需出售或消除其資產負債表內貸款等信貸產品的前提下改變其信貸產品組合的風險收益，而且使得商業銀行得以規避不利的稅收支付時間安排。其實質是通過將信用風險從其他風險中剝離出來，以一定代價轉嫁給其他機構，最終達到降低自身對信用風險的暴露水平。

第3節　商業銀行市場風險管理

20世紀90年代以來，國際金融市場的劇烈波動導致了許多金融機構出現巨額的損失或倒閉。鑒於市場風險管理在商業銀行風險管理中的重要地位，2001年，巴塞爾委

---

[1] 詳細內容參見本書第4章商業銀行貸款業務。

員會將市場風險和信用風險、操作風險一起列為商業銀行三大風險。中國銀監會也發布了《商業銀行市場風險管理指引》和《商業銀行市場風險現場監管檢查手冊》，進一步推進了國內商業銀行市場風險管理水平。在商業銀行市場風險管理的流程中，市場風險的識別和計量是基礎，市場風險監測與報告是手段，市場風險控制是目的。

一、市場風險的識別

伴隨著中國利率市場化進程和匯率改革的逐步深入，中國商業銀行主要面臨的市場風險有利率風險和匯率風險。

（一）利率風險

利率是經濟運行中的重要變量，對商業銀行持有的各項資產負債都有著重要影響。導致利率波動的因素很多，如宏觀經濟環境和經濟週期、中央銀行的貨幣政策、市場價格水平、資本市場發展情況、國際經濟與金融環境等。利率風險是指由於利率意外的變動，商業銀行的實際盈利狀況和實際市場價值產生的與其預期值的偏離。按照風險來源的不同，商業銀行面臨的利率風險可以分為重新定價風險、收益率曲線風險、基準風險和期權性風險。

1. 重新定價風險

重新定價風險也稱為期限錯配風險，是最主要和最常見的利率風險形式，來源於商業銀行資產、負債和表外業務之間的到期期限（就固定利率而言）或重新定價期限（就浮動利率而言）所存在的差異。這種重新定價的不對稱性使商業銀行的收益或內在經濟價值會隨著利率的變動而變化。

2. 收益率曲線風險

收益率曲線風險是指收益率曲線的非平行移動對商業銀行不同期限的資產、負債的收益或內在經濟價值產生的不利影響。

3. 基準風險

基準風險是指在利息收入和利息支出所依據的基準利率變動不一致的情況下，即使考慮到資產、負債和表外業務的重新定價特徵相似，但因其現金流和收益的利差發生了變化，也會對商業銀行的收益或內在經濟價值產生不利影響。

4. 期權性風險

期權性風險也稱為選擇權風險，是指利率變化時，商業銀行客戶行使隱含在商業銀行資產、負債和表外業務中的期權（如債券或存款的提前兌付、貸款的提前償還等選擇條款）給商業銀行造成損失的可能性。

（二）匯率風險

匯率風險是指由於匯率的不利變動而導致銀行業務發生損失的風險。根據風險產生原因的不同，匯率風險大致可以分為以下兩類：

1. 外匯交易風險

外匯交易風險包括為客戶提供外匯交易服務時，未能立即進行對沖的外匯敞口頭寸和銀行對外幣走勢有某種預期而持有的外匯敞口頭寸。

2. 外匯結構性風險

外匯結構性風險，即因為銀行資產與負債之間幣種的不匹配而產生的價值波動。

二、市場風險的計量

市場風險的計量方法經歷了由簡單到複雜、由單一風險類別計量到組合風險計量的發展過程。早期的單一風險類別計量方法主要是敏感性分析方法，如利率缺口分析、利率的久期分析、外匯敞口分析；隨著商業銀行業務種類和風險技術的進步，使用風險價值（Value at Risk，VaR）方法衡量正常市場條件下銀行資產組合的預期損失，以及使用壓力測試估算極端條件下銀行的潛在損失也成了現代商業銀行市場風險管理的基本手段。

（一）利率缺口分析方法

利率缺口分析方法是衡量利率變動對銀行當期收益影響的一種方法。這裡的缺口是指利率敏感性資產與利率敏感性負債的差額。利率敏感性資產或負債是指在一定期間內展期或根據協議需要按市場利率定期重新定價的資產或負債，定價的基礎是可供選擇的貨幣市場基準利率。利率敏感性缺口公式為：

$$Gap = RSA - RSL \tag{11.2}$$

其中，Gap 表示缺口，RSA 表示敏感性資產，RSL 表示敏感性負債。

Gap 大於 0，被稱為正缺口；Gap 小於 0，被稱為負缺口；Gap 等於 0，被稱為零缺口。一般說來，如果 Gap 為正，利率上升時，商業銀行獲得的淨利息收入就會增加；反之，獲得淨利息收入就會減少。當 Gap 為負或為零時，可以展開類似的分析。

（二）利率久期分析

利率久期分析也稱為持續期分析或期限彈性分析，是衡量利率變動對銀行經濟價值影響的一種方法。久期是對金融資產的利率敏感程度或利率彈性的直接衡量，是金融資產價值對利率的一階導數，可以近似地寫成：

$$\Delta p = -p \times D \times \frac{\Delta y}{(1+y)} \tag{11.3}$$

其中，p 代表當前金融工具的價格，Δp 代表價格的微小變動幅度，y 代表收益率，Δy 代表收益率的變動幅度。

$$D = \frac{\sum_{t=1}^{T} t \times C_t / (1+y)^t}{\sum_{t=1}^{T} C_t / (1+y)^t} \tag{11.4}$$

其中，D 為久期，C_t 依次為各個現金流的值，t 依次為現金流的發生時間，T 為金融資產的合約到期時間，y 代表收益率。

通過計算每項資產、負債和表外頭寸的久期，可以計量市場利率變化所產生的影響。

（三）外匯敞口分析

外匯敞口分析是衡量匯率變動對銀行當期收益的影響。外匯敞口的來源是銀行表內外業務中的貨幣錯配。當銀行某一幣種的多頭頭寸與空頭頭寸不一致時，所產生的

差額就形成了外匯敞口。在存在外匯敞口的情況下，匯率的變動可能會給銀行的當期收益或經濟價值帶來損失，從而形成匯率風險。在進行敞口分析的時候，銀行應當分析單一幣種的外匯敞口以及各幣種敞口折成報告貨幣並加總扎差形成的外匯總敞口。

（四）風險價值

風險價值（Value at Risk, VaR）是指給定一定的持有期、置信水平、市場風險要素之間相關關係等前提下，利用假定的市場風險要素（利率、匯率等）概率分佈，估計市場風險要素變動對某項資金頭寸、資產組合或機構造成的最大可能損失。風險價值分為均值風險價值和零值風險價值。均值風險價值是以期末資產組合的預期價值為基準來測量風險，度量的是資產價值的相對損失，均值風險價值 $= E(W) - W^*$，$E(W)$ 是期末資產組合的期望價值，W^* 為資產組合在一定置信水平（c）下的最小價值；零值風險價值是以初始價值為基準測度風險，度量的是資產價值的絕對損失，零值風險價值 $= W_0 - W^*$，W_0 是期初資產組合的價值，W^* 為資產組合在一定置信水平（c）下的最小價值；在商業銀行風險管理中，均值風險價值的使用更為廣泛。在假設市場風險要素概率分佈為正態分佈情況下，均值風險價值 $= W_0 \times \alpha \times \sigma \times \sqrt{\Delta t}$，其中 W_0 是期初資產組合的價值，α 是置信水平下的臨界值，σ 是資產組合收益率的方差，Δt 為投資的持續時間。風險價值通常是由銀行的內部市場風險計量模型來估算。目前，常用的風險價值模型技術主要有三種：方差—協方差法、歷史模擬法和蒙特卡洛法。現在，風險價值已成為計量市場風險的主要指標，也是銀行採用內部模型計量風險資本要求的重要依據。

（五）壓力測試

壓力測試又稱為壓力試驗，是對極端市場條件下資產組合損失的評估。壓力測試包括情景分析和系統化壓力測試。情景分析旨在評估金融市場中的某些特殊情景或時間對資產組合價值變化的影響，評估了市場波動性變化和相關性影響，明確給出了某情景下資產組合的損失，雖然沒有像風險價值方法那樣指明損失發生的概率，卻可以和風險價值互為補充。系統化壓力測試是用不同市場風險要素、不同程度的大幅波動構造了一系列極端情景，並評估這些極端情景對資產組合的影響，從而產生一系列壓力測試結果。

三、市場風險的監測和報告

市場風險監測和報告應當包括如下內容：按業務、部門、地區和風險類別分別統計的市場風險頭寸；按業務、部門、地區和風險類別分別計量的市場風險水平；對市場風險頭寸和市場風險水平的結構分析；盈虧情況；市場風險識別、計量、監測和控制方法及程序的變更情況；市場風險管理政策和程序的遵守情況；市場風險限額的遵守情況，包括對超限額情況的處理；壓力測試的情況；市場風險經濟資本分配情況；對改進市場風險管理政策、程序以及市場風險應急方案的建議。

先進的風險管理信息系統是提高市場風險管理效率和質量的核心。商業銀行的風險管理信息系統應當有能力將完整的市場風險信息，按照交易人員、風險管理專業人員、高級管理層和董事會的要求，在最短的時間內自動生成以下報告：投資組合報告、

風險分解「熱點」報告、最佳投資組合複製報告、最佳風險規避策略報告等。

四、市場風險的控制

(一) 限額管理

常用的市場風險限額管理包括交易限額、風險限額和止損限額等。商業銀行在實施限額管理的過程中，還需要制定並實施合理的超限額監控和處理程序。

交易限額是指對總交易頭寸或淨交易頭寸設定的限額。總頭寸限額對特定交易工具的多頭頭寸或空頭頭寸分別加以限制；淨頭寸限額對多頭頭寸和空頭頭寸相抵後的淨額加以限制。

風險限額是指對採用一定的計量方法所獲得的市場風險規模設定限額。例如，對採用內部模型法計量得出的風險價值設定的風險價值限額。對期權性頭寸設定的期權性頭寸限額，期權性頭寸限額是指對期權價值的敏感性參數設定的限額。

止損限額是指所允許的最大損失額。通常，當某項頭寸的累計損失達到或者接近止損限額時，就必須對該頭寸進行對沖交易或立即變現。止損限額具有追溯力，即適用於一日、一週、一個月內或其他一段時間內的累計損失。

(二) 市場風險對沖

商業銀行可以使用金融衍生產品等工具，在一定程度上控制或對沖市場風險。利用衍生產品對沖市場風險具有明顯的優勢，如構造方式多種多樣、交易靈活便捷等，但通常只能消除部分市場風險，而且可能會產生由交易對手帶來的信用風險。特別需要高度重視的是，金融衍生產品自身就潛藏著巨大的市場風險，商業銀行必須正確認識和理解各種衍生產品的風險特徵、多種金融產品組合在一起後的複雜性以及利用其對沖市場風險所需具備的強大的知識和信息技術支持。

(三) 市場風險經濟資本配置

商業銀行還可以借助市場風險內部模型，通過配置一定數量的經濟資本，來抵禦市場風險可能造成的損失。巴塞爾委員會的《資本協議市場風險補充規定》對市場風險內部模型提出以下定量要求：置信水平採用99%的單尾置信區間；持有期為10個營業日；市場風險要素的歷史數據觀測期至少為1年；至少每3個月更新一次數據。在此基礎上，市場風險監管資本＝(附加因子＋最低乘數因子3)×風險價值，附加因子在0到1之間。但在銀行實施內部市場風險管理時，可以根據其風險偏好和風險管理策略選擇不同於監管部門要求的置信度和持有期來計算風險價值，經濟資本的計算也是如此；市場風險經濟資本＝乘數因子×風險價值。現在，越來越多的商業銀行開始進行市場風險經濟資本的內部配置。資本配置有自上而下法和自下而上法。在採用自上而下法時，商業銀行將經濟資本分解並配置到每個交易員、次級投資組合、各項交易或業務部門，分解方法一般是採用風險價值貢獻法（VaRC），從而使得投資組合整體的風險價值等於每個金融產品的風險價值貢獻之和。在採用自下而上法時，商業銀行根據各業務單位的實際風險狀況計算其所占用的經濟資本，考慮風險抵減效應後，累積加總所獲得的資產組合層面的經濟資本小於或等於各業務單位經濟資本的簡單加總，採用自下而上法得到的各業務單位所占用的經濟資本，通常被用於績效考核。

第 4 節　商業銀行操作風險管理

操作風險自商業銀行誕生起就伴隨在其左右，時時刻刻存在於商業銀行的經營過程中。值得注意的是，操作風險存在著與信用風險、市場風險本質的不同。承擔信用風險、市場風險可以給商業銀行帶來相應的收益，承擔操作風險卻不能；相反，操作風險的存在還為商業銀行帶來了可能出現意外損失的嚴重隱患。在商業銀行操作風險管理的流程中，操作風險的識別和計量是基礎，操作風險的監測與報告是手段，操作風險的控制是目的。

一、操作風險的識別

根據《巴塞爾新資本協議》和中國銀監會2007年發布的《商業銀行操作風險管理指引》的規定，操作風險的識別可以從以下四個角度進行：人員因素引起的操作風險、內部流程引起的操作風險、系統缺陷引起的操作風險和外部事件引起的操作風險。

人員因素引起的操作風險主要是指因商業銀行員工發生內部詐欺、失職違規等原因引起的風險。內部詐欺和失職違規屬於商業銀行多發性的操作風險。內部詐欺是指員工故意騙取、盜用財產或違反監管規章、法律或公司政策而造成的損失，中國商業銀行員工違法行為導致的操作風險主要集中於內部人作案和內外勾結作案兩種。失職違規是指內部員工因過失沒有按照勞動合同、內部員工守則、相關業務及管理規定操作或者辦理業務造成的風險，其中商業銀行員工越權行為常常是危害很大的一種操作風險。

內部流程引起的操作風險是指由於商業銀行業務流程缺失、設計不完善，或者沒有被嚴格執行而造成的損失，主要包括財務或會計錯誤、產品設計缺陷等方面。財務或會計錯誤是指商業銀行內部在財務管理和會計帳務處理方面存在流程錯誤。在中國，由於根據新的會計準則進行了財務制度的重新設計和相應管理流程的調整，這方面的操作風險應予以關注。產品設計缺陷是指銀行產品在業務管理框架、權利義務結構、風險管理要求等方面存在不完善。目前中資商業銀行競相模仿國外先進金融工具，在條件方面更加優惠、流程更加簡便，如果相應內部流程缺失、設計不合理或者執行不到位，就有可能產生這類操作風險。

系統缺陷引起的操作風險是指由於信息科技部門或服務供應商提供的計算機系統或設備發生故障或其他原因，商業銀行不能正常提供部分、全部服務或業務中斷而造成的損失。系統缺陷引起的操作風險主要包括數據或信息質量不符合要求、違反系統安全規定、系統設計或開發的戰略風險以及系統的穩定性、兼容性、適宜性缺失。

外部事件引起的操作風險是指由於外部突發事件或外部人員故意詐欺、騙取、盜用銀行資產等違法行為，對商業銀行的客戶、員工、財務資源或聲譽可能造成的負面影響。外部事件引起的操作風險主要包括自然災害、恐怖威脅、外部詐欺或盜竊、洗錢、政治風險、監管規定更改、業務外包服務中斷等方面。

二、操作風險的計量

巴塞爾委員會認為，操作風險是商業銀行面臨的一項重要風險，商業銀行應為抵禦操作風險造成的損失安排經濟資本。《巴塞爾新資本協議》中為商業銀行提供三種可供選擇的操作風險經濟資本計量方法，即基本指標法、標準法和高級計量法。三種計算方法在複雜性和風險敏感性上是逐步增強的，中國商業銀行目前多採用基本指標法和標準法計量操作風險。

基本指標法是以單一的指標作為衡量商業銀行整體操作風險的尺度，並以此作為基礎配置操作風險資本的方法。資本計算公式如下：

$$K_{BIA} = \left[\sum_{i=1}^{n} (GI_i \times \alpha) \right] / n \qquad (11.5)$$

其中，K_{BIA} 表示基本指標法需要的資本，GI 表示前三年中各年為正的總收入[①]，n 表示前三年中總收入為正數的年數，$\alpha = 15\%$（由巴塞爾委員會統一設定）。

標準法的原理是將商業銀行的所有業務劃為 8 類產品線[②]，對每一類產品線規定不同的操作風險資本要求係數，並分別求出對應的資本，然後加總 8 類產品線的資本，得到商業銀行總體操作風險資本（K_{TSA}）要求。總收入在這裡是個廣義的指標，代表業務規模。其公式如下：

$$K_{TSA} = \left\{ \sum_{1}^{3} max \left[\sum (GI_{1\sim 8} \times \beta_{1\sim 8}), 0 \right] \right\} / 3 \qquad (11.6)$$

$GI_{1\sim 8}$ 表示 8 類產品線過去 3 年的年均總收入；$\beta_{1\sim 8}$ 表示由巴塞爾委員會設定的一系列固定百分數。

高級計量法是指商業銀行在滿足巴塞爾委員會提出的資格要求以及定性和定量標準的前提下，通過內部操作風險計量系統計算監管資本的要求。商業銀行一旦採用高級計量法，未經監管當局批准，不可退回使用相對簡單的方法。目前，業界比較流行的高級計量法主要有內部衡量法、損失分佈法以及記分卡等。巴塞爾委員會對實施高級計量法提出了具體標準，包括資格要求、定性標準、定量標準、內部數據和外部數據要求等。

三、操作風險的監測和報告

商業銀行應該制定一套程序來定期監測、報告操作風險狀況和重大風險事件。

（一）風險監測

風險檢測可以從風險誘因、關鍵風險指標、因果分析模型三個角度對商業銀行面臨的操作風險進行分析。

操作風險涉及的領域廣泛，形成原因複雜，其風險誘因主要可以從內部因素和外部因素兩個方面來識別。從內部因素來看，包括人員、流程、系統及組織結構引起的

[①] 總收入定義為：淨利息收入+非利息收入，不包括銀行帳戶中出售證券實現的盈利，也不包括保險收入。

[②] 根據巴塞爾委員會的要求，在標準法中，八類銀行產品線分別為公司金融、交易和銷售、零售銀行業務、商業銀行業務、支付和結算、代理服務、資產管理和零售經紀。

操作風險；從外部因素來看，包括外部經營環境變化、外部詐欺、外部突發事件和經營場所安全性所引起的操作風險。從實際上看，操作風險的形成，特別是較嚴重的操作風險，往往是上述因素同時作用的結果。因此，對這些因素進行嚴密監測，有助於商業銀行及時發現風險。

關鍵風險指標（KBI）是指用來考察商業銀行風險狀況的統計數據或指標，它可以為操作風險提供早期預警。操作風險關鍵指標包括人員風險指標（如從業年限、人均培訓費用、客戶投訴占比等）、流程風險指標（交易結果與核算結果差異、前後臺交易中斷次數占比等）、系統風險指標（如系統故障時間、系統數量等）和外部風險指標（如反洗錢警報數占比等）。為了便於決策，商業銀行應該為所選定的風險指標設定限額（如上下不超過3%、不超過人民幣1,000萬元等），並確定相應的監測頻率，便於風險管理部門及時向高級管理層發出預警。

因果分析模型就是對風險誘因、風險指標和損失事件進行歷史統計，並形成相互關聯的多元分佈。該模型可以確定哪一種或哪些因素與風險具有最高的關聯度，從而為操作風險管理指明方向。為了量化操作風險，因果關係模型運用VaR技術對操作風險進行計量，包括以下5個步驟：定義操作風險和對操作風險進行分類、文件證明和收集數據、建立模型、重新進行數據收集、最終確定模型並實施。現在越來越多的金融機構採取實證分析法來尋找風險誘因，並分析檢驗損失事件與風險誘因間的因果關係。

（二）風險報告

風險報告內容大致包括風險狀況、損失事件、誘因及對策、關鍵風險指標四個部分。提交給高級管理層的風險報告中首先要列明經評估后商業銀行的風險狀況，風險狀況結果通常以風險圖、風險表等形式來展示。風險報告要對當期發生的損失事件進行分析，至少包括事件的起因、事件的發生經過、是否還存在類似的事件、是否已經採取或準備採取防範措施。對於各種風險狀況，報告應給出不同類型風險的風險誘因，即什麼因素造成了風險的存在。針對風險誘因，報告需提出相關的應對建議。報告還應對風險指標的變化情況、與限額的距離等作出分析和解釋，以幫助商業銀行準確預測風險的變化趨勢。

四、操作風險的控制

根據商業銀行管理和控制操作風險的能力，可以將操作風險劃分為四大類：可規避的操作風險、可降低的操作風險、可緩釋的操作風險和應承擔的操作風險。對於可規避的操作風險，商業銀行可以通過調整業務規模、改變市場定位、放棄某些產品等措施讓其不再出現；對於可降低的操作風險（如交易差錯、記帳差錯等），商業銀行可以通過採取更為有力的內部控制措施（如輪崗、強制休假、差錯率考核等）來降低風險發生頻率；對於可緩釋的操作風險（如火災、搶劫、高管詐欺等），商業銀行往往很難規避和降低，甚至有些無能為力，但可以通過制定應急和連續營業方案、購買保險、業務外包等方式將其轉移或緩釋。而對於應承擔的風險，商業銀行需要為其計提損失準備或分配資本金。

健全的內部控制體系是商業銀行有效識別和防範操作風險的重要手段。加強內部控制建設是商業銀行管理操作風險的基礎。巴塞爾委員會認為，資本約束並不是控制操作風險的最好方法，對付操作風險的第一道防線是嚴格的內部控制。健全有效的內部控制應該是不同要素、不同環節組成的有機體。從要素方面看，內部控制必須包括內部控制環境、風險識別與評估、內部控制措施、信息交流與反饋、監督評價與糾正五個要素。從運行方面看，內部控制是一個由決策、建設與管理、執行與操作、監督與評價、改進五個環節組成的有機系統。長期以來，商業銀行內部控制問題一直困擾著中國銀行業。內控失靈是造成商業銀行案件頻發的直接原因，而隱藏在內部控制失靈現象背後的則是內部控制要素的缺失和內部控制運行體系的紊亂。加強和完善商業銀行的內部控制體系建設已經成為中國商業銀行防範操作風險的迫切需要。

第 5 節　商業銀行流動性風險管理

雖然流動性風險通常被認為是導致商業銀行破產的直接原因，但實質上，流動性風險是信用、市場、操作等風險長期累積、惡化導致的結果。流動性風險管理是商業銀行資產負債管理的重要組成部分，需要通過對流動性進行定量和定性分析，從資產、負債和表外業務等方面對流動性進行綜合管理。根據銀行業長期實踐，良好的流動性風險管理將對商業銀行經營起到以下積極作用：增進市場信心，向市場表明商業銀行是安全的並有能力償還借款；確保銀行有能力實現貸款承諾，穩固客戶關係；避免商業銀行的資產廉價出售；降低商業銀行借入資金所需要支付的風險溢價。在商業銀行流動性風險管理的流程中，流動性風險的識別和計量是基礎，流動性風險監測與報告是手段，流動性風險控制是目的。

一、流動性風險的識別

對流動性風險的識別和分析，必須兼顧商業銀行的資產和負債兩方面，即流動性集中反應了商業銀行資產負債狀況及其變動對均衡要求的滿足程度。影響資產負債流動性的因素包括資產負債期限結構、幣種結構和分佈結構。

資產負債結構是指在未來特定時段內，到期資產數量與到期負債數量的構成狀況。理想情況下，到期資產與到期負債在數量上應該正好匹配；如果未能匹配，則形成了資產負債的期限錯配，並可能因此產生流動性風險。最常見的資產負債期限錯配情況是商業銀行將大量短期借款用於長期貸款，即「借短貸長」。但通常認為商業銀行正常範圍內的、「借短貸長」資產負債結構特點引致的持有期缺口，是一種正常的、可控性較強的流動性風險。

幣種結構是指從事國際業務的商業銀行具有的多幣種的資產與負債結構。根據巴塞爾委員會的規定，商業銀行應對其經常使用的主要幣種的流動性狀況進行計量、監測和控制，並定期檢查現金流不匹配的情況。

分佈結構是指商業銀行資金來源和使用的分佈結構。商業銀行應重點關注其資金

來源（如存款）和使用（如貸款）的同質性，以形成合理的來源和使用分佈結構，爭取獲得穩定的、多樣化的現金流量，降低流動性風險。通常，以零售資金來源為主的商業銀行，其流動性風險相對較低。

二、流動性風險的計量

選擇恰當的流動性風險評估方法，有助於把握和控制商業銀行的流動性風險。流動性風險評估方法包括：流動性比率/指標法、現金流分析法、缺口分析法、久期分析法。

（一）流動性比率/指標法

流動性比率/指標法是各國監管當局和商業銀行廣泛使用的方法之一，其做法是首先確定流動性資產的種類並進行估值，然后確定合理的比率/指標並用於評估和監控。常用的比率/指標包括：

（1）現金頭寸指標＝（現金頭寸＋應收帳款）/總資產。該指標越高意味著商業銀行滿足即時現金需要的能力越強。

（2）核心存款比例＝核心存款/總資產。核心存款是指那些相對來說對利率變化不敏感、穩定性高的存款，對於同類商業銀行而言，該比率高的商業銀行流動性也相對較好。

（3）貸款總額與核心存款的比率是一種傳統的衡量商業銀行流動性的指標，比率越小則表明商業銀行存儲的流動性越高，流動性風險越小。

（4）流動資產與總資產的比率。該比率越高則表明商業銀行存儲的流動性越高，應付流動性需求的能力也就越強，但值得注意的是，商業銀行的規模越大則該比率越小，因為大銀行不需要存儲太多的流動性。

（5）大額負債依賴度＝（大額負債－短期投資）/（盈利資產－短期投資）。從事積極負債管理的商業銀行一般被認為對大額負債有較高的依賴度，而對主動負債比例較低的中小銀行來說，大額負債依賴度通常為負值。因此，該指標僅適合用來衡量大型特別是跨國商業銀行的流動性風險。

（6）流動性覆蓋率（LCR）＝優質流動性資產/未來 30 日內資金淨流出量≥100%。流動性覆蓋率是短期流動指標，是指在未來 30 日內資金流出量的覆蓋比率要大於等於 100%。

（7）淨穩定融資比例（NSFR）＝可得到的穩定融資資金/所需的穩定融資資金≥100%。淨穩定融資比例是長期流動指標，是指銀行有穩定的資金來源來保證銀行在 1 年及以上的經營。

（二）現金流分析法

通過對商業銀行短期內的現金流入和現金流出的預測和分析，可以評估商業銀行短期內的流動性狀況，現金流入和現金流出的差異可以用「剩餘」或「赤字」來表示。歷史數據研究表明，當「剩餘」額與總資產之比小於 3%～5%時，商業銀行便需要對可能出現的流動性風險提高警惕。實踐證明，為了合理預計商業銀行的流動性需求，應當將商業銀行的流動性「剩餘」或「赤字」與融資需求在不同的時間段內進行

比較（如未來 90 天），其目的是預測出新貸款淨增值（新貸款額-到期貸款-貸款出售）、存款淨流出量（流入量-流出量）以及其他資產和負債的淨流量，然後將上述流量預測值加總，再與期初的「剩餘」或「赤字」相加，獲得未來時段內的流動性頭寸。如果商業銀行規模很大而且業務非常複雜，則分析人員所能獲得完整現金流量的可能性和準確性隨之降低。因此，在實踐操作中，現金流分析法和缺口分析法通常一起使用，互為補充。

（三）缺口分析法

缺口分析法是巴塞爾委員會認為評估商業銀行流動性的較好方法，在各國商業銀行得到廣泛應用。為了計算商業銀行的流動性缺口，需要對資產、負債和表外項目的未來現金流進行分析，計算到期資產（現金流入）和到期負債（現金流出）之間的差額。需要注意的是，在特定時間段內雖沒有到期，但可以不受損失或承受較少損失就能出售的資產應當被計入到期資產。商業銀行必須確保缺口得到有效控制，必要的時候，能夠有足夠的能力迅速補充資金。

在實踐中，商業銀行還可以計算由貸款平均額和核心存款平均額之間的差額構成的所謂融資缺口。如果缺口為正，商業銀行必須動用現金和流動性資產，或者進入貨幣市場融資。以公式表示為：融資缺口＝－流動性資產＋借入資金，或者表示為：借入資金＝融資缺口＋流動性資產。換句話說，商業銀行的融資缺口和流動性資產的持有量越大，商業銀行從貨幣市場上需要借入的資金也越多，從而流動性風險也越大。如果缺口為零或為負，則說明商業銀行短期內流動性風險水平較低。

（四）久期分析法

由於利率變化直接影響商業銀行的資產和負債價值，造成流動性狀況發生變化，因此久期分析法經常被用來評估利率變化對商業銀行流動性狀況的影響。其公式為：

久期缺口＝資產加權平均久期－(總負債/總資產)×負債加權平均久期

當久期缺口為正值的時候，如果市場利率下降，則資產價值增加的幅度比負債價值增加的幅度大，流動性也隨之加強；反之，則流動性也隨之減弱。當久期缺口為負或是為零的時候，同理分析。

三、流動性風險的監測

近年來，由於商業銀行業務發展，商業銀行對監測流動性風險的要求越來越高，監測的複雜程度和重要性也日益突出。流動性風險的監測主要包括流動性風險預警、流動性壓力測試和流動性情景分析。

（一）流動性風險預警

流動性風險預警是指在流動性風險發生之前，各種內、外部指標或信號通常會表現出明顯變化。內部指標或信號主要包括商業銀行內部有關風險水平、盈利能力、資產質量以及其他可能對流動性產生中長期影響的指標變化。外部指標或信號主要包括第三方評級、所發行的有價證券的市場表現等指標出現不利變化。融資指標或信號主要包括商業銀行的負債穩定性和融資能力的變化。及時、有效地監測上述預警指標或信號，有助於商業銀行及時糾正錯誤，並適時採取正確的風險控制方法。

（二）流動性壓力測試

流動性壓力測試是指商業銀行根據不同的假設情況（在可量化的極端範圍內），定期對因資產、負債及表外項目變化所產生的現金流量及期限變化進行流動性測算，以正確預測未來特定時段的資金淨需求，確保商業銀行儲備足夠的流動性來應付各種極端狀況。

（三）流動性情景分析

流動性情景分析是指商業銀行的流動性需求分析可分為正常狀況、自身流動性危機、整體市場危機三種情景下，盡可能考慮到任何可能出現的有利或不利的重大流動性變化。將特定時段內的預期現金流入和現金流出之間的余額相加，可以把握商業銀行在上述情景下的流動性演變和資金淨余缺情況，從而準確把握商業銀行的流動性狀況。

四、流動性風險的控制

目前，中國商業銀行多通過成立計劃資金部門負責日常流動性管理，該部門負責制定本外幣資金管理辦法，對日常頭寸的監控、調撥、清算等進行管理，並通過對貸存比、流動性比率、中長期貸款比例等指標的考核，加強對全行流動性的管理。具體來說，其包括以下幾個方面：

（一）對本幣的流動性風險管理

在具體操作層面，對本幣的流動性風險管理可以簡單分為三個步驟：設立相應的比率/指標，判斷流動性變化趨勢；計算特定時段內商業銀行總的流動性需求；根據現金流量計算特定時段內商業銀行的流動性缺口。

（二）對外幣的流動性風險管理

在中國外幣流動性管理的實踐中，通常包括以下兩種方式：一是使用本幣資源並通過外匯市場將其轉為外幣，或使用該外匯的備用資源。例如，根據商業銀行在流動性出現波動時利用外匯市場和衍生產品市場的能力，可以由總行以本幣為所有外幣提供流動性。二是管理者可以根據某些外幣在流動性需求中占較高比例的情況，為其建立單獨的備用流動性安排。

（三）制訂流動性應急計劃

中國金融市場不夠成熟，貨幣市場和債券市場吸納流動性風險的能力有待提高，商業銀行流動性管理過程中可能遇到的突發事件和不可預測情況將時有發生。因此，中國商業銀行應制訂本外幣流動性管理應急計劃，包括危機處理方案和彌補現金流量不足的工作程序等。

【本章小結】

（1）巴塞爾委員會將商業銀行面臨的風險劃分為信用風險、市場風險、操作風險、流動性風險、國家風險、聲譽風險、法律風險以及戰略風險八大類。其中，前四類風

險是商業銀行面臨的最主要的風險。商業銀行全面風險管理可以概括為風險識別、風險計量、風險監測和風險控制四個主要步驟。

（2）信用風險是指由於債務人或交易對手未能履行合同所規定的義務、信用質量發生變化而影響金融產品價值，給債權人或金融產品持有人造成經濟損失的風險。信用風險計量先後經歷了從專家判斷法、信用評分模型到違約概率模型的發展歷程。信用風險的控制方法有限額管理、授信審批、貸款定價和經濟資本計量與配置等。

（3）市場風險是指由於市場價格（包括金融資產價格和商品價格）的波動導致商業銀行表內、表外頭寸遭受損失的風險。市場風險可以分為利率風險、匯率風險、股票風險和商品風險四個大類。風險計量方法包括利率缺口分析、利率的久期分析、外匯敞口分析、風險價值（Value at Risk，VaR）、壓力測試等。市場風險的控制方法有限額管理、市場風險對沖、市場風險經濟資本配置等。

（4）操作風險是指由於人為錯誤、技術缺陷或不利的外部事件所造成損失的風險。操作風險可以分為由人員、系統、流程和外部事件所引發的四類風險。《巴塞爾新資本協議》中為商業銀行提供三種可供選擇的操作風險經濟資本計量方法，即基本指標法、標準法和高級計量法。健全的內部控制體系是商業銀行有效識別和防範操作風險的重要手段。加強內部控制建設是商業銀行管理操作風險的基礎。

（5）流動性風險是指商業銀行無力為負債的減少或資產的增加提供融資而造成損失或破產的風險。因此，流動性風險包括資產流動性風險和負債流動性。流動性風險評估方法包括：流動性比率/指標法、現金流分析法、缺口分析法、久期分析法。流動性風險的控制方法包括：對本幣的流動性風險管理、對外幣的流動性風險管理、制訂流動性應急計劃。

思考練習題

1. 中國商業銀行經營管理中可能面臨哪些風險？對這些風險進行控制的手段有哪些？
2. 簡要敘述採用二維的內部評級體系計量信用風險應該注意哪些問題。
3. 市場風險正日益成為商業銀行經營風險的重要來源，對其進行控制可以從哪些方面入手呢？
4. 操作風險伴隨著商業銀行經營管理的全過程，對其監測可以從哪些方面入手呢？
5. 流動性風險往往是導致商業銀行破產倒閉的直接原因，請簡要敘述流動性風險的評估方法有哪些。
6. 簡述商業銀行全面風險管理的流程。
7. 商業銀行進行風險控制的方法有哪些？

第 12 章 商業銀行績效管理

　　內容提要：要學會對商業銀行的業績和績效進行評價，應該從學習和熟悉商業銀行的主要財務報表開始。本章首先介紹了這些報表，包括資產負債表、損益表和現金流量表，它們是反應商業銀行一定經營期間的財務狀況和經營成果的主要財務工具。在此基礎上，本章介紹了商業銀行績效評價的指標體系以及運用一定方法對這些指標進行綜合分析、分解和比較，最終得出比較客觀的評判。最後，本章對商業銀行的成本和利潤管理進行了介紹和分析。

　　對於任何一家現代企業的經營者和擁有者來說，對企業經營績效作出正確的評價和管理是一項需要引起高度重視的工作，也是保持企業經營長盛不衰的核心競爭力。考慮到現代商業銀行經營業務獨特性和對現代社會經濟的深遠影響，如何建立正確的商業銀行績效管理體系向來是銀行經營者、監管機構關注的焦點，也是本章準備討論的問題。

第1節　商業銀行財務報表

　　商業銀行的財務報表是根據企業會計準則編製的、反應銀行某一特定日期的財務狀況或者某一時期的經營成果、現金流量等會計信息的表格式文件。商業銀行的財務報表是傳遞財務信息的基本途徑，是瞭解商業銀行經營管理情況的基本依據，為銀行績效的評價提供了必要信息。銀行財務報表包括資產負債表、損益表、現金流量表、財務報表附註等。由於篇幅的限制，我們這裡主要對最重要的資產負債表、損益表、現金流量表進行重點介紹。

一、資產負債表

　　銀行的資產負債表旨在反應銀行在某一時點上（通常為年末、半年末、季度末、月末）全部的資產、負債和所有者權益狀況。資產負債表是對銀行特定時點上的財務狀況的總結，反應銀行各種會計要素的存量，因此是一張靜態報表。資產負債表可以總結銀行在某一時點實際擁有的資產總量及構成情況、資金來源的渠道及具體結構，從而從總體上判斷銀行的資金實力與清償能力等。

　　銀行的資產負債表由資產、負債和所有者權益三大部分組成。在編製原理上，與普通企業一樣採用復試記帳的方法，遵從「資產＝負債＋所有者權益」這一會計恒等

式。實際上，銀行的負債和所有者權益代表了銀行資金的來源，資產則代表了資金的運用，上述會計恒等式實際上也表明了資金運用等於資金來源的道理。在具體的各個項目排列上，該報表會按照資產和負債的流動性程度從高到低排列，即流動性強的排在前，流動性較差的排在后面。例如，流動資產在前，固定資產在后，流動負債在前，長期負債在后。商業銀行資產負債表的基本構成如表 12.1 所示。

表 12.1　　　　　　　　　　20××年度某銀行資產負債表　　　　　　　單位：百萬元

資產	金額	負債及所有者權益	金額
流動資產：		流動負債：	
庫存現金	780	短期負債	97,000
存放中央銀行款項	2,100	短期儲蓄存款	26,200
存放同業款項	6,800	財政性存款	4,710
拆放同業及其他金融機構	3,450	同業存放款項	10,400
短期貸款	68,000	同業及其他金融機構拆入	1,260
應收進口押匯	1,886	賣出回購款項	1,170
應收利息	810	匯出匯款	1,080
其他應收款	790	應解匯款	621
貼現	39,000	存入短期保證金	1,600
買入返售款項	8,000	應付利息	10,200
短期投資	7,200	應付職工薪酬	290
一年內到期的長期投資	3,270	應交稅費	527
流動資產合計	142,086	其他應付款	1,000
長期資產：		流動負債合計	156,058
中長期貸款	33,000	長期負債：	
非應計貸款	16,000	長期存款	13,000
減：貸款損失準備	1,320	長期儲蓄存款	2,900
長期債券投資	20,000	存入長期保證金	180
長期股權投資	160	長期應付款	1
減：長期投資減值準備	50	長期借款	12,000
固定資產原價	4,000	應付債券	800
減：累計折舊	1,600	其他長期負債	620
固定資產淨值	2,400	長期負債合計	29,501
減：固定資產減值準備	400	負債合計	185,559
固定資產淨額	2,000		
在建工程	6	所有者權益：	

表12.1(續)

資產	金額	負債及所有者權益	金額
長期資產合計	72,436	實收資本/股本	1,900
其他資產：		資本公積	1,500
無形資產	40	盈余公積	300
長期待攤費用	126	一般風險準備	1,560
抵債資產	1,000	未分派利潤（累計虧損）	700
其他長期資產	210	外幣報表折算差額	24,379
其他資產合計	1,376	所有者權益合計	30,339
資產總計	215,898	負債與所有者權益合計	215,898

(一) 資產項目

資產是由銀行過去的交易或者事項形成的、由銀行擁有或者控制的、預期會給銀行帶來經濟利益的資源。銀行資產可以分為流動資產、長期資產、固定資產、無形資產和其他資產。

1. 現金資產

現金資產是流動性最強的資產種類，可以隨時滿足客戶的提存要求和貸款申請，因此被稱為一級準備。現金資產由以下四個部分組成：

（1）庫存現金，即銀行金庫中的紙幣、鑄幣以及同中央銀行發生往來但尚未在運送中的現金；

（2）托收中存款項，即已簽發支票送交儲備銀行但相關科目尚未貸記的部分；

（3）存放同業的活期存款；

（4）在中央銀行準備金帳戶上的存款。

由於現金資產幾乎是無收益的，對其保管運送還要發生一定的成本，因此各商業銀行都力圖在繳足準備金、確保銀行流動性的前提下盡量減少現金資產。

2. 二級準備

二級準備並不是一個獨立科目，它包括了若干具有較強流動性的資產項目，如交易帳戶證券、拆放同業及其他金融機構、短期投資中的證券投資。在表12.1中，二級準備主要指拆放同業及其他金融機構和短期投資中的證券投資。

3. 買入返售款項

買入返售款項是指購買時按照協議約定於未來某確定日起返售的資產將不在資產負債表予以確認。買入該類資產的成本包括利息，在資產負債表中列示為「買入返售款項」。

4. 貸款

貸款是銀行資產中比重最大的一項，也是傳統上銀行收入的主要來源。貸款可以根據不同的標準劃分為不同的種類，如按照貸款的用途可以分為消費貸款、不動產貸款、工商業貸款、農業貸款等，按照貸款的期限可以分為短期貸款、中期貸款和長期

貸款。表 12.1 中的「貸款損失準備」項目是中長期貸款的遞減科目，反應了銀行對未來可能發生的貸款損失的預計值。

5. 證券投資

證券投資是銀行重要的盈利資產。它可以劃分為短期投資和長期投資兩部分。短期投資以保有流動性為目的，也包括二級準備在內；長期投資則以盈利為目的。商業銀行持有的債券可以分為三類：國庫券及政府機構債券、市政債券和企業債券、票據。出於安全性的考慮，商業銀行一般不允許持有股票和投機級的企業債券，因此視為無信用風險的政府債券在商業銀行的證券投資中比重較高。

6. 固定資產

固定資產主要指銀行房產、設備的淨值。其所占比重一般較低，屬於非盈利性資產。

7. 其他資產

其他資產包括無形資產、長期待攤費用、抵債資產和其他長期資產。

(二) 負債項目

負債是由過去交易或事項形成的現時義務，履行該義務預期會導致經濟利益流出企業。負債按照期限的長短分為流動負債和長期負債。

1. 流動負債

流動負債由短期存款、短期儲蓄存款、同業拆入、向中央銀行借款、短期借款、發行短期債券、其他流動負債等項目組成。流動負債的共同特點是期限短、金額波動大、難以穩定運用。

2. 長期負債

長期負債主要是指期限在 1 年以上的負債。長期負債一度是商業銀行資金的最主要、最穩定的來源。但自負債管理理論流行以來，一些大的商業銀行日益重視利用借入資金來支持資產業務的擴展，使得長期負債的地位有所動搖。長期負債主要包括長期存款、長期儲蓄存款、長期借款、發行長期債券、其他長期負債等項目。長期負債的特點是期限較長、金額穩定、可供銀行長期使用。

(三) 所有者權益

所有者權益是所有者在企業資產中享有的經濟利益，其金額為資產減去負債後的餘額，也稱為淨值項目。根據《金融企業會計制度》的規定，商業銀行的所有者權益項目除包括實收資本/股本、資本公積、盈餘公積和未分配利潤外，對於存貸業務中提取的一般準備、從事保險業務提取的總準備金、從事證券投資業務提取的一般風險準備、從事信託業務提取的信託賠償準備也是所有者權益的組成部分。

二、損益表

商業銀行的損益表又稱為利潤表，是反應一定時期內銀行收入、支出和利潤狀況等經營成果的財務報表。與資產負債表不同，損益表是一種流量報表，是銀行在報表期間內資金流動的動態體現。通過對損益表的分析，可以瞭解銀行的盈虧狀況，分析盈虧增減變化的原因，考核盈虧計劃的執行情況，從而發現問題，改善管理，以促進

銀行的經濟效益的提高。某銀行的損益表基本構成如表 12.2 所示。

表 12.2　　　　　　　　20××年度某銀行利潤表　　　　　　　　單位：百萬元

項　目	金額
一、營業收入	8,600
利息收入	5,400
金融企業往來	750
手續費收入	209
貼現利息收入	1,560
買入返售收入	70
證券銷售差價收入	115
匯兌收益	143
其他營業收入	353
二、營業支出	3,800
利息支出	2,800
金融企業往來支出	860
手續費支出	60
賣出回購支出	24
匯兌損失	1,856
三、營業費用	2,600
四、投資淨收入	824
五、營業利潤	3,024
減：營業稅金及附加	410
加：營業外收入	32
減：營業外支出	70
六、利潤總額	2,576
七、計提的資產減值準備	1,800
八、稅前利潤	776
減：所得稅費用	194
九、淨利潤	582

銀行損益表主要由以下三部分組成：

（一）營業收入

1. 利息收入

利息收入主要包括貸款利息收入、證券投資利息收入以及其他利息收入（如存放

央行款項、存放和拆放同業和其他金融機構款項等）。利息收入是商業銀行最主要的收入來源，中國商業銀行利息收入占總收入的比例高達80%以上。當然，從發展趨勢來說，隨著商業銀行中間業務、表外業務的開拓，利息收入在總收入中的比重會有所下降，下降程度則受各銀行的業務格局而定。

2. 手續費收入

手續費收入來源廣泛，包括結算和清算業務收入、理財業務收入、銀行卡業務收入、投資銀行業務收入、代理業務收入、電子銀行業務收入、擔保及承諾業務收入、託管業務收入等。從國際上來看，手續費收入將成為商業銀行越來越重要的收入來源。

3. 其他營業收入

其他營業收入主要包括信託業務收入、租賃業務收入、證券銷售差價收入、同業往來收入及其他非利息營業收入等。

（二）營業支出

1. 利息支出

利息支出是銀行最主要的支出，而利息支出中最主要的部分又是存款利息支出。利息支出總體上反應了銀行從社會獲取資金的代價。

2. 薪金與福利支出

薪金與福利支出是銀行支付給管理人員與職工的費用總額，不僅包括支付員工的工資、獎金及其他福利支出，還包括繳納的各種保險費用支出。

3. 資產使用費

資產使用費包括銀行房產設備的維修與折舊費用、房屋設備的租賃費用、預計相應的稅款支出。

4. 其他營業費用

其他營業費用包括業務費用、廣告費用以及出納短款損失等。

（三）利潤

按照計算方法的不同，銀行的利潤可以分為稅前利潤和淨利潤兩種。

1. 稅前利潤

稅前利潤是銀行營業收入減去各項營業支出后的余額。該指標實際上也標明了銀行的應稅利潤額。當然，當這一指標小於或等於零時，銀行當年無需繳納企業所得稅。

2. 淨利潤

淨利潤等於稅前利潤減去企業所得稅后的余額再加上免稅收入。該指標綜合反應了銀行在一定時期的經營業績和成果，是銀行績效評估的基本指標。

三、現金流量表

商業銀行現金流量表是綜合反應銀行在一個經營期間內的現金流量來源、運用及增減變化情況的財務報表，是反應銀行經營狀況的三大報表之一。我們知道資產負債表作為靜態報表，不能反應財務狀況變動的原因；而動態的損益表僅著眼於盈利狀況而不能反應資金運用的全貌。因此，要想全面的考察和分析銀行的經營狀況，就必須再編製現金流量表，以彌補資產負債表和利潤表的不足，將利潤與資產、負債及所有

者權益的變動結合起來，對銀行財務狀況的變化做出綜合的解釋。

現金流量表按照「現金淨流量＝現金流入－現金流出」進行編製。報表由三個部分組成：經營活動產生的現金流、投資活動產生的現金流、籌資活動產生的現金流。每個部分又分別由現金流入項目、現金流出項目和現金流量淨額來構成，詳細反應各類活動現金流動狀況。某銀行的現金流量表基本構成如表 12.3 所示：

表 12.3　　　　　　　　20××年度某銀行現金流量表　　　　　單位：百萬元

項目	金額
一、經營活動產生的現金流	
收回的中長期貸款	1,330
吸收的活期存款淨額	15,726
吸收的活期存款以外的其他存款	19,070
同業存款淨額	1,957
向其他金融企業拆入的資金淨額	-13,050
收取的利息	7,970
收取的手續費	307
收到已於前期核銷的貸款	3
收回的委託資金淨額	500
收到其他與經營活動有關的現金	890
現金流入小計	47,753
對外發放的中長期貸款	2,580
對外發放的短期貸款淨額	29,000
對外發放的委託貸款淨額	501
存放同業款項淨額	2,290
拆放其他金融企業資金淨額	-2,670
支付的利息	3,670
支付的手續費	70
支付給職工及為職工支付的現金	1,040
支付稅費	848
支付其他與經營活動有關的現金	1,700
現金流出小計	41,699
經營活動產生的現金流量淨額	6,054
二、投資活動產生的現金流	
收回投資所收到的現金	8,160
取得債券利息收入所收到的現金	855

表12.3(續)

項目	金額
處置固定資產、無形資產和其他長期資產收回的現金淨額	
收到其他與投資活動有關的現金	
現金流入小計	9,015
購買固定資產、無形資產和其他長期資產所支付的現金	870
權益性投資所支付的現金	4
債券型投資所支付的現金	621
現金流出小計	1,495
投資活動產生的現金流量淨額	7,520
三、籌資活動產生的現金流量	
增加股本所收到的現金	327
發行債券所收到的現金	210
現金流入小計	537
支付已發行債券利息	15
支付新股發行費用	2
分配股利或利潤所支付的現金	1
現金流出小計	18
籌資活動所產生的現金流淨額	519
四、匯率變動對現金的影響	649
五、現金及現金等價物淨增加額	14,742

(一) 現金來源

1. 經營中所得現金

經營中所得的現金來源由淨利潤扣除應計收入，加上非付現費用構成。在這裡，應計收入和非付現費用因為沒有引起真實的現金流入和流出，因此相應地從淨利潤中扣除和計入，以反應經營活動所產生的現金流。

2. 資產減少所得現金

資產減少所得現金是指減少非現金資產所得資金，一般情況下，銀行貸款等非現金資產減少越多，相應增加的現金越多。

3. 增加負債、增發股本所得現金

該項目反應了銀行從外部獲得新資金的來源。

(二) 現金運用

1. 支付現金股利

支付現金股利是指銀行以現金形式發放股利直接導致的現金流出。

2. 支付現金增加資產

這裡的資產包括有形資產、多種金融債權及現金項目。一般而言，銀行為增加貸款資產而導致的現金流出較大。

3. 債務減少

負債業務是銀行獲取資金的主要方式，但債務還本付息是現金資產的流出，是一個現金運用的基本項目。

第2節　商業銀行業績評價指標體系

商業銀行的績效評價是指在對財務報表認真分析的基礎上，運用一組財務指標和一定的方法對銀行在一定的經營週期內的資產營運、財務效益、資本保值增值等經營目標的實現程度進行全面的考核和評判的活動。就經營目標而言，儘管不同的商業銀行會有不同的發展階段和相應的經營目標，但其根本出發點都是一致的，即追求股東財富或企業價值的最大化。

通常，對商業銀行的績效評價可以分為兩步走：第一步是設計一組財務指標來對銀行的經營業績和成果進行分析和評價；第二步則是在第一步的基礎上，基於實現股東財富最大化的原則，運用一定的方法將衡量不同側面經營成果的各項財務指標有機結合起來，綜合地對商業銀行的績效做出考核和評判。本節的主要內容就是討論如何利用一組財務指標對商業銀行的經營業績進行全方位分析。在下一節中，我們則重點介紹績效評價的第二步的做法。

一、商業銀行業績評價的特點和原則

商業銀行業績評價的核心內容就是對銀行財務報表及相關資料進行的財務分析。由於商業銀行是經營貨幣信貸業務的金融企業，在財務上整體表現為低資本、高負債，財務槓桿較大，經營風險高於一般的工商企業，同時作為整個宏觀經濟的運行中樞，其經營狀況的涉及面廣、影響力大，這些特徵決定了商業銀行財務分析的對象會更加廣泛，對於其償債能力、盈利能力以及資產質量的考查也會更加嚴格。在商業銀行業績評價和財務分析的過程中，必須嚴格遵循以下原則：

（一）信息充分

要保證財務分析結論的正確性，就必須獲得充分的信息資料。我們不僅需要財務報表，還需要其他資料：銀行編製的信貸計劃、資金計劃、財務計劃等各項計劃；銀行的業務總結、專題報告、會議紀要等文件資料；監管部門、上級銀行部門以及其他往來金融機構的指示、協議、合同等資料；宏觀經濟、金融系統運行狀況的資料。只有在充分掌握了與銀行經營活動息息相關的各項資料后，才能對銀行的經營業績作出客觀、恰當的分析。

（二）靜態分析與動態分析相結合

我們所利用的財務報表等資料都是對已完成的經營期間的描述和概括，因此對這

些資料的分析是一種靜態分析。此外，為了得出更為可靠的結論，有必要注意進行動態分析。比如說，將相關指標和數據進行銀行自身的縱向對比，可以發現銀行在新時期的變化與進步；將指標與同類銀行或者銀行系統的平均指標相比，發現分析對象與其他銀行的差異性，為提高銀行競爭力出謀劃策。

（三）定性分析和定量分析相結合

因為在財務分析所涉及的信息中，既有明確的可量化的數據信息，也有不可量化的信息，所以我們既要運用標準化、程序化的分析模型和指標體系進行定量分析，還要對影響銀行經營的外部環境和內部行為進行定性分析。比如說，宏觀分析、行業分析、管理分析等。

二、商業銀行業績評價的指標體系

基於股東財富或企業價值最大化的出發點，商業銀行的業績評價指標體系分為四類：流動性指標、清償力和安全性指標、風險指標、盈利性指標。這些指標基本代表了銀行在實現經營目標過程中所受到的制約因素。

（一）流動性指標

商業銀行是低資本、高負債營運的企業，其經營風險遠大於其他企業，銀行如果因流動性不足、償債能力低下而引發擠兌甚至是倒閉，必然會嚴重威脅到國民經濟和公眾利益，其后果不堪設想。因此，對於商業銀行來說，必須隨時保證充分的流動性和支付能力，只有流動性得到妥善安排，銀行經營的安全性和盈利性才能實現平衡。

通常，衡量流動性的指標如下：

1. 流動比率

流動比率＝流動資產÷流動負債×100%　　　　　　　　　　　　　　（12.1）

該比率衡量了流動資產抵償流動負債的能力。流動比率越大，表明銀行的短期償債能力越強。流動比率過低會影響銀行的償債能力，但過高則說明銀行資金過多運用在收益率較低的流動資產上，影響銀行的收益率。根據中國人民銀行發布的《資產負債比例管理辦法》的規定，商業銀行人民幣資產的短期流動比率不得低於25%，外幣不得低於60%。

2. 現金比率

現金比率＝（現金+短期債券）÷流動負債×100%　　　　　　　　　　（12.2）

該比率也是表明銀行短期償債能力的指標。與流動比率相比，現金比率的要求更高，即只把流動資產中流動性最強的現金和短期債券作為衡量銀行對流動負債的抵償能力。

3. 貸款占總資產比率

貸款占總資產比率＝貸款總額÷總資產×100%　　　　　　　　　　　（12.3）

貸款是銀行主要的盈利資產，流動性較弱。若貸款占總資產的比率較高，則表明銀行資產結構中流動性較差部分所占比例較大，流動性相對不足。當然，貸款也有期限之分，短期貸款的流動性要優於長期貸款，因此在計算該指標時，可以將一年內到期的貸款與貸款總額的的比例作為補充指標，進一步說明銀行資產的流動性狀況。

4. 存貸款比率

存貸款比率＝各項貸款余額÷各項存款余額×100%　　　　　　　　　　　　(12.4)

銀行要保持對儲戶的支付能力，必須控制流動性較差的貸款數額。在計算存貸款比率時，通常要把委託貸款、同業借款從貸款余額中扣除，將財政性存款、同業存款從各項存款余額中扣除。根據中國《商業銀行法》的規定，該比率不得超過75%。

5. 預期流入流出現金比率

預期流入流出現金比率＝預期現金流入÷預期現金流出×100%　　　　　　　(12.5)

該比率反應了現金的流動變化對銀行流動性的影響，由於考查的標的是現金，因此可以涵蓋經營過程中表外項目的影響。現金流入包括貸款回收、證券到期所得償付、預期中的證券出售以及各類借款和存款的增加等，現金的流出包括正常貸款的發放、證券投資、支付提存等項目。一般來說，該比率大於1，則表明銀行的流動性水平較高，反之則反是。

6. 流動性覆蓋率（Liquidity Coverage Ratio，LCR）

流動性覆蓋率(LCR)＝優質流動性資產÷未來30日內資金淨流出量＞100%

金融危機后，巴塞爾委員會根據經濟環境的變化提出對於流動性風險監管的兩個指標：流動覆蓋率和淨穩定融資。流動性覆蓋率比例是短期流動指標，是指在未來30日內資金流出量的覆蓋比率要大於等於100%。這是基於銀行現金流量表測算出來的，資金流出量是巴塞爾委員會通過壓力測試得出的資金缺口。優質資產具有低信用風險和低市場風險的特點，能迅速變現，彌補銀行所需的資金缺口，分為一級流動資產和二級流動資產，並賦予相關的轉換系數。

7. 淨穩定融資比例（Net Stable Funding Ratio，NSFR）

淨穩定融資比例(NSFR)＝可得到的穩定融資資金÷所需的穩定融資資金≥100%

淨穩定融資比例是長期流動指標，是指銀行有穩定的資金來源來保證銀行在1年及以上的經營，要求該比例大於等於100%。巴塞爾委員會指出穩定資金為在持續存在壓力情景的設定下，銀行在1年內能夠保證得到的穩定權益類資金和負債類資金，可得到的穩定融資資金包括資本、有效期大於等於1年的優先股、來自零售客戶的穩定和不穩定存款、有效期大於等於1年的債務和非金融機構1年內的定期存款。所需的穩定融資資金是根據銀行表內外資產情況，由機構所持有或有融資而得的資產價值乘以對應因子，加權推算出來的。淨穩定融資比例是在銀行資產負債表的基礎上，對銀行長期的資產和負債進行調整，減少短期的資金錯配，保持長期流動性。

（二）清償力和安全性指標

銀行的清償能力是指銀行運用其全部資產償付債務的能力，反應了銀行債權人所受保障的程度，清償能力充足與否也在很大程度上影響著銀行的信譽。從理論上來說，銀行的破產和清算風險主要是由於資本與資產不匹配、資產規模過大、資本難以覆蓋資產可能帶來的損失。因此，清償能力和安全性的指標主要是從描述資本的充足性來刻畫的。

1. 淨值/總資產

從會計學的角度來說，淨值表示了總資產中屬於銀行所有者的部分，具有吸收資

產損失、保護債權人利益的重要功能。考慮到銀行破產和清算的威脅主要來源於資產經營不善帶來的非預期損失,該比率實質上著眼於衡量銀行的資產與所有者權益在規模上是否匹配,所有者權益是否能彌補資產非預期損失以保障基本經營秩序。

2. 淨值/風險資產總額

第二次世界大戰後,由於西方各國商業銀行出現了資產多元化的趨勢,除傳統的貸款資產外,又增加了政府債券、證券投資等資產品種,鑒於各項資產的風險屬性並不相同,形成損失的規模和可能性也不同。因此,該比率在淨值/總資產的基礎上,從總資產中扣除了現金、政府債券、對同業的債權等無風險資產,形成了風險資產總額,以此來衡量資產和資本的匹配性。該比率實際上是對淨值/總資產指標的改良。當然,其局限性依然很明顯:一方面,銀行資本的構成很複雜,清償能力也存在較大差異;另一方面,各項資產的風險程度是不一樣的,更為重要的是,蓬勃發展的表外資產也並未被納入到衡量的視野中,嚴重影響了該指標的準確性和權威性。

3. 《巴塞爾協議》框架下的資本充足性分析

隨著對銀行監管的國際合作加強,銀行資本的監管理念也逐漸趨於統一。在《巴塞爾協議》以及《巴塞爾新資本協議》框架下,人們對資本保證銀行經營安全的認識有了進一步的提高。一方面,銀行的資本可以滿足其正常經營、拓展業務和防範風險的目的,提高清償力和安全性;另一方面,資本規模的過於擴大又不利於銀行股東資本收益的提高。因此,銀行的經營當局必須綜合考慮監管、業務發展以及投資者的要求,保有恰當的資本量。在《巴塞爾新資本協議》框架下,衡量清償能力和安全性的指標如下:

(1) 資本充足率公式。

資本充足率=資本總額÷風險加權資產總額×100%   (12.6)

核心資本充足率=核心資本÷風險加權資產總額×100%   (12.7)

這正是我們在第 2 章中介紹的《巴塞爾協議》下的資本充足率計算公式,其詳細計算過程、規定和意義見第 2 章,這裡不再重複敘述。

(2) 留存收益率公式。

留存收益率=留存收益÷淨利潤×100%   (12.8)

從第 2 章中我們學習到,留存收益是商業銀行增加資本充足率的重要內部渠道,而留存收益的多少則取決於相應的股利政策。該比率主要用於反應銀行從淨利潤中留存下來補充資本和資金的部分。通常情況下,過高的分派股利會減少商業銀行的資本金,影響到銀行的清償能力和安全性;而過低的分紅則會打擊投資者的積極性,妨礙銀行在資本市場的融資行為。因此,商業銀行都會逐漸形成自身穩定的股利政策。當然,具體某一經營時期的股利也還需要考慮銀行經營的實際情況來定。例如,如果管理層預測銀行未來可能大規模拓展業務或者宏觀經濟未來的波動風險可能增大,則股利分配可以適當減少,留存收益的比率卻應該適當提高。

(3) 槓桿率。金融市場創新工具和非銀行金融機構的日益增多為銀行帶來高收益的同時,也累積了大量風險。銀行將大量表內業務轉移到表外,以快速達到資本金的要求。銀行通過高槓桿率的經營模式雖然迅速達到了資本充足率的最低監管標準,但

累積了大量銀行風險，容易引發系統性風險，因此《巴塞爾協議Ⅲ》中引入槓桿率測度風險。槓桿率是資本和風險暴露的一個比率，是資本涵蓋表內外風險資產總額的比率。巴塞爾委員會要求槓桿率保持在3%以內。

槓桿率＝總資本÷(表內總資產＋特定表外資產) (12.9)

總資本是指《巴塞爾協議Ⅲ》中的一級資本，表內總資產包括一般的資產負債表項目、證券融資交易和衍生品。《巴塞爾協議Ⅲ》規定衍生品繼續採用《巴塞爾協議Ⅱ》中的扣除標準和監管淨額的方法測算；表內項目則應扣除估值調整和專項準備，以保證會計核算結果相一致；對於表外項目中，無條件可撤銷承諾采用10%轉換因子轉換為表內資產，其餘的則按100%轉換因子轉換為表內資產。

(三) 風險指標

商業銀行經營的目的是追求盈利，但收益總是和風險相聯繫。商業銀行面臨著複雜多變的經營環境，在各種不確定性因素的綜合影響下，其資產和預期收益存在著損失的可能。為了滿足經營的安全性要求，商業銀行必須把各類風險降低到可以承受的範圍之內。下面是衡量商業銀行經營風險的主要指標：

1. 信用風險指標

鑒於貸款是商業銀行最主要的資產，因此通常用分析貸款資產的信用風險狀況來反應銀行資產的總體信用風險。

(1) 不良貸款率。

不良貸款率＝不良貸款余額÷貸款總額×100% (12.10)

按照中國當前實行的貸款五級分類的方法，后三類貸款，即次級貸款、可疑貸款和損失貸款均屬於不良貸款的範疇。由於這三類貸款的信用風險大，是造成未來損失的主要來源，因此不良貸款率越高，未來可能發生的損失就越大。

(2) 貸款淨損失率。

貸款淨損失率＝(已衝銷的貸款損失－衝銷后回收帳款)÷貸款總額×100% (12.11)

該指標反應了信用風險造成的銀行信貸資產的真實損失情況。該指標還反應了銀行信貸資產當前的信用狀況。貸款淨損失率越高，說明信貸資產的信用風險越大。

(3) 不良貸款保障率。

不良貸款保障率＝(當期利潤＋貸款損失準備金)÷不良貸款淨損失×100% (12.12)

該公式中，貸款損失準備金是商業銀行在期末分析各項貸款的可回收性后，對預計可能產生的貸款損失而計提的損失準備，計入當期的費用，類似於普通企業的應收帳款壞帳準備。這一指標用以表示銀行是否已經提前做好財務上的安排和準備，來彌補預期發生的信貸資產損失。不良貸款保障率越高，表明銀行越有能力減少信貸損失給銀行帶來的不利影響。

(4) 貸款集中度指標。

單一貸款客戶集中度＝余額最大的貸款客戶各項貸款余額÷資本×100% (12.13)

單一貸款客戶集中度＝余額最大的貸款客戶各項貸款余額÷貸款總額×100%

(12.14)

前十大信貸客戶集中度＝余額最大的前十大信貸客戶各項貸款余額÷資本×100%
$$(12.15)$$
前十大信貸客戶集中度＝余額最大的前十大信貸客戶各項貸款余額÷貸款總額×100%
$$(12.16)$$

貸款集中度的指標主要是用來監測銀行對單一客戶或者部分大客戶的信用風險暴露是否過大的指標，防止信貸資產的投向過度聚集而承擔過多的非系統性風險。根據《商業銀行法》的規定，銀行的單一借款人貸款余額占銀行資本的比例不得超過10%。另外，中國人民銀行規定了前十大貸款客戶的貸款集中度不得超過50%。

（5）內部貸款比率。

內部貸款比率＝銀行對其股東或經管人員的貸款余額÷貸款總額×100% $$(12.17)$$

內部貸款主要是指銀行對其股東或經營管理人員的貸款，由於這些貸款對象都是銀行的「內部人」或關聯方，因此存在著較大的詐欺或舞弊的風險，發生壞帳的可能性也很高。在一定程度上，該指標可以用來衡量銀行面臨的詐欺風險。一般來說，全部關聯授信與銀行資本的比率，不宜超過50%。

2. 市場風險指標

（1）利率風險指標。銀行利率風險的大小主要受利率風險暴露的影響，而用來度量利率風險暴露的指標主要是利率風險缺口和利率敏感比率兩個指標。其中，利率風險缺口＝利率敏感資產－利率敏感負債，利率敏感比率＝利率敏感資產÷利率敏感負債。利率敏感資產是指收益率隨著市場利率變動而變動的資產，利率敏感負債是指成本隨著市場利率調整而調整的負債。上述兩個指標的資產和負債在期限上應該保持嚴格的一致性。

當利率風險缺口等於0或利率敏感比率等於1時，我們說銀行此時不存在利率風險暴露。而利率風險缺口偏離0或者利率敏感比率偏離1時，則銀行存在風險暴露，偏離的程度越大，銀行面臨的利率風險暴露就越大。

（2）匯率風險指標。商業銀行的匯率風險指標是累計外匯敞口頭寸比例。該比例表示累計外匯敞口頭寸與資本淨額之比，不宜高於20%。

3. 操作風險指標

操作風險可以用操作風險損失率來表示，該指標的計算方法是將操作風險所造成的損失與前三期淨利息收入加上非利息平均值之比。

（四）盈利性指標

盈利性指標主要用來衡量銀行運用資金獲取利潤並控制成本的綜合能力。由於不同角色的參與者會將利潤進行不同的分解並與不同的科目進行比較，因此衡量盈利性的指標比較多。其中，資產收益率和股權收益率是兩個核心指標，如果利用一定的方法將這兩個核心指標進行進一步的分析，就可以較準確地認識銀行盈利能力的源泉。

1. 淨資產收益率

淨資產收益率亦稱為股權收益率，用以衡量銀行給其股東帶來的回報率，因此該指標是銀行股東最為關心的指標，也是銀行資金運用效率和財富管理能力的綜合體現。

淨資產收益率＝淨利潤÷股權權益總額×100% $$(12.18)$$

2. 每股盈余

每股盈余是淨利潤與發行在外的普通股股數的比值，反應了普通股的獲利水平。該指標越高，即表明每一股可以分得的利潤就越多，股東的投資收益越好，反之則反是。

每股收益＝淨利潤÷發行在外的普通股股數×100%　　　　　　　　　　　(12.19)

3. 資產收益率

資產收益率是銀行淨利潤與其資產總額的比值，反應了銀行運用其全部資產獲取利潤的能力，是反應銀行管理效率的一個比率，用以說明銀行的管理團隊將資產轉化為利潤的能力。

資產收益率＝淨利潤÷資產總額×100%　　　　　　　　　　　　　　　(12.20)

4. 收入淨利潤

收入淨利率是銀行淨利潤與總收入的比值，是對銀行利潤表的一個很好的總結，可以反應出銀行成本控制的能力，因此也是一個體現銀行管理效率的指標。

收入淨利率＝淨利潤÷總收入×100%　　　　　　　　　　　　　　　　(12.21)

5. 收入成本率

收入成本率，即總成本與總收入之比，反應銀行每取得1元的收入所花費的成本（扣除資產損失準備）。銀行管理層可以通過控制成本支出來降低成本率，從而提高盈利能力。

收入成本率＝總成本÷總收入×100%　　　　　　　　　　　　　　　　(12.22)

6. 資產毛利率

資產毛利率是銀行利差收入與資產總額的比值，反應了銀行管理層通過嚴格控制銀行的收益資產和追求最廉價的融資來源能達到的毛利水平。如果資產毛利率得到提高，那麼相應地資產收益率也會提高。

資產毛利率＝(利息收入－利息支出)÷資產總額×100%　　　　　　　　(12.23)

7. 收益利差率

收益利差率可以簡稱為利差率，反應的是銀行作為資金借貸仲介的有效程度以及在其經營領域中競爭的激烈程度。如果競爭很激烈的話，會導致平均資產收入率與平均負債成本率之間的利差受到擠壓而縮小利差率。為增加收益，管理層必須千方百計地用其他途徑來彌補收益利差的減少。

收益利差率＝[(利息收入總額÷生息資產總額)－(利息支出總額÷付息負債總額)]×100%　　　　　　　　　　　　　　　　　　　　　　　　　　　　　　(12.24)

其中：

利息收入總額＝貸款利息收入＋金融機構往來收入＋投資收益

利息支出總額＝存款利息支出＋金融機構往來支出

生息資產總額＝資產總額－非生息資產

付息負債總額＝負債總額－非付息負債

非生息資產包括現金、其他應收款、委託貸款、固定資產淨值、在建工程、其他資產和遞延稅項等。非付息負債包括財政性存款、匯出匯款、應解匯款、委託資金、

應付股份利息、存入保證金、應付工資、應付福利費、應交稅金、應付利潤、其他應付款和預提費用等等。

通常，在計算收益利差率時，也可以單獨計算存貸利差，方法是用貸款平均利息率減去存款平均利息率，即：

存貸利差率＝貸款平均利息率－存款平均利息率　　　　　　　　　　　（12.25）

其中：

貸款平均利息率＝貸款利息收入÷貸款總額

存款平均利息率＝存款利息支出÷存款總額

第3節　商業銀行績效評價方法

在建立了商業銀行業績評價指標體系后，我們就可以分別從流動性、安全性、風險狀況、盈利性等方面對商業銀行的經營表現進行量化和評價了。然而，這些指標和評價畢竟只是從單個方面來表明銀行的經營成果，要想進一步揭示財務報表中各項數據的聯繫及變化趨勢，對銀行一定經營時期的經營績效進行綜合的評價和判定，還需要運用專門的銀行績效評價方法來進行。

下面我們就介紹幾種主要的商業銀行績效評價方法。

一、比率分析法

比率分析法是利用財務報表中兩項相關數值的比率揭示銀行財務狀況和經營成果的一種分析方法。在財務分析中，比率分析法得到了相當廣泛的運用。財務比率包括相關比率、結構比率和動態比率。

（一）相關比率

相關比率是指同一時期財務報表中兩項相關數值的比率。例如，利用資產負債表計算的資產負債率、資本充足率等指標屬於相關比率。

（二）結構比率

結構比率是指同一指標中的部分與總體之比。這類比率主要用以揭示部分與整體之間的關係，表明部分在整體中的重要程度。例如，現金與流動資產的比率、流動資產與全部資產的比率就屬於這類比率。

（三）動態比率

動態比率是指財務報表中某個項目不同時期的兩項數值的比率，用來反應指標的發展變化趨勢。動態比率可以進一步分為環比比率和定基比率，分別以不同時期的數值為基礎揭示某項財務指標的增長速度和發展速度。

比率分析的主要內容基本等同於上一節中闡述的業績評價指標體系。需要說明的是，比率分析法只是績效評價方法的一個基礎準備，需要與我們後面介紹的比較分析法、杜邦分析法一起使用，才真正體現出它的價值。

二、比較分析法

我們知道，孤立的指標數據是沒有太大的價值的，並不能對銀行的績效做出評價，只有利用比較的方法才能顯現出它的價值來。比較分析法就是將財務指標進行對比，計算差異，揭示銀行財務狀況和經營成果變化趨勢的一種分析方法。比較的標準可以有很多，恰當的標準可以具備很高的價值。例如，將某一特定銀行的財務指標與同行業的水平進行比較，就可以看出該銀行與同業之間的差異之處，看到自身的優勢和劣勢所在；將特定銀行的財務指標與自身的歷史指標相比較，就可以看出銀行經營出現了哪些變化，還存在哪些缺陷與不足。從這些我們可以看出，充分的比較是評價銀行經營績效、改善經營管理的重要手段。具體來說，常見的比較標準如下：

（一）法定標準

法定標準是銀行監管當局為保證銀行業穩健經營和運行而制定的具有法律效率的強制性標準，所有銀行都必須執行。一般來說，滿足法定標準是商業銀行經營績效所應達到的最低標準。

（二）計劃標準

計劃標準是銀行管理層根據自身的條件和市場環境所制定的經營目標。與計劃標準進行比較，可以看出銀行是否完成了既定的經營目標或完成的程度有多高，從而有助於提高制訂計劃的水平和執行計劃的水準。

（三）同業標準

同業標準是以銀行業的特定指標數值作為財務分析對比的標準，具體的比較標準可以是整個銀行業的平均水平、與銀行質地相當的銀行的水平或者先進銀行的水平。

（四）歷史標準

歷史標準是指以前期銀行的財務指標作為對比標準，這有助於分析銀行的發展趨勢。在一定的前提條件下，也可以將同業標準和歷史標準交叉運用。例如，與先進銀行的歷史水平進行比較，可以看出自身與先進銀行的差距有多大。

另外，值得注意的是，在運用比較分析法時，為了保證結論的可信性，必須使進行比較的各項指標具有盡可能大的可比性。因此，必須做到：時間區間選擇的一致性；指標計算口徑和方法的一致性；注意到銀行規模上的差距，絕對數值比較和相對數值比較必須同時進行；注意具體宏觀經濟環境的影響。

三、杜邦分析法

杜邦分析法又稱為綜合分析法或因素分析法，是由美國杜邦公司創造的一種綜合分析方法。該方法認為將銀行業績分為流動性、安全性、風險狀況和盈利性四個方面，相互間欠缺關聯性。杜邦分析法的意義就在於將銀行經營業績視為一個相互依存、相互影響的內部因素共同組成的系統。該方法從系統內盈利能力和風險因素的相互制約關係入手，對銀行經營績效做出了較為全面的評價和判定。

杜邦分析法是一種典型的綜合分析法，以綜合性極強的銀行淨資產收益率（ROE）為核心，利用主要財務比率之間的內在聯繫，運用因素分析的思想，重點揭示出商業

銀行盈利能力及其影響因素。根據分析細化程度不同，杜邦分析法可以分為二因素杜邦分析法、三因素及四因素杜邦分析法。

（一）二因素杜邦分析法

$$淨資產收益率（ROE）=\frac{淨利潤}{股東權益總額}=\frac{總資產}{股東權益總額}\times\frac{淨利潤}{資產總額} \tag{12.26}$$

其中：

$$\frac{總資產}{股東權益總額}=權益乘數（EM）\times\frac{淨利潤}{資產總額}=資產收益率（ROA）$$

即：

ROE = ROA×EM

ROE 為淨資產收益率，是最能夠體現銀行經營目的——增加股東財富的一個指標。以此指標為中心，整個杜邦分析法都是圍繞著如何更好地實現銀行經營目的這一根本出發點進行的。該公式表明，銀行淨資產收益率水平由資產收益率和權益乘數的大小來決定。

資產收益率（ROA）是反應銀行資產管理能力和盈利能力的指標，資產收益率的提高有助於提高淨資產收益率。權益乘數（EM）則是反應銀行整體財務風險水平的比率。EM 的提高雖然可以使淨資產收益率增加，但 EM 過高也會使銀行淨資產的比重太低，使資本與資產規模不匹配，加大清償風險，同時財務槓桿的擴大也會使銀行面臨更大的財務風險，加大 ROA 的波動幅度。因此，二因素的杜邦分析方法以淨資產收益率為核心，揭示了銀行風險和盈利能力之間的制約關係，對銀行的績效進行了準確地分析和評價。

（二）三因素及四因素杜邦分析法

1. 三因素杜邦分析法

三因素杜邦分析法是在二因素杜邦分析法的基礎上，將資產收益率（ROA）進一步分解為資產利用率（AU）和收入淨利率（PM）的乘積。其公式如下：

$$淨資產收益率(ROE)=\frac{總資產}{股東權益總額}\times\frac{淨利潤}{資產總額}$$

$$=\frac{總資產}{股東權益總額}\times\frac{總收入}{資產總額}\times\frac{淨利潤}{總收入}\times 100\% \tag{12.27}$$

其中：

$$\frac{總收入}{資產總額}=資產利用率（AU）$$

$$\frac{淨利潤}{總收入}=收入淨利率（PM）$$

該方法的意義在於進一步分解出影響資產收益率（ROA）的影響因素資產利潤率（AU）和收入淨利率（PM）。儘管從表面上來看，AU 或 PM 的提高都會使資產收益率提高，從而提高淨資產收益率的水平。但在實際中，AU 和 PM 常會呈現出此消彼長的關係，原因在於：如果 AU 較高，就意味著資產的週轉速度較高，要實現這一點，往往

需要 PM 做出一定的犧牲，靠薄利多銷的方式實現資產快速週轉；反之，若對 AU 水平的要求較低，則有可能實現較高水平的利潤率，即 PM 水平提高。因此，銀行業往往在高週轉低利潤、低週轉高利潤兩種策略中進行權衡和選擇。

2. 四因素杜邦分析法

四因素杜邦分析法則是在三因素杜邦分析法的基礎上，進一步將收入淨利率（PM）分解為收入成本率和成本利潤率兩個因素。其公式如下：

$$淨資產收益率（ROE）=\frac{總資產}{股東權益總額}\times\frac{總收入}{資產總額}\times\frac{總成本}{總收入}\times\frac{淨利潤}{總成本}\times100\%$$

其中：

$$\frac{總成本}{總收入}=收入成本率$$

$$\frac{淨利潤}{總成本}=成本利潤率$$

該公式表明影響收入淨利率（PM）的因素是收入成本率和成本利潤率，說明了要想提高 PM 進而提高 ROE 的水平，就必須有效地控制成本費用，必須使收入的增長速度超過成本費用的增長速度。

從上述杜邦分析法中可以看出，淨資產收益率涉及銀行經營管理的方方面面。要想提高 ROE 的水平，更好地實現增加股東財富的經營目標，必須同時協調好財務槓桿利用、資金週轉、成本控制等方面的關係，使各個因素相得益彰，共同提高銀行經營的績效水平。

（三）平衡計分卡法

比率分析法和杜邦分析法都是關注於商業銀行的財務指標，而對商業銀行的績效評價中除了財務指標之外，還應重視非財務指標。羅伯特・卡普蘭和大衛・諾頓於 20 世紀 90 年代提出的平衡記分卡法（Balanced Score Card，BSC）能使銀行管理者全面地考察企業績效。平衡記分卡以企業的戰略願景為中心，從財務、顧客、內部業務和學習與成長四個維度來綜合評價企業的績效。

建立商業銀行平衡記分卡績效評價體系的基本步驟如下：

1. 建立商業銀行的戰略願景

商業銀行的戰略願景主要描繪商業銀行的理想境界，如客戶滿意、股東回報率高、員工價值實現等宏觀層面的景象，反應商業銀行對於自身的定位和長期發展目標。

2. 確立戰略目標

從戰略願景出發，將其按照戰略管理的內在要求，從財務、顧客、內部業務、學習與成長四個維度建立戰略目標。

（1）財務維度戰略目標：從股東角度界定，制定如何增長利潤、降低成本和有效控制風險的戰略。

（2）顧客維度戰略目標：從顧客角度界定，考慮外部市場和顧客需求發展與變化，制定創造價值和差異化戰略。

（3）內部業務維度戰略目標：從為顧客和股東創造價值的需求出發，使商業銀行

的各種業務流程形成一個更有序的組合戰略。

（4）學習與成長維度戰略目標：使商業銀行保持創新和發展的動力、支持商業銀行為適應外部環境的各種變化而做出積極反應的戰略。

3. 構成完整的平衡記分卡績效管理體系

通過對與戰略目標相關聯的關鍵因素和關鍵業績指標的定義和描述，將定性的戰略目標轉化為考核指標，最終形成一套完整的平衡記分卡績效管理體系。

將定性的戰略目標轉化為考核指標的過程要確定四個維度之間的因果關係，正是通過這樣的因果關係，平衡記分卡才將這四個維度集合成一個有機整體。

四、中國商業銀行績效管理

總體來說，中國商業銀行績效管理經歷了以下三個階段：

（一）以「規模最大化」為目標的階段（1995—2000年）

自1995年《商業銀行法》頒布以來，中國銀行業逐漸進入了商業化改革進程。此時，中國銀行業尚無完整的績效管理概念，主要工作集中在著手建立業績的評價和獎勵制度。這一時期的績效管理的主要理念可以概括為追求「規模最大化」，這一點可以從當時主要的考核指標看出來，如行長目標責任考核、等級評定考核等。可以說，這是中國商業銀行績效管理的起步階段，是探索科學績效管理方法的啟蒙階段。

（二）以「利潤最大化」為目標的階段（2000—2004年）

在這一時期，國內商業銀行普遍開始關注利潤的問題，績效管理的理念也可以概括為追求「利潤最大化」。在這一時期，各家商業銀行逐漸用各種以利潤為核心的經營效益指標取代原先的注重經營規模的指標來對其分支機構進行考核和評價。可以說，這一階段是中國商業銀行績效管理的成長階段，績效管理的著眼點從經營規模向經營質量轉變，績效管理向著質量型、集約型、科學型的方向發展。

（三）以「價值最大化」為目標的階段（2004年以後）

2004年，中國啟動了對四大國有商業銀行的股份制改革進程，標誌著中國商業銀行的改革也進入了全面提速的階段。為了完成股份制改革及后期上市的目標，中國的商業銀行必須加快改革，盡快使自身的經營模式、經營理念、績效管理思想符合國際資本市場的要求。隨著國有商業銀行海外戰略投資者的引入以及外資金融機構與中小股份制銀行合作的深入開展，中國的商業銀行普遍開始關注銀行價值的問題，提出了追求「價值最大化」的績效管理理念。績效管理的核心逐漸轉向以增加經濟增加值為核心的指標體系中來。可以說，這是中國商業銀行績效管理走向創新和成熟的階段，是一次質的飛躍。

第4節　商業銀行成本利潤管理

實現股東財富最大化是商業銀行經營的根本目標，因此商業銀行在經營過程中必須高度重視對成本和利潤的管理。一方面，需要加強成本控制工作；另一方面，需要

對價值創造過程中的資源進行有效整合，提升資源的價值貢獻能力。總之，就是同時做好「開源」和「節流」兩項工作，努力提高銀行經營的效益。

一、商業銀行成本管理

商業銀行的成本是指商業銀行在從事業務經營活動過程中發生的與業務經營活動有關的各項支出。要想進行科學的成本管理，首先需要對成本做一個分類，然後再根據成本的不同屬性來制定恰當的管理方法。

（一）商業銀行成本的分類

在這裡，我們根據各項成本內容的形態和對盈虧影響的重要性將銀行的成本分為以下六類：

1. 籌資成本

籌資成本是銀行的主要成本，是指商業銀行向社會公眾以負債形式籌集各類資金以及與金融機構之間資金往來而支付的利息，主要包括存款利息支出和借款利息支出。籌資成本會隨著銀行負債規模的變動而變動，是商業銀行成本管理的重點。

2. 經營管理費用

經營管理費用是指銀行為組織和管理業務經營活動而發生的各種費用，包括員工工資、電子設備運轉費、保險費等。該類成本與銀行當期業務量無關，具有半固定成本的屬性，適合進行單項成本控制。

3. 稅費支出

稅費支出是指隨著銀行業務量的變動而變動的各項稅費支出，包括手續費、業務招待費、營業稅金及附加等。該類成本屬於變動成本。

4. 補償性支出

補償性支出是指銀行在經營過程中需要按照一定比例進行計提和攤銷的費用，包括固定資產折舊、無形資產攤銷、遞延資產攤銷等。這類成本在一定的經營期間相對固定，可以視為約束性的固定成本，對其成本控制應著眼於提高業務量而降低單位成本。

5. 準備金支出

準備金支出是商業銀行為應對各種意外損失而提留的資金，包括壞帳準備金、投資風險準備金支出等。該類成本屬於變動成本的範疇。

6. 營業外支出

營業外支出指與商業銀行的業務經營活動沒有直接關係，但需要從銀行實現的利潤總額中扣除的支出。該類成本與當期業務量無關，適合於採用彈性成本控制法來進行控制。

（二）商業銀行成本管理的步驟和原則

隨著成本管理理論的不斷發展，各商業銀行意識到成本管理不是簡單的成本控制和成本降低，而需要統籌規劃，使各個經營環節實現投入的科學化、產出的最大化。可以說，現代的成本管理是一種基於價值提升的成本約束，必須遵循一定的步驟和原則。

1. 成本管理的步驟

（1）成本預測。銀行必須首先明確計劃期內經營總目標和成本控制目標，然後以此為依據，在充分佔有資料的基礎上，運用合理的方法，根據不同成本的屬性，進行成本的預測。

（2）制訂成本控制計劃。在完成了成本預測之後，銀行應制訂全面的成本控制計劃。銀行應該確定目標成本，規定成本限額，建立健全責任制，實現成本的歸口分級管理。

（3）實施成本控制。當成本控制計劃得以完成之後，就應該付諸實施。在實際的經營過程中執行成本計劃和限額，控制費用，以保證實現成本控制的目標。

（4）對成本控制實施考核和評價。在經營期末時，商業銀行應對已執行的成本控制計劃進行全面的考察和評價，分析成本變化的原因，確定責任歸屬，找出解決問題的途徑，以便后期能制訂出更為科學合理的成本計劃和限額。成本核算是該項工作的基礎，是指根據不同的成本種類或成本計算方法，將各種費用開支進行分類、匯總、比較、評估的過程。

2. 成本管理的原則

成本管理遵循經濟原則、因地制宜原則、全員參與原則和領導推動原則。

（1）經濟原則。經濟原則是指因推行成本管理而發生的成本，不應超過因缺少控制而喪失的利益。這就是說，銀行的各項管理活動都是有成本的，而該活動的成本是不應超過建立這項控制所獲得的利益。因此，經濟原則要求我們在成本管理的過程中，應該具有靈活性，應該在重點領域中控制關鍵因素，而不是對所有成本都加以控制和限制。

（2）因地制宜原則。因地制宜原則是指成本管理系統必須個別設計，適合特定的部分、崗位和成本項目的實際情況，不可照搬別人的做法。由於不同的部門、崗位發生成本的屬性不同，對其管理也應該採取不同的方法，制訂相應的成本計劃和定額，否則達不到理想的效果。

（3）全員參與原則。全員參與原則是指銀行的每個員工都負有成本責任，成本管理也因此應該成為全體員工的共同任務。成本管理成功的關鍵就在於能否調動全體員工的積極性。因此，銀行有必要切實讓員工瞭解成本管理的重要性，制定恰當的成本標準，採用一定的激勵措施，發動全體員工都積極參與到成本管理的過程中來。

（4）領導推動原則。領導推動原則是指由於成本管理和控制會增加對全體員工的約束，並非受人歡迎的事情，因此必須強調銀行管理層的執行和推動作用。這就要求銀行的領導層要有實施成本管理的堅定信心和決心，全力支持該項工作的開展，並以身作則，嚴格控制自身的成本。

（三）商業銀行成本管理的方法

在實際中，商業銀行常採用的成本管理方法包括標準成本管理法、彈性成本管理法、邊際成本管理法。

1. 標準成本管理法

標準成本控制法是商業銀行在建立標準成本的基礎上，對各項成本支出進行控制

和分析的方法。其實施步驟主要包括標準成本的制定和成本差異的分解和分析。

（1）標準成本的制定。實施標準成本控制法，首先必須制定標準成本。標準成本是通過精確的調查、分析與技術測定而制定的，用來評價實際成本、衡量工作效率的一種預計成本，基本排除了不應發生的各種「浪費」，可以視為一種「應該成本」。制定各項成本的標準成本時，都需要分別確定其用量標準和價格標準。在銀行的經營中，用量標準表現為需要的各種資金量，價格標準常表現為各項資金成本，即標準利率。

（2）成本差異的分解和分析。由於標準成本是一種目標成本、理想成本，在經營中的實際成本往往與其有差異，這一差異就成為標準成本差異或成本差異。成本差異是反應實際成本脫離預定目標程度的信息。只有通過成本差異的分解與分析，才能真正找出成本偏離過高的真實原因，這正是標準成本控制法的關鍵所在。成本差異可分解為用量差異和價格差異。

以存款利息支出這項成本為例，其成本差異產生的原因就是存款付息利率脫離標準或吸收存款脫離標準，分別稱為利率差異和用量差異。

存款利息支出差異＝實際利息支出－標準利息支出

利率差異＝實際存款額×（實際利率－標準利率）

用量差異＝（實際存款額－標準存款額）×標準利率

一般來說，標準成本控制法適用於那些比較容易確定標準用量和標準價格的成本項目，如銀行的籌資成本就可以利用該方法進行成本管理。

2. 彈性成本管理法

彈性成本管理法是指隨著經營活動的變化對某些成本進行相應的調整，對其進行伸縮管理的方法。彈性成本管理法主要適用於經營管理費用。

編製彈性預算的步驟是：一是選擇業務量的單位；二是確定使用的業務量範圍；三是逐項研究並確定各項成本和業務量之間的數量關係；四是計算各項預算成本，並用一定的方式來表達。在實際中，商業銀行可以在全行管理費用彈性總預算初步確定的基礎上，按照部門分解編製明細預算。通常選取一個或多個最能代表某項業務經營活動水平的指標，彈性預算的業務量範圍，可定在70%～110%。其預算的表達方式主要有水平法、公式法等。

3. 邊際成本管理法

邊際成本管理法是利用管理會計的量本利分析方法，通過建立籌資邊際成本函數和資產邊際收入函數對商業銀行籌資成本進行控制的一種方法。

邊際成本是指每增加一個單位負債時所新增的成本，邊際收入是指每增加一個單位的資產所新增的收入。邊際成本管理的目的在於使邊際成本等於邊際收入，從而實現銀行利潤的最大化。

二、商業銀行利潤管理

商業銀行經營的目的在於利潤的最大化，由於利潤等於收入與成本的差額，因此銀行的利潤管理也可以引申為銀行收入的管理。銀行的收入主要包括各類資產帶來的收入（其中主要是貸款利息收入和投資收益）、服務費和手續費收入等。隨著商業銀行

競爭的激烈化和金融市場的發展，手續費收入在銀行的收入中占比越來越高。

商業銀行的利潤管理應該做好以下幾個方面的工作：

（一）掌握宏觀經濟信息變動，調整經營策略

商業銀行有必要對利率、匯率等宏觀經濟變量以及相關的行業、地區和重要企業的動態變化及時追蹤，使經營決策做到有的放矢，相應調整有關政策和策略。

（二）改善資產結構，提高資產收益率

努力調整銀行的資產結構，在保障充分的分散組合的基礎上，將資金重點投向那些資產收益率和資本回報率高的領域和業務中來，改善銀行的經營效率。

（三）拓展金融市場業務，增加手續費收入

在條件具備的情況下，努力拓展金融市場業務，大力發展各種中間業務和表外業務，從而提高手續費收入，改善收入結構。

（四）加強利潤中心的管理

根據收入的來源（渠道），商業銀行的部分可以劃分為貸款中心、投資中心等利潤中心。在對利潤中心進行管理時，應該明確指定業務指標，以保證銀行總體收入或利潤計劃的實現。因此，加強利潤中心的指標化管理是非常重要的。

（五）創新利潤管理的理念和方法

通常，商業銀行具體部分的業績衡量，都是以利潤絕對數值表示。但是，應該注意到，由於不同的業務在獲取利潤時所承擔的風險程度是大相徑庭的，因此僅用絕對數值的利潤來統一衡量是不合理的。事實上，一些著名的銀行破產案例都說明了這一點，如百富勤、巴林銀行破產等事件中，銀行管理層過分看重業務人員的絕對業績而忽視了其所承擔的巨大風險，是導致最終經營失敗的重要原因之一。[①]

近年來，部分國際先進銀行都開始採用經風險調整的收益（Return On Risk Adjusted Capital，RORAC）作為衡量業務和部門業績的指標。使用這種指標，不是單純以盈利絕對值為評判基礎，代之以資金風險基礎上的盈利貼現值作為依據，從而充分考慮了風險的因素，在很大程度上促使了商業銀行收入或利潤管理向著更為合理的方向上發展。

【本章小結】

（1）商業銀行的財務報表是銀行根據會計會計準則編製的、反應銀行某一特定日期的財務狀況或者某一時期的經營成果、現金流量等會計信息的表格式文件。財務報表是對商業銀行業績和績效進行評價的基礎。其主要的財務報表包括資產負債表、損益表、現金流量表。只有對三個報表進行全面綜合分析，才能真實反應商業銀行的經營狀況。

（2）要對商業銀行的業績和績效進行評價，首先必須建立一套業績評價指標體系。

---

① 吳念魯．西方商業銀行成本、利潤及納稅管理綜述［J］．內蒙古金融研究，2008（7）．

具體來說，這套體系主要包括流動性、清償力和安全性、風險性以及盈利性四個方面的指標。這些方面反應了商業銀行經營過程中受到的約束和應考慮因素，有助於全面地展現銀行的經營成果合格運行狀況。

（3）在業績評價指標體系建立起來后，可以採用比較分析法、杜邦分析法等方法對指標體系進行綜合分析，客觀評價銀行的業績和績效。

（4）杜邦分析法是由美國杜邦公司創造的一種綜合分析方法。該方法將銀行經營業績視為一個相互依存、相互影響的內部因素共同組成的系統。該方法從系統內盈利能力和風險因素的相互制約關係入手，對銀行經營績效做出了較為全面的評價和判定。根據分解程度的不同，杜邦分析法可以分為二因素杜邦分析法、三因素杜邦分析法及四因素杜邦分析法等。

（5）隨著銀行競爭的激烈化，商業銀行越來越重視進行成本管理和利潤管理。成本管理必須按照一定步驟，遵循經濟、因地制宜、全員參與、領導推動等原則。具體的方法有標準成本法、彈性成本法、邊際成本法等。在利潤管理方面，商業銀行應加強資產質量的管理，轉變觀念，用經風險調整的收益等先進指標來衡量銀行的經營業績。

思考練習題

1. 資產負債表、損益表、現金流量表的概念是什麼？如何判斷其屬於靜態報表還是動態報表？
2. 商業銀行業績評價體系包括哪四個方面的指標？
3. 比較分析法中常用的比較標準有哪些？
4. 中國商業銀行績效管理經過了哪些階段？
5. 簡述平衡記分卡績效評價法的基本步驟及其優點。
6. 試用杜邦分析法分析一家銀行的財務報表。

參考文獻

[1] 畢明強. 中國商業銀行貸款定價方法研究 [M]. 北京：經濟科學出版社, 2008.

[2] 朱文劍, 陳利榮. 現代商業銀行業務 [M]. 杭州：浙江大學出版社, 2005.

[3] 張樹基. 商業銀行信貸管理 [M]. 杭州：浙江大學出版社, 2005.

[4] 鄭沈芳. 商業銀行業務 [M]. 上海：上海財經大學出版社, 2002.

[5] 博迪. 投資學 [M]. 6 版. 朱寶憲, 等, 譯. 北京：機械工業出版社, 2007.

[6] 張衢. 商業銀行電子銀行業務 [M]. 北京：中國金融出版社, 2007.

[7] 年冰. 中國電子銀行業務創新及其風險防範研究 [D]. 北京：對外經濟貿易大學, 2006.

[8] 張磊. 中國電子銀行業務發展戰略與措施研究 [D]. 濟南：山東大學, 2005.

[9] 戴國強. 商業銀行經營學 [M]. 3 版. 北京：高等教育出版社, 2007.

[10] 劉瑛暉. 商業銀行經營管理學 [M]. 北京：首都經濟貿易大學出版社, 2004.

[11] 任遠. 商業銀行經營管理學 [M]. 2 版. 北京：科學出版社, 2009.

[12] 王淑敏. 商業銀行經營管理 [M]. 北京：清華大學出版社, 2007.

[13] 戴小平. 商業銀行學 [M]. 上海：復旦大學出版社, 2007.

[14] 俞喬. 商業銀行管理學 [M]. 2 版. 上海：上海人民出版社, 2007.

[15] 富蘭克林·艾倫, 等. 比較金融系統 [M]. 王晉斌, 譯. 北京：中國人民大學出版社, 2002.

[16] 陳樂田. 銀行法 [M]. 北京：法律出版社, 2002.

[17] 黃達. 金融學 [M]. 北京：中國人民大學出版社, 2004.

[18] 貫志麗. 商業銀行零售業務 [M]. 北京：中國金融出版社, 2008.

[19] 劉鵬濤, 鄭永俊. 零售銀行業務條線管理 [M]. 北京：企業管理出版社, 2009.

[20] 呂魏, 阮紅. 銀行零售客戶價值提升與管理 [M]. 北京：人民郵電出版社, 2007.

[21] 中國銀行從業人員資格認證辦公室. 個人理財 [M]. 北京：中國金融出版社, 2007.

[22] 張晉生. 商業銀行零售業務 [M]. 北京：中國經濟出版社, 2000.

[23] 約瑟夫·A. 迪萬納. 零售銀行業的未來：向全球客戶傳遞價值 [M]. 覃東海, 鄭英, 等, 譯. 北京：中國金融出版社, 2005.

［24］張小民. 對中國商業銀行個人理財業務的思考［J］. 財經視點，2009（6）.

［25］迪特爾・巴特曼. 零售銀行業務創新［M］. 舒新國，譯. 北京：經濟科學出版社，2007.

［26］呂香茹. 商業銀行全面風險管理［M］. 北京：中國金融出版社，2009.

［27］約翰・赫爾. 風險管理與金融機構［M］. 2版. 王勇，金燕敏，譯. 北京：機械工業出版社，2008.

［28］中國銀行從業人員資格認證辦公室. 風險管理［M］. 北京：中國金融出版社，2008.

［29］任遠. 商業銀行經營學［M］. 西安：西安交通大學出版社，2007.

［30］蔡鳴龍. 商業銀行業務經營與管理［M］. 廈門：廈門大學出版社，2008.

［31］莊毓敏. 商業銀行業務與經營［M］. 2版. 北京：中國人民大學出版社，2005.

［32］中央國債登記結算公司. 證券投資基礎［M］. 北京：中國金融出版社，2008.

［33］法伯茲. 高級債券資產組合管理：建模與策略的最佳實踐［M］. 錢泳，譯. 大連：東北財經大學出版社，2007.

［34］朱靜，王衛華. 商業銀行經營管理［M］. 北京：電子工業出版社，2008.

［35］楊有振. 商業銀行經營管理［M］. 北京：中國金融出版社，2003.

［36］劉毅. 商業銀行經營管理學［M］. 北京：機械工業出版社，2006.

［37］謝太峰. 商業銀行經營學［M］. 北京：北方交通大學出版社，2007.

［38］祁群. 商業銀行管理學［M］. 北京：北京大學出版社，2009.

［39］熊繼洲，樓銘銘. 商業銀行經營管理新編［M］. 上海：復旦大學出版社，2004.

［40］任遠. 商業銀行經營管理學［M］. 北京：科學出版社，2004.

［41］鮑靜海，尹遠成. 商業銀行業務經營與管理［M］. 北京：人民郵電出版社，2003.

［42］張月飛. 商業銀行業務與管理［M］. 杭州：浙江人民出版社，2009.

［43］林孝成. 國際結算實務［M］. 2版. 北京：高等教育出版社，2008.

［44］阿瑟・梅丹. 金融服務行銷學［M］. 王松奇，譯. 北京：中國金融出版社，2002.

［45］範雲峰，張長建. 銀行行銷［M］. 北京：中國經濟出版社，2006.

［46］郭曉冰. 銀行行銷實戰技巧［M］. 北京：清華大學出版社，2006.

［47］菲利普・科特勒. 行銷管理［M］. 梅汝和，等，譯. 北京：中國人民大學出版社，2001.

［48］Jeffrey S. Harrison, Caron H. John. Foundations in Strategic Management［M］. 5th edition. 大連：東北財經大學出版社，2005.

［49］R. E. Frank, Y Wind. Market Segmentation［M］. N.J.：Prentice Hall, 1972.

國家圖書館出版品預行編目(CIP)資料

商業銀行學 / 王晉忠 主編. -- 第二版.
-- 臺北市 : 崧燁文化,2018.08
　面 ;　　公分

ISBN 978-957-681-520-1(平裝)

1.商業銀行 2.銀行管理

562.5　　　　　107013638

書　名：商業銀行學
作　者：王晉忠 主編
發行人：黃振庭
出版者：崧燁文化事業有限公司
發行者：崧燁文化事業有限公司
E-mail：sonbookservice@gmail.com
粉絲頁　　　　　　網　址：
地　址：台北市中正區重慶南路一段六十一號八樓815室
8F.-815, No.61, Sec. 1, Chongqing S. Rd., Zhongzheng Dist., Taipei City 100, Taiwan (R.O.C.)
電　話：(02)2370-3310　傳　真：(02) 2370-3210
總經銷：紅螞蟻圖書有限公司
地　址：台北市內湖區舊宗路二段121巷19號
電　話:02-2795-3656　傳真:02-2795-4100　網址：
印　刷 ：京峯彩色印刷有限公司（京峰數位）

　本書版權為西南財經大學出版社所有授權崧燁文化事業有限公司獨家發行電子書繁體字版。若有其他相關權利及授權需求請與本公司聯繫。

定價：500 元
發行日期：2018 年 8 月第二版
◎ 本書以POD印製發行